Verlag Olle & Wolter

Theo Pirker
Die verordnete Demokratie

Grundlagen und Erscheinungen der „Restauration"

Druck: Oktoberdruck, Westberlin
Bindearbeiten: Stein, Westberlin
Umschlaggestaltung: Gisela Büchelmaier, Hamburg
Printed in Germany.
ISBN 3 921241 35 9

Inhalt

Vorwort

„Bücher haben ihre Schicksale" heißt es – und mit Recht. Das betrifft nicht so sehr den Markterfolg, sondern vielmehr die Wirkung. Und so schön der Markterfolg für den Autor auch sein mag – nein: ist, wichtiger ist den meisten Autoren, besonders denjenigen, die sich mit Politik und Zeitgeschichte befassen, doch die Wirkung. Über die Wirkungsgeschichte politischer Bücher gibt es sehr wenige Untersuchungen, und sämtliche Mutmaßungen sind erlaubt. Bücher mit großer Auflage haben große politische Wirkung. Bücher mit kleiner Auflage haben große politische Wirkungen – wenn auch in der Regel mit einiger Zeitverzögerung. Bücher mit großer Auflage haben keine politische Wirkung und sind morgen schon vergessen. Und natürlich: Bücher mit kleiner Auflage haben überhaupt keine Wirkung. So simpel dies auch klingt, so wäre es doch gut für die Geschichte der Arbeiterbewegung und des Sozialismus, ich meine allerdings für eine konkrete Geschichte der Arbeiterbewegung und des Sozialismus, derartige Überlegungen einmal ernst zu nehmen.

Wie es in der Geschichte dieser Bewegung eine Art Hagiographie gibt, d.h. die Reduzierung dieser Geschichte auf die Geschichte der Heiligen, der Propheten und Märtyrer; so gibt es auch in der Geschichtsschreibung der Arbeiterbewegung und des Sozialismus eine Art geheiligter Bibliographie. Diese Art geheiligter Bibliographie besteht dann aus den kanonischen Schriften, welche die zwingende Entwicklung der Theorie nachweisen und von den Klerikern – in unserem Falle den Theoretikern – allesamt und mit großem Bemühen durchgearbeitet werden müssen. Der in diesem Fall nun wirklich fatale Irrtum ist darin zu suchen, daß die Theoriengeschichte für die Bewegung und die Theoriengeschichte der kanonischen Bücher für die Wirkungsgeschichte dieser Bücher genommen wird. Wer sich aber einmal tatsächlich mit der Geschichte der Arbeiterbewegung und des Sozialismus beschäftigt hat, dem wird in den Archiven in Amsterdam, Zürich, London und Moskau die kaum organisierbare und systematisierbare Masse von Aufrufen, Pamphleten, kleinen und kleinsten Zeitschriften in grausig-freudiger Erinnerung sein, die über die konkrete Wirkungsgeschichte der „Literatur" der Arbeiterbewegung und des Sozialismus Auskunft gibt. Zwischen den kanonischen bzw. kanonisierten Büchern der Arbeiterbewegung und des Sozialismus und dieser Masse von Aufrufen, Pamphleten usw., zwischen der „weißen" Literatur und der „schwarzen" Literatur, wie sie auch bezeichnet wird, zwischen der Literatur der Arbeiterbewegung, die im Lichte steht und gesehen wird, und der anderen, die im Dunklen lagert und die man nicht sieht, gibt es auch noch eine „graue" Literatur. Bei dieser vorliegenden Arbeit über die sog. Restauration in der Geschichte Westdeutschlands nach 1944 handelt es sich um eine Art Muster von „grauer" Literatur.

Jedem zeitgenössischen Sozialwissenschaftler, der Auftragsforschung betreibt, ist die Bezeichnung „graue Literatur" Begriff, Greuel und Alptraum zugleich. Der Alptraum besteht darin, daß ihm das Bild einer riesigen Pyramide vor der Seele steht, die aus sog. Berichten zusammengefügt ist, welche mehr oder weniger dick zwischen grauen Deckeln oder Umschlägen geheftet sind. Man hat für diese „graue" Literatur noch keinen spezifischen Begriff gefunden, aber eines ist sicher: in der Publikationsmasse der Sozialwissenschaften stellt die weiße Literatur – zum mindesten noch bis in die jüngste Zeit – nur die Spitze des Eisbergs dar. Wenn das falsche Bild vom Eisberg gewählt wird, so deswegen, um das Verhältnis von „weißer" Literatur, gedruckter, sichtbarer, greifbarer Literatur zur „grauen" Literatur, zur ungedruckten, unsichtbaren, schwer greifbaren Literatur plastisch zu machen. Das Bild vom Eisberg und seinem Anteil an „grauer" Literatur ist natürlich genau so falsch wie das Bild von der Pyramide. Die nicht sichtbare Masse des Eisberges ist eben keine kompakte Masse, genauso wie die Massen der aufgetürmten Steine der Pyramide kompakt sind. Wäre die Masse der „grauen" Literatur in ähnlicher Weise organisiert, dann wäre dies ein wahres Dorado für jeden, der sich mit der Geschichte der Arbeiterbewegung oder überhaupt mit Geschichte und Zeitgeschichte beschäftigt. Wo aber solche „graue" Literatur liegt, wie sie organisiert ist, ob sie überhaupt noch vorhanden ist – das eben ist von Fall zu Fall nicht so ohne weiteres auszumachen. Die „graue" Literatur der Berichte stellt aber andererseits die ideale Quelle für den Historiker und Sozialwissenschaftler dar. Was für den Altmeister des deutschen Historismus, Leopold von Ranke, die Berichte der Botschafter der Republik Venedig waren, das sind heutzutage z.B. in der Faschismusforschung die Berichte der Gestapo oder für den Zeitgeschichtler die Berichte der Offiziere der Behörde der amerikanischen Besatzungsmacht. Der Grund für die Bedeutung der „grauen" Literatur ist leicht auszumachen. Die „graue" Literatur ist von der jeweiligen gesellschaftlichen und politischen Situation noch nicht so abgehoben, wie die daraus hervorgehenden offiziellen Verlautbarungen oder gar die wissenschaftlichen Publikationen über diese Situation. Und zum anderen spiegelt die „graue" Literatur den Prozeß politischer Willensbildung wider. Diese Widerspiegelung erweist die gerade in der Geschichte der Arbeiterbewegung und des Sozialismus so weit verbreitete Ansicht als falsch, daß richtige oder falsche, d.h. erfolgreiche oder erfolglose politische Entscheidungen von der Richtigkeit oder Unrichtigkeit der Theorien abhängig seien. Solchem horrenden Irrtum können nur Seminarmarxisten verfallen, die sich in der Bundesrepublik bekanntlich seit einem Jahrzehnt daran machen, der Arbeiterbewegung die richtige Theorie zu verpassen bzw. nachzuweisen versuchen, wann sich in der Geschichte des Marxismus die Irrtümer, d.h. die falschen Interpretationen der Klassiker eingeschlichen, verbreitet und damit die Politik der Arbeiterbewegung in die Irre geleitet haben. Auf diesem Wege verkommt Geschichte zur reinen Geistesgeschichte, zur akademischen Geistesgeschichte mit marxistischen Vorzeichen. Der tatsächliche Prozeß politischer Entscheidung findet dann nicht mehr statt, bzw. Politik wird als Ableitungsgröße der Geschichte der Theorie, bzw. der Theorien, gewertet.

Auf diesem Wege wird dann die Bedeutung von Kontroversen auf theoretischer Ebene, wie z.B. die zwischen Kautsky und Bernstein oder die zwischen Stalin und Trotzki gehörig überschätzt. Dies ist umso verwunderlicher, als gerade im Falle Stalin – Trotzki von einer theoretischen Kontroverse wohl kaum die Rede sein kann. Die Definierung Trotzkis durch Stalin und seine Anhänger als Verräter, Agent und Unperson hat von Anfang an jegliche theoretische Kontroverse unmöglich gemacht. Trotzki selbst hat in der stalinistischen Theorie bzw. in den wechselnden stalinistischen Theoremen nur den Reflex bereits vollzogener politischer Entscheidungen gewertet und als eine Form der Legitimation der bürokratischen Diktatur und des Stalinschen Despotismus gesehen. Diesen politischen Entscheidungen sind natürlich wiederum Entscheidungen von Personen und Gruppen vorausgegangen, die auch ihren Niederschlag in Stellungnahmen, Berichten gefunden haben. Auf die Veröffentlichung dieser grauen Literatur in der Geschichte des Stalinismus wird die Welt noch etwas warten müssen, wenn sie nicht schon dem Reißwolf zum Fraße vorgeworfen worden ist. Im Rahmen dieser Kontroverse gibt es jedoch noch „graue" Literatur, nämlich in der Kontroverse um die Lage in Deutschland im Jahre 1923 und in der für die weitere Entwicklung des Sozialismus vielleicht noch entscheidenderen Kontroverse der Einschätzung der Lage in China in den Jahren 1927/28. Die „graue" Literatur hat in beiden Fällen ihren Eingang in die Protokolle und Stellungnahmen der offiziellen Instanzen der Kommunistischen Internationale gefunden, wie auch in die biografischen und autobiografischen Dokumentationen der beteiligten Akteure. In beiden Fällen natürlich in selektierter Form. Es gehört nicht zu den Tugenden der Marxisten und Exmarxisten, zuzugeben, daß sie sich in der Einschätzung der Lage geirrt haben, und weiter, herauszuarbeiten, warum sie sich geirrt haben bzw. geirrt haben mußten. Offizielle und erschütternde Belege hierfür sind die Publikationen der Komintern, die *Internationale* und die *Inprekorr.* Die Theoretiker der Revolution stürzten sozusagen von einer Einschätzung der Lage zur anderen. Weder wird angegeben, warum die Lage falsch eingeschätzt wurde, noch das Material – die „graue" Literatur – angeführt, die zur Einschätzung der Lage geführt hat oder im jeweiligen neuen Falle zwingend führen mußte.

Die falsche Einschätzung der Lage hängt aber keineswegs von den unterschiedlichen theoretischen Positionen der politischen Akteure ab, sondern ganz einfach von einem Mangel an Informationen, bzw. von dem Unvermögen, Informationen zu organisieren und – auch wenn sie der eigenen Position widersprechen – ernst zu nehmen.

Im Falle der klassischen sozialdemokratischen Theoriekontroverse – Kautsky versus Bernstein, Zentrismus versus Revisionismus – wird der Irrglaube, daß die richtige oder falsche Theorie die Entscheidung in wichtigen Konstellationen bedinge – in diesem Falle zum 1. imperialistischen Weltkrieg – ganz eindeutig widerlegt. Ebensowenig wie die Entscheidung der Majorität der Sozialdemokraten für die Kriegskredite als „Verrat" bezeichnet werden kann, kann diese Entscheidung auf die Vorherrschaft einer richtigen oder falschen Theorie zurückgeführt werden. Dies allein schon aus dem einfachen Grunde nicht, weil die wichtigsten Vertreter dieser Theorietendenzen außerstande waren, eine realistische Analyse der Lage zu liefern, die zur Grundlage politischer Entscheidungen hätte dienen können. Der sogenannte „Verrat" der Sozialdemokratie erweist sich vielmehr als die zwingende Konsequenz einer ganzen Reihe vorausgegangener Entscheidungen der Reichstagsfraktion der Sozialdemokratie. Und diesen Entscheidungen sind in den Ausschüssen des Reichstages und in der Fraktion Diskussionen vorausgegangen, denen Memoranden zugrunde lagen, d.h. „graue" Literatur.

Die Bedeutung „grauer" Literatur mag nur diejenigen – Wissenschaftler wie Ideologen oder besser ideologische Wissenschaftler – erstaunen, die vom Geschäft der Politik wenig Ahnung haben. Das Geschäft der Politik als Beruf – und da hat Max Weber recht –, besteht in der Fähigkeit, „dicke Bretter zu bohren". Dieses Bohren dicker Bretter geschieht mit äußerst kleinen Bohrern – eben den Gutachten und Memoranden. Diese Gutachten und Memoranden haben aber die Eigenschaft, daß sie nach erfolgter politischer Entscheidung oder auch nach Nichtentscheidung – was ja auch eine Entscheidung ist –, in Vergessenheit geraten. Sei es, daß sie in einer Registratur verschwinden, oder sei es, daß sie irgendwo verstauben, in den berühmten Reißwolf kommen oder in Mülltonnen geworfen werden. Das Verschwinden ganzer Aktenbestände aus Ministerien, das den Redakteuren des *Spiegel* als so ganz unglaublich erscheint, ist keineswegs eine so spektakuläre Seltenheit wie angenommen. Gerade deswegen kann man sie auch verschwinden lassen.

„Graue" Literatur verschwindet nicht nur; sie muß zuerst einmal geschrieben werden. Die Schreiber von Gutachten und Memoranden müssen dabei eine Grundeigenschaft haben: sie müssen selbst „grau" sein. Wichtig ist für sie, daß ihre Memoranden zur Grundlage politischer Entscheidungen gemacht werden, oder, daß zum mindesten die politische Entscheidung in der Tendenz den Linien des Memorandums folgt, oder – und dies ist schon das höchste der Gefühle –, daß Teile des Memorandums, wortwörtlich oder stilstisch leicht verändert, in der politischen Entscheidung wieder auftreten.

Für die Bürokratie in den Ministerien – insbesondere in den obersten Ministerien – ist diese Produktion von „grauer" Literatur eben Beruf. Autoreneitelkeit zählt nicht. Publikum gibt es nicht. Die klassischen Institutionen für diese Art der Vorbereitung und Beeinflussung politischer Entscheidungen waren in der deutschen Geschichte wohl das Außenministerium, das Finanzministerium und das Kriegsministerium bzw. der Deutsche Generalstab. Ohne die Kenntnis und Durcharbeitung der Fülle von Memoranden, der Berichte zur Lage, also insgesamt der „grauen" Literatur, kann die Geschichte, die konkrete Geschichte der deutschen Außenpolitik, der deutschen Finanzpolitik und der deutschen Kriegspolitik gar nicht geschrieben werden, bzw. die Geschichtsschreibung bleibt bei den politischen Entscheidungen der Parlamente stehen oder sie reduziert Politik auf Biographie.

In der politologischen Literatur der letzten Jahrzehnte ist im Zusammenhang mit der Bestimmung der Demokratie so viel von Transparenz – in unserem Falle von der Transparenz des politischen Entscheidungsprozesses – die Rede. Scheinbar sind die Politiker dieser Forderung nach Transparenz gefolgt. Einmal im Schaugeschäft des Parlamentarismus – sei es des parteigebundenen oder des staatlichen –, oder auf dem Gebiete der öffentlichen wissenschaftlichen Beratung. Beides muß als eine Irreführung der Öffentlichkeit oder als Selbsttäuschung der Politiker verstanden werden. Die *Berichte zur Lage der Nation* nimmt gegenwärtig wohl kein Politiker mehr ernst; das *Jahresgutachten der fünf Weisen* – wie es in der Publizistik so blumig bezeichnet wird – dürfte wohl kaum zur Grundlage wirtschaftspolitischer Entscheidungen dienlich sein, und – um nur ein aktuelles Beispiel zu nennen – der *Bericht der Kommission für wirtschaftlichen und sozialen Wandel* zählt zwar bis heute noch zur „grauen" Literatur, aber nur deswegen, weil er noch nicht „weiß" ist, nicht weil er politische Entscheidungen zu beeinflussen in der Lage wäre.

All das zählt zur Public-Relation der Politik in parlamentarisch-demokratisch verfaßten Gesellschaften und hat in dieser Begrenzung seinen Sinn. Die tatsächlich politisch relevanten Beziehungen von Politik und Wissenschaft sind jedoch anderer Natur und anders organisiert. Jede wissenschaftliche Beratung, die auf Öffentlichkeit zielt, muß ihre Aufgabe verfehlen. Sie kann und muß nur dort öffentlich sein, wo sie unmittelbar die Interessen der Öffentlichkeit berührt. Der Wissenschaftler, der glaubt, einesteils politische Entscheidungen bewirken oder an ihnen mitwirken zu können und andererseits öffentlich wirken zu können, der hat weder die Mechanik der politischen Entscheidungen noch der Öffentlichkeit begriffen. Jeder Bundeskanzler, jeder Minister, jeder Fraktionsvorsitzende würde sich schönstens für den Rat eines Wissenschaftlers bedanken, der gleichzeitig oder morgen schon publik gemacht würde. Und jede Öffentlichkeit, deren sachkompetente Mitglieder es anvisieren, morgen schon zu politischen Beratern der Politiker zu werden, gerät unmittelbar ins Zwielicht und in die Doppeldeutigkeit. Öffentlichkeit kann nur kontrollieren, politische Entscheidungen verzögern oder verhindern – sie kann nicht politisch entscheiden. Das klassische Beispiel, in dem wissenschaftlicher Sachverstand in einer Weise öffentlich geworden ist, wie vorher und nachher nicht mehr in der Geschichte der Bundesrepublik und Westeuropa, ist die Bewegung, die den irreführenden Titel „Kampf dem Atomtod" trug – sie hätte richtiger heißen müssen: „Bewegung zur Verhinderung der Ausrüstung der Bundeswehr mit Atomwaffen".

Und hier sind wir schon mitten in der Geschichte der westlichen Besatzungszonen nach dem 2. imperialistischen Weltkrieg, der „Rekonstruktion" der kapitalistischen Wirtschaft und der Wiedererrichtung der bürgerlich-kapitalistischen Demokratie, der Remilitarisierung der Bundesrepublik, der „Restaurierung" der bürgerlichen Gesellschaft. Um die reale Entwicklungsgeschichte dieser Gesellschaft steht es traurig bestellt – ganz gleich, ob die Historiker von links, von rechts oder von oben kommen, d.h. geistesgeschichtlich verfahren. Der Grund für diese Malaise der zeitgeschichtlichen Forschung über die Entstehung der Bundesrepublik ist wesentlich darin zu suchen, daß wir viel zu wenig Kenntnis von der „grauen" Literatur dieser Periode haben. Dabei sind wenige Perioden der neueren deutschen Geschichte so sehr vom Einfluß der „grauen" Literatur, der unveröffentlichten Berichte, Memoranden, den Einschätzungen zur Lage bestimmt, wie eben gerade diese Periode. Der Grund hierfür ist ganz einfach – wenn er auch den Zeitgenossen zwar nicht im Bewußtsein, so doch auf der Hand liegt: Deutschland – alle Besatzungszonen – befand sich in dieser Periode unter der Diktatur der Besatzungsmächte. Und diese Diktatur war die Diktatur der Panzer, der Gewehre und Maschinengewehre, die Diktatur der Geheimdienste, der Besatzungsbürokratie und der Besatzungswillkür. Diese Periode der Militärdiktatur paßt nicht so recht in die Legende der Entstehung der Bundesrepublik und so gar nicht in die Legende der Entstehung „des ersten Arbeiter- und Bauernstaates in der deutschen Geschichte". Es ist keine Denunziation, sondern eine einfache Feststellung, zu behaupten, daß die Mehrzahl der Politiker auf kommunaler Ebene, auf zonaler Ebene, auf der Ebene der Vereinigten Westzonen – lassen wir einmal die „sowjetisch-besetzte-Zone" beiseite – und später der Länder und dann der Bundesrepublik, zuerst einmal Kollaborateure der Besatzungsmächte gewesen sind – also Kollaborateure der Besatzungsbürokratie. Hier wird nicht moralisiert, sondern einfach ein Tatbestand festgestellt, der übrigens gerade in den Biographien der Politiker „der ersten Stunde" in Westdeutschland belegt ist – wenn auch in der Regel im heroischen Gewande der Widerstandsakte gegen die Willkür und die scheinbare Unvernunft der Besatzungsbürokratie. Diese Besatzungsbürokratie hat wie jede andere Bürokratie „graue" Literatur in Massen produziert. Eine jüngere Generation von Zeitgeschichtlern hat die „weiße" Literatur der Besatzungsbürokratie und später die Biographien – meist Autobiographien – der wichtigen Leute der Besatzungsmacht für die historischen Quellen genommen, aus denen heraus in Reinheit der Prozeß der politischen Entscheidungen herausgelesen werden kann. Einem wissenschaftlichen Optimismus dieser Art und dieses Ausmaßes saßen nicht einmal die Väter des deutschen Historismus auf. Die wußten nämlich noch, was Quellenkunde ist. Die „graue" Literatur der Spezialisten der Besatzungsbürokratie Westdeutschlands in der Periode der Zulassung der Parteien, der Gewerkschaften, der Zonen-Institutionen, der Länderverfassungen, der Währungsreform ist beinahe unbekannt. Welche Macht z.B. die Offiziere der Besatzungsbehörden tatsächlich hatten, das geht im Allgemeinen und Privaten aus der – ausreichend belegten – Rolle hervor, die die Währungsspezialisten der amerikanischen Besatzungsmacht gespielt haben. Der Zeitgeschichtler ist nun in die glückliche Lage gekommen, daß das Berichts- und Analysenmaterial der amerikanischen Besatzungsmacht freigegeben worden ist. Schon heute ist klar, daß die Geschichte der Entstehung der Bundesrepublik von 1944 bis 1949 wohl erheblich umgeschrieben werden muß. Hier sei mit Achtung vermerkt, daß die amerikanische Regierung dieses Material bereits freigegeben hat, während die britische Regierung noch zögert. Die gegenwärtig arbeitende Generation von Zeitgeschichtlern wird es wohl nicht mehr erleben, unbehinderten Zugriff zu den Dokumenten der „grauen" Literatur der sowjetischen Besatzungsmacht zu erhalten.

Für die Geschichte der deutschen Arbeiterbewegung ist es überraschend, daß z.B. die „graue" Literatur der Sozialdemokratischen Partei Deutschlands – obwohl sie in Massen vorhanden und gesammelt ist: von den Protokollen des Parteivorstandes, über die Protokolle der einzelnen Bundestagsausschüsse, bis zu den Materialien, die den Biographien und Autobiographien von sozialdemokratischen Politikern wie z.B. Wilhelm Hoegner, Ernst Reuter oder dem langjährigen Oberbürgermeister Thomas Wimmer von München – noch kaum zu einer umfassenden Geschichte der SPD nach 1944 genutzt worden ist. Und dies trotz des Umstandes, daß die Partei über eine wohldotierte Stiftung, die Friedrich-Ebert-Stiftung, verfügt, die ansonsten die seltsamsten Projekte und Forschungen finanziert.

Noch schlechter steht es mit der Quellenlage zu einer analytischen Geschichte der deutschen Gewerkschaften und hier insbesondere des DGB. Mit seiner eigenen Vergangenheit hat der DGB nicht viel im Sinn. Eine Geschichte des DGB, die sich auf „graue" Literatur stützt, würde das mit so vielem Fleiß erarbeitete Image des DGB wohl ganz fragwürdig machen. Übrigens gilt dies auch für die Geschichte der einzelnen Gewerkschaften. Die IG-Metall, wie die ÖTV, halten sich da schon lieber an die mit nicht geringen Mitteln erarbeiteten Legenden ihrer Verbände und, im Falle der IG-Metall, ihres bekanntesten und verehrtesten Vorsitzenden, Otto Brenner. Dabei wäre für die Gewerkschaften weniges wichtiger, als sich klar und eindeutig ihrer eigenen Geschichte endlich bewußt zu werden. Die realistische Kenntnis der eigenen Geschichte ist ein wesentlicher Bestandteil der Einschätzung der gegenwärtigen Lage, der Möglichkeiten, Grenzen und Aufgaben gewerkschaftlicher Aktion. Zu einer solchen Geschichtsschreibung gibt es bei den deutschen Gewerkschaften graue Literatur in Hülle und Fülle. Der Grund hierfür ist darin zu suchen, daß die deutschen Gewerkschaften zu den Gewerkschaften in der Welt gehören, die nicht nur den Prozeß der Bürokratisierung, sondern auch den damit verbundenen Prozeß der Akademisierung am weitesten vorgetrieben haben. Die Gewerkschaftsverbände in der Bundesrepublik sind bürokratische Apparate, wie sie in dieser Art kaum ihresgleichen in den Gewerkschaften anderer kapitalistischer Gesellschaften finden. Die Ursachen für diese bürokratische Perfektion der deutschen Gewerkschaften können in der Geschichte des deutschen Gewerkschaftswesens und der Parteien der Arbeiterbewegung vor 1933 gesucht werden; weit mehr aber noch in den Organisationsaufgaben nach 1945, die auf bürokratische Weise am schnellsten und wirksamsten gelöst werden konnten; und nicht zuletzt in der für ausländische Gewerkschafter schier unglaublichen Beitragsdisziplin und Beitragstreue der Mitglieder. Die deutschen Gewerkschaften nach 1945 konnten sich nicht nur ein umfassendes Bildungssystem leisten, große Verwaltungsapparate und spektakuläre repräsentative Verwaltungsgebäude errichten, sie konnten nach 1945 aus diesem Grunde auch Spezialisten anheuern – in der Regel Akademiker –; und zwar in einer so großen Zahl und so gut bezahlt, wie wohl keine andere Gewerkschaft im Rahmen des Internationalen Bundes Freier Gewerkschaften. Eine Einrichtung wie das Wirtschaftswissenschaftliche Institut (WWI) des DGB – wie es früher hieß –, ist nicht nur in der Geschichte der deutschen Gewerkschaften, sondern auch des internationalen Gewerkschaftswesens eine einmalige Angelegenheit, bzw. sie war eine einmalige Angelegenheit.

Gerade die Entstehungsgeschichte und Wirkungsgeschichte des WWI von 1946 bis zum Sturz seines ersten Vorsitzenden, Victor Agartz, und des zweiten Vorsitzenden, Erich Potthoff, demonstriert, daß sich hier keineswegs eine gewerkschaftliche Funktionärskaste auch den Spaß leistete, Spezialisten und Akademiker einzukaufen, sondern daß vielmehr dieses „Anheuern" sich aus der Fülle der Aufgaben ergab, denen sich die Gewerkschaften in Westdeutschland und dann später in der Bundesrepublik gegenübergestellt sahen. Ob es sich um die Frage der Demontage handelte; um Ernährungsfragen; um die Fragen der Neuordnung von

Kohle, Eisen und Stahl; um die Eröffnung der Erstbilanzen und die damit verbundene Frage der Bewertung; um die Frage der Kartelle; der Währungsreform; des Grundsatzprogrammes des DGB von 1949; der Mitbestimmung und der Betriebsverfassung; der Steuerreform, der Formen der Vermögensanlage usw. usw. – die Gewerkschaftsfunktionäre waren einfach überfordert, um auf konkrete Fragen konkrete Antworten zu geben oder gar Vorschläge zu unterbreiten. Keine richtige oder falsche Theorie – einschließlich des Marxismus – half ihnen da. Sie brauchten Spezialisten, Wissenschaftler, Akademiker – und sie holten sie sich.

Als Mitglied des Wirtschaftswissenschaftlichen Instituts der Gewerkschaften und als Mitarbeiter von Victor Agartz habe ich dieses Geschäft des Memorandenschreibens zur Genüge und bis zum Überdruß getrieben. Überdrüssig wird ein politisch denkender Mensch dieses Geschäfts aus zwei Gründen. Einmal wächst der Grad der Enttäuschung, wenn man erleben muß, daß äußerst wenig von den Memoranden in den politischen Entscheidungsprozeß eingeht – und wenn, dann in einer sehr seltsamen Verkürzung; zum anderen wird der Spezialist von einem Gutachten zum nächsten Gutachten, von einem Memorandum zum anderen Memorandum getrieben. Zwar vertiefen sich hierbei die Kenntnisse und wenn man Glück hat, verbreitern sie sich auch, aber zunehmend geht dabei sowohl in der Politikberatung, wie in der politischen Entscheidung das Wissen verloren, welches Gewicht oder gar welche historische Bedeutung das jeweilige Problem hat. Verloren geht also das Wissen um den geschichtlichen Stellenwert dieses oder jenes Problems, dieser oder jener politischen Entscheidung. Die jüngere und jüngste Generation akademischer Marxisten wird diesen Verlust in der Einschätzung politischen Handelns auf den Mangel an Gesellschaftstheorie zurückführen. Diese Kritik ist oberflächlich richtig, denn die Spezialisten wie die Akteure hatten in den 50er und 60er Jahren in der Tat keine umfassende Gesellschaftstheorie, ganz zu schweigen von den Jahren zwischen 1944 und 1950. Der Rückschluß, daß dieser Mangel an umfassender Gesellschaftstheorie auf Unkenntnis zurückzuführen wäre, ist zum mindesten bei den bekanntesten Vertretern der Linken in den Gewerkschaften falsch. Es muß daran erinnert werden, daß die Angebote von seiten des Marxismus zu dieser Zeit vollkommen unzureichend waren. Der Versuch von Victor Agartz, z.B. vor dem Frankfurter Kongreß des DGB im Oktober 1954 den Rat von Marxisten wie Abendroth, Kofler, Mandel u.a. einzuholen, war im Ergebnis ebenso mager, wie die Ratschläge von bekannten Vertretern der SED zu einer neuen Politik der Gewerkschaftsbewegung in der Bundesrepublik. Es darf wohl angenommen werden, daß nicht mangelnde Kenntnis des Marxismus die Ursache hierfür war. Vielmehr wurde an diesem Versuch die alte Schwäche marxistischer Theorie in Fragen der Gewerkschaft sichtbar. Und ganz deutlich wurde, daß die

Vertreter des Marxismus nicht nur in der Einschätzung der Lage – was die Entwicklungsgeschichte und die Entwicklungstendenzen des Kapitalismus betrifft – völlig uneins waren, sondern, daß ihre unterschiedliche Einschätzung der Lage auch gänzlich unbrauchbar war, eine erfolgversprechende Gewerkschaftspolitik, eine neue gewerkschaftliche Strategie und neue gewerkschaftliche Taktiken zu entwickeln.

Victor Agartz und mir wurde gerade an diesen Vorbereitungen zum DGB-Kongreß in Frankfurt im Verlaufe des Jahres 1954 deutlich, daß eine Analyse der kapitalistischen Entwicklung in Westdeutschland und in der Bundesrepublik für die Erarbeitung einer Strategie der Gewerkschaftsbewegung überfällig war, und weiter, daß eine solche Analyse der Entwicklung des kapitalistischen Systems in die Analysen der Entwicklung des Kapitalismus insgesamt – seiner ökonomischen und politischen Entwicklung –, eingebaut werden mußte. Wir erkannten, daß aus der Praxis der Gutachten von Fall zu Fall, der Proklamationen von Fall zu Fall, eine gewerkschaftliche Strategie nicht erarbeitet werden konnte. Das hieß aber, die geschichtliche Entwicklung und die Ausprägungen dieser geschichtlichen Entwicklung ernst nehmen, und sie nicht einem vorgefaßten Entwicklungsschema zu unterwerfen. Das Produkt dieser Überlegungen ist die vorliegende Schrift.

Dieses Memorandum zur Lage wurde allerdings schon nicht mehr im Wirtschaftswissenschaftlichen Institut der Gewerkschaften geschrieben. Der Kampf gegen die Wiederaufrüstung, die innergewerkschaftlichen Auseinandersetzungen um das Aktionsprogramm, der Herausschmiß von Agartz und seiner engsten Mitarbeiter aus dem WWI, die Nichtsolidarisierung der linken Gewerkschaftsführer mit der Gruppe Agartz, der Versuch, eine gemeinsame Plattform der Linken in der SPD zu erarbeiten, die folgende Isolierung von den Gewerkschaften und in der SPD, der Karlsruher Prozeß um Agartz, die unterschiedlichen Konsequenzen, die Agartz und seine Mitarbeiter zogen, verhinderten dies. Victor Agartz vollzog den endgültigen Schritt zur Abhängigkeit von DDR und SED – ohne dabei Kommunist oder gar Stalinist zu werden oder seiner geistigen Grundlagen nach überhaupt werden zu können. Dem Autor der vorliegenden Analyse blieb gar nichts anderes übrig, als unter immer schlechteren, verwegeneren Bedingungen und abwegigeren Hoffnungen, das alte Ziel einer sozialistischen Minderheitspartei nicht aus dem Auge zu verlieren. Beide Entscheidungen hatten politisch das gleiche Ergebnis: die fortschreitende Isolierung von dem, was damals vielleicht noch als Arbeiterbewegung bezeichnet werden konnte.

Diese Isolierung führte zu einer fortschreitenden Verengung der wirtschaftlichen Existenzmöglichkeiten. Nicht nur, daß eine Solidarisierung von Hunderten von Funktionären der Gewerkschaften, die man aus der gewerkschaftlichen Bildungsarbeit kannte und mit denen zusammen man eine Reihe von Aktionen eingeleitet und durchgeführt hatte, einfach ausblieb; die Kollegen und Genossen kümmerten sich nicht im geringsten darum, wovon der Mensch lebt. Aus dieser Lage heraus ist diese Analyse entstanden. Freunde und Gewerkschaftsfunktionäre brachten es fertig, aus den Millionenmitteln der Gewerkschaft ganze DM 1.500.- für diese Analyse abzuzweigen, um überhaupt die materiellen Grundlagen für das Erarbeiten zu schaffen. Das Ziel für einen nicht kleinen und nicht einflußlosen Kreis von Funktionären des DGB und seiner Industriegewerkschaften war dabei, eine Analyse der Lage als Grundlage einer gewerkschaftlichen Strategie zu benützen. Akademisches – wie Quellenangaben, Verweise, Fußnoten – war dabei überflüssig. Der Kenner der Literatur wird sowieso bemerken, auf welche Literatur sich der Autor gestützt hat. Die Positionen Abendroths, Kirchheimers, Neumanns, Alfred Webers, Eschenburgs können überhaupt nicht übersehen werden – was die Verfassungsgeschichte Westdeutschlands und der Bundesrepublik betrifft. Die Quellen zur ökonomischen Entwicklung sind ebenfalls leicht aufzuspüren. Sie sind in den Berichten des WWI zu suchen und in den Berichten zur konjunkturellen Entwicklung des IfO/München. Henry Wallichs Arbeit über die *Triebkräfte des deutschen Wiederaufstiegs* sind ebenso intensiv in die Arbeit eingegangen wie die Beiträge Bettelheims zur Ökonomie des Nationalsozialismus. (Daß Jürgen Kuczynskis Beiträge zur Lage der Arbeiter – insbesondere der Band 7a, die Darstellung der Lage der Arbeiter in Westdeutschland seit 1945 ganz bewußt in diesem Memorandum nicht berücksichtigt wurde, wird jeder reflektierende Zeitgenosse entschuldigen.) In den innenpolitischen, außenpolitischen und weltpolitischen Ausführungen, denen der Autor eine besondere Bedeutung zum Verständnis der deutschen Entwicklung beigemessen hat und auch heute noch beimißt, stützte er sich auf die üblichen Handbücher und insbesondere auf die Arbeiten von W. Cornides. Das Übrige: Zeitschriften, Zeitschriften, Zeitschriften, Berichte, Berichte, Berichte – eben das Material, auf das sich Akademiker stützen, wenn sie keine akademische Laufbahn im Sinne haben, sondern nichts anderes produzieren wollen als ein Memorandum, das vielleicht den politischen Entscheidungsprozeß zu beeinflussen vermag.

Selbstverständlich hat dieses, mein letztes Memorandum im Dienste und auf Kosten der Gewerkschaften keine politische Entscheidung beeinflußt. Wie viele Kollegen es gelesen haben, weiß ich nicht. Es ging aller Wahrscheinlichkeit nach den typischen Weg der „grauen" Literatur. Es verschwand in den Schubladen der Auftraggeber. Und in den Jahren, in denen es geschrieben wurde, interessierte sich kein Verleger für das Manuskript. Es war aber vielmehr so, daß mir in der damaligen Lage unter dem Klima des massiven Antikommunismus und Antimarxismus, der vordergründigen und scheinbaren Entideologisierung der Politik, auch gar nicht der Gedanke kam, es einem Verlag anzubieten. So lag es immer mehr vergilbend und verstaubend unter einem Bücherbrett. Genutzt wurde es als Material bei der Abfassung der zweibändigen Geschichte der Gewerkschaftsbewegung in Westdeutschland. Dann verstaubte und vergilbte es weiter. Kritiker werden diese Aussage zum Anlaß nehmen und fragen: „Warum wird es denn jetzt veröffentlicht?"

Wer die Literatur über die Entwicklung des Kapitalismus nach 1944 in Deutschland kennt, der weiß, daß dieses Thema erst in den 60er und 70er Jahren von einer jüngeren Generation von Sozialwissenschaftlern aufgenommen wurde. Seltsamerweise jedoch in einer Mischung eines akademisierten Marxismus mit revolutionären Intentionen. Gerade durch diese Mischung wurden die Arbeiten zum gleichen Thema von der politischen Praxis – insbesondere der Praxis der Gewerkschaften – und damit von der politischen und geschichtlichen Erfahrung abgehoben. Die Entwicklung des Kapitalismus in Westdeutschland und in der Bundesrepublik erhielt damit in dieser Literatur jenen zur Genüge bekannten zwangsläufigen Charakter. Dies umso mehr, je stärker die Autoren von einer vorgefaßten bzw. konstruierten Systematik des Marxismus ausgingen. Nicht mehr die politischen Ereignisse standen im Mittelpunkt der Analyse und nicht die Frage, warum die politischen Ereignisse gerade so und nicht anders abliefen: im Zentrum der Analysen stand der sogenannte gesellschaftliche, der geschichtliche Prozeß, allerdings als Abstraktum.

Einer der Gründe der Publizierung dieser Arbeit ist gerade darin zu suchen, daß in ihr umgekehrt verfahren wird. Es wird der Versuch gemacht, aus den politischen Ereignissen heraus das Allgemeine, den nur bedingt notwendigen und zwangsläufigen Prozeß der gesellschaftlichen Entwicklung herauszuarbeiten. Die Mühen und Schwächen eines solchen Vorgehens sind evident. Sie sollen dem Leser nicht verheimlicht werden. Aus diesen Gründen wurden keine Kürzungen oder Umschreibungen vorgenommen. Dieses Memorandum soll nicht nur als ein Beitrag zur Analyse der Entwicklung der Gesellschaft in Westdeutschland in den beiden Jahrzehnten nach 1944 unter dem Aspekt der Parteilichkeit im Interesse der Arbeiterbewegung mit dem Ziel der Rekonstruktion der Arbeiterbewegung in Deutschland genommen werden, sondern auch als historisches Dokument, das Auskunft über die politische Lage gibt, in der sich zu dieser Zeit die „Arbeiterbewegung" in Westdeutschland befand sowie über die Möglichkeiten, Aufgaben und Grenzen politischen Handelns. Nicht mehr und nicht weniger. Hoffentlich wird dies erkannt.

Berlin im August 1977 Theo Pirker

Gewidmet Annelies Weinzierl und Rudi Wörl

1. Kapitel
Der politische Begriff „Restauration"

Der politische Begriff „Restauration"wurde in der Bundesrepublik so häufig gebraucht, daß man von ihm als einem politischen Schlagwort sprechen muß. Er erfüllte in der politischen Polemik die Aufgabe, die in der Weimarer Republik der Begriff „System" gehabt hat. Politische Schlagworte verlieren mit ihrer häufigen Anwendung immer stärker jeglichen konkreten Inhalt und werden zu Mitteln der reinen, d.h. der gegenstandslosen Polemik.

Nichts ist deshalb wichtiger, als sich der subjektiven wie auch objektiven Entstehungsgeschichte eines politischen Schlagwortes zu erinnern. Dabei sind wir bei diesem Unterfangen in der glücklichen Lage, die subjektive Entstehungsgeschichte des politischen Schlagwortes „Restauration" ziemlich genau und eindeutig aufzeigen zu können. Wenn wir die politische Publizistik der vergangenen zehn Jahre durchblättern, so stoßen wir auf den Begriff „Restauration" – bezogen auf die gesellschaftlichen Verhältnisse in der Bundesrepublik – zum ersten Mal in den Jahren 1950/51 in den politischen Leitartikeln und Betrachtungen des Publizisten Walter Dirks, eines der Herausgeber der *Frankfurter Hefte*. Es ist dabei von Bedeutung, hervorzuheben, daß der Begriff der „Restauration" nicht aus dem marxistisch-sozialistischen Lager geboren wurde, sondern aus der politischen Gruppierung des Katholizismus, die man in der Bundesrepublik so gerne als Linkskatholizismus bezeichnet.

Dieser Linkskatholizismus schien nach dem Zweiten Weltkrieg zumindest eine der stärksten geistigen und publizistischen Bewegungen in einigen europäischen Ländern und insbesondere in Frankreich zu sein. Die Vertreter des Linkskatholizismus hatten den zweiten Weltkrieg als eine große Erschütterung und Wende aufgefaßt, die auf der einen Seite zu einer beinahe apokalyptischen Anschauung der geschichtlichen Situation führte, d.h. zu dem Glauben, daß man sich in der Endzeit der menschlichen Geschichte befinde, und die zum anderen vielleicht zu einer radikalen Überprüfung der Grundlage der gesellschaftlichen Ordnung führen werde, die man die bürgerliche Gesellschaft nennt. Dabei war es das Ziel des Linkskatholizismus, das Christentum, d.h. den Katholizismus, zu entbürgerlichen. Die radikalste Form fand dieser Linkskatholizismus in Frankreich in der Bewegung des Personalismus, die literarisch von der Zeitschrift *Esprit* und ihrem Begründer Emanuel Monnier geführt wurde. Innerhalb der Katholischen Kirche fand der Linkskatholizismus in den Jahren 1945 bis 1951/52 seinen stärksten Ausdruck in der Bewegung der Arbeiterpriester, deren wesentliche Aufgabe es war, die radikale Trennung von verbürgerlichtem Christentum und Arbeiterklasse durch ein tätiges christliches Leben im proletarischen Milieu aufzuheben. Auf der ideologischen Ebene versuchte der französische Linkskatholizismus eine Überwindung der Gegensätze von Marxismus und Christentum theologisch zu begründen.

Wenn auch in Deutschland die Bewegung des Linkskatholizismus nicht so radikal vorgetragen wurde, so setzte sie sich doch zur Aufgabe, den Gegensatz von Christentum und Sozialismus zu überwinden, und zwar nicht nur in der Form eines christlichen Sozialismus, sondern sowohl in einer Veränderung des Christentums, als auch der sozialistischen Bewegung. Der Linkskatholizismus in Deutschland, mit seinem stärksten ideologischen Ausdruck in den *Frankfurter Heften* von Eugen Kogon und Walter Dirks, setzte damit nur die alte Aufgabe fort, die in der Weimarer Republik in einer Versöhnung von Katholizismus und Republik, d.h. Demokratie, lag. Der Linkskatholizismus nahm nach 1945 in seinem Versuch der Annäherung von Katholizismus und Sozialismus die gleiche Aufgabe nur auf einer höheren Stufe der geschichtlichen Entwicklung auf.

Die Grundlagen eines solchen Versuches waren jedoch nicht allein ideologischer und geistesgeschichtlicher, sondern vielmehr politischer Natur. Die Überwindung der Gegensätze von Christentum und Sozialismus, von Christentum und Republik war eine der Hoffnungen des antifaschistischen Widerstandes von Katholiken, Sozialisten und Kommunisten in den Jahren 1933-1945. Innerhalb dieser antifaschistischen Einheitsfront schienen sich von selbst zwei allgemeine Grundsätze als allgemeinverbindlich herauszuarbeiten: Einmal, daß jegliche zukünftige deutsche Gesellschaftsordnung humanistisch und zum anderen fortschrittlich sein müsse. Der humanistische Grundsatz hatte dabei zu seinem Inhalte, daß die Rechte des einzelnen Menschen gegenüber der Gesellschaft und dem Staat unter allen Umständen gewahrt werden müßten. Aus dem Widerstand gegen den faschistischen Totalitarismus ergab sich also von selbst eine humanistische Position, die im Sinne der Entwicklung der europäischen Geistesgeschichte begründet werden konnte und begründet wurde. Der Inhalt dessen, was man „die Hoffnung des Fortschritts" in einer zukünftigen deutschen Entwicklung nennen kann, bezog sich auf die öffentliche politische Ordnung des deutschen Volkes. Die Haupterkenntnis lag darin, daß – welche Staatsform dieses zukünftige Deutschland auch immer haben werde – das „Volk", d.h. die Arbeiterschaft und ihre Organisationen führend in dieser Entwicklung sein müßten.

Wie stark in dem antifaschistischen Kampf selbst konservative Kräfte, die lange Zeit mit dem Faschismus zusammengearbeitet hatten, diese beiden Grundsätze als allgemeinverbindlich anerkannten, zeigt das Programm des ehemaligen Oberbürgermeisters von Leipzig, Goerdeler, sowie das Programm des Greisauer-Kreises, in dem Militärs, Katholiken und Gewerkschafter zusammenarbeiteten. Freilich muß hier bereits unterstrichen werden, daß die Programme des antifaschistischen Widerstandes auch noch einen dritten Grundsatz zum Inhalte hatten: den starken Staat. Die antifaschistische Hoffnung könnte man in den drei Grundsätzen zusammenfassen:

1. Die absolute Wahrung der Rechte des Einzelmenschen;
2. Die Führungsrolle der Arbeiterschaft;
3. Der starke Staat.

Es ist klar, daß bei diesen drei Zielsetzungen der Programme des antifaschistischen Widerstandes eine Reihe von klassischen Gegensätzen zwischen Konservativen und Gewerkschaftern, zwischen Katholiken und Marxisten, zwischen Sozialdemokraten und Kommunisten aufgehoben schienen.

Wenn Walter Dirks in den *Frankfurter Heften* von restaurativer Entwicklung im Zusammenhang mit der Entwicklung der Bundesrepublik in den Jahren 1950/51 spricht, so bezieht sich das einmal darauf, daß sich innerhalb der Wirtschaft der Bundesrepublik das kapitalistische System wieder in seiner „reinen" Form etabliert habe, daß die christliche Demokratie nicht sozialistisch geworden sei und die Sozialdemokratie nicht „labouristisch", daß in den Auseinandersetzungen alte Formen und Formeln wieder zum Zuge gekommen seien – daß eben die Überwindung der Gegensätze, wie sie die Innenpolitik Deutschlands seit 1848 beherrscht hatten, in dieser Bundesrepublik nicht gelungen war.

Der Begriff der „Restauration" entsprang diesem Gefühl der Enttäuschung, das aus dem Zusammenstoß der politischen Wirklichkeit der Jahre 1950/51 mit der idealistischen Hoffnung des antifaschistischen Kampfes entstand. Wir werden aber im nächsten Kapitel sehen, daß der Begriff der Restauration mehr ein gefühlsbedingter als ein politischer Begriff ist, der tatsächlich die wichtigsten Merkmale der politischen Entwicklung in Westdeutschland trifft.

2. Kapitel
„Restauration": ein historischer Begriff

In der Geschichtswissenschaft verwendet man den Begriff Restauration ursprünglich zur Deutung von zwei geschichtlichen Ereignissen in der europäischen Geschichte. Einmal für die innerpolitische Entwicklung Englands in der zweiten Hälfte des 17. Jahrhunderts und weiter in der Entwicklung Mittel- und Westeuropas in der ersten Hälfte des 19. Jahrhunderts.

In der englischen Geschichte sprechen wir von der Restauration der Stuarts, in der europäischen Geschichte sprechen wir von der Restauration der Heiligen Allianz oder der Metternichschen Restauration.

Was ist nun der gesellschaftliche Inhalt der Restauration der Stuarts und der Restauration der Heiligen Allianz?

Die Restauration der Stuarts

Das 17. Jahrhundert ist für England das Jahrhundert der bürgerlichen Revolution. In diesem Jahrhundert gelang dem englischen Bürgertum der Sieg auf dem Gebiete der ökonomischen und politischen Selbstbestimmung. Der politische und ökonomische Inhalt dieser bürgerlichen Revolution wurde, gemäß dem geistesgeschichtlichen Entwicklungsgrad Europas, noch im allgemeinen unter der Ideologie der Religionen, d. h. in Gestalt von Religionskämpfen ausgetragen. Die Stuarts vertraten in diesem Kampf sowohl den Katholizismus, als auch den Gedanken der absolutistischen Monarchie. Sie stützten sich dabei auf ihre großen Verbündeten Spanien und Frankreich, in denen Katholizismus und absolutistische Monarchie eine enge und unauflösbare Verbindung eingegangen waren.

Die bürgerliche Revolution fand ihren militantesten Ausdruck in einer Bewegung, die von Cromwell angeführt wurde. Cromwell vertrat gegegenüber dem Katholizismus und allen katholisierenden Bestrebungen das Recht der Dissidenten, sich eine eigene religiöse Ordnung zu geben, sowie das Recht der Bürger, sich selbst zu regieren. Wie sich so Katholizismus und Absolutismus die Hand reichten, so verbündete sich auf seiten der bürgerlichen Revolution der Gedanke des Dissidententums mit dem der Selbstregierung (Selfgovernment) und des Commonwealth. In der englischen Revolution ist dabei von Bedeutung, daß die Revolution schnell und radikal siegreich wurde, aber durch bestimmte religiöse Anschauungen zu einer Übersteigerung der revolutionären Bewegung trieb, die eine Umkehrung des Terrors auf religiösem Gebiete darstellte, wie auch auf politischem Gebiete der absolutistischen Monarchie die persönliche Diktatur des Führers der Revolution entgegensetzte. Gegenüber der Übersteigerung und dem Verfall der Cromwellschen Diktatur, die das englische Bürgertum jahrzehntelang belastete, erfolgte der Gegenschlag des Hauses Stuart und ihrer Anhänger im Lande. Die Stuartsche Restauration ist ebenso eine Übersteigerung einer bestimmten Entwicklung innerhalb der englischen Geschichte des 17. Jahrhunderts, wie die Cromwellsche Diktatur eine Übersteigerung der revolutionären Bewegung darstellte. Wie die Cromwellsche Diktatur zum Ziele hatte, ihre religiösen Anschauungen absolut in der Gesellschaft durchzusetzen, so wollten die Stuarts nicht nur die religiöse Selbstbestimmung kleiner und kleinster Gruppen innerhalb der Gesellschaft aufheben, sondern sogar die Reformation der Tudors. Das politische Ziel der Restauration der Stuarts ist in England die Errichtung einer absolutistischen Monarchie. So sehr die englische Bourgeoisie und der kleine Adel der Übersteigerung der Revolution überdrüssig war, so wenig waren diese Kräfte gewillt, die Errungenschaften der Revolution dem Katholizismus und dem Absolutismus zu opfern. Der Kampf zwischen Revolution und Restauration endete mit der „Glorreichen Revolution" des Jahres 1688, in der das Bürgertum und der kleine englische Adel die Tudors erneut auf den Thron beriefen, die konstitutionelle Monarchie zur politischen Verfassung Englands erhoben und damit die Rechte des Parlaments und der Selbstregierung für Jahrzehnte in England sicherten.

Der geschichtliche Charakter der Restauration im 17. Jahrhundert in England besteht also darin, daß er in einen politischen Konservatismus fällt, der nicht einsehen will, daß bestimmte gesellschaftliche Veränderungen nicht mehr zu revidieren sind. Die Restauration stellt geschichtssoziologisch das Spiegelbild zur revolutionären Utopie dar. Beide sind durch den Widerspruch von politischem Ziel und gesellschaftlichen Möglichkeiten gekennzeichnet.

Die Metternichsche Restauration

Die Restauration der Heiligen Allianz oder die Metternichsche Restauration ist ein bewußter Gegenschlag gegen die Revolution von 1789, die sowohl in der Form des Jakobinertums, als auch in der Form des napoleonischen Bonapartismus große Teile Europas erfaßt hatte. Im Widerstand gegen die Revolution von 1789 gegen das Jakobinertum und gegen Napoleon wurden die europäischen Monarchien gezwungen, den Forderungen des Bürgertums in ihren Ländern Konzessionen zu gewähren, wie auch überaltete und die Kraft der Staaten schwächende Formen der feudalen Ordnung aufzuheben.

Diese Entwicklung fand ihren stärksten Ausdruck in der von Stein-

Hardenberg getragenen preußischen Reformbewegung von 1808-11. Durch sie sollte der alte absolutistische preußische Staat durch ein System der Zusammenarbeit von Krone und Selbstregierung abgelöst werden. Die Mediatisierung, d.h. die Unterwerfung der kleinen und kleinsten selbständigen politischen Gebilde unter die Herrschaft der großen Staaten, wie die Säkularisierung, d.h. die Aufteilung der kleinen und kleinsten geistlichen Herrschaften unter die größeren deutschen Staaten kennzeichnen diese Entwicklung. Das Ziel der großen Reformbewegung war der moderne Staat, wie ihn die revolutionäre Entwicklung in Frankreich am klarsten hervorgebracht hatte; der Staat mit einer einheitlichen Organisation, mit einheitlichem Recht und einheitlicher Währung. Dieses Ideal des Nationalstaates entsprach gleichzeitig den Erfordernissen der ökonomischen Entwicklung in den einzelnen Gebieten Europas. Das Bürgertum fand in diesem Nationalstaat den ihm gemäßen politischen Ausdruck. Die Reformbewegungen wurden von der Reaktion solange geduldet, als die Revolution in der Gestalt Napoleons in Europa die Rechte der Kronen unmittelbar bedrohte. Im Augenblick des militärischen Sieges der großen europäischen Koalition Rußland, Österreich, Preußen und England, machte sich die europäische Reaktion daran, nicht nur die Reformbewegungen abzustoppen, sondern auch die französische Revolution und ihre Auswirkungen in den einzelnen europäischen Ländern unmittelbar endgültig zu liquidieren. Der Wiener Kongreß sollte nicht nur die alte internationale Ordnung in Europa wieder herstellen, sondern auch die alte innere Ordnung in den einzelnen absolutistischen Monarchien. Der Hauptträger dieses restaurativen Gedankens war der Fürst von Metternich, der Kanzler der Krone Österreich-Ungarns. Die restaurative Bewegung richtete sich sowohl gegen den Gedanken des Nationalstaates, als auch gegen die liberalistischen Ideen der französischen Revolution. Der Nationalstaat, als auch der Liberalismus entsprachen jedoch den unmittelbaren Interessen des in der Periode des Industriekapitalismus immer stärker werdenden europäischen Bürgertums. Der Widerspruch zwischen den politischen Zielsetzungen der Heiligen Allianz zu den gesellschaftlichen Gegebenheiten zeigte sich in einer Reihe von nationalen und politischen Erhebungen, die im Jahre 1848 ihren höchsten Ausdruck in der europäischen Revolution von 1848/49 fanden. Der Sieg des Bürgertums in dieser großen europäischen Revolution ließ den restaurativen Versuch der Heiligen Allianz endgültig zusammenbrechen. Wieder sehen wir, daß Restauration eine Form des politischen Konservativismus darstellt, der nicht einsehen will, daß bestimmte gesellschaftliche Entwicklungen politisch nicht mehr revidierbar sind. Die Restauration ist also auch in dieser Gestalt von dem Widerspruch zwischen politischer Zielsetzung und gesellschaftlichen Möglichkeiten gekennzeichnet.

Geschichtssoziologisch kann man den Begriff der Restauration also als den Versuch einer antirevolutionären konservativen Bewegung definieren, eine Revolution zu einem Zeitpunkt zu liqudieren, in dem diese bereits gesellschaftlich und geschichtlich gesiegt hat, d.h. nicht mehr revidierbar ist.

3. Kapitel
Restauration in der Bundesrepublik nach 1945?

Wir müssen uns also fragen, inwieweit dieser politische Begriff der Restauration auf die gesellschaftliche Entwicklung in Westdeutschland nach 1945 angewendet werden kann. Wenn wir diese Entwicklung als konservativ und antirevolutionär bezeichnen, so müßte ihr eine revolutionäre Bewegung in der Gesellschaft vorausgegangen sein. Wir müssen also zuerst die Frage beantworten, ob der Faschismus eine revolutionäre Bewegung gewesen ist oder nicht, d.h. ob der Faschismus durch bestimmte sozialistische Züge gekennzeichnet war oder nicht.

Die allgemeinen Merkmale einer sozialistischen Gesellschaft sind heute unbestritten die, daß die Produktionsmittel in Kollektiveigentum übergegangen sind, sowie daß alle Produktivkräfte innerhalb der Gesellschaft planend eingesetzt werden. Kollektiveigentum und Planwirtschaft sind also die grundsätzlichen Merkmale einer sozialistischen Gesellschaft.

Wenn sich der Faschismus auch in Deutschland als national*sozialistisch* bezeichnete, so ist der sozialistische Charakter des deutschen Faschismus mehr als zweifelhaft. Auf dem Gebiete der Wirtschaft brüstete sich die faschistische Ideologie in Deutschland immer damit, daß sie eine staatliche Unternehmerwirtschaft sei. Der faschistische Staat hat in die Unternehmerrechte nur formal eingegriffen und keineswegs die Eigentumsordnung grundsätzlich verändert. Die Reglementierung der Wirtschaft bezog sich jedoch umso stärker auf das Gebiet der Arbeitskraft, auf dem faktisch die Freizügigkeit, wie das Koalitionsrecht, als auch der „freie" Arbeitsmarkt selbst aufgehoben wurden und im Verlaufe des Krieges immer stärkere Tendenzen der Zwangsarbeit zur Regel wurden. Die Untersuchungen über die faschistische Rüstungswirtschaft zeigen, wie sich der faschistische Staat erst relativ spät (1942/43) dazu entschließen konnte, zu einer staatlichen Planung der Rüstungswirtschaft zu schreiten.

Innerhalb der politischen Theorie hat die Frage der Einschätzung des Faschismus gerade zu Beginn des zweiten Weltkrieges eine Rolle gespielt. Vor allem unter den sozialistischen Theoretikern tauchte die Frage auf, ob uns nicht in der Gestalt des Faschismus, wie auch in der des Stalinismus, eine völlig neue Ordnung jenseits von Kapitalismus und Sozialismus gegenübertrete, die man, wie James Burnham, als ein „Regime der Manager", d.h. als eine bürokratisch-managerielle Herrschaftsordnung bezeichnen könnte. Die Vertreter des „Managerialismus", wie Burnham, sind der Ansicht, daß sich die gesellschaftlichen Ordnungen des faschistischen Deutschlands, Japans, Rußlands und der Vereinigten Staaten nur in unwesentlichen Merkmalen unterscheiden, im Grunde jedoch Vorformen einer totalitären Herrschaft der Bürokratie darstellten.

Diese Interpretation des Faschismus hält aber einer eingehenderen Darstellung der Geschichte des faschistischen Deutschlands, wie auch einer Darstellung der inneren Entwicklung Rußlands und der Vereinigten Staaten – insbesondere nach 1945 – nicht stand. Die Burnhamsche These ist ein Ausdruck der starken Ähnlichkeiten, die Gesellschaften, die sich im Kriege befinden oder sich auf den Krieg vorbereiten, notwendigerweise haben werden. Die Erfordernisse der Kriegswirtschaft, wie auch der totale Krieg führten eine Militarisierung des gesamtgesellschaftlichen Lebens herbei, die man sehr leicht als die grundlegenden Merkmale der menschlichen Gesellschaften im 20. Jahrhundert nehmen kann. Daß jedoch die Erfordernisse der Kriegswirtschaft wie des totalen Krieges grundsätzlich den kapitalistischen Charakter der deutschen Gesellschaftsordnung nicht verändert haben, ist ein Beweis dafür, daß der Faschismus keine gesellschaftliche Ordnung jenseits von Kapitalismus und Sozialismus darstellt, sondern eine besondere Form innerhalb des Kapitalismus ist, in der der Staat wesentliche Vermittlungsfunktionen im Reproduktions- und Akkumulationsprozeß des Kapitals übernahm.

Was bedeutet nun „Restauration" im Hinblick auf diese Form des Kapitalismus und im Hinblick auf die nationalsozialistische politische Ordnung?

Nimmt man den Begriff wörtlich, so ist zu fragen, welcher Zustand sollte oder soll nach 1945 in Westdeutschland wieder hergestellt werden? Rene Allemann hat in seinem Buch *Bonn ist nicht Weimar* mit Recht auf die Unvergleichbarkeit der inneren Ordnung der Bundesrepublik mit der gesellschaftlichen Ordnung der Weimarer Republik hingewiesen.

Es ist gerade in der Arbeiterbewegung Mode geworden, für sämtliche politischen Ereignisse in der Bundesrepublik ähnliche Vorkommnisse in der Weimarer Republik zu suchen, um an der Parallelität dieser Ereignisse die Bedrohung der Republik, der Demokratie und der Arbeiterbewegung ablesen zu wollen. In der Soziologie wie in der Politik hat ein solches Denken stets verheerende Folgen, weil sich sowohl der Wissenschaftler als auch der Politiker auf ein Schema festlegen läßt und damit bestimmten Formen des Denkens und Handelns, der Eigenartigkeit des gesellschaftlichen Zustandes nicht gerecht werden kann.

Was heißt schon die Wiederherstellung der gesellschaftlichen Ordnung der Weimarer Republik? Meint man die Wiederherstellung der Ordnung der Weimarer Republik von 1919-1923, von 1924-1931 oder gar die von 1931-1933? Weimarer Republik ist ein so allgemeiner und letzten Endes nichtssagender Begriff, daß man schon an eine eingehendere Bestimmung denken muß, soll die Beziehung auf Weimar etwas anderes sein als eine propagandistische Parallele.

Von restaurativer Entwicklung in Westdeutschland zu sprechen, ist in allen Punkten unzureichend und irreführend. Einmal besteht der grundlegende Unterschied darin, daß die Weimarer Republik aus einer revolutionären Bewegung hervorgegangen ist, während die Bundesrepublik ein Gebilde der Militärdiktatur und der gelenkten Demokratie ist. Ein kurzer Vergleich mit der politischen Verfassung von „Weimar" und „Bonn" zeigt, daß dieser Unterschied wesentlich ist, weil in der politischen Verfassung Bonns eben gerade das fehlt, was die Weimarer Verfassung gekennzeichnet hat: die Festlegung und Ausgestaltung der Volksrechte.

Untersuchungen über die Entwicklung der deutschen Wirtschaft von 1919-1933 zeigen uns, daß sie stark von monopolistischen Tendenzen getragen war. Der monopolistische Charakter der Wirtschaftsentwicklung der Bundesrepublik von 1945 bis heute ist zwar nicht abzuleugnen, aber jedem Beobachter fällt die veränderte Rolle des Staates, wie auch der Wirtschaftsverbände ins Auge. Die Ähnlichkeit der Wirtschaftsverfassung von Weimar zu der der Bundesrepublik ist nur sehr allgemeiner und oberflächlicher Natur. Die Tendenz der wirtschaftlichen Entwicklung in der Bundesrepublik zielt nicht auf eine Herstellung des reinen Monopolismus, sondern vielmehr auf eine besondere Form des über extensive Staatstätigkeit vermittelten Kapitalismus.

Von allen Kritikern des gesellschaftlichen Lebens der Bundesrepublik wird offen anerkannt, daß Weimar gegenüber Bonn durch einen ausgesprochenen Zug der Fortschrittlichkeit gekennzeichnet ist. Der konservative Charakter der kulturellen Entwicklung in der Bundesrepublik gegenüber der kulturellen Entwicklung in der Weimarer Republik kann nicht abgeleugnet werden.

Wenn man jedoch eine Anwendung des Begriffes Restauration in Bezug auf eine bestimmte gesellschaftliche Ordnung, wie die der Weimarer Republik, ablehnen muß, so sehr ist die Anwendung dieses Begriffes richtig, wenn man auf den Inhalt der gesellschaftlichen Entwicklung in der Bundesrepublik zielt. Das Phänomen der Entwicklung der Bundesrepublik besteht darin, daß bestimmte Gruppen und Klassen, von denen alle Welt nach 1945 angenommen hat, daß sie unter keinen Umständen mehr zu den führenden Kräften der deutschen Geschichte zählen würden, in dieser Gesellschaft wiederum die Macht ausüben.

Wenn man die Wiederherstellung der Macht des Bürgertums aber als Restauration bezeichnet, so muß man die Entwicklung von 1945-1949 zwar nicht als eine Revolution auffassen, so doch als eine Periode, in der revolutionäre Möglichkeiten vorhanden waren oder vorhanden zu sein schienen.

In dem ersten Teil der Darstellung der Restauration in der Bundesrepublik werden wir uns besonders die Frage nach den revolutionären Möglichkeiten, d.h. natürlich nach den revolutionären Möglichkeiten der Arbeiterbewegung, stellen.

4. Kapitel
Die weltpolitischen Voraussetzungen der restaurativen Entwicklung nach 1945

In der politischen Publizistik wird oft die Meinung vertreten, daß der Bruch der Koalition der Siegermächte in den Jahren 1947 bis 1948, d.h. also der Ausbruch des Kalten Krieges, erst zu einer restaurativen Entwicklung der Bundesrepublik geführt habe. Bei einer eingehenden Darstellung der weltpolitischen Tendenzen während des 2. Weltkrieges und bereits des ersten Jahres nach dem Zusammenbruch des faschistischen Deutschlands, kann eine solche Behauptung nicht aufrecht erhalten werden.

Die Auffassung, daß erst der Kalte Krieg die restaurative Entwicklung in Westdeutschland eingeleitet habe, geht von einer falschen Beurteilung der Koalition der Sieger über Deutschland als einer demokratischen Einheitsfront aus. Man muß diese Koalition jedoch als eine reine militärische Einheit imperialistischer Mächte bewerten, die als einziges gemeinsames Ziel die vollständige Niederwerfung des Gegners hatten. Der 2. Weltkrieg muß so als der zweite imperialistische Weltkrieg bezeichnet werden. Wenn einige Beobachter dieses imperialistischen Weltkriegs sich über dessen imperialistischen Charakter nicht klar werden, so auch deshalb, weil hier imperialistische Mächte der verschiedensten Natur eine große Koalition eingegangen waren. Die Koalition der Siegermächte muß historisch als eine Koalition alter und neuer imperialistischer Mächte, als ein Zusammenspiel des alten und neuen Imperialismus verstanden werden. Die Koalition zwischen diesen imperialistischen Mächten konnte schon allein deshalb nicht über das militärische Ziel hinaus wirksam werden, weil sich in ihr die verschiedenen Inhalte des alten und des neuen Imperialismus widersprüchlich gegenüberstanden.

Als die klassischen Vertreter des alten Imperialismus in dieser Koalition muß man Frankreich und England ansehen. Aber selbst innerhalb dieses Lagers der alten imperialistischen Mächte zeigt sich bei der Betrachtung ihrer imperialistischen Ziele, daß sich hier auf lange Sicht unüberbrückbare Widersprüche auftun mußten.

Die französischen Interessen

Das imperialistische Ziel Frankreichs ist stets die Vorherrschaft auf dem europäischen Kontinent gewesen. Seit Mitte des 19. Jahrhunderts hat Frankreich diese kontinentale Vorherrschaft auch deshalb erstrebt, um sein afrikanisches Empire gegenüber dem Zugriff anderer imperialistischer Mächte zu schützen. In der Geschichte des modernen Europas, d.h. also seit dem 17. Jahrhundert, ergibt sich aus diesem kontinentalen Vorherrschaftsstreben Frankreichs ein Widerspruch zu den Bestrebungen Englands. Die großen Koalitionen, die Paris in seinem kontinentalen Vorherrschaftsstreben in der Regel einging, waren mehr nach Moskau und Wien gerichtet, denn nach London. Erst das Auftreten einer organisierten kontinentalen europäischen Macht von der Bedeutung Deutschlands, warf Frankreich in das diplomatische Bündnis Paris – London, d.h. zwang es zur *Entente cordiale.* Im 2. Weltkrieg gelang es Frankreich innerhalb dieser Entente nicht mehr, seine alten kontinentalen Vorherrschaftsbestrebungen durchzusetzen. Es muß als ein politischer Satellit der anderen imperialistischen Mächte aufgefaßt werden, dessen Ziel nicht mehr so sehr auf kontinentale Vorherrschaft in Europa ging, sondern – wie zum Teil bereits schon nach dem 1. Weltkrieg – auf eine absolute Absicherung gegenüber allen anderen kontinentalen Vorherrschaftsbestrebungen in Europa.

Die britischen Interessen

Die imperialistische Politik Großbritanniens wird seit den Friderizianischen Kriegen (1740-1764) mehr von den Interessen seines weltweiten Empires bestimmt, denn von seinen unmittelbaren kontinental-europäischen Zielen. Seit der Mitte des 18. Jahrhunderts besteht die politische Aufgabe Großbritanniens in der Erhaltung des europäischen Gleichgewichts, d.h. in der Aufstellung von stets wechselnden Koalitionen, die eine kontinentale Vorherrschaft irgendeines europäischen Landes unter allen Umständen verhindern. Die traditionelle Koalition Londons ist im 18. und 19. Jahrhundert stets die mit Wien gewesen, denn die mit Paris, Moskau oder Berlin. Mit der Zerschlagung der Österreich-Ungarischen Monarchie ging der britischen Diplomatie der große und traditionelle Verbündete verloren, der für London letzten Endes keine andere Wahl mehr ließ, als die *Entente cordiale* zu verewigen. Der Versailler Vertrag und seine politischen Schöpfungen ließen darüber hinaus eine stabile europäische Gleichgewichtspolitik nicht mehr zu. Die Politik Großbritanniens ist so Ende des 1. Weltkrieges entschieden antirussisch und antibolschewistisch. Mit Frankreich hat es in den Vertragswerken von Versailles, Trianon usw. den Versuch unternommen, an der russischen Westgrenze eine Fülle kleiner Staaten zu schaffen wie Polen, die Tschechei, Ungarn, Rumänien, Jugoslawien, Bulgarien, die sogar bei einer Koalition unter sich selbst nie in der Lage gewesen wären, eine selbständige Politik nach Osteuropa hin zu betreiben. Die „Kleine Entente", wie man diesen Sicherheitsgürtel kleiner und mehr oder weniger unselbständiger politischer Gebilde in den 20er Jahren nannte, war stets von den politischen Zielen und Bestrebungen Frankreichs und Englands abhängig. Die Aufrechterhaltung dieses Sicherheitsgürtels kleiner Staaten an der russischen Westgrenze mußte nach dem 2. Weltkrieg Ziel der englischen Politik bleiben. In der Debatte um den Ort der westlichen Landung im Jahre 1944 hat Churchills Plan, den Stoß gegen das faschistische Deutschland vom Balkan aus zu führen, den amerikanischen Plänen eines massiven Angriffs an der Atlantikküste weichen müssen. Mit dieser militärischen Entscheidung unter dem ökonomischen und militärischen Druck der Vereinigten Staaten, ist im Grunde genommen nicht nur die englische Osteuropa-Politik, sondern auch die englische kontinentale Politik zusammengebrochen. Bereits während des Krieges lieferte der englische Imperialismus politisch nur noch Rückzugsgefechte. Der endgültige Schlußstrich unter eine selbständige englische Europa-Politik wurde in Jalta gezogen. England mußte anerkennen – dies beweisen die Geheimdokumente der Jalta-Konferenz –, daß der Gürtel kleiner unselbständiger Staaten in Osteuropa unter die „russische Einflußsphäre fällt". Dieser großen Niederlage der englischen Politik durfte unter keinen Umständen eine zweite im Raume des Mittelmeeres folgen. Das Mittelmeer kann als die Drehscheibe der englischen imperialistischen Politik betrachtet werden. Wie und wann auch immer eine politische Macht den Versuch unternehmen würde, die Mittelmeer-Position Englands anzugreifen, wird es gezwungen sein, dieser Kraft mit allen Mitteln entgegenzutreten. Kann die englische Politik ihre Vorherrschaft im Mittelmeer nicht mehr halten, so bedeutet dies den Zusammenbruch des englischen Empires.

Die Interessen der USA

Die Vereinigten Staaten sind in den 2. Weltkrieg ähnlich entscheidend eingetreten, wie bereits schon in den ersten. Bei einer allgemeinen Betrachtung der Kriegspolitik der Vereinigten Staaten könnte man sie als die starke amerikanische Rückhand der englischen imperialistischen Politik auffassen. Es darf jedoch nicht übersehen werden, daß die Vereinigten Staaten in diesem Kriege ein ausgesprochen eigenes imperialistisches Ziel hatten, nämlich die Zerschlagung Japans. Die Niederwerfung Japans als einer imperialistischen Macht lag auch im Interesse Großbritanniens und seiner imperialistischen Politik, denn das imperialistische Japan war – trotz seiner China-Politik – einer der wichtigsten Motoren der kolonialrevolutionären Bewegungen in Asien. Darüber hinaus darf nicht vergessen werden, daß die Vereinigten Staaten bereits zu Ende des 19. Jahrhunderts mit den Mitteln eines reinen Wirtschaftsimperialismus in den Kampf um China eingegriffen haben, der vorher im wesentlichen zwischen England und Rußland ausgetragen wurde. Seit 1898, d.h. seit der Vernichtung der letzten Reste der spanischen Vorherrschaft im Fernen

Osten, war das imperialistische Ziel der Vereinigten Staaten in diesem Gebiet klar: der Pazifik mußte früher oder später zu einem amerikanischen Meer werden. Die Annahme scheint nicht unberechtigt zu sein, daß gegenüber diesem imperialistischen Kriegsziel, das die Vereinigten Staaten Ende des 2. Weltkrieges voll und ganz erreicht hatten, die Europa-Politik für sie nur von zweitrangiger Bedeutung war. Im allgemeinen übernahmen die Vereinigten Staaten mit Ausnahmen – wie wir gesehen haben, mit entscheidenden Ausnahmen – die englische europäische Konzeption. Beiden Mächten mag für eine kurze Zeit der Gedanke vorgeschwebt haben, daß die osteuropäischen Länder – auch wenn sie zur Einflußsphäre der Sowjetunion gehören – doch noch einen *Cordon sanitaire,* oder doch ein neutralisiertes Gebiet darstellen würden.

Die sowjetischen Interessen

Zu den neuen imperialistischen Mächten in der großen Koalition der Siegermächte zählt nicht zuletzt auch die UdSSR. Die UdSSR hat seit ihrem Bestehen die Ziele des alten russischen Imperialismus weiter verfolgt. Diese Ziele des alten russischen Imperialismus waren einmal, das Mittelmeer zu erreichen, weiter in den Mittleren Orient und in Indien einzudringen und nicht zuletzt, den Kampf um die Vorherrschaft in China zu gewinnen. In der Geschichte der Sowjetunion sehen wir, wie, seit der Niederlage der chinesischen Revolution von 1927/28, die Politik der UdSSR im Fernen Osten mehr auf Festigung zielte als auf Ausdehnung. Diese Politik der Festigung war für Moskau beinahe ein Axiom, und es darf nie übersehen werden, daß die russische Politik selbst in den Jahren der schnellen japanischen Expansion im Fernen Osten nur zögernd und nie entschieden antijapanisch war. Die russische Politik bestand darin, in den pazifischen und ostasiatischen Auseinandersetzungen mehr Zuschauer im Streit der imperialistischen Mächte zu sein, als Mitkämpfer; und zwar mit der Hoffnung auf eine Gelegenheit, bei der eine Expansion der UdSSR in diesem Gebiete ohne große Opfer zu erreichen sei. Die Politik Rußlands im zweiten imperialistischen Weltkrieg spiegelte diese Zielsetzungen voll und ganz wider. Die Expansion Rußlands mußte in diesem Gebiet jedoch die Grenzen achten, die die pazifische Großmacht, die Vereinigten Staaten, als unangreifbar erklärt hatte.

Bereits vor dem Verzicht auf die Expansion im Fernen Osten, verzichtete die Sowjetunion auf die alte Idee des zaristischen Imperialismus, Großbritannien durch einen Marsch über Persien und Afghanistan zu bedrohen. Die großen Hoffnungen, welche die Sowjetunion in der revolutionären Periode bis 1923 auf diesem Gebiet hatte, wichen bald einer nüchterneren und realistischeren Einschätzung ihrer expansiven Möglichkeiten. Trotzdem hat die Sowjetunion niemals darauf verzichtet, die

Ausdehnung ihrer direkten Einflußsphäre durch die Unterstützung der kolonialrevolutionären Bewegungen im Mittleren Orient und in Indien vorwärts zu treiben, um zu einem geeigneten Zeitpunkt, nämlich einer Schwächung des britischen Empires, die revolutionäre Expansion mit der militärischen Invasion zu koppeln.

Rußland hat jedoch zu keinem Zeitpunkt sein altes europäisches imperialistisches Ziel aus dem Auge gelassen: das Mittelmeer. Welche Rolle die bulgarische Revolution im Durchbruch Rußlands zum Mittelmeer gespielt hat, ist offensichtlich. Im Molotow-Ribbentrop-Pakt hat Rußland von dem faschistischen Deutschland die Basen für einen weiteren Vorstoß zu den Dardanellen und dem Mittelmeer erhalten. Dieser Pakt zerbrach an den zusätzlichen Forderungen Molotows im Jahre 1940, die eine Zustimmung Hitlers zur Räumung der Dardanellen und der Erreichung der Mittelmeerküste durch Rußland zum Ziele hatten. Das Mittelmeer, dieses alte imperialistische Ziel Rußlands, hat in seiner Geschichte stets zum Zusammenstoß mit Großbritannien geführt. Und es ist bezeichnend, daß – noch ehe der 2. Weltkrieg zu Ende ist – Großbritannien in schärfster Form, unter Mißachtung aller seiner Zusicherungen und aller seiner demokratischen Versicherungen, dem russischen Vormarsch nach dem Mittelmeer entgegentritt. Das Ziel Rußlands war in diesem 2. Weltkrieg ganz ohne Zweifel die Festigung der Mittelmeer-Position von Saloniki bis einschließlich Triest. Dem Versuch, sich mit revolutionären Mitteln der griechischen Mittelmeerküste zu bemächtigen, trat Großbritannien mit militärischen Mitteln in den griechischen Wirren vom September bis Dezember 1944 entgegen. Noch ehe Jugoslawien das Gebiet von Triest ganz besetzt hatte, war Großbritannien entschlossen, den Schlüssel zur Beherrschung der slawischen Adria, nämlich Triest, unter keinen Umständen in die Hände Rußlands oder seiner Satelliten fallen zu lassen. Die Aktionen um Triest und Griechenland sind gleichzeitig von Bestrebungen im Iran begleitet, die auf eine völlige Umklammerung der Türkei zielten. Die Einkreisung der Türkei hätte die Eroberung der Dardanellen zum Ergebnis gehabt, mit welchen Mitteln und in welchen Formen auch immer. Der Versuch des Vorstoßes im Balkan und im Mittleren Orient mußte früher oder später zum offenen Bruch Rußlands mit dem englischen Verbündeten führen.

Die Interessengegensätze im Lager der Alliierten

Die Widersprüche im siegreichen imperialistischen Lager traten bereits – und dies ist hervorzuheben – *vor* der Niederwerfung des faschistischen Deutschlands auf. Die Deutschland-Politik war abhängig davon, welche Ansicht von der politischen Ordnung in Osteuropa durchdringen würde. Die klassische englische Ansicht vom *Cordon sanitaire*, oder die amerikanische Ansicht einer Vereinigung kleiner demokratischer Staaten, die ihre Selbständigkeit zumindest innerhalb der Weltorganisation der UN gegenüber allzu massiven russischen Einflüssen aufrecht erhalten können, oder die russische Version der „befreundeten Nationen", die eine radikale ökonomische und politische Unterwerfung dieser Staaten unter die Vorherrschaft der UdSSR zum Ziele hatte.

Die Siegermächte waren nur durch die militärischen Ziele verbunden: die Vernichtung Deutschlands und Japans als imperialistische Konkurrenten. In der Deutschland-Frage konnte es zwischen den Siegermächten nur einen Streit um das Ausmaß der Vernichtung und Ausschaltung des deutschen Imperialismus geben. Gemäß der alten imperialistischen Ansicht Frankreichs glaubte dieses, den deutschen Imperialismus im Stile des Rhein-Bundes, d.h. durch die Zerschlagung des deutschen Nationalstaates in mehr oder weniger fest föderierte einzelne Staaten, ausschalten zu können. Darüber hinaus sollte eine absolute Entwaffnung Deutschlands durchgeführt werden, wie auch eine unbegrenzte und absolute Kontrolle über seine wichtigsten ökonomischen Grundlagen.

Großbritannien konnte im Hinblick auf seine osteuropäische Politik an einer solchen absoluten Zerstückelung, Entwaffnung und Niederwerfung des deutschen Imperialismus nicht interessiert sein. Früher oder später mußte England klar werden, daß für seine osteuropäische Politik ein relativ politisch stabiler Faktor in Mitteleuropa wichtiger war als ein zerstückeltes und völlig machtloses Gebilde, das früher oder später – insbesondere wenn der Verbündete Frankreich in ökonomische oder politische Schwierigkeiten käme – dem russischen Zugriff verfallen mußte. Auf dem Gebiet der Wirtschaft war Großbritannien daran interessiert, die deutsche Wirtschaft so weit wie möglich als einen mächtigen Konkurrenten auf dem Weltmarkt auszuschließen. Dies konnte weniger durch eine absolute Kontrolle oder gar Demontage erreicht werden als durch das Recht ständiger Abzapfungen ökonomischer Kräfte von der deutschen Wirtschaft in Form von Reparationen.

Keine Siegermacht war in ihren europäischen Kriegszielen verwirrter als die Vereinigten Staaten. Sie haben von allen Siegermächten vor der Niederlage des Faschismus das radikalste Programm in Form des Morgenthau-Plans entworfen, der auf eine vollkommene Entindustrialisierung Deutschlands hinzielte. Die Agrarisierung Deutschlands sollte von einer idealen Demokratisierung des deutschen Volkes begleitet sein. Noch nie hat eine Siegermacht eine abstraktere Konzeption gegenüber einer unterlegenen Großmacht vertreten als die Vereinigten Staaten im Falle Deutschlands. Früher oder später mußte diese abstrakte Deutschland-Politik dem Druck der beiden westlichen Koalitionspartner folgen, so daß die Deutschland-Politik der Vereinigten Staaten als Resultante der Bestrebungen Frankreichs und Großbritanniens in der Deutschland-Frage aufgefaßt werden mußte.

Neben Großbritannien hatte die Sowjetunion die klarste Auffassung einer Deutschland-Politik. Ihr Ziel war in Osteuropa die Einbeziehung der einzelnen kleinen Staaten in die unmittelbare Machtsphäre Rußlands. Inwieweit die Sowjetunion die Einbeziehung der Ostzone Deutschlands im Auge hatte, kann bis heute noch nicht nachgewiesen werden. Völlig unwahrscheinlich erscheint jedoch, daß es zu irgendeinem Zeitpunkt das Ziel Rußlands gewesen ist, die Expansion über die Elbe hinaus an den Rhein oder den Atlantik fortzusetzen. Der Zusammenschluß der sogenannten russischen Einflußsphäre in Osteuropa in einem Block war eine Aufgabe, welche der russische Imperialismus nicht ohne Gefahr überspringen konnte. In der Darstellung der imperialistischen Ziele Rußlands haben wir ein massives Ziel des zaristischen Imperialismus ausgelassen: die Ostsee. Wir haben es deshalb ausgelassen, weil dieses Ziel durch den Molotow-Ribbentrop-Pakt formal und durch die militärischen Siege von Leningrad bis Berlin auch tatsächlich erreicht war. Mit der Abtrennung Ostpolens und der Gebiete östlich der Oder/Neiße hat die Sowjetunion einen wesentlichen Schlüssel zur Lösung des deutschen Problems in die Hand bekommen, indem es über die deutsche Agrarbasis verfügte. Daß die Agrarbasis von der Sowjetunion nicht ausgebaut, sondern faktisch als agrarisches Überschußgebiet vernichtet wurde, dürfte als Beweis dafür gelten, daß das Ziel Rußlands in der Deutschland-Frage nicht in einer Expansion bestand, sondern in der Schaffung eines machtlosen mitteleuropäischen Gebietes. Die Ansprüche der Sowjetunion auf Reparationen und die unrentable Form der Liquidierung von Industriepotential in der Ostzone, wie auch die laufende Entnahme aus der Produktion stellt das Ziel der Sowjetunion ganz klar dar: die „Neutralisierung" Deutschlands. Deutschland wurde von Rußland seit der Niederwerfung des Faschismus als ein militärisches und politisches Vorfeld aufgefaßt und nicht als ein unmittelbares Operationsgebiet.

Letzten Endes lief aber auch die Politik der anderen Siegermächte auf eine Neutralisierung Deutschlands hinaus. Die Konstruktion einer Vier-Mächte-Kontrolle über Deutschland mit deutschen Zentralverwaltungen, der internationalen Kontrolle über die Ruhr und die laufende Entnahme von Reparationen konnte nur solange funktionieren, als diese Neutralisierung Deutschlands gemeinsames Ziel aller Besatzungsmächte war.

Der Bruch der Allianz

Aber bereits vor dem Zusammenbruch des faschistischen Deutschlands, im Mai 1945, zeigt es sich, daß diese Neutralisierung Deutschlands von keiner der Siegermächte aufrecht erhalten werden konnte, weil diese Neutralisierung des mitteleuropäischen Raumes den politischen Interessen der Siegermächte widersprach. Bereits im Frühjahr 1945 zeigte die Entwicklung in den osteuropäischen Staaten eindeutig, daß Rußland willens war, seine Auffassung der „befreundeten Nationen" durchzusetzen, d.h. eine innere Ordnung in den einzelnen Staaten zu erzwingen, die diese voll und ganz an die russische Politik band.

Die Durchgriffe in Griechenland, Polen, Rumänien und Jugoslawien mußten entweder zu einer Kapitulation der westlichen Alliierten vor den russischen Forderungen führen, oder zu einem Zusammenstoß mit Rußland. Im Falle Griechenlands und Jugoslawiens haben die Westmächte unter Führung Großbritanniens den Zusammenstoß gewählt. In der Frage Rumäniens und Polens haben die Westmächte kapituliert. Zu dieser Kapitulation wurden sie auch deshalb verführt, weil die nationaldemokratische Entwicklung in der Tschechoslowakei ihnen tatsächlich als ein Weg erschien, den die einzelnen Staaten in Osteuropa hätten beschreiten können: den Weg „befreundeter Nationen" mit Sympathien zum Westen.

Die Politik Rußlands in den einzelnen osteuropäischen Ländern war aber bereits 1945 auf die Liquidierung jeder Form von „Neutralismus" gerichtet. Mit den Mitteln der nationalen antifaschistischen Einheitsfront, der Einheit der Arbeiterparteien, der Durchführung der Bodenreform und der Verstaatlichung der wichtigsten Produktionsmittel, führten die Rote Armee und die mit ihr verbündeten politischen Kräfte in den einzelnen osteuropäischen Ländern unter den Augen der alliierten Militärkommissionen eine Revolution durch, die früher oder später zu einem Bruch der großen Koalition führen mußte. Von allen Koalitionspartnern war Frankreich noch am ehesten gewillt, seine alte osteuropäische Konzeption des *Cordon sanitaire* fallen zu lassen, um in den Kreis der Großmächte aufgenommen zu werden und durch dieses Prestige Unterstützung von den Großmächten für seine koloniale Position zu erhalten.

Für die Vereinigten Staaten zeigt die Entwicklung in Osteuropa, daß es für sie notwendig war, sich ein eigenständiges politisches Ziel zu setzen, um nicht durch schwerwiegende Niederlagen in Europa ihre pazifischen Positionen zu bedrohen. Die Stabilisierung Europas und insbesondere Mitteleuropas mußte früher oder später im Rahmen dieser europäischen Politik der Vereinigten Staaten liegen. Bereits vor der Niederwerfung des Faschismus hat ein Differenzierungsprozeß der Europa- und Deutschland-Politik in Washington eingesetzt, der mit den Auffassungen der UdSSR und Frankreich in absehbarer Zeit zusammenstoßen mußte.

Diese Betrachtungen der Grundsätze und der Politik der Siegermächte zeigt uns, daß der Bruch der Koalition bereits vor der Niederwerfung des Faschismus akut wurde. An eine gemeinsame Deutschland-Politik der Siegermächte konnte bereits 1945 nicht gedacht werden. Im Hinblick auf die restaurative Entwicklung in Westdeutschland müssen diese Widersprüche der Siegermächte als der Ausgangspunkt dieser Entwicklung gesetzt werden. Wegen des imperialistischen und widersprüchlichen Charakters ihrer Politik, hat sich keine der Siegermächte entschlossen, sich auf die Kräfte innerhalb Deutschlands zu stützen, die einer restaurativen Entwicklung erfolgreich hätten entgegentreten können. Die imperialistischen Ziele und die Widersprüche der Besatzungspolitik haben tatsächlich eine eigenständige fortschrittliche politische Entwicklung nicht nur in Westdeutschland, sondern in Gesamtdeutschland unmöglich gemacht. Dieser Zustand mußte früher oder später nur zu Gunsten einer reaktionären Entwicklung in Westdeutschland wirksam sein.

5. Kapitel
Die Kontinuität des 3. Reiches

Die Niederlage des nationalsozialistischen Deutschlands stellt das Ende der Geschichte des deutschen Nationalstaates überhaupt dar. Dieser deutsche Nationalstaat ist in seiner Geschichte von der Mittellage des deutschen Volkes in Europa bestimmt gewesen. Und diese Mittellage hat dazu geführt, daß Deutschland, oder besser, die deutschen Staaten, in der Vergangenheit stets das Kampffeld der großen europäischen Mächte geworden sind oder zu den jeweiligen Bundesgenossen der Großmächte in den wechselnden Koalitionen wurden.

Das Interesse dieser europäischen Großmächte hat durch Jahrhunderte die politische Kraft der Deutschen Nation durch die Spaltung der einzelnen deutschen Staaten behindert, bis die Entstehung dieses deutschen Nationalstaates in der Mitte Europas mit einer Vehemenz erfolgte, die weit über die anderen vergleichbaren historischen Vorgänge bei anderen Nationen hinausgeht. Daß die Deutsche Nation im Widerstand gegen die europäischen Großmächte ihren nationalen Staat schuf, war wohl auch der Grund dafür, daß die Ideologie der Nation in Deutschland etwas anders war als in England oder Frankreich. Der Begriff der Nation, wie die Deutschen ihn im 19. Jahrhundert als Grundlage ihrer Einheitsversuche schufen, war einerseits barbarischer und zum anderen idealistischer als die verwandten Begriffe der Nation in England und Frankreich. Der Begriff der „Deutschen Nation" wurde in einen unlogischen, aber wirksamen Zusammenhang mit dem politischen Begriff des „Reiches" gebracht, der jahrhundertelang die Geschicke Europas beeinflußt hat. Und dieses „Reich der deutschen Nation" war in der Idee des deutschen Nationalstaates seit eh und je nicht Preußen oder Kleindeutschland gewesen, sondern Großdeutschland. Erst mit der Erreichung des großdeutschen Zieles wurde der Traum des nationalen Einheitsstaates erfüllt. Und es ist ein tragisches geschichtliches Ereignis, daß dieser historische Traum der Deutschen Nation nur vom Nationalsozialismus verwirklicht wurde und, gemäß den historischen Bedingtheiten in Europa, wohl auch nur von ihm erfüllt werden konnte.

Die Zerschlagung des III. Reiches und des deutschen Nationalstaates

Der Zusammenbruch des nationalsozialistischen 3. Reiches muß deshalb als das Ende der deutschen nationalstaatlichen Geschichte aufgefaßt werden, weil – welche Entwicklung in Europa und in der Welt nach

1945 auch immer vorausgesehen werden kann – eine Wiedererstehung des Reiches im Sinne eines Großdeutschlands wohl kaum mehr im Bereich des Wahrscheinlichen oder Möglichen liegt. Der Zusammenbruch des nationalsozialistischen Staates hat als erstes Österreich für absehbare Zeit zu einem selbständigen Staat gemacht, der in den verschiedensten europäischen Staatskonstruktionen wieder Eingang finden kann, jedoch wohl kaum mehr in der Konstruktion eines Deutschen Reiches.

Das wichtigste Phänomen der Zerschlagung des deutschen Nationalstaates haben wir nach 1945 in der bewußten, systematischen und radikalen Zertrümmerung Preußens vor uns. Eine Wiedererstehung eines deutschen Nationalstaates wird ohne eine Errichtung Preußens kaum möglich sein. Die Zerschlagung des deutschen Nationalstaates durch die Siegermächte von 1945 mutet wie eine Umkehrung der Geschichte Preußens und insbesondere seiner nationalstaatlichen Einigerrolle an. Preußen ist erst zu deutscher und europäischer Bedeutung gelangt, als es über sein brandenburgisches Kerngebiet nach Osten hinausgriff und in Ostpreußen und Schlesien die Gebiete eroberte, die es ihm erlaubten, zu einer europäischen Großmacht zu werden. Welche Ideen einer Wiederherstellung Deutschlands auch von den verschiedensten Kräften nach 1945 vorgetragen werden, eine Wiederherstellung Preußens mit Einschluß dieser Ostgebiete ist nur vorstellbar auf dem Wege einer radikalen Zerschlagung der russischen Vormacht in Osteuropa. Aber diese Zerschlagung der russsischen Vormacht in Osteuropa ist wiederum unvorstellbar durch eine deutsche oder atlantische Politik, die sich gegen Polen und die Tschechoslowakei richtet. Nicht zuletzt ist der Verlust der deutschen Ostgebiete für jede nationalstaatliche Politik nach 1945 deshalb so bedeutsam, weil diese Ostgebiete dem Preußischen Staat in seiner nationalstaatlichen Rolle erst seinen charakteristischen Klassencharakter gaben. Wie auch immer die Frage der deutschen Ostgebiete gelöst wird, eine Wiederherstellung der alten Klassenordnung in diesen Ostgebieten, d.h. eine Wiederherstellung der Herrschaft der Junker, ist in der Geschichte Deutschlands und Europas nicht mehr zu erwarten.

Preußen hat seine nationalstaatliche Einigerrolle jedoch erst im vollen Umfange spielen können, als es dadurch zum klassischen deutschen Staat wurde, daß es sowohl an der Weichsel als auch am Rhein die politischen Interessen der Deutschen Nation aus eigenem Staatsinteresse heraus verteidigen mußte – und dies zu einem Zeitpunkt (1815), als sich Österreich-Ungarn bewußt von seinen deutschen Aufgaben an der Rheinfront zurückzog. Die Errichtung eines eigenen politischen Gebildes in den preußischen Westgebieten wird wohl in absehbarer Zeit kaum im Bereich politischer Zielsetzungen liegen. Aber indem man die Westgebiete Preußens, d.h. die Gebiete an Rhein und Ruhr, aus der deutschen Politik nach 1945 dadurch ausklammerte, daß man ihnen lange Zeit eine Sonderbehandlung zukommen ließ, hat man gleichzeitig die politische Bedeutung des Rheinlandes und des Ruhrgebietes nicht nur für die deutsche, sondern für die europäische Politik hervorgehoben. Diese Sonderrolle des Rhein- und Ruhrgebietes in der Politik der Siegermächte nach 1945 hat früher oder später eine westeuropäische Tendenz beinhalten müssen, die einer Wiederherstellung Preußens und damit eines deutschen Nationalstaates grundsätzlich widerspricht.

Nicht zuletzt muß noch bei der Zerschlagung Preußens die Sonderbehandlung und damit die Isolierung Berlins in der deutschen Politik nach 1945 hervorgehoben werden. Dadurch, daß Berlin effektiv nicht mehr Teil des gesamten Deutschlands ist, sondern eine absonderliche Rolle innerhalb Deutschlands, Europas und der Welt spielt, wurde jeder Versuch von Anfang an unterbunden, von dem weltstädtischen Zentrum Preußens aus eine Wiederherstellunge Preußens und des deutschen Nationalstaates in die Wege zu leiten.

Nach 1945 ist die deutsche nationalstaatliche Geschichte auch deshalb zu ihrem Ende gekommen, weil selbst auf dem beschränkten Gebiete eines Kleindeutschlands und Restdeutschlands die Debatte um Separation (Saargebiet und Nordschleswig), wie auch insbesondere der Streit um Staatenbund oder Bundesstaat wieder aufflammte. Dieser Streit um die zukünftige staatsrechtliche Form darf nicht als eine rein juristische Angelegenheit aufgefaßt werden, er muß als ein Symptom dafür gesehen werden, daß die Deutsche Nation durch die Niederlage des nationalsozialistischen Deutschlands ihren Willen zum Nationalstaat weitgehend verloren hat.

Beurteilt man die Niederlage des nationalsozialistischen Deutschlands im Jahre 1945 als das Ende der nationalstaatlichen Geschichte der Deutschen Nation, so ist es natürlich absurd, von einer Kontinuität der deutschen Staatswesen vor 1945 und nach 1945 zu sprechen. Trotzdem haben die Siegermächte bewußt auf dem Prinzip beharrt, daß jedes deutsche Staatswesen nach 1945 als in unmittelbarer Rechtsfolge des 3. Reiches aufgefaßt werden muß. Ist diese Auffassung schon angesichts der Situation absurd, in der sich die Deutsche Nation nach 1945 befindet, so steht sie auch in einem krassen Widerspruch zu den politischen Auffassungen und Praktiken der Siegermächte selbst. Das einigende Prinzip der Siegermächte war der Antifaschismus. Der Antifaschismus der Siegermächte bezog sich jedoch auf den imperialistischen und räuberischen Charakter des deutschen Staatswesens nach 1933. Und keine der Siegermächte hat die Tatsache übersehen, daß dieser imperialistische und räuberische Charakter des deutschen Staates nach 1933 in der Nationalsozialistischen Partei seinen Ursprung und seine treibende Kraft gefunden hat. Die Nürnberger Prozesse haben das nationalsozialistische Prinzip der Einheit von Staat und Partei geradezu zur Grundlage der internationalen Rechtssprechung gemacht. Indem sie die Nationalsozialistische Partei als kollektiv schuldig und unmoralisch, d.h. mit dem internationalen Recht und den Grundsätzen der Humanität unvereinbar erklärt haben, haben sie gleichzeitig dem nationalsozialistischen Staat den Charakter des Staates im Sinne des internationalen Rechtes abgesprochen. Wenn die Siegermächte nach 1945 tatsächlich von der Idee eines demokratischen Deutschlands ausgegangen sind, so konnten sie diesen demokratischen Staat nach 1945 freilich unter keinen Umständen als ein Kontinuum des nationalsozialistischen Staatswesens nach 1933 auffassen.

Der Antifaschismus der Siegermächte war in ihrer Deutschland-Politik engstens gekoppelt mit dem Gedanken des Antimilitarismus. Indem die Siegermächte die Nationalsozialistische Partei zerschlugen und gleichzeitig die bewaffnete Macht dieses Staates radikal vernichteten, haben sie dem deutschen Staatswesen demonstrativ jede Souveränität genommen. Und es ist folgerichtig aus der Vernichtung der Staatssouveränität in der Politik der Siegermächte nach 1945 nicht sofort ein neues deutsches Staatswesen entstanden, sondern die Militärdiktatur. Die Zäsur der Militärdiktatur zwischen dem Ende des nationalsozialistischen Deutschland und der Bundesverfassung von 1949 ist von mehr als zufälliger Bedeutung; sie ist eine Demonstration, daß das Kontinuum zwischen der neuen deutschen Republik und dem nationalsozialistischen Staat nur dann aufrecht erhalten werden kann, wenn man die Militärdiktatur als das Kontinuum des nationalsozialistischen Deutschlands auffaßt.

Die alliierte Militärdiktatur: Kontinuität und Bruch zum Faschismus

Die Siegermächte haben nach 1945 jedoch nicht nur das deutsche Staatswesen allein zerschlagen, sondern auch den Versuch unternommen, das deutsche Staatswesen der ökonomischen Basis zu berauben. Alle Pläne der Siegermächte nach 1945 gehen darauf hinaus, ein deutsches Staatswesen in der Mitte Europas zu schaffen, das in seinen industriellen Möglichkeiten äußerst eingeschränkt ist und durch unbegrenzte Reparationen und ökonomische Abhängigkeiten zu einem reinen Satelliten der Siegermächte werden muß.

Wenn die Siegermächte tatsächlich von der Errichtung eines souveränen, demokratischen Staates in der Mitte Europas ausgegangen wären; so hätten sie unter allen Umständen diese neue deutsche demokratische Republik als ein Kontinuum der Weimarer Republik auffassen müssen. Die Frage des Staatskontinuums kann doch nur dann radikal beantwortet werden, wenn das alte Staatswesen eines Volkes durch die Revolution zerschmettert und der neue Staat aus dem Feuer der Revolution entsteht. Die deutsche staatliche Geschichte hat diesen Akt jedoch nie gekannt, und so haben sämtliche Staatskonstruktionen der deutschen Geschichte, sei es das Deutsche Reich von 1871 oder die Weimarer Republik von 1918, stets Teile des vorhergehenden nichtrevolutionären, zerstörten alten Staatswesens mitgeschleppt. Selbst die Revolution von 1918 ist auf diesem Gebiete eine halbe Revolution gewesen, und so hat die Weimarer Republik schon durch den Charakter ihres Geburtsaktes den Keim ihres Todes in sich getragen. Hätten die Siegermächte nach 1945 ihre staatsbildenden Versuche in Deutschland darauf gerichtet, daß die neue deutsche Republik nur auf der Weimarer Republik fußen kann, so wäre gleichzeitig ihre antifaschistische und antimilitärische Auffassung zusammengebrochen. Die politische Justiz hätte sich nicht so sehr auf die Größe Antifaschismus gestützt, sondern sie hätte zur Aufgabe gehabt, alle Kräfte vor das Forum des Volkes zu ziehen, die an dem Untergang des einzigen republikanischen Staatswesens in der Geschichte der Deutschen Nation schuldig gewesen sind. Die Siegermächte haben jedoch bewußt ihre Politik auf Antifaschismus und Antimilitarismus abgestellt und nicht auf die Größe der Kontinuität der deutschen Republiken. Die Siegermächte konnten auch deshalb ihre Politik nicht auf die republikanische Idee stützen, weil ihre Konzeption einer autoritären Militärdiktatur grundsätzlich dem republikanischen Gedanken widersprach.

Wir haben weiter oben bereits festgestellt, daß die einzige souveräne Macht in Deutschland nach 1945 die militärischen Befehlshaber der Armeen der Siegermächte gewesen sind. Die Form der autoritären Militärdiktatur stellt die tatsächliche Kontinuität zur faschistischen Diktatur des Nationalsozialismus in Deutschland von 1933 bis 1945 dar. Die autoritären Methoden in der Beeinflussung des Volkes, wie auch die polizeistaatlichen Methoden der Rechtspraxis durch die Besatzungsmächte, hat für die breiten Massen des deutschen Volkes den Unterschied zwischen der faschistischen Diktatur und der autoritären Militärdiktatur der Besatzungsmächte kaum spürbar werden lassen. Darüber hinaus hat die Politik des Raubes und des Hungers, die die Besatzungsmächte praktizierten, gegenüber den breiten Massen des deutschen Volkes Methoden angewandt, wie sie das imperialistische nationalsozialistische Deutschland als Unterdrückungsmethoden gegenüber den von ihm unterworfenen europäischen Völkern in der Regel verwendet hat. Die Praxis der autoritären Militärdiktatur stand in einem krassen und unübersehbaren Widerspruch zu dem Gedanken einer Demokratie durch Erziehung (Reeducation). Es mag als geschichtliches Kuriosum festgehalten werden, daß diese Form der Demokratie durch Militärdiktatur auch die klassische Form der Kolonialpolitik der europäischen kolonialen Mächte England und Frankreich dargestellt hat und daß gerade diese koloniale Praxis nach 1945 in einem Ausmaße vor den revolutionären Kräften der kolonialen Völker kapitulieren mußte, wie es sich diese europäischen kolonialen Mächte wohl kaum vorgestellt haben. Die Bezeichnung Deutschlands als „halbkolonialistisch" ist zu keinem Zeitpunkt seiner Geschichte richtiger gewesen als in der Periode der Militärdiktatur nach 1945.

Die autoritäre Militärdiktatur stand zu ihren demokratischen Proklamationen jedoch nicht nur prinzipiell im Widerspruch, sondern auch in einem realen Widerspruch zu dem angestrebten Ziel, nämlich eine demokratische Republik Deutschland zu errichten. Die Militärdiktatur hat von vornherein auf eine Mobilisierung breiter Volksmassen für die Demokratie und die Republik verzichtet. Sie hat im Gegenteil im Volk nur eine Masse von Staatsbürgern mit kleinen oder beschränkten Rechten gesehen. Darüber hinaus haben sich die Besatzungsmächte – nach dem getreuen Vorbild der kolonialen Praxis – beim Aufbau der deutschen Demokratie nach 1945 auf wohlausgewählte Minderheiten und Einzelpersonen gestützt. Mit dieser Form einer autoritären Militärdiktatur auf der einen Seite und auf der anderen dem Versuch, eine Demokratie durch selektierte Minderheiten und privilegierte Einzelpersonen zu errichten, hat die deutsche Demokratie nach 1945 in Westdeutschland von Anfang an eine konservative Schlagseite erhalten, da die Auswahl der selektierten Gruppen und Einzelpersonen keineswegs der realen und geschichtlichen Bedeutung der einzelnen Gruppen und Klassen in der deutschen Gesellschaft nach 1945 entsprach und insbesondere nicht dem Ausmaß der Opfer und Lasten, die die deutsche Arbeiterklasse im Kampf um die deutsche Republik gegen den Faschismus, in der Kriegswirtschaft und in der Niederlage notwendigerweise getragen hat.

Die Militärdiktatur stellt nicht nur ein staatsrechtliches Kontinuum zum faschistischen Staatswesen dar, sondern hat auch eine bestimmte Kontinuität des Verhaltens der breiten Massen des Volkes in der Gesellschaft und zum Staate zur Folge gehabt. Dies war Produkt der Einschränkung der Kritikmöglichkeiten, damit der Methode des Doppeldenkens gegenüber Gleichgestellten und der Obrigkeit, der Unterwerfung unter die gegenwärtige Autorität und der Etablierung einer straffen Disziplin in allen gesellschaftlichen Bereichen. Die Militärdiktatur hat den antirevolutionären und konservativen Charakter breiter Schichten des deutschen Volkes nur verstärkt und dem Staatswesen der demokratischen Republik nach 1949 von Anfang nicht nur einen konservativen Charakter, sondern auch eine konservative Tendenz verliehen. Die Entwicklung der Restauration in der Bundesrepublik kann ohne diese, durch die autoritäre Militärdiktatur verstärkten, typischen Verhaltensweisen breiter Massen des deutschen Volkes überhaupt nicht begriffen werden.

Die Siegermächte haben nach 1945 aber besonders deshalb auf die Wahrung einer Kontinuität jedes neuen deutschen Staatswesens nach 1945 mit dem faschistischen Deutschland bestanden, weil dieses neue Deutschland sämtliche Ansprüche und Forderungen der Siegermächte an das faschistische Deutschland erfüllen sollte. Hätte eine der Siegermächte ihre Politik auf den republikanischen Gedanken gestützt, so wären folgerichtig alle Forderungen und Asprüche an eine neue deutsche Republik hinfällig geworden. Daß keine der Siegermächte nach 1945 von dem Prinzip der Kontinuität des neuen deutschen Staatswesens zum faschistischen Deutschland absah, ist ein zusätzlicher Beweis für die imperialistischen Zielsetzungen aller Siegermächte nach 1945.

Die starre Aufrechterhaltung des Prinzips des Kontinuums, das dem Wollen der Siegermächte entsprang, ihren Forderungen und Ansprüchen eine Grundlage zu geben, hätte aber nicht unbedingt diese strikte Aufrechterhaltung im Innenpolitischen zur Folge haben müssen. Indem die Besatzungsmächte die Kontinuität des deutschen Staatswesens aufrecht erhalten haben, haben sie nicht nur ihre Ansprüche gegenüber dem neuen deutschen Staatswesen juristisch gesichert, sondern auch allen Kräften in Deutschland selbst die Sicherung ihrer sogenannten Rechtsansprüche gewährt. Die Sonderrolle, die der Staatsapparat, d.h. die Staatsbeamten, bei allen Rechtsansprüchen an den Staat, spielen, ist allgemein bekannt. Diese Ansprüche der besonders an den Staat gebundenen Beamten mußten notwendigerweise zu einer Konservierung des Staatsapparates führen, da eine Neuorganisierung des Staatsapparates bei gleichzeitiger Anerkennung der Ansprüche der alten Beamtenwirtschaft für den Staat tatsächlich doppelte Lasten bedeutet. Nur durch einen revolutionären Akt kann sich der republikanische Staat von den Ansprüchen der Kräfte befreien, die vorher zu seinen stärksten Gegner gezählt haben.

Zu den Ansprüchen an „den Staat" zählen nach 1945 auch die Ansprüche der Wirtschaft, die durch Kriegslieferungen dem nationalsozialistischen Staat die Mittel zu seiner imperialistischen Politik gegeben hat. Die Frage, wie ein Staat sich nach einem gewonnenen oder verlorenen Krieg gegenüber der Wirtschaft entschuldet, gehört zu den großen Problemen der kapitalistischen Gesellschaft überhaupt. Die „Entschuldung" des neuen deutschen Staates hat nur auf drei Wegen durchgeführt werden können. Einmal durch die Revolution, die den neuen Staat von vorneherein gegenüber allen Kräften als schuldenfrei erklärt, die sich mit dem alten Staat in irgendeiner Weise solidarisch erklärt haben. Dieser revolutionäre Akt ist nach 1945 in Deutschland nicht erfolgt und konnte gerade in der Periode der Militärdiktatur nicht vollzogen werden. Es blieben so nur zwei Wege der Entschuldung. Entweder hätte der neue deutsche Staat die wichtigsten Teile der deutschen Wirtschaft verstaatlicht und so die Verschuldungen sozialisiert, oder er hätte die Verschuldung des Staates an die Wirtschaft anerkannt und die Entschuldung auf dem Wege der Inflation durchgeführt. Aus der Geschichte der Weimarer Republik wissen wir, daß der Regelfall der Entschuldung eines kapitalistischen Staates in der Praxis der Inflation besteht. Und wir wissen genauso, daß in den 20er Jahren gerade die Inflation die revolutionäre Entwicklung in Deutschland gedrosselt hat und damit jede demokratische Weiterentwicklung der Weimarer Republik.

Indem die Besatzungsmächte das Kontinuum der deutschen Staatswesen als notwendig erklärten, haben sie gleichzeitig jegliche radikal demokratische oder gar sozialistische Entwicklung unmöglich gemacht. Die Aufrechterhaltung des Kontinuums war in Westdeutschland im Interesse sowohl der Siegermächte insgesamt, als auch der kapitalistischen Gruppen in Deutschland selbst.

6. Kapitel
Der Antifaschismus der Besatzungsmächte

In den vorhergehenden Kapiteln haben wir den Antifaschismus als das einigende Band der Besatzungspolitik der Siegermächte nach 1945 bezeichnet. Dieser Antifaschismus war jedoch nur solange die Klammer der Besatzungspolitik, wie es um die Liquidierung der Militärmaschine des 3. Reiches ging. Jeder Schritt, der darüber hinaus führte, zeigte schwerwiegende Differenzen in den Auffassungen darüber, was Faschismus sei und was nicht.

Die Besatzungsmächte faßten ihren Antifaschismus so auf, daß nur die radikalen Erscheinungen des nationalsozialistischen Systems durch die Zerschlagung der Militärmaschine des Faschismus, der NS-Partei und der unmittelbaren ökonomischen Basis des deutschen Imperialismus, d.h. der Monopole und Kartelle, beseitigt werden sollten. Die antifaschistische Politik der Besatzungsmächte beruhte auf einer vollkommen negativen Definition des Faschismus, die mehr dazu bestimmt war, die imperialistischen Praktiken der einzelnen Besatzungsmächte ideologisch zu legitimieren, als tatsächlich den Grund für eine neue deutsche demokratische Ordnung zu schaffen.

Die antifaschistische Praxis richtete sich so gegen einzelne Individuen und Gruppen, die als Träger des deutschen Faschismus angesehen und verurteilt wurden und nicht auf eine Veränderung des nationalsozialistischen Systems. Allen Besatzungsmächten, auch der Sowjetunion, war dabei nur eine beschränkte Kenntnis der Geschichte des Faschismus zu eigen und eine völlige Unkenntnis dessen, was der Faschismus für das Bewußtsein und die geschichtliche Erfahrung des deutschen Volkes bedeutete. Alle Besatzungsmächte glaubten, daß durch die Liquidierung der faschistischen Militärmaschine, der Nazipartei, der Monopole und Kartelle, das faschistische Abenteuer des deutschen Volkes für alle Zeiten beseitigt werden könnte, und daß man auf diese, vom Faschismus „gereinigte" Gesellschaftsordnung die „reine Demokratie", sei es nach östlicher oder westlicher Auffassung, aufpfropfen könnte. Die Auffassungen der Sowjetunion waren in dieser Frage weitaus realistischer als die abstrakt demokratische Ansicht der Westmächte und insbesondere der Regierung der Vereinigten Staaten. In keiner der Besatzungszonen konnten die Deutschen selbständig Konsequenzen aus der Erfahrung des Faschismus ziehen, sondern sie waren – insoweit sie überhaupt politisch aktiv wurden – gezwungen, ihre politischen Auffassungen in die vorbereiteten Formen der Besatzungsmächte zu lenken. Der Aufbau der deutschen Gesellschaftsordnung hat so in allen Teilen Deutschlands etwas Gewaltsames und Widersprüchliches schon bei seiner Geburt in sich getragen, da er der geschichtlichen Lage des deutschen Volkes nicht gerecht sein konnte. Die Unkenntnis über den Inhalt einer faschistischen Gesellschaftsordnung beherrschte aber nicht nur das Denken der Siegermächte, sondern, was vielleicht für die weitere Entwicklung Deutschlands und insbesondere Westdeutschlands viel entscheidender war, auch das Denken der Emigration. Die gefährliche Rolle, welche die deutsche Emigration im Aufbau der deutschen Gesellschaftsordnung nach 1945 in allen Teilen gespielt hat, muß noch beschrieben werden. Sie wird ein Beitrag für die in der Geschichte so oft praktizierte Regel sein, daß niemand die geschichtliche Aufgabe eines Volkes in seinen politischen Entscheidungen nach einer Niederlage mehr verfehlt als die Emigranten. Die politische Sonderrolle, welche die Emigration insbesondere in der Arbeiterbewegung Westdeutschlands gespielt hat, soll noch zu einem späteren Zeitpunkte abgehandelt werden.

Große Zusammenbrüche von Staaten und Völkern werden stets von mystischen Bewegungen begleitet. Der Zusammenbruch des 3. Reiches und die Auflösung jeglicher gesellschaftlichen Ordnung des deutschen Volkes nach 1945 macht keine Ausnahme von dieser Regel. Die mystische Welle, welche große Teile des deutschen Volkes ergriff – und nicht nur des deutschen Volkes – war umso natürlicher, als die Völker und Individuen den Drang haben, nach dem Zusammenbruch eines mystischen Systems – und dies stellte der Nationalsozialismus ganz ohne Zweifel dar – nicht den Weg der radikalen Vernunft, d.h. der Sekpsis und der Prüfung zu gehen, sondern dieses System durch ein anderes mystisches System zu ersetzen. In der Frage der Einschätzung des Wesens des Faschismus führte dieser neue Mystizismus zu einer Belebung jeglicher Formen des dämonologischen und eschatologischen (endzeitlichen) Denkens. Wie während der Napoleonischen Ära und insbesondere nach den Napoleonischen Kriegen Schwarmgeister in allen Teilen Europas auftauchten, die in Napoleon den Antichrist sehen wollten und so das Ende aller Zeiten gekommen wähnten, so wurde der Faschismus als der Ausdruck dämonischer Kräfte aufgefaßt und seine Führer als eine Inkarnation des Bösen. Die Debatte in der Publizistik der Siegermächte und der frühen deutschen Publizistik nach 1945 über die Frage der Kollektivschuld und den geistigen Grund des Faschismus, ist ein klassischer Beweis für die Fortsetzung des faschistischen Mystizismus mit anderen Vorzeichen. Es darf weiterhin nicht vergessen werden, daß in einem Teil Deutschlands das geschlossene System des Faschismus durch das andere geschlossene ideologische System des Stalinismus ersetzt wurde. Sowohl die Formen der geistigen Auseinandersetzung mit dem Faschismus im Westen, als auch die im Osten Deutschlands verhinderten in den ersten Jahren eine objektive Darstellung des faschistischen Systems und seiner

Bedeutung in der Geschichte des deutschen Volkes und der europäischen Völker. So wenig also nach 1945 eine politische Revolution stattgefunden hat, ebenso wenig wurde für ein neues deutsches Staatswesen eine geistige Grundlage gelegt, die der geschichtlichen Situation des deutschen Volkes entsprach. Wie das Nichtvorhandensein des revolutionären Aktes in der Geschichte zum Vorteil der konservativen Kräfte ausschlägt, so muß das Fehlen einer gesellschaftlichen Analyse zu einem bestimmten Zeitpunkt der Entwicklung der Völker zu ihrem Unheil ausschlagen.

7. Kapitel
Die ideologischen Grundlagen: Die Kirchen

Für die weitere Entwicklung Westdeutschlands muß als besonders wichtig hervorgehoben werden, daß die christlichen Kirchen die einzigen gesellschaftlichen Organisationen waren, die über die lokale Ebene hinaus aus dem Zusammenbruch des nationalsozialistischen Deutschlands intakt hervorgegangen sind. Die Siegermächte haben sonst mit bewundernswerter und erschreckender Radikalität jeden Ansatz zu einem neuen deutschen Staatswesen zerschlagen und die Reste der deutschen Verwaltung funktionsunfähig gemacht, nur die christlichen Kirchen wurden bewußt aus dieser Zerschlagung der gesellschaftlichen Institutionen durch die westlichen Besatzungsmächte ausgenommen. Es besteht kein Zweifel – und die Proklamationen der Militärkommandeure der westlichen Armeen in den verschiedensten Abstufungen nach 1945 beweisen dies –, daß man die christlichen Kirchen in Westdeutschland deshalb intakt gehalten hat, weil man ihnen „erzieherische Funktionen" im Aufbau der neuen deutschen Gesellschaft zugedacht hatte. Diese Sonderstellung der christlichen Kirchen hängt zum einen natürlich davon ab, daß die deutschen Kirchen ihre internationalen Verflechtungen während des Faschismus nie ganz verloren haben und die internationale Solidarität der christlichen Organisationen sofort nach dem Zusammenbruch des 3. Reiches wirksam werden konnte. Darüber hinaus aber ist der geistesgeschichtliche Grund dieser Bevorzugung der Kirchen durch die westlichen Besatzungsmächte insbesondere darin zu suchen, daß in den angloamerikanischen Ländern Demokratie und Christentum als sich ergänzend angesehen werden; und wie eine geordnete Gesellschaft in der Auffassung der anglo-amerikanischen Völker und insbesondere der Amerikaner nur „demokratisch" sein kann, so muß sie mit gleich zwingender Logik „christlich" sein. Diese Einheit von Demokratie und Christentum stellte jedoch für die deutsche Geschichte eine absonderliche Neuigkeit dar, denn in der Geschichte der demokratischen Kräfte sind die christlichen Kirchen im Kampf um eine deutsche Republik nie auf deren Seite gestanden, sondern sie haben stets zu den Verteidigern der Autorität gehört.

Die westlichen Besatzungsmächte haben darüber hinaus die christlichen Kirchen deshalb in ihrer Politik bevorzugt, weil sie davon ausgingen, daß der Faschismus entschieden antichristlich war, sowohl in seiner Ideologie als auch in seiner politischen Praxis. Demokratie, Christentum und Antifaschismus waren für die Vertreter der anglo-amerikanischen Besatzungsmächte ein und dieselbe Sache, und so boten sich die christlichen Kirchen als die ersten Fundamente zum Wiederaufbau eines neuen deutschen Staatswesens an. Diese Praxis der westlichen Besatzungsmächte hat den ideologischen Grund zu dem gelegt, was wir heute das „christliche Deutschland" nennen. Der restaurative Charakter der Bundesrepublik zeichnet sich u.a. auch dadurch aus, daß in dieser Bundesrepublik der Atheismus beinahe unmöglich ist und Freidenkerei als unmittelbar suspekt gilt. Es mag als ein Symptom hervorgehoben werden, daß bei der Prüfung der Deutschen durch die Besatzungsmächte der Austritt aus den Kirchen, zu welchem Zeitpunkt er auch immer erfolgte, als belastend gewertet wurde.

Die Publizistik in Deutschland nach 1945 bis in die Jahre 1948/49 hinein ist durch eine Bewegung gekennzeichnet, die man christlichen Humanismus nennen muß. Dieser christliche Humanismus suchte die Gründe für die nationalsozialistische Verwirrung des deutschen Volkes zu finden. Er glaubte, sie darin gefunden zu haben, daß zu bestimmten Zeitpunkten der deutschen Geschichte die Nation sich von den christlichen Werten abgekehrt habe. Der christliche Humanismus nach 1945 zeichnet sich dadurch aus, daß er bestimmte Perioden der Vergangenheit in einer Weise verherrlicht, wie dies in der deutschen Geistesgeschichte nur noch in den Perioden der Romantik der Fall war. Darüber hinaus ist der christliche Humanismus dieser Jahre einer Kurzschlüssigkeit verfallen, die gerade nach politischen Katastrophen aufzutreten pflegt. Dieser logische Kurzschluß bestand darin, daß man die Vergangenheit am besten dadurch beseitigt, daß man den Werten, d.h. den Normen des vergangenen gesellschaftlichen Systems neue Normen oder erneuerte Normen entgegensetzt. Der faschistischen Ideologie wurde der christliche Humanismus als die neue Heilslehre entgegengesetzt, auf der allein der Aufbau einer neuen Gesellschaftsordnung möglich war. Die deutsche Publizistik konnte sich umso mehr diesen romantischen Spielereien zu dieser Zeit hingeben, als ihr eine konkrete Darstellung des Faschismus, seiner Geschichte, wie auch des Krieges und der Gründe und Ziele der Besatzungsmächte in der Periode der Militärdiktatur verboten war.

Die Katholische Kirche

Zu dieser Zeit gelang es den offiziellen christlichen Organisationen, d.h. den Kirchen, die antifaschistische Legende des offiziellen Christentums zu schaffen. Diese Legende ist insbesondere im Hinblick auf die Katholische Kirche mehr als fadenscheinig, denn seit den kurzen Flitterwochen der März- und Apriltage der europäischen Revolution des Jahres 1848 hat es keine Einheit von Katholischer Kirche und Demokratie in Deutschland gegeben. Selbst das Zentrum ist als Partei in zähem Kampfe gegen die klerikalisierte Kirche entstanden, die sich mit aller Kraft gegen die Freiheit der Laien im politischen Leben wandte, wie sie das Deutsche Zentrum forderte. Die Katholische Kirche ist mit den demokratischen Kräften und insbesondere der Arbeiterbewegung nicht einmal in den Tagen des Kulturkampfes ein Bündnis eingegangen, sondern sie war in dieser Auseinandersetzung mit dem Bismarckschen Staate stets bestrebt, sich „von der Revolution zu distanzieren". Die Katholische Kirche ist gerade auch nach diesem Kulturkampf in einem Ausmaße national und konservativ geworden, wie wenige christliche Parteien in den europäischen Ländern. In der Weimarer Republik hat sowohl die „christliche Partei", das Zentrum, wie auch die Katholische Kirche die demokratische Prüfung nicht bestanden. Sie konnten sie auch nicht bestehen, weil ihre Bejahung der Weimarer Republik und insbesondere ihres Ursprungs im Jahre 1918 stets nur von bedingter Natur war. Der politische Katholizismus, sei es in der Form der „christlichen Parteien" oder in der Form der Katholischen Kirche, war auch im Grunde stets ein schwacher und ungetreuer Verbündeter der Demokratie, weil die Katholische Soziallehre, wie sie insbesondere durch die Enzykliken von 1891 und 1931 fixiert wurde, ihm die Möglichkeit gab, die demokratische Republik durch einen mehr oder weniger romantischen Ständestaat zu ersetzen. Die Vertreter des politischen Katholizismus gehörten in ihrer Mehrheit zu den Totengräbern der Weimarer Republik, und nach dem Sieg der „nationalen Erneuerung" im Jahre 1933 schien es keine Gründe von Bedeutung mehr zu geben, die ein Bündnis von Faschismus und Katholischer Kirche behindern hätten können. Beide waren von der Idee des Antibolschewismus erfüllt und beide waren durch ihre entschieden antirevolutionäre Haltung und Zielsetzung gekennzeichnet. Der Friede zwischen Faschismus und Katholischer Kirche konnte in Deutschland umso leichter geschlossen werden, als dieser Friede bereits im Jahre 1928 vom Vatikan mit dem faschistischen Italien abgeschlossen worden war. Die halbfaschistischen Bestrebungen der Kabinette Brüning (1930-1932) und später von Papen und Schleicher lassen deutlich die Einheitsfront des politischen Katholizismus mit dem Faschismus gegen die demokratische Republik erkennen. Die Katholische Kirche hat darüber hinaus mit ihrem Konkordat von 1934 mit dem faschistischen Deutschland den ersten internationalen Vertrag abgeschlossen und es so als völkerrechtlich vertrauenswürdig erklärt. Das Verhältnis von europäischem Faschismus und Katholischer Kirche war auch 1933/34 durch die außenpolitischen Ziele des Vatikans bestimmt, die auf einen *Cordon sanitaire* katholischer und antibolschewistischer Staaten hinausliefen. Von Ungarn über Österreich, die Slowakei und Polen schienen in den Jahren 1934 bis 1938 die Ziele des Vatikans erreicht zu sein. Die schärfste Bewährung fand das Bündnis von Katholizismus und Faschismus im spanischen Bürgerkrieg von 1936 bis 1938. Dieses Bündnis war in Deutschland so stark, daß die Katholische Kirche den antisozialistischen, antidemokratischen und antisemitischen Ausschreitungen des Nationalsozialismus bis 1938 keinen kirchlichen Widerspruch entgegensetzte. Nur die außenpolitischen Erfolge des faschistischen Deutschlands konnten die Nationalsozialisten dazu verführen, diese Einheitsfront zu brechen und kurz vor dem Kriege einen Kulturkampf gegen die Katholische Kirche zu eröffnen. Aber selbst im Kriege hat die Katholische Kirche ihre alte konservative und nationalistische Position nie aufgegeben. Im Gegensatz zur Katholischen Kirche in Polen und Frankreich hat die deutsche Katholische Kirche in ihrer Gesamtheit nie am Widerstand gegen den Faschismus teilgenommen. Umso mehr hat die Katholische Kirche nach 1945 die Minderheit des offiziellen Katholizismus in den Vordergrund gerückt, die in der faschistischen Kultufkampfperiode zu Opfern des faschistischen Systems geworden ist. Aber selbst diese Kräfte waren nicht in der Lage, den konservativen Charakter der deutschen Katholischen Kirche zu verändern, obwohl große Teile der katholischen Laienwelt nach 1945 für eine Revolutionierung auch der Kirche sehr wohl bereit gewesen wären. Die Katholische Kirche muß in der Entwicklung der Restauration in Westdeutschland als der Grundstein der restaurativen Gesellschaftsordnung in der Bundesrepublik aufgefaßt werden.

Die Evangelische Kirche

Die Rolle der Evangelischen Kirche ist demgegenüber nur zweitrangiger Natur. Die Bevorzugung der evangelischen Kirchen durch die westlichen Besatzungsmächte ist jedoch noch unverständlicher als beim Katholizismus, denn Preußentum und Luthertum, monarchistische Reaktion und Evangelische Kirche sind bis in die Weimarer Republik hinein ein und dieselbe Sache gewesen. Die evangelischen Kirchen haben aus diesem Grunde die Weimarer Republik noch weniger bejaht als der politische Katholizismus. Im „nationalen Umbruch" des Jahres 1933 ist der Protestantismus zu einem Mittel geworden, mit dem der Nationalsozialismus bis tief in das konservative Bürgertum eindrang. Während der nationalsozialistischen Periode hat nur eine Minderheit im offenen Widerstand gegen den Nationalsozialismus gestanden und keineswegs die offiziellen Kirchen. Im Krieg haben sich die evangelischen Kirchen, wie es ihrer Tradition entsprach, voll und ganz mit der Nation identifiziert. Wie sehr Nationalismus und Protestantismus sich gegenseitig ergänzen, zeigt gerade die Tatsache, daß die prominenten Widerstandskämpfer auf seiten des Protestantismus, wie die Männer des 20. Juni und Niemöller, aus ihrem konservativen Nationalismus ebenso wenig ein Hehl gemacht haben als aus ihrem protestantischen Bekennertum. Für die Weiterentwicklung der Bundesrepublik ist die Bevorzugung der Evangelischen Kirche jedoch deshalb bedeutsam gewesen, weil sie mit der Katholischen

Kirche zusammen die Trägerin einer religiösen Erweckungsbewegung war, die durch den christlichen Humanismus, durch die Forderung nach der christlichen Gesellschaft und durch einen allgemeinen Mystizismus im Bewußtsein breiter Teile des deutschen Volkes gekennzeichnet war.

Es ist hervorzuheben, daß die beiden Organisationen sich als beinahe erste Tat gegen die Anklage der Kollektivschuld richteten, weiterhin gegen die kollektive Verurteilung von Wirtschaftlern, Generälen und auch der SS, als auch später gegen die Aburteilung einzelner Industrieller. Die christlichen Kirchen haben so den Grund gelegt zu der Bewegung der „Entschuldung" des deutschen Volkes und insbesondere der konservativen Kräfte in Deutschland, die zu den Urhebern und Bundesgenossen des Nationalsozialismus gehört haben. Darüber hinaus haben beide Organisationen als Basis für die christlichen Parteien in der Bundesrepublik gedient. Und bei einer Analyse der restaurativen Kräfte der CDU/CSU wird deutlich, wie eng der „bruderschaftliche" Zusammenhang ganzer Politikergruppen in dieser Partei ist, die als Trägerin der Restauration in Westdeutschland bezeichnet werden muß.

8. Kapitel
Viele Pflichten, wenig Rechte – Betrieb und Kommune im Wiederaufbau

Die Niederlage Deutschlands im Jahre 1945 hatte nicht nur die Zerschlagung seines Staatswesens zur Folge, sondern auch die Auflösung seines nationalen Wirtschaftsapparates. Im Wiederaufbau einer neuen deutschen Gesellschaft fielen den kleinen sozialen Einheiten, wie dem Betrieb und der Kommune, eine neue, ungeahnte Bedeutung zu.

Zwar war die Bedeutung des industriellen Betriebes in der modernen Gesellschaft schon seit mehr als einem halben Jahrhundert allgemein bekannt; der Wiederaufbau der deutschen Gesellschaft nach 1945 sollte diese Bedeutung aber in einer neuen Weise unterstreichen. Schon einmal war dem Industriebetrieb in der deutschen Geschichte im Rahmen einer gesellschaftlichen Umwälzung eine große Bedeutung zugekommen: in der Revolution von 1918/19. In der Entwicklung des Rätewesens zeigte sich, welche große organisatorische und politische Bedeutung der Industriebetrieb in einer modernen industriellen Gesellschaft nicht nur für die Wirtschaft, sondern auch für das Staatswesen hat. Die Verfassung von Weimar vom August 1919 hat in einigen Artikeln dieser Bedeutung Rechnung getragen. Die Entwicklung Weimars nach dem Abklingen der Revolutionswelle der Jahre 1918/19 hat diese Paragraphen der Weimarer Verfassung, die sich auf das Rätewesen beziehen, jedoch nie zur Wirksamkeit gelangen lassen und so ist von diesem wahrhaft bedeutenden Ansatz der Weimarer Verfassung nur noch das Betriebsrätegesetz von 1920 übrig geblieben. Die deutsche Arbeiterbewegung und ihre Parteien und insbesondere die Gewerkschaften, haben mit dieser sichtbar gewordenen politischen Bedeutung des industriellen Betriebswesens nichts anfangen können. Die Parteien der Arbeiterbewegung deshalb nicht, weil ihre ganzen Bestrebungen auf die Eroberung des Staates, d.h. der höchsten Spitzen der politischen Organisation der Gesellschaft, gerichtet waren; die Gewerkschaften nicht, weil sie in der Erscheinung der Betriebsräte eine Konkurrenz zu ihrer eigenen Organisation sahen und ihre Praxis auf die Regelung allgemeiner Arbeitsbedingungen in den einzelnen Industriezweigen und in der gesamten Wirtschaft zielte.

Der Faschismus hat mit seinem Gesetz zur Ordnung der nationalen Arbeit aus dem Jahre 1934 das betriebliche Repräsentationsrecht der Arbeitnehmer endgültig zerschlagen, indem er das unternehmerische Führerprinzip im Betrieb als unantastbar verankerte. Wie eng die Arbeiterbewegung in all ihren Formen mit der betrieblichen Verfassung verbunden ist, das hat gerade die Betriebspolitik der nationalsozialistischen Ära gezeigt. In der Kriegswirtschaft wurde die Arbeitnehmerschaft zu einer radikalen in- und extensiven Steigerung ihrer Leistung verpflichtet, zudem wurde sie streng an den zugewiesenen Arbeitsplatz gebunden. Zu dieser Leistungssteigerung und der Arbeitspflicht kam noch das System der politischen Kontrolle innerhalb der Betriebe, welche die Arbeitnehmerschaft innerhalb des faschistischen Systems jeglichen sozialen und politischen Rechtes beraubte. Wie sehr der Faschismus unternehmerisch orientiert war, zeigt gerade die Tatsache, daß er die Repräsentationsrechte der Arbeitnehmer auf der einen Seite radikal vernichtete, auf der anderen Seite aber die Führungsrechte der Unternehmer bedeutend stärkte. Das Unternehmertum hat innerhalb des faschistischen Systems sowohl ideologisch als auch rechtlich seinen festen und gesicherten Platz gehabt, während die Massen der Arbeitnehmer durch keinen Akt des faschistischen Systems als Teile der nationalsozialistischen Ordnung gewertet wurden. Die Betriebsverfassung des Nationalsozialismus muß als eine Militarisierung der industriellen Arbeit aufgefaßt werden, die je nach der politischen Lage des Staates schärfer oder weniger scharf durchgeführt wurde. Diese Militarisierung der Arbeit hat während des Krieges und insbesondere durch die Ausdehnung des Krieges auf das Hinterland zu einer Intensivierung der Arbeit geführt, wie sie die deutsche Arbeiterklasse seit der Frühzeit des deutschen Kapitalismus nicht mehr gekannt hat. Dieser Intensivierung der Arbeit entsprach keineswegs eine ökonomische oder soziale Besserstellung der Arbeitnehmer. Im Gegenteil: Seit dem Lohnstop des Jahres 1938, der von einer fortschreitenden Verminderung und Verschlechterung der Grundnahrungsmittel sowie der Verminderung der langfristigen Konsumtionsmittel begleitet wurde, hat sich die soziale Lage der Arbeitnehmer in dieser faschistischen Betriebsverfassung fortschreitend verschlechtert – bei gleichzeitiger Ausdehnung der industriellen Kapazität aufgrund der unternehmerischen Akkumulation. Die Kriegswirtschaft hat darüber hinaus von den Arbeitnehmern eine Erhöhung der betrieblichen Initiative gefordert, wie sie die kapitalistische Wirtschaft von dem freien Arbeiter nie hat fordern können. Die deutsche Arbeitnehmerschaft hat in dieser Kriegswirtschaft und insbesondere mit dem Anwachsen der Zerstörungen ihre Improvisationsfähigkeiten im Hinblick auf die Verwendung von Maschinen, Stoffen und Arbeitsmethoden unter Beweis gestellt. Der Faschismus hat den Arbeitnehmer in Deutschland an eine rigorose Arbeitsdisziplin gewöhnt, an eine Betätigung seiner Initiative und an ein System von Improvisationen.

Der Betrieb: Motor zum Wirtschaftsaufbau, aber nicht zur Umwandlung der Gesellschaft

Der Zusammenbruch des Jahres 1945 hat in diesem Sinne eine Fortsetzung des „nationalen Arbeitsethos" der deutschen Arbeitnehmer gebracht. Es muß hervorgehoben werden, daß – entgegen der Notwendigkeit bei einigen Siegermächten – die Besatzungsmächte in Westdeutschland keine rigorise Arbeitspflicht einzuführen gezwungen waren, da sich die breiten Massen der Arbeitnehmer der Notwendigkeit, nach dem Zusammenbruch des Faschismus in den Betrieben weiterzuarbeiten, als selbstverständlich unterwarfen. Die kollektive Initiative, die der Faschismus von den deutschen Arbeitnehmern während der Kriegswirtschaft in so großem Maße gefordert hatte, wurde nach dem Zusammenbruch von 1945 weiterhin von den Arbeitnehmern getätigt. Ohne diese Initiative und ohne die Improvisationskunst der breiten Massen der Arbeitnehmer wäre es nicht gelungen, die noch vorhandenen betrieblichen Kapazitäten auszulasten, oft bis über die Sicherheitsgrenze. Darüber hinaus hat es diese Initiative und Improvisationsfähigkeit der Arbeitnehmer möglich gemacht, alle vorhandenen Reserven in den Betrieben für den Wiederaufbau zu mobilisieren. Diese Auslastung aller betrieblichen Kapazitäten, zusammen mit der Mobilisierung aller betrieblichen Reserven durch die Arbeitsdisziplin und Improvisationskunst der Arbeitnehmer, muß als der Hauptgrund des schnellen Wiederaufstiegs der Wirtschaft nach 1945 angesehen werden. Freilich ist es zu dieser Auslastung der Kapazitäten und Mobilisierung der Reserven auch deshalb gekommen, weil das nationale Wirtschaftssystem von den Siegermächten radikal zerschlagen wurde und keine andere Möglichkeit blieb, als von den einzelnen Betrieben her die Wirtschaft wieder in Gang zu bringen. Das typische Merkmal der Wirtschaftssituation in Westdeutschland nach 1945 besteht bis zur Währungsreform darin, daß ein moderner Produktionsapparat und eine disziplinierte Arbeitnehmerschaft innerhalb eines Marktes funktioniert, wie ihn das kapitalistische System nicht einmal in seiner Frühzeit gekannt hat. Es liegt hier kein kapitalistischer Markt vor, sondern ein Markt, in dem der unmittelbare Tausch, d.h. die gegenseitige Kompensation, die Regel ist. Für die weitere Entwicklung des Bewußtseins der Arbeitnehmerschaft und insbesondere ihres gewerkschaftlichen und politischen Bewußtseins kann die Tatsache nicht hoch genug angeschlagen werden, daß große Teile der Arbeitnehmerschaft an dieser Kompensationspraxis ihrer Betriebe nicht nur teilgenommen haben, sondern über ihre Vertreter, das heißt die Betriebsräte und zum Teil auch die Gewerkschaften, diesen Kompensationsmarkt in Gang gebracht haben.

Diese Mobilisierung der Betriebe nach 1945 ist nicht im Rahmen einer Betriebsverfassung erfolgt, die mit der des Nationalsozialismus oder mit der der Weimarer Republik auch nur annähernd vergleichbar wäre. Der Zusammenbruch des Nationalsozialismus und die Zerschlagung des deutschen Wirtschaftsapparates hatten zur Folge, daß sich in den Betrieben die „Unternehmerherrschaft" aufgelöst hat, da sie ein Teil des nationalsozialistischen Herrschaftssystems gewesen ist. Innerhalb der Industriebetriebe bestand 1945 und in den folgenden Jahren tatsächlich ein „machtfreier" Raum, in den die Gewerkschaften und insbesondere die Betriebsräte leicht einzudringen vermochten. Die politische Aufgabe der Betriebsräte und Gewerkschaften beschränkte sich in den Betrieben auf die These des Antifaschismus, wie sie ihnen von den Besatzungsmächten vorgeschrieben wurde. Wenn die Arbeiterbewegung diese neue, ihr durch den Zusammenbruch des Faschismus überraschend zugefallene Machtposition nicht ausgeweitet hat, so muß einmal den Besatzungsmächten die Schuld gegeben werden, aber auch den Organen der Arbeiterbewegung selbst. Insbeondere sind zwei Unterlassungen zu verzeichnen, die jedem Betrachter der Entwicklung nach 1945 in Westdeutschland beinahe als unverständlich erscheinen. Einmal ist keine organisatorische Zusammenfassung der Betriebsräte auf kommunaler oder regionaler Ebene in der Weise erfolgt, daß diese Kommunal- und Regionalorganisation der Betriebsräte zu einem festen Bestandteil nicht nur der Arbeiterbewegung, sondern des wirtschaftlichen und politischen Aufbaus in Westdeutschland geworden wäre. Darüber hinaus ist es den Gewerkschaften – trotz ihrer Möglichkeiten nach 1945 – nicht gelungen, ihre Organisation unmittelbar in den einzelnen Industriebetrieben zu verankern. Die kommunale oder regionale Zusammenfassung der Betriebsräte, wie auch die Verankerung der Gewerkschaften in den Betrieben hätten den Grundstein einer neuen Betriebsverfassung gelegt, lange bevor an eine juristische Fixierung der Betriebsverfassung in Westdeutschland gedacht werden konnte. Indem die Massen der Arbeitnehmer und ihre unmittelbaren Repräsentanten – die Betriebsräte – die geschichtliche Möglichkeit nicht wahrnehmen konnten, weil ihnen das politische Bewußtsein fehlte und die Gewerkschaften auf eine allgemeine politische Regelung der Frage der Betriebsverfassung warteten, hat die Arbeiterbewegung den „machtfreien" Raum in den Betrieben nach 1945 bis zu einem Zeitpunkt freigehalten, zu dem sich das Unternehmertum auf betrieblicher und überbetrieblicher Ebene neu formieren und diesen machtfreien Raum wieder besetzen konnte. Das Fehlen eines politischen Programms der Arbeiterbewegung in Deutschland, das den Betrieb zum Mittelpunkt hat und vom Betrieb ausgeht, hat sich nach 1945 als ganz besonders nachteilig für die Entwicklung in Westdeutschland ausgewirkt. Dieses Fehlen eines betriebspolitischen Programms muß als eine der Erbsünden der deutschen Arbeiterbewegung angesehen werden. Und diese Erbsünde ist umso unverständlicher, als die Bedeutung des Betriebes für die Ordnung der Gesamtgesellschaft nach 1945 jedem Betrachter offen vor Augen lag.

Man muß daran erinnern, daß der Betrieb sogar innerhalb der Konzeption der „Wirtschaftsdemokratie", wie sie die Gewerkschaften von 1925 bis 1929 vorgetragen haben, keinen Platz hat. Für die deutsche Arbeiterbewegung kann an diesem Beispiel einer Verfassungsfrage nur eine Tatsache als Entlastung angeführt werden, daß sie voll und ganz von den Aufgaben des Tages, d.h. von der Aufgabe, die Betriebe wieder in Gang zu bringen, erfüllt war. Sie hat die Grundregel der Politik und Geschichte übersehen, daß ein einzelner oder eine Gruppe in der Gesellschaft für die Erfüllung einer Aufgabe stets ein Recht zu beanspruchen hat, und daß aus der Erfüllung der Aufgabe von selbst Recht und Macht erwächst.

Die Kommunen: Vom Ansatz zur Selbstorganisation zur Parteienpfründe

Eine ähnliche Bedeutung wie dem Industriebetrieb ist nach 1945 den Kommunen zugefallen. Die Kommunen sind aus dem Zusammenbruch der politischen Ordnung des Dritten Reichs keineswegs ausgenommen worden. Sie wurden umso mehr in den Zusammenbruch des Nationalsozialismus hineingerissen, als sie ein fester Bestandteil der nationalsozialistischen politischen Ordnung nach 1933 geworden waren. Der Nationalsozialismus hat, getragen von seinem Gedanken des Unitarismus – d.h. von der Formel eines Staatsaufbaus, der sich von der kleinsten Kommune bis zum Staatsoberhaupt in einem Zuge erstreckt – die Selbstverwaltungsrechte der deutschen Kommunen radikal vernichtet. Diese Selbstverwaltungsrechte der Kommunen waren eines der wenigen Gebiete, auf denen das deutsche Bürgertum seine politischen Rechte voll und ganz erkämpft hatte. Das Grundschema der bürgerlichen Demokratie in Deutschland bestand darin, daß das Bürgertum in der Auseinandersetzung mit dem Feudalismus stets unmittelbare Vorrechte dadurch eingehandelt hat, daß es auf allgemeine politische Rechte verzichtete. Darüber hinaus ist es mit der Entwicklung des modernen Staatswesens für die aufgeklärten feudalen Mächte förderlich gewesen, dem Bürgertum ein Feld der Selbstverwaltung und Selbstverantwortung zu belassen. Mit der fortschreitenden Bedeutung des Städtewesens im 19. Jahrhundert hat jedoch dieses Zugeständnis der Selbstverwaltung der Kommunen eine immer größere politische Bedeutung erlangt, insbesondere in der Entwicklung des deutschen Industriekapitalismus nach 1871, die von dem Entstehen von Großstädten in Deutschland begleitet war. Mit der Entwicklung des modernen Industriekapitalismus hat sowohl der Industriebetrieb wie auch die Großstadt eine früher ungeahnte ökonomische und politische Bedeutung erhalten. Dies insbesondere dadurch, daß für die Arbeiterklasse Betrieb wie Stadt das unmittelbare Organisationsfeld ihrer ökonomischen und politischen Organisation wurde. Die deutsche Arbeiterbewegung hat zuerst ihre großen Schlachten auf dem Gebiet der

Kommunen und insbesondere der Großstadt geschlagen und gewonnen. Die Kommunen sind für die deutsche Arbeiterklasse die große Bewährungsschule geworden. Und was für die Gewerkschaften der Facharbeiter bedeutete, das bedeutete der Kommunalpolitiker für die Sozialdemokratie. Die Stärken und Schwächen der deutschen Arbeiterbewegung wurden seit dem Beginn dieses Jahrhunderts von diesen beiden Typen geprägt: dem Facharbeiter aus dem industriellen Großbetrieb und dem Kommunalpolitiker der Großstadt. Trotzdem hat die Arbeiterbewegung vor 1933 nicht versucht, eine sozialistische Politik zu entwickeln, in der der Betrieb wie die Großstadt im Mittelpunkt der politischen Organisation stand. Von einer sozialistischen Kommunalpolitik, wie sie die österreichischen Sozialisten beispielhaft zwischen 1919 und 1934 in Wien praktiziert haben, konnte in Deutschland keine Rede sein. Wie sehr die Großstadt jedoch das unmittelbare Aufgabenfeld der Arbeiterbewegung in der Periode zwischen den beiden Weltkriegen wurde, beweist die Tatsache, daß sich zum Beispiel in England eine breite Bewegung des kommunalen Sozialismus entwickelt hat. Mit dem Sieg des faschistischen Unitarismus in Deutschland hat die Arbeiterbewegung auch dieses Feld verloren. Und wie der Faschismus das Führerprinzip im Betrieb gesetzlich verankerte, so hat er dieses Prinzip auch in den Kommunen und insbesondere in den Großstädten als *die* Verfassung des deutschen Städtewesens eingeführt. Freilich muß daran erinnert werden, daß in den zwanziger Jahren insbesondere in den Städten, in denen die der Arbeiterbewegung feindlichen Parteien an der Macht waren, dadurch eine Auflösung des Prinzips der Selbstverwaltung eingesetzt hat, indem das System der starken Oberbürgermeister – wie es insbesondere der Oberbürgermeister von Köln, Dr. Konrad Adenauer, repräsentierte – zur Regel geworden war. Innerhalb dieses Systems ist der kommunale Parlamentarismus zu einem reinen Beratungs- und Zustimmungsinstrument geworden.

Die Bedeutung der Kommune im Aufbau der Wirtschaft, als auch im Aufbau des Staatswesens in Westdeutschland ist unbestritten. Insbesondere muß auf die bedeutende Rolle der kommunalen Betriebe im Aufbau der Wirtschaft hingewiesen werden. Die Rolle der Belegschaften in diesen kommunalen Betrieben muß umso höher gewertet werden, als diese Belegschaften nicht die Möglichkeit hatten, an den Kompensationspraktiken der privaten Betriebe teilzunehmen. Die Arbeitsdisziplin der westdeutschen Arbeitnehmer, ihre kollektiven Improvisationsfähigkeiten haben sich gerade auf dem Gebiet der kommunalen Betriebe nach 1945 in besonderer Weise bewährt. Im Aufbau der kommunalen Ordnung haben die Gewerkschaften eine noch bedeutendere Rolle gespielt, als es bei den privaten Betrieben der Fall war. Die Aufgabe der Gewerkschaften in den Kommunen bestand darin, das Leben der Kommune selbst in Gang zu bringen. Nichts ist für den Betrachter überraschender, als die Tatsache, daß sich aus dieser Übernahme öffentlicher Aufgaben durch die Arbeitnehmer der kommunalen Betriebe und der Gewerkschaften keine kommunale sozialistische Bewegung entwickelt hat. Die Aufgaben der Aufräumung, der Versorgung und der Sicherheit, wie sie in den Kommunen nach 1945 vorlagen, konnten nur mit Hilfe der Arbeitsdisziplin der Arbeitnehmer und der Gewerkschaften erfüllt werden. In der Geschichte der großen deutschen Kommunen wird diese Rolle der Arbeitnehmer und ihrer Organisationen nach 1945 bereits heute schon wieder weitgehend unterschlagen. Wenn sich aus der Übernahme dieser kommunalen Aufgaben durch die Arbeiterbewegung keine neue Betriebs- und Kommunalverfassung ergab, so deshalb, weil die materiellen Aufgaben des Tages die Arbeiterbewegung weitgehend überforderten. Darüber hinaus ist jedoch gerade die negative politische Rolle der Besatzungsmächte auf diesem Gebiet besonders deutlich nachzuweisen. Die Besatzungsmächte haben sich auf der kommunalen Ebene zwar auf die Arbeitnehmer und die Gewerkschaften in ganz besonderer Weise gestützt, sie waren jedoch nicht willens, den Arbeitnehmern und Gewerkschaften aus dieser Übernahme von Aufgaben auf kommunaler Ebene politische Rechte einzuräumen.

Die einzelnen westlichen Besatzungsmächte haben in ihren Zonen die Kommunalverfassung eingeführt, wie sie in ihren Ländern herrschten. Die politische Publizistik und auch die Arbeiterbewegung haben nach 1945 oft über die Vorzüge oder Nachteile der einzelnen Kommunalverfassungen der Besatzungsmächte gestritten. Dies ist jedoch eine zweitrangige Frage. Entscheidend für die Kommunalverfassungen der Besatzungsmächte ist, daß sie politische Verfassungen gewesen sind, in denen die Parteien unmittelbar zu den konstituierenden Kräften der kommunalen Regierungen wurden. Bereits auf der Ebene der Kommunen hat sich die Entscheidung der Besatzungsmächte für den Parteien-Parlamentarismus dahingehend ausgewirkt, daß der tatsächlichen Rolle der Arbeitnehmerschaft und insbesondere der Gewerkschaften im Aufbau der Kommunen nicht genügend Rechnung getragen wurde.

Das System des Parteien-Parlamentarismus ist letzten Endes auf eine faktische Bevorzugung der Kräfte hinausgelaufen, deren Rolle im Aufbau der Kommunen bedeutend geringer war als die der Arbeitnehmer und ihrer Organisationen: der Bürgerlichen. Indem die Gewerkschaften in den Kommunalverfassungen keinen Platz fanden, wurde für den Wiederaufbau des deutschen Staatswesens in Westdeutschland ein Anfang gesetzt, der als einer der wichtigsten Gründe für die Entstehung der Restauration gewertet werden muß. Die klassische Zweiteilung der Aufgaben innerhalb der Arbeiterbewegung durch Partei und Gewerkschaften hat sich im Wiederaufbau nach 1945 erneut als eine sehr fragwürdige Arbeitsteilung erwiesen. Darüber hinaus zeigt gerade der Aufbau einer neuen Demokratie in Westdeutschland von unten nach oben, daß das Prinzip dieses Aufbaus von unten nach oben von der Arbeiterbewegung nicht ernst genommen wurde. Die Arbeiterbewegung hat weitgehend auf eine umfassende, das heißt staatliche Regelung der Frage der Kommunalverfassung gewartet – und zwar gegenüber den Besatzungsmächten und der Nation loyal gewartet – und hat so eine historische Möglichkeit verspielt, der Verfassungsarbeit durch die Tat vorzugreifen. Es darf nicht übersehen werden, daß dieser Weg des Aufbaus einer Gesellschaftsverfassung von unten nach oben allen Teilen des deutschen Volkes in seiner politischen Auffassung widersprach, da in der deutschen Geschichte jede allgemeine Verfassungsordnung bis in die kleinsten gesellschaftlichen Einheiten hinein stets von oben nach unten erfolgt ist. Selbst die radikalsten Föderalisten sind in Deutschland in diesem Sinne stets für eine zentralistische Lösung gewesen. Das Prinzip des Aufbaus einer neuen Demokratie von unten nach oben hat darüber hinaus auch der realen Konzeption der Besatzungsmächte widersprochen, d.h. der Konzeption der Militärdiktatur. Darüber hinaus waren die Besatzungsmächte nicht gewillt, Verfassungen zu konstituieren, die auf eine direkte Teilnahme des Volkes an der kommunalen Politik hinausliefen. So ist aus dem Zusammenbruch des nationalsozialistischen Unitarismus auch auf der Ebene der Kommunen keine neue demokratische Kommunalverfassung im Sinne des kommunalen Sozialismus hervorgegangen.

9. Kapitel
Das deutsche Parteienwesen

Das politische Ziel der Westmächte bestand nach 1945 in der Errichtung einer deutschen Demokratie. Zwar waren sie sich selbst uneinig über die Form der Demokratie, und ihre nationalen Ansichten von Demokratie widersprachen wiederum ihren politischen Zwecken in Deutschland, aber sie waren sich darin einig, daß Deutschland eine parlamentarische Demokratie werden sollte. Die verschiedenen Ansichten über Demokratie bei den westlichen Besatzungsmächten brachen in der Periode der Militärdiktatur nur deshalb nicht offen hervor, weil sich nach dem Prinzip des Aufbaus des neuen deutschen Staatswesens von unten her keine tiefgreifenden Unterschiede in den Auffassungen ergeben konnten. Das allgemeine Ziel war klar: eine parlamentarische Demokratie im Sinne der bürgerlichen Republik, d.h. also ein demokratisches Staatswesen, dessen unmittelbarer politischer Willensträger die Parteien sind. Für die amerikanische und englische Besatzungsmacht waren die Begriffe Demokratie und Parteiendemokratie, d.h. bürgerlicher Parlamentarismus, miteinander identisch. Zu keinem Zeitpunkt haben sie die Möglichkeit eines anderen Aufbaus der deutschen Demokratie auch nur in Erwägung gezogen. Dazu kam, daß ihnen alle Versuche in Osteuropa, beim Aufbau eines demokratischen Staatswesens über die Form des bürgerlichen Parlamentarismus hinauszugehen, bereits im ersten Jahr der Militärdiktatur als höchst verdächtig, wenn nicht als der unmittelbare Ausdruck kommunistischer Machenschaften erschienen. Zwar waren die demokratischen Kräfte in Frankreich nach der Befreiung und in der Vorbereitung zur Verfassungsgebenden Versammlung über die Form der bürgerlichen Parteiendemokratie hinausgegangen, indem sich die Organisationen der Widerstandsgruppen und die Gewerkschaften als völlig gleichberechtigt neben die Parteien stellten, so daß man von einer Partei- und Verbandsdemokratie sprechen kann – aber Frankreich war in der deutschen Frage nicht an einer starken Demokratie interessiert, sondern an einem schwachen Deutschland, auch auf Kosten der Demokratie in Deutschland. Das französische Modell der Demokratie der Jahre 1944/45 ist für den Aufbau der deutschen Demokratie jedoch deshalb von Bedeutung, weil die Gründe, warum man zu dieser Parteien- und Verbandsdemokratie kam, Hinweise dafür liefern, daß der Aufbau einer reinen Parteiendemokratie in einer modernen Gesellschaft sich notwendigerweise zu Gunsten der konservativen Strömungen in einem Volke auswirken muß.

Die bürgerliche Demokratie als Parteiendemokratie

Die bürgerliche Demokratie geht von der Trennung von Staat und Gesellschaft aus. Der Staat ist für die bürgerliche Demokratie nicht schlechthin die politische Ordnung, die sich die Gesellschaft gibt, sondern die politische Ordnung, die ein bestimmter Teil der Gesellschaft ihr aufzwingt. Die bürgerliche Auffassung von Demokratie kann ihren monarchistischen Ursprung nicht verleugnen. Der Staat wird für das Bürgertum in der Periode des entstehenden Kapitalismus die politische Macht, die ihm der Feudaladel aufgezwungen hatte. Der Staat in den Händen des Feudaladels stand tatsächlich der Gesellschaft gegenüber, die immer mehr und mehr vom Bürgertum repräsentiert wurde. Als das Bürgertum den Staat eroberte, als es die Macht des Feudalismus brach, als es selbst die politische Macht repräsentierte, konnte es den Widerspruch von Staat und Gesellschaft nur insoweit aufheben, als es die Widersprüche der alten feudalen Staatsform zu seiner gesellschaftlichen Existenz, d.h. zur kapitalistischen Produktionsweise und den Formen des kapitalistischen Marktes beseitigte. Diese kapitalistische Produktionsform, der kapitalistische Markt wird aber nur durch den Kapitalisten repräsentiert, nicht durch die Gesamtheit der Gesellschaft. Der bürgerliche Staat ist ein Mittel der Gewalt, um die kapitalistische Produktionsform, die Ordnung des kapitalistischen Marktes gegenüber der Gesellschaft durchzusetzen. Die bürgerliche Demokratie anerkennt nur den als Vollbürger, der Kapitalist ist. In der bürgerlichen Demokratie sind die politischen Repräsentationsrechte durch Gesetz oder reine Praxis auf Eigentümer und Gebildete beschränkt. Die Staatslehre des Bürgertums hat stets auf die enge Verbindung von Bürgerrechten, Bildung und Verantwortung hingewiesen. In der bürgerlichen Demokratie geht die Macht nicht vom Volke, d.h. von der Gesamtheit der Gesellschaft, sondern von denen aus, die Eigentum und Bildung besitzen und deshalb allein Verantwortung zu tragen vermögen. Gegenüber den Massen ist die bürgerliche Demokratie ein Mittel des Zwanges zur Aufrechterhaltung der bürgerlichen Ordnung: Der Staat ist zwar mit dem Grundprinzip der Gesellschaft identisch, aber nicht mit der Gesellschaft selbst. Das Bürgertum hat über ein Jahrhundert verzweifelt und mit allen Mitteln versucht, die Massen der Gesellschaft von der politischen Verantwortung fernzuhalten, mit Grund und Recht, denn die Übertragung der Bürgerrechte auf die Massen würde das Ende des Kapitalismus darstellen, sei es in der Form des Zusammenbruchs der Wirtschaftsorganisation der Gesellschaft, sei es in der Form des Sozialismus. Die kapitalistische Entwicklung trägt jedoch die Keime zu ihrer Überwindung in sich – der Kapitalismus sozialisiert sich selbst. Einmal, indem er im Prozeß der Konzentration der Produktionsmittel die Zahl der Individuen vermindert, die Macht über Eigentum und gleichzeitig über Bildung besitzen – und zum anderen, indem er gezwungen wird, den breiten Massen der Gesellschaft Bildung, und das heißt Zeit und Mittel zur Bildung, zuzugestehen. Er kann nicht verhindern, daß sich diese Massen organisieren und die Macht in der Gesellschaft erobern wollen – und zwar auf allen Gebieten dieses gesellschaftlichen Lebens. Solange das Bürgertum an seinem Prinzip der Demokratie festhält, wird es von den breiten Massen mit seinen eigenen geistigen Mitteln angegriffen. Das Bürgertum verläßt deshalb in bedrohlichen Situationen die Demokratie und geht zur absolutistischen Diktatur in den verschiedensten Formen über. Die absolutistische Diktatur aber ist in einem bestimmten Grade der Entwicklung aus den wachsenden politischen Widersprüchen der einzelnen kapitalistischen Staaten heraus gezwungen, den Prozeß der Auflösung des Bürgertums zu beschleunigen, sie vermindert die Zahl der Bourgeois. Die tatsächliche Macht geht an eine Kaste von Bürokraten über. Weiter ist die Diktatur gezwungen, sich der Loyalität der breiten Massen des Volkes zu versichern, sei es durch eine national-chauvinistische Ideologie der Utopie der Weltherrschaft durch die Nation, sei es durch die Ausdehnung der Wohlfahrtseinrichtungen, sei es durch eine Zerschlagung der Bildungsprivilegien – oder aller dieser Mittel zusammengenommen. Die nationalsozialistische Ordnung trug alle diese Züge: sie war eine absolutistische Diktatur im Dienst des Kapitalismus und sie hat den Prozeß der Liquidierung der bürgerlichen Ordnung in Deutschland beschleunigt. Die Demokratie nach dem Faschismus kann nicht mehr die Demokratie wie vor dem Faschismus sein, da sich die gesellschaftlichen Bedingungen radikal verändert haben. Diese Tatsache wird dann deutlich, wenn die absolutistische Herrschaft durch den Volkswiderstand im Gefolge der militärischen Befreiung vertrieben oder durch die Revolution gestürzt wird. Der Widerstand oder die Revolution besetzt aber nicht nur die Staatsorgane, er muß, da das Bürgertum ausgeschaltet oder vernichtet ist, die gesellschaftliche Macht auf allen Ebenen übernehmen: in den Betrieben, in den Kommunen, in den Bildungsstätten, in der Verwaltung, im Parlament. Daß dieser Prozeß in Europa nicht zum Durchbruch kam, ist das Verdienst der russischen, amerikanischen und britischen Armeen. Die Regierungen und Militaristen in Rußland, Amerika und England waren an der Niederschlagung des Faschismus interessiert, an einer Ausdehnung und Festigung ihrer imperialistischen Einflußsphären – aber nicht an einer inneren Umgestaltung der europäischen Länder im sozialistischen Sinne – und erst recht nicht Deutschlands.

Das innenpolitische Ziel Rußlands in Osteuropa war die Errichtung von Einparteien-Diktaturen; das Amerikas und Englands die Errichtung der bürgerlich-parlamentarischen Demokratie. Die antifaschistische Bewegung konnte nur in den Ländern zu einem innenpolitischen Erfolg kommen, die zu den sogenannten Siegermächten zählten und militärisch am Sieg beteiligt waren: in Osteuropa Jugoslawien, in Westeuropa Frankreich. Die Form einer Neuen Demokratie, wie sie uns in Frankreich in den Jahren 1944/45 entgegentritt, wäre für die deutsche Entwicklung nach 1945 in Westdeutschland von größter Bedeutung gewesen, wenn einmal dieser Prozeß in Frankreich fortgesetzt worden wäre und wenn weiter dieser Prozeß durch die französische Besatzungsmacht seine Übertragung nach Westdeutschland gefunden hätte. Das Versagen der französischen Arbeiterbewegung in diesen Jahren auf beiden Gebieten, die Unterwerfung unter einen chauvinistischen Nationalismus und die Anerkennung der bürgerlich-parlamentarischen Demokratie durch Sozialisten und Kommunisten hat für die Entwicklung in Westdeutschland ungeheure Folgen gehabt.

1945: Die oligarchischen Parteien entstehen

Die Entscheidung aller westlichen Besatzungsmächte für die bürgerlich-parlamentarische Demokratie, für die Parteiendemokratie, hätte aber nicht so folgenschwer sein müssen, wenn der Aufbau der Parteien unter der Militärdiktatur nicht allein unter formaldemokratischen Gesichtspunkten erfolgt wäre. Die Zulassung von Parteien erfolgte auf Grund eines Antrags, der von einer bestimmten Anzahl von Personen unterschrieben sein mußte. Den Besatzungsbehörden kam es dabei darauf an, Nationalsozialisten und Mitläufer auszuschalten. Zu welchem Zeitpunkte und in welcher Form die Antragsteller antifaschistisch waren, war der Besatzungsbehörde gleichgültig. Ebenso war es ihr gleichgültig, ob die Antragsteller Arbeiter und Gewerkschafter oder Kleinhändler und Rechtsanwälte waren, d.h. es war von zweitrangiger Bedeutung, welche Art des antifaschistischen Widerstandes von den Parteigründern geleistet worden war und welche Aufgabe sie im Aufbau Deutschlands gegenwärtig und in Zukunft übernahmen. Die Vertreter der Arbeiterbewegung, die die Hauptlast des antifaschistischen Kampfes getragen hatten, dessen Ziel die radikale Vernichtung der Nationalsozialistischen Ordnung war, fanden sich nun gleichberechtigt neben den Vertretern eines Bürgertums, dessen Mehrheit der faschistischen Bewegung zugestimmt und das nur in einer absoluten Minderheit antifaschistisch war. Die Parteien mußten darüber hinaus ihren demokratischen Charakter dadurch nachweisen, daß sie ein Programm vorlegten und über ihr Statut Auskunft gaben. Noch nie in der Geschichte des deutschen Parteiwesens sind Parteiprogramme für die politischen Ziele der Parteien unbedeutender gewesen als zu dieser Zeit. Es wäre falsch, diese Parteiprogramme – insbesondere die der bürgerlichen Parteien – als Ausdruck des tatsächlichen Willens dieser Parteien in den Jahren ihrer Neugründung zu nehmen. Sie sind so offen auf die Militärregierungen gezielt, daß sie sich eigentlich nur in den weltanschaulichen Beiwörtern unterscheiden. Die Parteiprogramme dieser Periode sind in ihren wichtigsten Punkten mit der proklamierten Politik der Besatzungsmächte identisch – und hier insbesondere wieder die Programme der bürgerlichen Parteien. Zu keinem Zeitpunkte war von der Programmatik her die deutsche Republik einem Zwei-Parteiensystem näher als in diesen Jahren. Die Gleichförmigkeit und Ähnlichkeit der Parteiprogramme läßt nicht den Schluß zu, daß die Gründung von vier, fünf und mehr Parteien der drängenden Notwendigkeit der Zeit entsprach. Die Besatzungsmächte haben zu diesem Zeitpunkte Parteien zugelassen, die oft nur den lokalen Bedürfnissen oder den Karrierespekulationen einzelner entsprachen. Wenn sich heute das deutsche Parteiwesen durch einen erschreckenden Provinzialismus auszeichnet, so wurde zu dieser Entwicklung nach 1945 der Keim gelegt. Das Prinzip des Aufbaus auch der Parteien von lokaler Ebene her, ließ eine breite und der Situation gerecht werdende Auseinandersetzung um die Programmatik der einzelnen Parteien überhaupt nicht zu. Die Isolierung Deutschlands vom Ausland förderte noch diese Entwicklung und nicht zuletzt hat die aus dem Exil zurückgekehrte – von den Besatzungsmächten nach der Loyalität zu ihrer Kriegs- und Besatzungspolitik streng ausgewählte – Emigration diesen Prozeß verstärkt. Wenn die Soziologie auf die Regel weist, daß sich alle Parteien in ihrer inneren Ordnung zu Oligarchien entwickeln, d.h. zu einer Ordnung, in der nicht die Masse der Mitglieder herrscht, sondern einzelne Gruppen, so hat das deutsche Parteienwesen nach 1945 jeder breiten demokratischen Basis entbehrt und hat bewußt mit dem Aufbau neuer Parteien begonnen, indem das Gesetz der Oligarchie, der Herrschaft der Freundeskreise, der Cliquen etc. zum Grundgesetz erhoben wurde. Die Besatzungsmächte haben im Aufbau des deutschen Parteienwesens zwar nach den Statuten der Parteien gefragt, aber sie haben durch die Politik ihrer einzelnen politischen Offiziere dem Cliquenwesen, der Oligarchie, der bürokratischen Herrschaft in den Parteien in einer Weise Vorschub geleistet, wie es offiziell noch nie in der Geschichte des deutschen Parteienwesens geschehen ist. Das Grundübel des Parteienwesens nach 1945 besteht in dieser Herrschaft der Cliquen, der Freundeskreise, durch die in den späteren Jahren die Verbände ihren großen Einfluß in die Parteien erreichten und nicht in der Etikettierung der Parteien in Westdeutschland als Weltanschauungsparteien.

Wer die Situation der Parteien in Westdeutschland nach 1945 auch nur oberflächtlich untersucht, wird feststellen müssen, daß von einem System der Weltanschauungspartei oder gar der Weltanschauungsparteien nach 1945 keine Rede mehr sein kann. Die Weltanschauungsparteien vor 1914 und vor 1933 waren durch die christliche, die liberale und die marxistische Weltanschauung bestimmt. Dabei muß stets im Auge behalten werden, daß die christlichen und liberalen Weltanschauungsparteien in Deutschland niemals rein existiert haben. Beiden Parteien war gemeinsam, daß sie national-konservativer Natur waren. Dies hängt damit zusammen, daß das deutsche Bürgertum – abgesehen von einer äußerst kurzen Periode – keine reine liberal-republikanische Position im Kampf gegen den Feudalismus und die Monarchie eingenommen hat. Der deutsche Liberalismus ist immer nur in gebrochener Form politisch aktiv geworden, genauso wie die politische Theorie der christlichen Weltanschauungen stets ihre Brechung durch die bestehende politische Ordnung gefunden hat. Nicht zuletzt ist dieser Gemeinsamkeit des deutschen Bürgertums in seiner liberalen und seiner christlichen Richtung auch die deutsche Arbeiterbewegung, die Trägerin der marxistischen Weltanschauung erlegen. Wie der Klassenkampf in Deutschland vor 1933 nie so zugespitzt wurde, daß sich auf der einen Seite nur das Junkertum und die Bourgeoisie befand, auf der anderen Seite nur das Proletariat, so hat die Auseinandersetzung über die Weltanschauung in den Erscheinungsformen der Parteien niemals solche Formen in Deutschland angenommen, wie sie die politischen und weltanschaulichen Auseinandersetzung zum Beispiel in Frankreich kennzeichnen.

Das klassische System der Weltanschauungsparteien: liberalistisch-christlich-marxististisch wurde bereits nach 1917 durch ein anderes Schema ersetzt, dessen Tendenzen letzten Endes zur Aufhebung des Systems der Weltanschauungsparteien überhaupt führen sollte. Der Bolschewismus in der Gestalt des Leninismus hat zu einer völligen Verschiebung des Systems der Weltanschauungsparteien in Deutschland geführt, indem sich im politischen und ideologischen Kampf letzten Endes nur Bolschewismus und Antibolschewismus – der letztere in den verschiedensten Schattierungen – gegenüberstanden. Es war nur ein Frage der Entwicklung der inneren Ordnung der Weimarer Republik, wann dieses Schema zum beherrschenden Schema des politischen Lebens in der Republik überhaupt werden würde. Dies mußte dann der Fall sein, wenn das wirschaftliche System, auf dem die Weimarer Republik ruhte, der Kapitalismus, und das politische System, der bürgerliche Parlamentarismus, in ihre Krise kommen würden. Die Jahre der Weltwirtschaftskrise brachten diese Krise und sie brachten mit sich die revolutionäre Bedrohung. Diese revolutionäre Bedrohung in der Gestalt der Kommunistischen Partei war aber ein „Bolschewismus" eigener Art. Hinter der Kommunistischen Partei stand nicht mehr ein revolutionärer Arbeiterstaat, sondern ein Kommunistisches Rußland, in dem sich die Diktatur der Bürokratie über den Staat, die Wirtschaft und das gesamte Volk erstreckte und eine Kommunistische Internationale, die zum reinen Werkzeug der Außenpolitik des russischen Staates geworden war. Die Weltanschauung des Marxismus wurde von dieser Partei nur noch als ein Mittel gewertet, die Entscheidungen der Bürokratie von Fall zu Fall zu rechtfertigen und als ein Mittel, die Massen in eine revolutionäre Stimmung zu versetzen. Je größer die Gefahr einer kommunistischen Revolution wurde, je mehr die Grundlagen der Republik erschüttert wurden, um so mehr schwanden die Differenzen in den klassischen deutschen Parteien dahin und umso mehr mußte der politische Sieg der Partei gehören, die am entschiedensten antibolschewistisch war. In der „Weltanschauungspartei" des Nationalsozialismus wurden die alten politischen Weltanschauungsparteien aufgelöst oder von ihr überrannt. Die Nationalssozialistische Partei bedurfte, um ihre konterrevolutionäre Rolle auch ideologisch vollkommen spielen zu können, im Grunde keiner Weltanschauung, weil ihr im Stalinismus ein brutalisierter Marxismus entgegentrat und weil die liberalistische und christliche Weltanschauung als politische Anschauungen nur noch rudimentär in den Parteien vorhanden waren. Hatte man vor dem Nationalsozialismus unter Weltanschauung ein System von Werten verstanden, auf die die Erscheinungen der Welt logisch in einem System bezogen wurden, so begnügte sich der Nationalsozialismus damit, seinen Anhängern ein Sammelsurium von naturwissenschaftlichen und geschichtlichen Erkenntnissen, wie sie nur in den dunkelsten Winkeln der Wissenschaft von Einzelgängern ausgebrütet worden waren, und einige Glaubenssätze vorzusetzen. Die nationalsozialistische Weltanschauung war ein reines Mittel der Propaganda, der Aufputschung von Masseninstinkten, das jenseits aller vernünftigen Überlegungen lag. Der Rassengedanke, das Dritte Reich, das Führerprinzip waren reine Mittel zur antibolschewistischen Mobilisierung der Massen. Die Tatsache, daß dieses ungeheuerliche Monstrum von politischer „Weltanschauung" nach 1945 als politische Weltanschauung, als die Natur der politischen Weltanschauungen von den breiten Massen des deutschen Volkes aufgefaßt wurde, als eine politische Weltanschauung, die sozusagen nur durch die Macht der Sieger gestürzt werden konnte, mußte für die ideologische Entwicklung der Demokratie in Deutschland – im Osten wie im Westen – von gefährlichster Bedeutung sein.

Wenn auf dem Gebiete der politischen Theorie und Ideologie die restaurative Entwicklung in Westdeutschland dadurch gekennzeichnet ist, daß *keine* politische Theorie, keine politische Weltanschauung den Handlungen der verschiedensten Parteien zugrunde liegt, so ist die Ursache dafür in der vollkommenen Zerrüttung der politischen Vernunft, der politischen Ideologie durch die sogenannte nationalsozialistische Weltanschauung zu suchen.

Die Christdemokratie

In dem Kapitel über die Bedeutung der christlichen Konfessionen haben wir bereits darauf hingewiesen, daß die geistige Macht der Kirchen nach dem Zusammenbruch des Faschismus durch eine breite Bewegung der religiösen Wiedererweckung bedingt war. Als symptomatisch mag in Erinnerung gerufen werden, daß prominente Führer der Nazi-Bewegung kurz vor ihrer Verurteilung offen zum Christentum zurückgekehrt sind, und daß ein so berühmter Vertreter des Nihilismus wie der Schriftsteller Ernst Jünger ein Buch schrieb, das von seinen Anhängern und von Vertretern der christlichen Konfessionen als ein Bekenntnis zum Christentum gewertet wurde. Das Christentum, die christliche Weltanschauung, wurde zur allgemeinen Grundlage des geschichtlichen, politischen und philosophischen Denkens in Westdeutschland. Die Bewegung des Christlichen Humanismus war als eine geistliche Läuterung des deutschen Volkes von der Sünde des Nationalsozialismus gedacht. Dabei muß hervorgehoben werden, daß diese christliche Bewegung sehr wenig mit der Dogmatik der Kirchen zu tun hatte, sondern vielmehr dem Christentum ähnelte, wie es die Romantik in Deutschland und die intellektuelle Erneuerungsbewegung des Katholizismus in Frankreich zu Beginn dieses Jahrhunderts kennzeichnete. Das Geschichtsbild dieses Christlichen Humanismus hatte mehr mit Heilsgeschichte, denn mit der wirklichen Geschichte der Menschen zu tun. Es wurde der Nationalsozialismus nicht durch eine politische Weltanschauung rationaler und systematischer Natur, sondern durch eine politische Weltanschauung beseitigt, die durch Irrationalismus bestimmt war. Wie so oft in der Geschichte der Völker wurde ein Glaube durch einen anderen ersetzt. Daß die katholische Kirche innerhalb dieser neuen Hinwendung zum Christentum notwendigerweise vorherrschend sein mußte, ergibt sich als eine Selbstverständlichkeit aus den Formen, in denen die katholische Kirche die christliche Weltanschauung seit Jahrhunderten in Europa propagiert hat. Dazu kommt, daß sich – unter stillschweigender Duldung des katholischen Klerus – Bewegungen breit machen konnten, die sich eine Überwindung der klassischen Differenzen der beiden Konfessionen in Deutschland zum Ziele setzten.

Eine stark romantisierte christliche Weltanschauung wurde, zusammen mit den Ansichten der Siegermächte über Demokratie, zur Grundlage der Christlichen Demokratie in Deutschland. Freilich ist die Entstehung der Christlichen Demokratie unverständlich, wenn man ihre Entwicklung in den anderen europäischen Ländern außer acht läßt. Die sogenannte Christliche Demokratie wird sich sodann als eine neue Form des Verhältnisses von Katholizismus und Demokratie darstellen lassen, der weniger eine neue politische Theorie zugrunde liegt, als die Macht der Verhältnisse in den einzelnen europäischen Ländern nach der Niederlage des Faschismus.

Der politische Katholizismus mußte in dem Lande die neue Formel der Christlichen Demokratie finden, in dem die bürgerliche Republik die Trennung von Staat und Kirche endgültig vollzogen hatte und in dem die katholischen Laien gegenüber der Kirche ihre größte politische Selbständigkeit gewonnen hatten: in Frankreich. Es darf darüber hinaus nicht der Umstand übersehen werden, daß auch die offizielle katholische

Kirche Frankreichs seit Jahrhunderten eine gewisse und oft sehr weitgehende Selbständigkeit gewonnen hatte. Der wichtigste Antrieb aber zu einer fortschrittlichen katholischen Partei kam aus dem Widerstand. Die katholische Laienwelt und auch Teile des katholischen Klerus hatten aktiv – und in Einheitsfront mit den anderen republikanischen Kräften – am Widerstand gegen den Faschismus teilgenommen. Das politische Ziel des französischen Widerstandes war eine soziale Republik, in der das Volk tatsächlich der politische Souverän sein sollte. Das Zentrum der großen Reformbestrebungen nach 1944 war in Frankreich die MRP (Mouvement Republicaine Populaire), eine Partei des politischen Katholizismus, die sowohl das Parteienschema der 3. Französischen Republik, wie auch die Formen des klassischen politischen Katholizismus nicht nur in Frankreich, sondern auch in ganz Europa zu sprengen schien. Die MRP faßte sich aber nicht als eine christliche Partei auf, sondern als eine Partei von Katholiken und Protestanten, die sich als Laien zu einer fortschrittlichen Nationalen Republik bekannten. Dabei stützten sie sich weniger auf die Soziallehren der Kirchen, als auf eine Theorie der radikalen Demokratie.

In Italien nahm die Entwicklung der Christlichen Demokratie einen anderen Verlauf. Eine Reihe von Bedingungen schienen darauf hinzuweisen, daß die Democrazia Christiana eine „katholische" Partei ähnlichen Typs werde wie die MRP in Frankreich. An der Spitze der Partei standen ältere katholische und antifaschistische Politiker und jüngere, die, wenn auch nicht in so bedeutendem Umfange wie ihre Kollegen in Frankreich, am militärischen Widerstandskampf teilgenommen hatten. Für diese Kräfte war das Bekenntnis zur Republik selbstverständlich. Gleichzeitig trafen sich in den führenden Politikern der Democrazia Christiana die Reformideen, wie sie die Volkspartei vor der faschistischen Ära vorgetragen hatte, mit dem Gedankengut der modernen Wirtschafts- und Sozialtheorie. Aber trotzdem war die Lage der Democrazia Christiana in Italien nicht mit der Frankreichs zu vergleichen. Es bestand keine Trennung von Staat und Kirche, die Katholische Kirche hatte sich nach 1928 in das faschistische System eingefügt, eine Reihe von außenpolitischen Zielen des italienischen Faschismus entsprachen – besonders in Osteuropa – denen des Vatikans, die Laienorganisationen der Kirche waren fest in der Hand des Klerus, die Gesamtheit der Gläubigen unmittelbarer der bischöflichen Herrschaft unterworfen als in allen anderen katholischen Ländern. Es war nur eine Frage der Zeit, wann die Klerikalisierung der Democrazia Christiana die Entwicklung der Partei beherrschen würde.

Für die Entwicklung der Christlichen Demokratie sollten die Ereignisse in den Jahren 1944-46 in zwei anderen katholischen Ländern, in Ungarn und Polen, von Bedeutung werden. Besonders die Ereignisse in Polen wiesen darauf hin, daß der Kreml sich nicht damit begnügen wollte, sozialfortschrittliche und freundschaftlich gesonnene Staaten an der Westgrenze Rußlands zu haben. Er wollte politische Satelliten, und dies konnte er nur erreichen, indem er die Vorherrschaft der Kommunistischen Parteien in den einzelnen Ländern – ganz gleich wie stark ihr Einfluß tatsächlich war – mit allen Mitteln sicherte. Da weiter die soziale Revolution – insbesondere die Bodenreform – in diesen Ländern in solchen Formen erfolgen sollte, wie es im Sinne des Kreml lag, war in der politischen Konzeption dieser Staaten kein Raum für christliche oder katholische Parteien. Die politische Neutralisierung der katholischen Kirche raubte dem politischen Katholizismus darüber hinaus die Grundlage zu einer katholischen Partei. Trotzdem müssen die Bauernparteien in Ungarn und Polen (Kleine Landwirte) als Repräsentanten der Christlichen Demokratie aufgefaßt werden. Der unmittelbare Kirchenkampf, die fortschreitende Liquidierung der großen Bauernparteien waren der Beginn einer antibolschewistischen Entwicklung, einer antirussischen Entwicklung, die sich in den Parteien der Christlichen Demokratie in den westeuropäischen Ländern fortsetzte und immer stärker – auch wirtschafts- und sozialpolitisch – ihres fortschrittlichen Charakters beraubte.

Der entscheidende Umstand bei der Gründung der Parteien der Christlichen Demokratie in Westdeutschland war dies, daß sie zu einem Zeitpunkte erfolgte, in dem die Parteien der Christlichen Demokratie in Frankreich und Italien ihre radikal-fortschrittliche Periode beendeten und unter dem Eindruck der Entwicklungen in Polen und Ungarn wie die Christlichen Parteien vor dem Faschismus entschieden antikommunistisch und unter dem Eindruck der kapitalistischen Großmacht, den USA, und der wunderbaren Rettung des Bürgertums in Westeuropa, auch antisozialistisch wurden. Eine radikal-fortschrittliche Periode hat die Christliche Demokratie in Westdeutschland nie durchschritten und nichts in ihrer Vergangenheit könnte als Antrieb zu einer radikal-fortschrittlichen Entwicklung aufgefaßt werden.

Die Christliche Demokratie ging in Westdeutschland aus den historischen christlichen Parteien vor 1933 und 1914 hervor: dem Zentrum und der Bayerischen Volkspartei. Das Zentrum hat in seiner Geschichte stets an drei Fronten gekämpft, und es ist aus diesem Grunde nie zu *der* Partei der christlichen Bevölkerung geworden. Einmal richtete sich seine Politik gegen eine Staatsauffassung, die auf eine politische Neutralisierung der katholischen Kirche hinausgelaufen wäre. Seine klassische Schlacht schlug das Zentrum auf diesem Felde gegen Bismarck im Kulturkampf. Der Gegner – mehr als seine historisch-politischen Konzeptionen – zwang das Zentrum in die Front der Kräfte, die für einen echten Konstitutionalismus im Staatswesen kämpften, ganz gleich welche allgemeine Form dieser Staat hatte. Nur im Zusammenhange mit den konstitutionalistischen Auffassungen hatten die föderalistischen Bestrebungen des Zentrums Sinn und Gehalt. Das zweite Kampffeld war intern katholischer Natur. Die katholische Laienwelt erstrebte – nach dem französischen Vorbilde – eine immer größere Unabhängigkeit vom katholischen Klerus. Dieser Kampf um die Unabhängigkeit des politisch aktiven katholischen Laien wurde formal erkämpft, inhaltlich hat sich die deutsche katholische Laienwelt diese Unabhängigkeit nie erobern können, und sie wird aus der Natur des Katholizismus in Deutschland heraus diese Unabhängigkeit auch nie gegen die Kirchenorganisationen erringen können. Das Prinzip der Unabhängigkeit des Laien in politischen Fragen hat zur Grundlage die Unabhängigkeit der politischen Theorie und Praxis vom kirchlichen Lehramt und dessen Unfehlbarkeitsanspruch in Glaubens- und Sittenfragen. Das Zentrum hat diese Unabhängigkeit nie gewonnen, und so schwankte es in der Frage der Republik, in der Frage der parlamentarischen Demokratie, und zwar in den Jahren der wirtschaftlichen und politischen Krise der Republik, allzu leicht geneigt, sich in der politischen Praxis auf die antidemokratischen und antirepublikanischen Grundsätze der katholischen Soziallehre zu stützen. Seit der Wende des Jahrhunderts hatte die Christliche Demokratie – zusammen mit den anderen konservativen Parteien – einen Hauptfeind: die Sozialdemokratie. Das Zentrum stellte eine antirevolutionäre Kraft dar, deren Mitglieder sich von den Junkern über die Bauern und Kleinbürger bis in die Arbeiterklasse hinein erstreckte. Zu einer Stütze der Republik wurde das Zentrum erst, als die Sozialdemokratie aufhörte, eine revolutionäre Kraft zu sein, und es sich mit ihr in den antirevolutionären Bestrebungen gegen den Kommunismus eins wußte. Dieses Bündnis mußte zerbrechen – und damit die parteipolitische Grundlage der Weimarer Republik – als die Verfassungsgrundlagen der Republik zerbrachen und die Klassenkämpfe in der Krise beinahe Bürgerkriegscharakter annahmen. Die antirevolutionäre, antisozialistische Politik der Kabinette Brüning bereitete den Sturz der Republik vor, das Bündnis des Zentrum mit dem Faschismus besiegelte das Ende der Republik von Weimar.

Nach 1945 begann die Christliche Demokratie in Westdeutschland keineswegs mit einer historischen Gewissenserforschung oder einer Untersuchung über den Beitrag der Christlichen Parteien zum Untergang der Republik – sie begann einfach neu. Indem sich die CDU/CSU auf den Boden des herrschenden Christlichen Humanismus stellte, die Kirchen und insbesondere die Katholische Kirche als einen der wichtigsten Träger des Antifaschismus ausgab, verdeckte sie ihre eigene Geschichte und insbesondere des Teils, der vor 1933 erklärt antirepublikanisch eingestellt war, wie die Bayerische Volkspartei, und der Kräfte, die mit dem Faschismus aus antirevolutionären und nationalpolitischen Gründen mehr oder weniger lange paktiert hatten. Die Kirchenorganisation bildete die Grundlage der Partei. Trotz formalen Erklärungen gegen eine Politisierung der Geistlichkeit wurde die christliche Geistlichkeit zur Basis der Christlichen Demokratie in Westdeutschland. Daß das Verhältnis von Kirche und Partei anders – aber nicht weniger wirksam – gestaltet wurde als z.B. in Italien, hat seinen Grund in den laizistischen Auffassungen der Besatzungsmächte, in deren Ländern die Trennung von Staat und Kirche Grundsatz ist. Die katholische und evangelische Kirche akzeptierten zum ersten Male offen die demokratische Republik. Die Macht der Verhältnisse ließ ihnen keinen anderen Ausweg. Die Zielvorstellung der Christlichen Demokratie beinhaltet also keine fortschrittliche Republik, sondern eine konservative Republik. Die Bestrebungen der Christlichen Demokratie waren grundsätzlich nicht radikal-demokratischer Natur, sie waren auf Erhaltung abgestimmt. Es ging ihr nach dem Zusammenbruch nicht um eine radikale Anwendung der demokratischen Prinzipien, sondern um die Erhaltung der noch bestehenden konservativen Elemente in Westdeutschland. Die Ansicht der Christlichen Demokratie – Nur so viel Demokratie wie notwendig! – deckte sich mit den Auffassungen der westlichen Besatzungsmächte über die Erziehung der Deutschen zur Demokratie. Die konservative Ausgangsposition der Christlichen Demokratie in Westdeutschland wurde noch durch die Erkenntnis der europäischen Bruderparteien erhärtet, daß der Kommunismus in Westeuropa an keine radikale Umgestaltung der gesellschaftlichen Ordnung denke. Selbstverständlich fand der wachsende Antikommunismus in den christlichen Parteien, genährt durch die Ereignisse in Osteuropa, gerade in der Christlichen Demokratie Westdeutschlands einen besonders fruchtbaren Boden. Die Gründung der Partei wurde offiziell den linken, entschieden antifaschistischen Kräften überlassen. Diese linken Repräsentanten stellten keineswegs die Partei dar, deren Stäbe sich zum Teil bereits vor der Niederlage des Nationalsozialismus in einem engen Netz von Freundschaften, Cliquen, Kreisen organisiert hatten, das zum Teil auch politisch belastete Kräfte – insbesondere des christlichen Unternehmertums und der staatlichen Bürokratie – mit einschloß. Die Christliche Demokratie stellte in der Tat die einzige Partei dar, die genügend Kräfte besaß, um jede neue deutsche Verwaltung in allen ihren Stufen besetzen zu können. Die klassenmäßige Rekrutierung aus Bauernschaft, den städtischen Mittelschichten, den Klein- und Mittelstädten und nur geringen Teilen der Arbeiterschaft verstärkte den konservativen Charakter der Christlichen Demokratie in Westdeutschland. An ihr bewahrheitete sich bereits im ersten Jahr der neuen deutschen Demokratie, daß das Kleinbürgertum stets den mächtigeren Bataillonen folgt.

Der Liberalismus

An eine Erneuerung des Liberalismus als Weltanschauung, als Grundlage der Organisierung bedeutender Kräfte des Bürgertums, war aus der soziologischen Situation heraus nicht zu denken. Der deutsche Liberalismus war innerhalb der europäischen liberalistischen Bewegung stets ein Gewächs ganz eigener Prägung gewesen. Seine kurze radikale Periode wurde schnell durch Jahrzehnte der Unterwerfung unter die nationalpolitischen Tendenzen der Konservativen und der Imperialisten abgelöst. Der deutsche Liberalismus hatte das Kernstück der liberalistischen Gesellschaftsauffassung, die Lehre vom Staate, so radikal verändert, daß von ihm nur schwer als Teil des europäischen Liberalismus gesprochen werden kann. Seine Neigung zu Kompromissen gegenüber den verschiedensten Kräften hat ihn zwar zur Schule aufgeklärter Intellektueller und Sozialtheoretiker werden lassen, niemals jedoch zu einer politischen Kraft von Bedeutung. Bereits in den dreißiger Jahren und insbesondere nach der Niederlage des Faschismus, entwickelte sich in Europa innerhalb des Liberalismus eine Tendenz, die für die moderne Wirtschafts- und Sozialpolitik bedeutende Beiträge geleistet hat. Die Theorien Keynes' und Beveridges sind aus den theoretischen und praktischen Auseinandersetzungen um den Wiederaufbau des zerstörten Europas überhaupt nicht wegzudenken. In zwei Ideologen, Hayek und Roepke, erstanden aber dem klassischen Liberalismus in Europa neue Verteidiger, die für die deutsche Entwicklung deshalb so bedeutsam wurden, weil ein wichtiger Zweig der Wirtschaftstheorie in Deutschland – die Freiburger Schule – in der Tendenz ähnliche Positionen vertrat. Die Anziehungskraft auf eine sozialwissenschaftlich geschulte Intelligenz war deshalb dem Liberalismus in Westdeutschland sicher. Darüber hinaus mußte er alle Kräfte gewinnen, die unter allen Umständen an einem zentralistisch regierten neuen Deutschland festzuhalten gedachten. Eine radikale Wendung zum Liberalismus wäre nach der faschistischen Diktatur zu erwarten gewesen, aber die liberalistische Ideologie war für die breiten Massen des deutschen Volkes zu pragmatisch, sie erfüllte nicht die beruhigenden Funktionen der christlichen Weltanschauung. Der traditionelle Drang zu Kompromissen hat den deutschen Liberalismus dazu verführt, in entscheidenden Fragen keine radikale liberal-demokratische Position zu beziehen, d.h. eine radikal antiklerikalistische und entschieden zentralistische. Die geringe soziale Basis verführte ihn bei Neubeginn dazu, die widersprechendsten Kräfte in sich zu vereinigen. Die liberalistische Partei war so verurteilt, eine zweitrangige bürgerliche Partei zu werden.

Die KPD

Als marxistische Weltanschauungspartei trat nach 1945 nur die KPD auf. Die von ihr vorgetragene marxistische Weltanschauung wurde von ihr in den ersten beiden Jahren der neuen deutschen Demokratie aber weder als eine Richtschnur ihres politischen Handelns noch als ein Mittel zur revolutionären Mobilisierung der Massen aufgefaßt. Ihr Bestreben richtete sich darauf, als loyale demokratische Partei gewertet zu werden. Ihre Beschränkung auf antifaschistische und demokratische Themen ließ sie überhaupt nicht mehr als marxistische Weltanschauungspartei erscheinen. Darüber hinaus mußte sie jede politische Entscheidung des Kreml mit allen Mitteln verteidigen. Weiter stellte der rein aktivistische Charakter, die rationale Methode des Marxismus, gerade das Gegenteil dessen dar, was ein bis zur Erschöpfung aktiviertes Volk von einer neuen politischen Weltanschauung erwartete. Der verhärtete Dogmatismus der marxistischen Weltanschauung, wie ihn die KPD vortrug, ihr rein taktisches Verhalten gegenüber den Besatzungsmächten und den anderen Parteien, verhinderten von Anfang an, daß eine marxistische Weltanschauungspartei in Westdeutschland entstehen konnte. Auf internationaler Ebene war der Kommunismus neben der Katholischen Kirche vielleicht die einzige Weltorganisation, die in der Lage gewesen wäre, die politische Isolierung des geschlagenen Deutschland zu durchbrechen. Die Kommunistischen Parteien in den anderen europäischen Ländern stellten sich aber nicht nur an die Spitze der sogenannten demokratischen Reformbewegungen, sie waren gleichzeitig eifrig bestrebt, an der Spitze der nationalistischen Tendenzen in den einzelnen Ländern zu stehen. Im Rahmen ihrer nationalen Politik, im Aspekt der internationalen Lage war für sie die schnelle und radikale Errichtung einer marxistischen Weltanschauungspartei in Westdeutschland von ganz untergeordneter Bedeutung. An die BedeutungWestdeutschlands erinnerte sich der internationale Kommunismus erst, als die Außenpolitik des Kreml, die nationalistisch und demokratisch-reformerische Politik der Kommunistischen Parteien in Frankreich und Italien in ihre Krise kam.

Die Sozialdemokratie

Als eine der erstaunlichsten Erscheinungen nach 1945 muß der Aufbau der Sozialdemokratischen Partei in Westdeutschland gewertet werden. Erstaunlich deshalb, weil noch wohl selten eine Arbeiterpartei mit einer so großen Tradition so unvorbereitet an eine große politische und geschichtliche Aufgabe herangegangen ist. Die Partei trat nicht mit einem geschlossenen und fundierten politischen Programm, das auf einer politischen Weltanschauung beruhte, in die politische Arena, sondern als eine Bewegung, der es zuerst und allererst um die Erneuerung der alten Organisation ging. Die deutsche Sozialdemokratie hatte sich in ihrer Geschichte vor 1933 schon dadurch ausgezeichnet, daß die organisatorischen und formaldemokratischen Fragen und Prozeduren in ihr einen übermäßigen Raum eingenommen haben. Dies wird in einer Organisation immer dann der Fall sein, wenn sie aus dem Stadium der Eroberung politischer Positionen in das der Besetzung übergeht. Die Verbürokratisierung der Sozialdemokratie war von einem Verfall der politischen Theorie begleitet und damit von einem Nachlassen der treibenden weltanschaulichen Kraft. Wie der revolutionäre Marxismus in der Partei den Theorien der Wirtschaftsdemokratie weichen mußte und die Theorie der Wirtschaftsdemokratie den pragmatischen Konzeptionen eines demokratischen Wohlfahrtsstaates; so wurde die Geschlossenheit der marxistischen Weltanschauung in der Sozialdemokratie immer mehr aufgelöst, bis nur mehr allgemeine soziale und demokratische weltanschauliche Elemente übrig blieben. Der weltanschauliche Verfall einer Partei, der Zerfall der politischen Theorie in ihr wird nur dann nicht negative Folgen haben, wenn die Partei den Willen ihrer Anhänger durch einen kurzfristigen Plan zu mobilisieren vermag. In der europäischen Arbeiterbewegung hat der „Plansozialismus" eine wichtige Periode dargestellt, und gerade das englische Experiment – auf das die Sozialdemokratie 1945 so große Hoffnungen setzte – ist ohne die Erfahrungen des „Plansozialismus" überhaupt nicht denkbar. Die Sozialdemokratische Partei hatte nach 1945 weder eine einheitliche Auffassung vom staatlichen Aufbau, noch von der Lenkung der Wirtschaft, noch von der Verfassung der Betriebe, ganz zu schweigen von ihrer traditionellen Schwäche in Fragen der Außenpolitik. Die Emigration, die im Aufbau dieser Partei eine so große Rolle gespielt hat, kam im Grunde nur mit dem Programm nach Deutschland zurück: Loyalität gegenüber den westlichen, den demokratischen Besatzungsmächten. In dieser Loyalität gegegenüber den westlichen Besatzungsmächten hat die Sozialdemokratische Partei den selbstverständlichen und offen zu Tage liegenden imperialistischen Charakter des 2. Weltkrieges übersehen oder zu unterschlagen versucht. Das englische Experiment konnte den deutschen Arbeitern nur dann Vorbild sein und nur dann anziehend wirken, wenn sich mit dem Siege der Arbeiterpartei auch die Außenpolitik Englands einer Veränderung unterzogen hätte. Aber weder das englische Experiment funktionierte so, wie sich das die Führer der Arbeiterpartei gedacht haben, noch veränderte England unter dem Labour-Außenminister Bevin seine Deutschlandpolitik. Die deutsche Sozialdemokratie hat so die Chance versäumt, die ihr und nur ihr nach 1945 gegeben war: die Führung der nationalen Opposition gegen die Besatzungspolitik zu übernehmen. Wie sehr dies die Aufgabe der Stunde gewesen wäre, das beweist gerade die Politik Schumachers, seine immerwährenden Versuche, gegen die absolut loyalen Kräfte gegenüber den Westmächten in der Partei eine nationale, ja sogar eine nationalistische Position vorzutragen. Endlich noch mußte sich die Trennung von Partei und Gewerkschaften für die Partei in ihrem Aufbau und in der Zukunft negativ auswirken. Wie sie der Christlichen Demokratie keine eigene politische Weltanschauung entgegenstellen konnte, so konnte sie sich auch nicht unmittelbar auf eine gesellschaftliche Organisation stützen, wie sie das vor 1933 hat tun können.

Das Parteienwesen und die Besatzungsmächte

So sehen wir, daß von einem System der Weltanschauungsparteien in Westdeutschland nach 1945 keine Rede mehr sein kann. Die Christliche Demokratie stützt sich auf eine große und mächtige gesellschaftliche Organisation – die Kirchen, insbesondere die Katholische Kirche. Die Sozialdemokratie beraubt sich ihres gesellschaftlichen Verbandes, der Gewerkschaften, als einer unmittelbaren Stütze. Die Christliche Demokratie vertritt das Programm einer konservativen Demokratie, die Sozialdemokratie den demokratischen Wohlfahrtsstaat. Weist nicht die Konstellation der beiden Parteien, noch ehe die Bundesrepublik geboren wurde, zwingend auf eine konservative, eine reaktionäre Richtung?

Fragt man sich nach den Chancen dieser beiden Parteien, so ist zuerst nach ihrem Verhältnis zu den westlichen Besatzungsmächten zu fragen. Wie kann man das Programm der einzelnen westlichen Besatzungsmächte darstellen? Keine der westlichen Besatzungsmächte ist gewillt, die Entwicklung in Deutschland über eine bürgerliche Demokratie hinausgehen zu lassen. Die Formen der parlamentarischen Demokratie bieten sich der Militärdiktatur als die besten Formen der politischen Erziehung des deutschen Volkes an. Die Militärdiktatur begnügte sich mit dem Grundsatz: So wenig Demokratie wie möglich. Dadurch, daß sie mit einer langen Periode der demokratischen Erziehung des deutschen Volkes rechneten, war in absehbarer Zeit an keine starke deutsche Demokratie zu denken. Die starke Demokratie war aber ebenso die Voraussetzung für jede fortschrittliche Entwicklung in Deutschland wie ein zentralistischer Staat. Das gleiche liegt auf dem Gebiete der Wirtschaftsordnung vor. Die erste und wichtigste Aufgabe sahen die Besatzungsmächte darin, die notwendigsten Elemente der Wirtschaft wieder in Gang zu setzen, bei einer langwährenden Drosselung der Gesamtwirtschaft in Deutschland und einer Politik der systematischen Schwächung der deutschen Wirtschaftskraft. Die Entscheidung für diesen wirtschaftspolitischen Kurs war gleichzeitig die Entscheidung für die Beibehaltung der bürgerlichen Besitzverhältnisse. Jede revolutionäre oder auch nur radikal-fortschrittliche Bewegung mußte in Westdeutschland so notwendigerweise auf den Widerstand der Besatzungsmächte stoßen. Die Auffassungen der Sozialdemokratie mußten früher oder später denen der Besatzungsmächte entgegenstehen.

Die Politik der Besatzungsmächte war von Anfang an antikommunistisch. Die Sozialdemokratie war durch ihre Geschichte und weiter durch eine Reihe von Vorgängen in Osteuropa den westlichen Besatzungsmächten unmittelbar verdächtig. Es war einer der grundlegenden Irrtümer der Sozialdemokraten, nach 1945 zu glauben, daß sich Großbritannien im Kampf gegen den russischen Expansionismus auf die fortschrittlichen Kräfte im britischen Einflußbereich stützen würde. Die Lehren aus dem Verhalten Englands in Griechenland wurden von ihnen nicht gezogen. Mit der endgültigen Eroberung der politischen Vormacht innerhalb der westlichen Koalition durch die Vereinigten Staaten wurde die antikommunistische Tendenz in der Politik der Besatzungsmächte immer mehr auch zu einer antisozialistischen. Die amerikanische Position wurde von der Sozialdemokratie deshalb verkannt, weil man sich in der Einschätzung der Demokratischen Partei in den Vereinigten Staaten gründlich täuschte oder sich über den Grad des Einflusses der Gewerkschaften auf die Demokraten-Regierung in Washington falsche Vorstellungen machte. Der durch die christliche Weltanschauung fundierte Antisozialismus entsprach unmittelbar dem Antikommunismus in der amerikanischen Politik. Nicht zuletzt entsprach die Ansicht über den föderalistischen Aufbau des neuen Staatswesens der Christlichen Demokratie einem der festesten Grundsätze in der Deutschlandpolitik der westlichen Besatzungsmächte.

Weist schon das Schema des Parteienwesens nach 1945 in Westdeutschland auf eine konservative Entwicklung der neuen deutschen Demokratie hin, so wird diese dem Parteienwesen innewohnende Tendenz noch durch die grundsätzliche Konstellation der neuen Parteien zu den westlichen Besatzungsmächten und deren politischen Grundsätzen in der Deutschlandpolitik verstärkt. Die Entwicklung mußte früher oder später offen zugunsten der Christlichen Demokratie verlaufen. Dies wird insbesondere dann deutlich, wenn man sich die Bewußtseinslage der breiten Massen des deutschen Volkes in Westdeutschland nach dem Zusammenbruch vor Augen führt. Die Massen drängten nicht nach einer radikalen Veränderung in welcher Richtung auch immer, sie drängten auf schnelle Normalisierung. Die Frage der Eigentumsverhältnisse erschien ihnen unwichtig gegenüber der Möglichkeit, daß die Wirtschaft so schnell wie nur möglich wieder in Gang kam. Der Nationalsozialismus hatte darüber hinaus die Funktionen des Staates so radikal auf das gesamtgesellschaftliche Leben ausgedehnt, daß eine Beschränkung des Staates in Form des Föderalismus großen Teilen des deutschen Volkes als eine Möglichkeit der Neuordnung des deutschen Staatswesens erschien. Nicht zuletzt wollten die Massen der Arbeiter, Bauern und Mittelständler unter keinen Umständen mehr ein System der Zwangswirtschaft auf sich nehmen, und sie waren bestrebt, so schnell wie nur möglich in einem System der freien Konsumwahl zu leben. Die Erschöpfung des Volkes durch den

Faschismus war die Voraussetzung für den Erfolg jeglicher konservativen Politik in Westdeutschland – nichts war weiter entfernt als eine spontane Aktion der Massen zugunsten einer fortschrittlichen, radikalen oder gar revolutionären Politik nach dem Zusammenbruch des Faschismus. Daß keine der Parteien auf Jahre hinaus den Versuch der politischen Mobilisierung der Massen des Volkes machte, beweist den konservativen Gesamtcharakter des deutschen Parteienwesens. Die objektiven wie die subjektiven Faktoren der Gesellschaft in Westdeutschland wiesen in die Tendenz einer konservativen, restaurativen Entwicklung von Anfang an. Nie ist eine demokratische Republik aus einer konservativeren Gesamtlage der Gesellschaft und der politischen Weltkonstellation heraus entstanden als die neue deutsche Demokratie nach 1945. Eine radikale Umwälzung der gesellschaftlichen Ordnung konnte nach 1945 nur durch eine fremde Macht mit den Mitteln der militärischen Gewalt erfolgen. Die fremden Mächte aber waren in Westdeutschland an einer umfassenden und radikalen Veränderung nicht nur uninteressiert, sie widersprach ihren politischen Zielen und ihren nationalen Interessen.

10. Kapitel
Die konstitutionelle Bewegung

Eine der erstaunlichsten Erscheinungen am Ende des 2. Weltkrieges ist das Auftauchen einer konstitutionellen Bewegung beinahe in ganz Europa. Diese Bewegung kann als die größte konstitutionelle Bewegung in der europäischen Geschichte aufgefaßt werden. Sie hat weit mehr Staaten und Menschen ergriffen als die konstitutionellen Bewegungen des 18. und 19. Jahrhunderts oder die nach dem 1. Weltkrieg.

Was ist Konstitutionalismus? Unter Konstitutionalismus verstehen wir den Glauben, die Gesamtheit der politischen Beziehungen in einer Gesellschaft logisch bestimmen, systematisch erfassen und schriftlich fixieren zu können. Darüber hinaus ist der Konstitutionalismus eine Ideologie, die politische Ordnung nur dort sehen will, wo die politischen Beziehungen systematisch und schriftlich niedergelegt sind. Dieser Glaube an die ordnende Kraft einer systematischen und schriftlich fixierten Verfassung hat seinen Ausgang im 18. Jahrhundert und ist ein Teil der Erscheinung, die wir als politischen Rationalismus bezeichnen. Der Konstitutionalismus als ein Teil der rationalistischen Aufklärung hat zwei Quellen: den politischen Empirismus englischer Prägung und den politischen Idealismus französischer Prägung. Der politische Empirismus hat das hervorgebracht, was man die englische „Verfassung" nennt. Die englische Verfassung ist nur in der Weise rationalistisch, als sie aus Urteilen und Gesetzen besteht, die in sich vernünftig sind oder auf eine allgemeine Vernünftigkeit, nämlich den *common sense* bezogen werden können. In der englischen Verfassung geht es nicht um eine umfassende, rationale Systematisierung der politischen Beziehungen, ihr geht es darum, die Fülle aller möglichen politischen Beziehungen ausdrücklich oder doch in ihrem Ansatzpunkte dargestellt zu haben. Der konservative Charakter des englischen Rationalismus wie des englischen Konstitutionalismus wird darin deutlich, daß es keine politischen Beziehungen für sie gibt, die so völlig neu wären, daß sie nicht auf ein vorhergegangenes, historisches und schriftlich fixiertes Ereignis bezogen werden könnten. Der englischen Verfassung geht es darum, den politischen Repräsentanten ein Instrument zu liefern, mit dem die gesellschaftlichen Verhältnisse unter allen praktisch nur denkbaren Bedingungen geordnet werden können.

Dem Konstitutionalismus französischer Prägung liegen Staats- und Gesellschaftslehren der Aufklärer des 18. Jahrhunderts, wie insbesondere Montesquieu und Rousseau, zugrunde. Es sei hier nicht auf die Frage eingegangen, inwieweit der französische Konstitutionalismus nichts anderes darstellt, als eine rationalistische Interpretation des englischen Verfassungswesens. Wie dem auch sei, der Zweck des französischen Konstitutionalismus besteht nicht so sehr darin, alle nur praktisch erwartbaren gesellschaftlichen Probleme durch bereits praktizierte Gesetze und Verhaltensweisen zu regeln und zu ordnen; es geht dem französischen Konstitutionalismus um die Erarbeitung einer absoluten Grundformel der politischen Beziehungen in der Gesellschaft, das heißt der Herausarbeitung des Wesensprinzips der politischen Gesellschaft. Mißt der englische Rationalismus jede Erkenntnis an ihrem pragmatischen Wert, so mißt der französische Rationalismus sie daran, ob sie bestimmten rationalistischen Prinzipien und Methoden gerecht sei. Der Typus der französischen Verfassung zeichnet sich durch ein Bestreben aus, bestimmten demokratischen Prinzipien unter allen Umständen gerecht zu werden. Inwieweit das politische Leben der Gesellschaft durch die rationalistische Verfassung aber tatsächlich geformt wird oder formen kann, ist eine Frage zweiter Ordnung. Offensichtlich ist jedoch das traditionelle Nebeneinander von Staat als bürokratischer Institution und Staat als konstitutioneller Erscheinung in der französischen Geschichte durch die Herrschaft des Konstitutionalismus im politischen Leben Frankreichs noch verstärkt worden.

Innerhalb der konstitutionalistischen Bewegung des 18. Jahrhunderts nimmt die amerikanische Verfassung von 1783 eine Sonderstellung ein. Sie stellt einen geglückten Versuch dar, die beiden großen Ströme der konstitutionellen Bewegung, den politischen Empirismus Englands und den politischen Idealismus Frankreichs, miteinander zu verbinden. Ihr wesentlichstes Merkmal ist wohl, daß sie – obwohl sie logisch definiert, systematisch gegliedert und schriftlich fixiert ist – keine geschlossene Verfassung darstellt, sondern eine offene Verfassung, die also durch gesetzgeberischen Akt oder Volkswillen neuen gesellschaftlichen Bedingungen angepaßt werden kann. Die unveränderlichen Prinzipien der amerikanischen Verfassung beschränken sich auf eine geringe Anzahl und selbst diese Prinzipien, auf denen die Verfassung beruht und die ihr den demokratischen Charakter geben, sind – wie die Verfassungsgeschichte der Vereinigten Staaten beweist – im Sinne neuer gesellschaftlicher Notwendigkeiten interpretierbar.

Es ist bereits hier zu bemerken, daß die Entwicklung Westdeutschlands und insbesondere die konstitutionelle Bewegung in Westdeutschland von 1946 (erste Länderverfassungen) bis 1949 (Bundesverfassung) von den dargestellten Verfassungstypen und ihren Grundsätzen stark beeinflußt worden ist.

Die nationalen Unterschiede der konstitutionellen Bewegung in Europa nach dem 2. Weltkrieg

Wenn die Erscheinung einer konstitutionellen Bewegung in ganz Europa am Ende des 2. Weltkrieges als eine erstaunliche Erscheinung bezeichnet wird, so deshalb, weil dem Sieg des Faschismus in Deutschland ein Niedergang des europäischen Konstitutionalismus vorausgegangen ist, der so radikal war, daß wohl niemand mehr an ein Wiederaufleben des konstitutionellen Gedankens dachte. Innerhalb dieses Niedergangs des europäischen Konstitutionalismus hat der Zusammenbruch der Weimarer Republik und damit die Liquidierung der Verfassung von Weimar aus dem Jahre 1919 die bedeutendste Phase dargestellt. Dies deshalb, weil die Verfassung von 1919 zu Weimar innerhalb der Verfassungswissenschaft als der Höhepunkt konstitutioneller Logik angesehen wurde und dies sowohl, was die demokratische Prinzipientreue dieser Verfassung betrifft, als auch die in ihr niedergelegte Praxis der politischen Willensbildung. Die Verfassung von Weimar ist gegenüber den großen gesellschaftlichen Anforderungen und Veränderungen in den Jahren 1931 bis 1933 radikal gescheitert. Das Scheitern der Verfassung war umso schwieriger, als der Sturz der Republik formal„juristisch" auf dem Boden der Verfassung erfolgte, das heißt: das Ende der Weimarer Republik bewies, daß selbst die intelligenteste und fortschrittlichste Verfassung zu einem Instrument des Sturzes der Republik, der Aushöhlung der politischen Rechte, der Beseitigung der Grundrechte des Individuums gemacht werden konnte. Hier sei zur Beurteilung der konstitutionellen Bewegung in Westdeutschland nach 1945 eines vorweg genommen: Die konstitutionelle Bewegung nach 1945 hat den pragmatischen Grundsatz jeglichen republikanischen Verfassungswesens außer acht gelassen, daß eine Verfassung nur insoweit wirken kann, daß sie nur insoweit Schutz und Instrument des republikanischen Gemeinwesens sein kann, als die republikanischen Kräfte entschlossen sind, sie als Schild und Waffe zu gebrauchen. Diese zentrale Lehre aus dem Zusammenbruch der Weimarer Republik konnte aus einer Reihe von Gründen nach 1945 nicht zur Grundlage der konstitutionellen Bewegung erhoben werden. Die konstitutionelle Bewegung nach 1945 in Westdeutschland ging mehr von einer formalistischen Kritik der Weimarer Verfassung aus denn von der Erkenntnis dieses Grundsatzes. Der Niedergang des Konstitutionalismus in Europa hatte in den 20er Jahren zwei Triebkräfte: 1. den Stalinismus und
2. den Faschismus.

Beide politischen Bewegungen – sowohl der Stalinismus als auch der europäische Faschismus – betrieben trotz verschiedener Tendenzen im Hinblick auf den Konstitutionalismus eine gemeinsame Politik. Sie waren vereint in der antibürgerlichen Kritik der europäischen Gesellschaft der Zwanziger-Jahre. Der Stalinismus ging im Kampf gegen den bürgerlichen Konstitutionalismus von der marxistischen Erkenntnis aus, daß die Konstitution, ganz gleich welcher Art, eine „Verschleierung der realen gesellschaftlichen Machtverhältnisse" darstelle. Die Stalinsche Verzerrung der antikonstitutionalistischen Kritik des Marxismus beruht darin, daß er die Gespaltenheit der bürgerlichen Ideologie auf dem Gebiete des republikanischen Verfassungswesens nicht begriffen hat oder nicht begreifen wollte, die darin besteht, daß das Bürgertum umso mehr in politische Widersprüche kommen muß, als es vorher demokratisch-republikanische Prinzipien proklamiert und niedergelegt hat. Indem der Stalinismus diesen doppelten Charakter des bürgerlichen Konstitutionalismus insbesondere in Deutschland nicht begriffen hat, kämpfte er von Anfang an nicht auf dem Boden der Prinzipien der republikanischen Verfassung gegen den Faschismus, sondern er vereinigte sich im objektiven politischen Kampf mit antikonstitutionalistischen Kräften aller Schattierungen, d.h. auch mit dem Faschismus.

Der Faschismus sah im Konstitutionalismus eine Erscheinung der „bürgerlichen Dekadenz". Gegenüber dem Glauben des Konstitutionalismus, die politischen Verhältnisse logisch zu bestimmen und systematisch erfassen zu können, setzte der Faschismus den Willen der Elite bzw. eines Führers. Dieser Wille steht über jedem Gesetz und jeder Verfassung.

Beide Positionen – die stalinistische wie die faschistische – gehen davon aus, daß nach der „Revolution", der „Machtübernahme" eine Konkordanz, d.h. eine Übereinstimmung der Interessen der Führenden im Staate mit den Massen – in der Form der Klasse oder des Volkes – besteht. Indem diese Übereinstimmung besteht, ist natürlich eine logische Bestimmung der Rechte des Volkes gegenüber den Rechten der Staatsführung nicht mehr notwendig, ebensowenig wie keine Notwendigkeit mehr vorliegt, die politischen Beziehungen systematisch zu erfassen und schriftlich zu fixieren.

Wir haben bereits darauf hingewiesen, daß der Niedergang des Konstitutionalismus in Deutschland von 1933 deshalb so besonders radikal war, weil die Republik sozusagen mit der Verfassung gestürzt wurde. Die Republikaner von Weimar übersahen, daß die Frage der Interpretation der Grundsätze einer Verfassung und ihrer einzelnen Bestimmungen ein wichtiges Instrument des politischen Kampfes darstellt. Während die republikanischen Kräfte sozusagen auf den Buchstaben der Verfassung pochten, überließen sie die Möglichkeit der Interpretation der Verfassung den verfassungsfeindlichen Kräften; und sie bekämpften den Versuch der negativen Interpretation der Verfassung so lange nicht, als diese sich an den Buchstaben der Verfassung hielten. Die Geschichte des preußischen Staatsstreichs ist für diese Erscheinung symptomatisch.

Für die konstitutionelle Bewegung in Westdeutschland nach 1945 wurde jedoch einer der tiefgreifendsten Irrtümer im Zusammenbruch der Weimarer Republik von ausschlaggebender Bedeutung: die Überschätzung der verfassungsmäßigen Institutionen gegenüber den politischen Kräften. Sowohl im Zusammenbruch der Weimarer Republik wie auch in der konstitutionellen Bewegung nach 1945 in Westdeutschland wurde die Erkenntnis aus der Geschichte des Konstitutionalismus übersehen, daß nicht Institutionen Ausdruck einer republikanischen Verfassung oder Verfassungsbewegung sein können, sondern daß die Institution nur das Kleid einer politischen Macht ist, die zu einer bestimmten Verfassung strebt. Für die Kraft einer Verfassung ist nicht das Schema der Institutionen und juristischen Konstruktionen entscheidend, sondern allein der Wille der Gesellschaft zur Verfassung. Der alte Satz, daß Verfassungsfragen – wo sie auch immer auftreten – Machtfragen sind, d.h., daß Verfassungsfragen nicht im Rahmen des gängigen parlamentarisch-demokratischen Modus gelöst werden können, wurde im Untergang der Weimarer Republik wie auch in der konstitutionellen Bewegung nach 1945 bewußt oder unbewußt vergessen.

Die europäische konstitutionelle Bewegung aber hat ihr Ende nicht nur im Zusammenbruch der Weimarer Republik erreicht, sie fand ihre letzte Auflösung in der Erscheinung der Stalinschen Verfassung von 1933. Bedeutete das Ende der Weimarer Republik, daß die republikanische Verfassung die gesellschaftlichen Kräfte, die in einer Krisensituation des Kapitalismus erstehen, nicht mehr zu ordnen vermag; so bedeutete die Stalinsche Verfassung von 1936, daß die Diktatur der Bürokratie, ja sogar die Tyrannei eines einzelnen Mannes durch eine Verfassung verhüllt werden kann, die in ihrem Schema sich nicht nur nicht vom Grundschema der republikanischen Verfassung unterscheidet, sondern sogar mit Recht als eine Weiterführung des Grundschemas der republikanischen Verfassung bezeichnet werden kann. Der Stalinschen Verfassung war es beschieden, in den 30er Jahren – in der Bewegung der Volksfront in den einzelnen europäischen Ländern – wie auch im 2. Weltkrieg eine entscheidende Rolle zu spielen. Indem insbesondere amerikanische Liberale und Progressisten nicht die Machtwirklichkeit der Sowjetunion beurteilten, sondern ihre formale Verfassung, wurden sie zu dem Irrtum verführt, daß der Stalinismus nur eine Variante des Republikanismus sei, wie die Verfassung von 1936 eben nur eine Variante einer republikanischen Verfassung – formal genommen – ist. Die Politik der Vereinigten Staaten in Osteuropa von 1944 bis zum Bruch der Großen Koalition ist von dieser mangelhaften Einschätzung des sowjetischen Verfassungswesens und ihrer gesellschaftlichen Wirklichkeit geprägt.

Wir haben das Erscheinen einer konstitutionellen Bewegung in ganz Europa nach 1945 als eine erstaunliche Größe bezeichnet. Es ist zu fragen, warum trotz der Erfahrungen in den 30er Jahren – insbesondere in Deutschland und in der Sowjetunion – nach 1945 noch einmal der Glaube an den Konstitutionalismus neue Kraft gewinnen konnte. Der Glaube an den Konstitutionalismus darf nicht mit dem geistesgeschichtlichen Inhalt der konstitutionellen Bewegung verwechselt werden. Der Glaube an den Konstitutionalismus hat zwei Gründe: Einmal den, daß in einer Akte die Rechte des Individuums und der Gruppen in der Gesellschaft verankert und so in bestimmter Weise gesichert werden könnten, und weiter den, daß im Verlauf der Entwicklung des Verfassungswesens die verankerten Grundrechte erweitert werden könnten.

Die konstitutionelle Bewegung hat ihren tiefen historischen Grund nicht so sehr in der Aufklärung des 18. Jahrhunderts, als in der Geschichte Englands. Die englische Verfassung ist im Grunde eine Sammlung von Rechtsentscheiden, welche die Beziehungen der Krone zum Volk, d.h. zum Parlament zum Inhalte haben. Dabei ist hervorzuheben, daß die Rechte beider Seiten, des Fürsten wie der Stände, in der „Verfassung" niedergelegt sind. Was die konstitutionelle Bewegung mit diesem historischen Grund des Konstitutionalismus in England gemeinsam hat, ist dies, daß die Verfassungen als Dokumente angesehen werden, welche die Beziehungen einzelner Gruppen bzw. der gesellschaftlichen Gruppen zum Staate in einer Zeit ordnen, in der keine der an der politischen Willensbildung beteiligten Kräfte ein sehr entscheidendes Übergewicht hat, so daß sie auf eine Fixierung ihrer politischen Rechte nicht verzichten kann. Übergangs- und Gleichgewichtsperioden sind stets die Blütezeiten der konstitutionellen Bewegung gewesen. Es ist offensichtlich, daß die Jahre nach 1944 in Europa eine klassische Übergangsperiode darstellen. Eine Übergangsperiode in dem Sinne, als innerhalb der Großen Koalition die Einflußgebiete nicht endgültig abgesteckt sind, so daß zum Beispiel in Osteuropa die Westmächte bis in das Jahr 1947 hinein den Versuch machen, auf die konstitutionelle politische Verfassung dieser Länder Einfluß zu gewinnen. Wie sehr die Verfassung kleiner Länder von außenpolitischen Konstellationen und Bündnissen abhängig ist – eine Größe, welche die klassische Verfassungslehre allzu oft übersehen hat, indem sie die Gestalt der Verfassung nur vom Volkswillen oder vom Willen der führenden politischen Kräfte ausgehen ließ – das zeigt die konstitutionelle Bewegung nach 1944 in Osteuropa in ganz besonderer Weise.

Als eine Übergangsperiode bzw. eine Periode des politischen Gleichgewichts kann die Periode nach 1944 in Europa auch deshalb gewertet werden,weil entweder aus der soziologisch-historischen Entwicklung der einzelnen Länder oder aus der Tatsache der militärischen Besetzung des Landes heraus die Beziehungen zwischen den wichtigsten Klassen in einem bestimmten künstlichen Gleichgewicht gehalten worden sind. Wenn nach 1944 in beinahe ganz Europa eine konstitutionelle Bewegung aufbrach, so auch deshalb, weil unter den Bedingungen der Übergangsperiode und des politischen Gleichgewichts die führenden Parteien in den einzelnen Ländern die Konstitution als Waffe benutzten. In Osteuropa wird mit dem Vorbild der Stalinschen Verfassung von 1936 ein formal republikanisch-demokratisches Verfassungswesen aufgerichtet, das im Grunde die Vorherrschaft der Kommunistischen Parteien beziehungsweise der russischen Bürokratie auf eine nicht absehbare Zeit sichert. In Westeuropa wird von den kommunistischen und radikal-sozialistischen Kräften unter den Bedingungen des künstlichen Klassengleichgewichts die Verfassung als ein Mittel zur Vorbereitung einer „friedlichen Machtübernahme" angewendet. Indem man nach 1944 in den einzelnen europäischen Ländern formal progressive Verfassungen schafft, wollen die kommunistischen und radikalsozialistischen Kräfte zumindest verfassungsmäßig entweder vollzogene Tatsachen schaffen oder verfassungsmäßige Instrumente bereitstellen, mit deren Hilfe bei einer Veränderung des Klassengleichgewichts, d.h. beim Aufhören der Besatzung die Machtübernahme vollzogen werden kann. Hier sei vorweggenommen, daß die Verfassung als Mittel des innenpolitischen und außenpolitischen Kampfes zu dem Zeitpunkt bereits voll erkannt war, in dem in Deutschland die konstitutionelle Bewegung aufbrach.

Die konstitutionelle Bewegung in Westdeutschland – ein Mittel zur „Restauration"

Gemäß der veränderten weltpolitischen Konstellation und gemäß der innenpolitischen Lage in Westdeutschland wurde von Anfang an die konstitutionelle Bewegung als ein restaurativ-reaktionäres Mittel von ihren Urhebern angesehen. Die treibende Kraft zu einer deutschen konstitutionellen Bewegung war weder das deutsche Volk, noch seine politischen Repräsentanten, sondern die Besatzungsmächte. Die politische Vernunft verbot jedem vernünftig denkenden deutschen Politiker, an eine Verfassungsarbeit heranzugehen, solange die rechtliche Lage des deutschen Volkes und seines zukünftigen Staates – ganz gleich, welche Form und welchen Inhalt er auch immer haben würde – nicht feststand. Das bedeutet, daß vor jeder Verfassungsarbeit in Deutschland, oder auch in den einzelnen Teilen Deutschlands, ein Friedensvertrag mit allen Siegermächten, oder auch mit einzelnen Gruppen der Siegermächte, hätte abgeschlossen werden müssen. Was die deutsche konstitutionelle Bewegung nach 1945 von der konstitutionellen Bewegung in anderen Teilen Europas unterscheidet, ist dies, daß von einer konstitutionellen Bewegung nur im formalen Sinne gesprochen werden kann, jedoch nicht in einem realen, soziologisch-politischen Sinne. Den breiten Massen des deutschen Volkes war jeder konstitutionelle Wille fremd. Der Gedanke des Konstitutionalismus ist von den Besatzungsmächten als Befehl an einzelne Gruppen innerhalb der Politiker in Westdeutschland herangetragen worden und nur an die Gruppen herangetragen worden, deren Verfassungsansichten und Verfassungsabsichten denen der westlichen Besatzungsmächte entsprachen. Dabei ist von ausschlaggebender Bedeutung, daß die drängende Kraft innerhalb der konstitutionellen Bewegung in Westdeutschland die amerikanische Besatzungsmacht war. Die amerikanische Besatzungsmacht hat die konstitutionelle Bewegung künstlich erzeugt, indem sie die Prinzipien des Konstitutionalismus umkehrte und als Waffe benutzte. In Westdeutschland sollte der zu schaffende Konstitutionalismus von vorneherein jede radikal-revolutionäre Bewegung bremsen oder abfangen. Die beiden politischen Ziele der verfassungspolitischen Intentionen der amerikanischen Besatzungsmacht waren:

1. in Westdeutschland keinen „Sozialismus", welcher Prägung auch immer, zuzulassen und
2. keine Verfassung zu erlauben, die in ihrer Konstruktion über die bürgerlich-parlamentarische Demokratie hinaus ging.

Die künstliche Erzeugung einer konstitutionellen Bewegung in Westdeutschland wurde von der amerikanischen Besatzungsmacht von Anfang an als ein Instrument des Kalten Krieges gebraucht. Die anderen Besatzungsmächte in Westdeutschland hatten in diesem Sinne völlig andere Ziele. So gedachte Frankreich, so lange wie möglich das geschlagene Deutschland in einem rechtlosen und damit machtlosen Zustand zu halten. England sah in der Besatzung ein Instrument, um Deutschland und insbesondere seine großen Industriekapazitäten an der Ruhr so lange wie möglich ökonomisch zu blockieren. Die Vereinigten Staaten sind zu ihrer Politik der künstlichen Erzeugung einer konstitutionellen Bewegung in Westdeutschland erst nach einer Revision ihrer Besatzungspolitik gekommen, wobei bezeichnend ist, daß die Revision der innenpolitischen Zielsetzungen der amerikanischen Besatzungspolitik früher als die Revision der Industriepolitik der Vereinigten Staaten in Westdeutschland definiert wurde. Das Ziel der Politik der Vereinigten Staaten in Westdeutschland war von Anfang an, eine Konstitution zu schaffen, welche einen Staat in Mitteleuropa begründet, der von seiner Verfassung her als ein antisowjetisches Bollwerk aufgefaßt werden kann. Die Frage nach der Ausdehnung dieses Staates, d.h. die Frage der deutschen Einheit, war für die amerikanische Besatzungsmacht von zweitrangiger Bedeutung.

Der Inhalt der konstitutionellen Bewegung in Westdeutschland zeichnet sich dadurch aus, daß sie von dem Gedanken des Föderalismus beherrscht war. Wie die konstitutionelle Bewegung selbst als eine erstaunliche Erscheinung aufgefaßt werden muß, so ist nach den Erfahrungen des Zusammenbruchs der Weimarer Verfassung das erneute Auftreten föderalistischer Gedankengänge noch erstaunlicher. Die Fülle der Aufgaben, denen sich die deutsche Politik nach 1945 gegenübergestellt sah, ließ unter keinen Umständen eine föderalistische Lösung als auch nur erwägbar erscheinen. Die Wiederherstellung Deutschlands als eine politische Größe konnte nur zentralistisch erfolgen. Wenn der föderalistische Gedanke nach 1945 trotzdem eine weite Verbreitung gefunden hat, so deshalb, weil die föderalistischen Kräfte durch einen logischen Trick den Begriff „zentralistisch" mit dem Begriff „unitarisch" synonym setzten und den Begriff des „Unitarischen" mit dem des „Totalitären". Indem man jedoch den Begriff des totalitären Staates in die Debatte über Zentralismus oder Föderalismus zog, war man sich nicht darüber klar, daß mit dem Begriff totalitärer Staat eine Tautologie vorgetragen wurde, die jede logische Debatte um das Wesen und um Inhalt des neuen deutschen Staates unmöglich machte. Von einem Staat kann man nur da sprechen, wo sich seine Institution von der Gesellschaft abhebt und nicht dort, wo sie mit der Gesellschaft eins ist.

Der föderalistische Gedanke hat in der deutschen politischen Geschichte stets nur im Zusammenhang mit der Idee des Reiches eine Rolle gespielt. Das Reich kann als die allgemeine Quelle aller föderalistischen Konzeptionen in ganz Europa aufgefaßt werden. Wo immer die Idee einer umfassenden Ordnung auftritt, wird das Reich als eine große Föderation selbständiger Gemeinwesen herangezogen. Freilich hat die föderalistische Bewegung seit dem Auftreten der Revolution stets eine antirevolutionäre Rolle gespielt. In Frankreich war der Inhalt der föderalistischen Bewegung der Widerstand gegen den Pariser Zentralismus, mit seiner Tendenz der radikalen Nivellierung der regionalen Kultureinheiten und der Aushöhlung der Provinz im kulturellen Sinne. In Deutschland war es insbesondere die Revolution von 1848, in der der enge Zusammenhang zwischen Reichsgedanke und Föderalismus offenbar wurde. Die entschiedendsten Vertreter einer Föderation waren innerhalb der Pauls-Kirche die Anhänger einer Großdeutschen Föderation. Die Republikaner hingegen, die in der Revolution eine absolute Minderheit darstellten, sahen als Vorbild die unitarische nationale Republik. Es ist bezeichnend, daß die föderalistische Tendenz – nicht nur der konstitutionellen Bewegung in Westdeutschland – nach 1945 diesen Zusammenhang zwischen Reichsgedanken und Föderalismus stets leugnete und deshalb nahe an den Partikularismus bzw. den Sezessionismus heranrückte. Gerade die geistesgeschichtliche Bedeutung der föderalistischen Bewegung besteht darin, die einzelnen regionalen Erscheinungen als geschichtlich gewachsene Größen anzuerkennen, die gegenüber den nationalstaatlichen Erfordernissen die gleiche Berechtigung haben. Aus der Anerkennung der Geschichtlichkeit der kleineren Gemeinwesen innerhalb eines Staatswesens hätte notwendigerweise die Anerkennung der Geschichtlichkeit des nationalen Staatswesens insgesamt, d.h. des Deutschen Reichs gefolgert werden müssen. Mit dieser Folgerung wäre jedoch der westdeutsche Föderalismus in Schwierigkeiten geraten, da der Reichs-Gedanke engstens mit dem Gedanken an Großdeutschland zusammenhing, der nach 1945 von allen Besatzungsmächten unter Acht und Bann gelegt wurde.

Die föderalistische Bewegung stellte die Entwicklung des Deutschen Reichs auch so dar, als sei die Vorherrschaft Preußens und seine Funktion innerhalb der nationalen Einigungsbewegung mit der Vernichtung der föderalistischen Grundlagen im Reichsverband und insbesondere der Eigenständigkeit Bayerns verbunden gewesen. Diese Verfälschung der deutschen Verfassungsgeschichte hält keiner verfassungsrechtlichen Kritik stand, denn die deutsche Verfassung von 1871, die Bismarcksche Verfassung, ist weitaus föderativer in ihren Grundgedanken, als es zum Beispiel die Bundesverfassung von 1949 ist, indem die Verfassung von 1871 das Reich als eine Föderation der tatsächlichen Repräsentanten der staatspolitischen Geschichte der Deutschen sieht, nämlich als eine Föderation der Fürstenhäuser. Im Rahmen der Verfassung von 1871 wird insbesondere die staatliche Eigenständigkeit Bayerns gesichert und gegenüber den anderen deutschen Staaten hervorgehoben.

Die Verfassung von 1919 ist weitaus antiföderalistischer als die von Bismarck geschaffene Verfassung von 1871. Die Bedeutung der deutschen Länder sinkt verfassungsrechtlich auf ein Minimum zurück. Aber es ist hervorzuheben, daß zwei Länder innerhalb der Geschichte der Weimarer Republik eine bedeutende politische Rolle gespielt haben: Bayern als „Ordnungszelle", d.h. als die Brutstätte und Ausgangsbasis beinahe aller antirepublikanischer und antidemokratischer Kräfte, und der Preußische Staat als die republikanische Bastion, um die herum das Reich als ein republikanisches Staatswesen sich allein zu ordnen vermochte. Es ist ein Aberwitz der Geschichte, daß gerade nach 1945 diese republikanische Bastion Preußen aufgelöst wurde, während Bayern als „Ordnungszelle" sowohl von den Besatzungsmächten als auch von den Föderalisten eine Sonderrolle zuerkannt wurde. Die Anerkennung historisch gewordener Größen als einer der Grundlagen des föderalistischen Denkens wurde jedoch nicht nur durch die Zustimmung zur radikalen Zerschlagung Preußens verletzt, sondern auch durch die Tatsache, daß, um dem formalen Prinzip des föderalistischen Aufbaus gerecht zu werden, man in allen Teilen Westdeutschlands neue Staatsgebilde schuf, die sich auf keine historische Gewordenheit und auch auf keine unmittelbare politische Notwendigkeit stützen konnten. Dabei ist insbesondere die Schaffung des Landes Nordrhein-Westfalen deshalb von entscheidender Bedeutung, weil durch diese Konstruktion die Voraussetzung geschaffen werden sollte, um ein Land innerhalb des föderativen Aufbaus des neuen deutschen Staatswesens durch Internationalisierung faktisch aus diesem Staatswesen herauszunehmen. Ein weiteres Prinzip des Föderalismus ist jedoch die Anerkennung der engen und unauflösbaren Verbundenheit historischer Größen. Zu einem gänzlichen Widersinn wurden die föderalistischen Konstruktionen in Süddeutschland, die als eine Demonstration dafür aufgefaßt werden können, wie sehr der Föderalismus unmittelbar aus den politischen Interessen der Besatzungsmächte hervorging.

Wie abstrakt die konstitutionelle Bewegung in Deutschland nach 1945 gewesen ist, wird daran deutlich, daß nicht so sehr Fragen wie „Zentralismus oder Föderalismus" im Vordergrund standen – diese Fragen konnten gar nicht debattiert werden, weil die Besatzungsmächte jede zentralistische Tendenz unterbanden –, sondern abstrakte Fragestellungen wie „föderalistisch oder föderativ". Die Parteien spielten innerhalb dieser künstlichen Verfassungsbewegung eine Rolle, die wohl in keiner Verfassungsbewegung der modernen europäischen Geschichte ihr Vorbild hat. Mit wenigen Ausnahmen einzelner Politiker und Politikergruppen unterwarfen sich die einzelnen Parteien dem Prinzip des Föderalismus vollständig. Insbesondere muß hier hervorgehoben werden, daß die Sozialdemokratische Partei zum ersten Mal in ihrer Geschichte ihre zentralistische Position aufgab. Unter der Führung des extrem-föderalistischen bayerischen Flügels (Högner-Fraktion) verließ die Partei ihre prinzipielle zentralistische Position und damit auch im Grunde ihr politisches Ziel: in absehbarer Zeit ein sozialistisches Deutschland aufzubauen.

Der Gedanke des Föderalismus war innerhalb der westdeutschen Verfassungsbewegung deshalb unfruchtbar, weil die einzelnen neuen Gebilde nicht in einem Sinne geordnet waren, den man als „Regionalismus" bezeichnen könnte. Der föderalistische Aufbau wird den Aufgaben des modernen Staates nur dann gerecht, wenn die einzelnen Einheiten auch Einheiten im Sinne von ökonomisch-kulturellen Ganzheiten darstellen. Die künstlichen Gebilde, die durch die Besatzungspolitik und die Verfassungsbewegung nach 1945 in den Ländern Westdeutschlands geschaffen wurden, widersprechen nicht nur den Grundprinzipien des föderalistischen Denkens, sie stehen im Widerspruch zu einer effektiven Staatsführung und insbesondere zu einer gesamtstaatlichen Planung. Es ist keine sozialistische Gesellschaft ohne einen zentralistischen Staat vorstellbar. Sozialismus beinhaltet eine unitarische Gesamtorganisation des Gemeinwesens, zumindest auf den wichtigsten Gebieten des gesellschaftlichen Lebens. Wenn die Parteien-Demokratie – auf dem Prinzip der abstrakten Gleichheit bei konkreter Ungleichheit fußend – eine Bevorzugung der bürgerlichen Kräfte in Westdeutschland darstellt, so war der Föderalismus die konsequenteste Stufe des Aufbaus eines konservativen, restaurativen Deutschlands, das sich gegen alle sozialistischen Versuche auf unabsehbare Zeit richtet.

Mit der Veränderung der Deutschland-Politik der Vereinigten Staaten wurden zwar bestimmte, sich in sezessionistischen Bestrebungen an den Grenzen Westdeutschlands zeigende Exzesse des Föderalismus überwunden, denn der Aufbau eines konservativen, antikommunistischen westdeutschen Staates mußte von einer Politik der Stärkung dieses Staates gefolgt werden. Wenn die amerikanischen Besatzungsmächte trotzdem den Föderalismus innerhalb der westdeutschen Verfassungsbewegung auch nach ihrer Schwenkung in der Deutschland-Politik weiterhin unterstützten, so deshalb, weil die tatsächliche Politik in Westdeutschland auf absehbare Zeit zentralistisch, d.h. durch die Besatzungsbehörden unter der Führung der Vereinigten Staaten durchgeführt wurde. Der Föderalismus war zu diesem Zeitpunkt nur als ein Teil der „democratic reeducation" der Deutschen gedacht, sozusagen als ein Feld der politischen Praxis, in dem die Deutschen solange frei waren, als sie dem politischen Willen und den Zielsetzungen der Besatzungsmächte nicht widersprachen. Wie wenig die Besatzungsmächte und insbesondere die amerikanische Besatzungsmacht dem Gedanken des Föderalismus anhing, zeigt die Tatsache, daß überall dort, wo in den Verfassungen sozialistische Tendenzen auftauchten, diese Tendenzen von den Besatzungsmächten faktisch außer Kraft gesetzt wurden, indem darauf hingewiesen wurde, daß entscheidende Neuordnungen der deutschen Gesellschaft nur im Rahmen einer gesamtdeutschen Verfassung vollzogen werden könnten.

Der Föderalismus als eine Form der „democratic reeducation" hat auch dazu geführt, daß im politischen Bewußtsein der Deutschen der Parlamentarismus mit dem Wesen der republikanischen Verfassung und des republikanischen Gemeinwesens gleichgesetzt wurde. Dieser föderalistische Parlamentarismus war jedoch ein beschränkter Parlamentarismus, sowohl – wie wir gesehen haben – was die Gebiete seiner politischen Entscheidungen betrifft, als auch in den Themen, die er diskutieren konnte. Dieser beschränkte Parlamentarismus ist einer der Gründe, warum die Demokratie – das Parteienwesen und die Republik – keine große Wertschätzung in Westdeutschland genießt. Die Ausdehnung des Parlamentarismus im föderalistischen Aufbau der Bundesrepublik steht in einem krassen Widerspruch zu der Krise, in der sich der Parlamentarismus beinahe in allen demokratischen Staatswesen befindet. Diese Krise des Parlamentarismus kann nur durch eine Zentralisierung überwunden werden. Sie zeichnet sich dadurch aus, daß die Aufgaben, die über die Arbeitsweise der Parlamente hinausgehen, durch die Entscheidung der Parteien oder gesellschaftlichen Verbände bis zur Aufhebung der Souveränität des Parlaments beeinflußt werden können, und daß insbesondere das Parlament zu einem Anhängsel der staatlichen Exekutive wird. Die Aufblähung des Parlamentarismus hat insbesondere dazu geführt, daß der Einfluß der Exekutive auf die politischen Entscheidungen weitaus stärker sein kann als im allgemeinen innerhalb parlamentarisch-demokratischer Verfassungen. Dabei muß hervorgehoben werden, daß eine Doppel-Exekutive vorhanden war: die Bürokratie der Besatzungsmächte und die Bürokratie der deutschen Länder. Beide Bürokratien stellten in diesen Jahren faktisch die deutsche Staatsbürokratie dar. Die Vorherrschaft der Staatsbürokratie wurde durch die großen Aufgaben des Aufbaus einer Staatsverwaltung und durch die Tatsache nur noch verstärkt, daß auch in der Besatzungsmacht nur Spezialisten diesen Aufbau vollziehen konnten. Neben der Verfassungsbewegung nach 1946 in Westdeutschland geht ein Prozeß vonstatten, der bis heute eine zu geringe Beachtung gefunden hat, nämlich die Wiedererrichtung des Beamten-Korps und seines Einflusses auf das Staatswesen und die öffentliche Ordnung. Das Bündnis, das die Bürokratie der Besatzungsmächte mit der Bürokratie der deutschen Länder eingegangen ist, ist als die Grundlage der Etablierung der bürokratischen Macht in der Entwicklung des westdeutschen Staates zu bezeichnen.

Über die Bürokratie erfolgt der Einfluß der gesellschaftlichen Verbände weit mehr als durch den mittelbaren oder unmittelbaren Einfluß der Verbände auf Parteien und Parlament selbst. In dem Kapitel über das deutsche Parteienwesen haben wir bereits darauf hingewiesen, daß auch beim Aufbau der Parteien den Kameraden-Kreisen, Freundschafts-Kreisen und Cliquen größte Bedeutung zugesprochen werden muß. Im Aufbau der bürgerlichen Koalition in den einzelnen Ländern ist die Bedeutung der Freundes-Kreise und Cliquen noch bedeutend stärker als vorher. Der Einfluß der Bürokratie und der gesellschaftlichen Verbände auf den wuchernden Parlamentarismus konnte umso stärker erfolgen, als die korrigierende Funktion der öffentlichen Meinung innerhalb dieser Verfassungsperiode und in dieser Periode des Aufbaus des deutschen Staatswesens faktisch ausgefallen ist. Der Ausfall der öffentlichen Meinung wirkt aber zu keiner Zeit im Sinne einer Stärkung der Parlamente, sondern stets im Sinne einer Stärkung der Exekutive.

Im soziologischen und staatsrechtlichen Sinne können wir die konstitutionelle Bewegung in Westdeutschland nach 1945 als formal-demokratisch bezeichnen, d.h. als eine Bewegung, die demokratisch-restaurative Verfassungen und Einrichtungen erzeugt, welche die tatsächliche Macht und Machtträger verdecken. Die Entwicklung des Parteienwesens, die Tendenz des Föderalismus, die Erscheinungen des Parlamentarismus sind die Elemente der Grundverfassung der Restauration in Westdeutschland. Diese Grundverfassung der Restauration, welche in den Jahren von 1945 bis 1948 bereits geschaffen war, ließ in Westdeutschland auf eine unabsehbare Zeit eine sozialistische Entwicklung als unmöglich erscheinen. Der Inhalt der Grundverfassung der Restauration hat jedoch noch wesentlich andere Konsequenzen. Wurden von den Besatzungsmächten die Verfassungsbewegung und die Verfassungen als Mittel des antikommunistischen Kampfes angesehen, so kann man die Grundverfassung des westdeutschen Staates, wie sie in den Grundsätzen und Prinzipien der Länderverfassungen festliegt, als ein Mittel des antisozialistischen Kampfes bewerten. Darin unterscheidet sich die Grundverfassung des deutschen Staatswesens nach 1945 wesentlich von der Grundverfassung der Weimarer Republik. Die Grundverfassung der Weimarer Republik war ihren Institutionen und ihren Grundsätzen nach ein Mittel des Fortschritts, ja sogar der Revolution. Die Grundverfassung der westdeutschen Restauration ist eine Schutzwaffe der bürgerlich-kapitalistischen Kräfte in Westdeutschland. Diese Tatsache wird uns insbesondere noch in dem Kapitel der Entstehung der deutschen Bundesverfassung beschäftigen.

11. Kapitel
Die ökonomischen Grundlagen der Restauration

Bei der Beurteilung der restaurativen Entwicklung in Westdeutschland wird in der Regel mit Recht auf die Bedeutung der Währungsreform hingewiesen. Was ist nun der Inhalt dieser Reform, die man besser eine Geldreform als eine Währungsreform bezeichnen sollte? Die durchgeführte Geldreform zeichnet sich durch eine ungleichmäßige Bewertung von zwei Bevölkerungsgruppen aus: der Produktionsmittel-Besitzer und der Geldwert-Eigentümer. In der Geschichte der kapitalistischen Gesellschaft in Deutschland ist die Klassenteilung nie offener zum Gegenstande politischer Entscheidungen gemacht worden als in dieser Währungsreform des Jahres 1948. Die offensichtlichen klassenpolitischen Grundlagen und Zielsetzungen dieser Geldreform sind in einer Periode erfolgt, in der die öffentliche Meinung, wie auch die Beziehungen von Arbeitgebern und Arbeitnehmern von dem Schlagwort der „Klassenlosigkeit der Gesellschaft" und der „Gleichheit von Kapital und Arbeit" beherrscht waren. Überraschenderweise hat der offene klassenpolitische Charakter der Geldreform nicht zu einem Anwachsen der Erkenntnis geführt, daß wir es auch nach dem Zusammenbruch des Faschismus in Deutschland mit einer typischen Klassengesellschaft zu tun haben. Der klassenpolitische Inhalt und die klassenpolitische Zielsetzung der Geldreform wird oft zur Grundlage einer ethischen oder politischen Verurteilung dieses politischen Aktes gemacht. Die ethische Frage, die darauf hinausläuft, daß der Staat an großen Teilen der Bevölkerung ein „Unrecht" begangen habe, ist jedoch für eine historisch-soziologische Beurteilung der restaurativen Entwicklung in Westdeutschland völlig nutzlos, da die ethische Beurteilung des historischen Ereignisses das Verständnis dieses Ereignisses verbaut. Die politische Verurteilung eines historischen Ereignisses kann nur von einer Position ausgehen, die mit der der Machtträger in der Bundesrepublik nicht identisch ist. Bei der Darstellung und Beurteilung der restaurativen Entwicklung wird jedoch diese ethische und politische Beurteilung und Verurteilung oft bevorzugt, was im Grunde auf nichts anderes hinausläuft, als auf eine Selbstbestätigung der nichtrestaurativen ethischen und politischen Grundsätze der Gegner der Restauration. Die ethische und politische Verurteilung des bedeutenden geschichtlichen Ereignisses der Geldreform in Westdeutschland beruht auf der falschen Hypothese, daß eine Geldreform bzw. Währungsreform mit anderen ethischen Grundlagen und politischen Zielsetzungen im Jahre 1948 überhaupt möglich gewesen wäre. Wenn an einem Ereignis der restaurativen Entwicklung in Westdeutschland nach 1945 dargestellt werden kann, daß keine andere politische Möglichkeit zu dem betreffenden Zeitpunkt bestand, so ist es gerade diese Geldreform 1948. Die vorhergehenden Kapitel haben die Grundlagen zu diesem Urteil gelegt, und es wäre falsch, sich den Folgerungen aus der Erkenntnis der Grundlagen der restaurativen Entwicklung bis zum Jahre 1948 entziehen zu wollen, indem man zum Zeitpunkt der Währungsreform eine hypothetische Alternative zu konstruieren versucht. Die Fragestellung lautet also nicht: „War die Geldreform gerecht?": sie lautet auch nicht: „Wie konnte sie anders durchgeführt werden?"; sie muß lauten: „Wieso konnte die Geldreform funktionieren?".

Es besteht kein Zweifel, daß die restaurative Entwicklung in Westdeutschland nur dann nach 1948 hätte abgestoppt werden können, wenn die Geldreform des Herbstes 1948 ein Mißerfolg gewesen wäre. Dabei erhebt sich die Frage, ob für die restaurativen Kräfte die Geldreform des Sommers 1948 überhaupt ein ökonomisches und politisches Wagnis dargestellt hat.

Um dies beurteilen zu können, ist es notwendig, sich die ökonomischen Bedingungen der Geldreform des Herbstes 1948 vor Augen zu führen. Bei der Beurteilung der ökonomischen Situation im Herbst 1948 wird oft der Fehler gemacht, daß man die wirtschaftliche Entwicklung von 1945 bis 1948 als Größe Null setzt und die Verluste der deutschen Wirtschaft im Jahre 1945 als Grundlage der Reform vom Herbst 1948 betrachtet. So falsch diese Art der Beurteilung auch ist, es wäre ebenso unrichtig, diese Verluste zu unterschlagen.

Die ökonomische Bedeutung der deutschen Gebietsverluste

Um sich des ganzen Umfangs dieser Verluste bewußt zu werden, muß man sich erinnern, daß Deutschland mit dem Gebietsverlust östlich der Oder/Neiße 25 % seiner landwirtschaftlich genutzten Fläche und 23 % seiner Forsten verloren hat. Wenn man als Größe die landwirtschaftliche Nutzfläche heranzieht, die für die Ernährung von besonderer Wichtigkeit ist, so ergibt sich sogar ein Verlust von 28 %. Die reinen Gebietsverluste würden jedoch für die Lage der Ernährungswirtschaft in Deutschland nach 1945 ein falsches Bild ergeben, wenn man sich nicht gleichzeitig bewußt wird, daß beispielsweise die Getreide- und Kartoffelernte in den Ostgebieten um rund 26 % höher lagen als die früheren deutschen Gesamternten. Für die deutsche Viehwirtschaft stellt der Verlust der Gebiete östlich der Oder/Neiße 20 % des Rinder-Bestandes, 21 % des Schweine-Bestandes und 22 % bei der Schafhaltung dar. Die ernährungswirtschaftliche Bedeutung der verlorenen Gebiete zeigt sich besonders deutlich, wenn man die Meßgröße „Stärkewerte" heranzieht. Man schätzt, daß die deutsche Landwirtschaft im Durchschnitt in den letzten Friedensjahren 56 Mio. Tonnen (to) Stärkewerte produzierte. Vermehrt man diese selbstproduzierten Stärkewerte mit den Stärkewerten der Einfuhren von rund 11 Mio. to, so ergibt sich im Vorkriegsdeutschland 1 to Stärkewert pro Einwohner. Die Gebiete östlich der Oder/Neiße produzierten vor dem Kriege rund 13,5 Mio. to. Die in diesem Gebiet lebende Bevölkerung hat dabei selbst nur rund 9 Mio. to verbraucht. Der Überschuß von 4,5 Mio. to Stärkewerten hat also ausgereicht, um 4,5 Mio. Menschen in Deutschland vor dem 2. Weltkrieg zu ernähren. Der Verlust der Ostgebiete beeinflußt aber die deutsche Ernährungswirtschaft nach 1945 nicht nur durch den Produktionsverlust an Stärkewerten, sondern auch durch die Tatsache, daß rund 13,5 Millionen Menschen von den deutschen Gebieten westlich der Oder/Neiße-Linie ernährt und zusätzlich aufgenommen werden mußten.

Die industrielle Bedeutung der Gebiete östlich der Oder/Neiße-Linie wird daran deutlich, daß sich rund 15 % der deutschen Steinkohlenvorräte und rund 17 % der Braunkohlenvorräte in diesem Raum befinden. Zusammen mit dem Verlust der Steinkohle im Saargebiet hat Deutschland im Jahre 1945 rund 27 % seiner früheren Gesamtvorräte verloren.

Errechnet man den Anteil der Industrie und Landwirtschaft in den Gebieten östlich der Oder/Neiße-Linie, so ergibt sich, daß er rund 12 % des 1938 geschätzten deutschen Volksvermögens von 600 Milliarden Reichsmark ausmacht.

Die Bevölkerungsstruktur

Die Bevölkerung des gesamten Reichs betrug im Jahre 1939 79,3 Millionen, davon fielen auf das Altreich 69,4 Mio. Einwohner und auf das nach 1945 übriggebliebene „Restdeutschland" 59,7 Mio. Im Jahre 1946 hatten jedoch die Gebiete „Restdeutschlands" zusammen 65,9 Mio. Einwohner. Die Bevölkerung „Restdeutschlands" hatte sich also von 1939 bis 1946 um rund 10,3 % vermehrt. Im gleichen Zeitraum nahm die Bevölkerung in der britischen Zone um 12,5 % zu und in der US-Zone um 20,3 %.

Die Kriegsverluste wurden im Oktober 1946 auf 4,5 Mio. Menschen geschätzt. Zusammen mit den 2 Millionen im Jahre 1946 sich noch in Gefangenschaft befindlichen Soldaten betrug der Bevölkerungsverlust 6,5 Millionen. Vergleicht man die Bevölkerungsdichte der Jahre 1939 und 1946 miteinander, so ergibt sich für „Restdeutschland" im Jahre 1939 eine Bevölkerung von 201,4 auf den qkm, im Jahre 1946 eine Bevölkerung von 226,6 pro qkm. Die Dichte in der US-Zone nahm von 1939 bis 1946 um rund 25 Bewohner zu, die in der britischen Zone um ungefähr die gleiche Anzahl.

Wesentlich ist, daß sich durch Verluste und Zuwanderung die Bevölkerungsstruktur in den Gebieten „Restdeutschlands" veränderte. 1946 setzte sich die Bevölkerung in den Gebieten „Restdeutschlands" aus 33 % Männern, 44 % Frauen und 23 % Kindern zusammen. Bei den Flüchtlingen ergab sich ein Anteil von 24 % Männern, 45 % Frauen und 31 % Kindern.

Welche entscheidende Veränderung die Bevölkerungsstruktur von 1939 bis 1946 durchgemacht hat, zeigt das Ergebnis der Volkszählung in Bayern aus dem Jahre 1946.

Alter	1939	1946
	%	%
0 - 6	10.4	9.3
6 - 14	12.5	14.2
14 - 20	10.8	9.3
20 - 25	6.2	7.4
25 - 30	9.1	6.1
30 - 40	16.7	14.6
40 - 50	12.5	14.8
50 - 60	10.0	11.1
60 - 65	4.4	4.5
über 65	7.4	8.7

Durch die Volkszählung von 1946 wurde festgestellt, daß mehr als die Hälfte aller männlichen Arbeitskräfte in der nächsten Zukunft über 40 Jahre alt sein werden. Die weitere Entwicklung der zu erwartenden Leistungsbilanz in Westdeutschland wurde also durch die Verluste des Krieges geprägt, durch eine progressive Überalterung und einer fortschreitenden Belastung der aktiven Bevölkerung. Weiterhin ergab sich für die Leistungsbilanz noch die Erschwernis, daß die Großstädte im Laufe des Krieges eine Entvölkerung erlebten, die zum Beispiel in München 12,2 % der Bevölkerung von 1938, in Berlin 26,7 %, in Köln 36,7 % und in Essen 21,9 % ausmachten. Daneben ergab sich eine wesentliche Zunahme der Bevölkerung in den Mittelstädten und in den rein ländlichen Gebieten. Für die wirtschaftliche und politische Entwicklung in der Bundesrepublik kann die Tatsache des Vorhandenseins großer Arbeitskraftreserven auf dem Lande und in den Mittelstädten nicht hoch genug bewertet werden.

Die Industrie nach dem Kriege

Wie hoch die Verluste des Volksvermögens durch den Krieg gewesen sind, zeigt eine Schätzung und ein Vergleich des deutschen Volksvermögens (Restdeutschland) aus dem Jahre 1946 mit dem des Jahres 1939. Das gesamte Volksvermögen wurde im Jahre 1939 auf 550 bis 620 Milliarden Reichsmark geschätzt. Das Volksvermögen des Jahres 1946 belief sich auf 47 % des Volksvermögens des Jahres 1939. In dieser Schrumpfung des Volksvermögens durch den Krieg, d.h. also durch Kampfhandlungen, Beutelplünderungen, Entnahmen und Demontagen ist auch der geschätzte Anteil des Volksvermögens östlich der Oder/Neiße enthalten.

Für die wirtschaftliche Entwicklung in Westdeutschland ist insbesondere die Schätzung maßgebend, mit welchen Kapazitäten die deutsche Wirtschaft an den Wiederaufbau heranging. Im Jahre 1946 wurde geschätzt, daß die industriellen Kapazitäten der Gebiete „Restdeutschlands" ungefähr 50 % der Industriekapazitäten von 1936 ausmachten. Die Verluste auf dem Gebiete des Verkehrs wurden bei der Eisenbahn auf rund 50 % geschätzt, im Kraftwagenverkehr auf rund 60 %. Bei der Frage nach den verbliebenen Kapazitäten darf jedoch nicht übersehen werden, daß im allgemeinen der Rest der vorhandenen Kapazitäten nach dem Zusammenbruch des nationalsozialistischen Regimes im Mai 1945 zu gering eingeschätzt wird. Zwar beruhen alle Angaben über Kapazitäten in der Bundesrepublik nur auf Schätzungen und es können demnach die Kapazitätsverluste durch Bombenkrieg und Demontage nur sehr allgemein angegeben werden. Man kann aber annehmen, daß die Bundesrepublik mit 60 % an den Kapazitäten des Reichsgebietes Anteil hatte. Es gibt Untersuchungen, die den Ausbau der Kapazität bis 1945 in einer Größenordnung von 15 % gegenüber 1936 ansetzen und einen Ausfall durch Kriegsschäden von rund 20 % für Westdeutschland in Rechnung setzen. Diese Kalkulation ist im Rahmen der Debatte um die Demontagen erstellt worden und darf deshalb als interessenbestimmt überhöht angesehen werden. Bei einer nüchternen Betrachtung der Kapazitätsentwicklung der deutschen Wirtschaft im Rahmen der nationalsozialistischen Wehr- und Kriegswirtschaft muß jedoch mit einem größeren Ausbau der Kapazität bis 1945 als der angegebenen Größe von 15 % gegenüber 1936 gerechnet werden. Diese Ausdehnung der Kapazität der deutschen Wirtschaft im nationalsozialistischen Regime ist nicht zum wenigsten auf eine radikale Ausschlachtung der industriellen Kapazitäten der von den Faschisten besetzten Gebiete zurückzuführen, die in ihrem Ausmaße und in ihren Auswirkungen auf die Entwicklung der deutschen Wirtschaft bis heute noch nicht festgestellt sind. Es ist also erlaubt, einen Ausbau der Kapazität bis 1945 in einer Größenordnung von über 15 % anzusetzen. Die Berechnung des Ausfalls durch Kriegsschäden von rund 20 % ist ebenso problematisch. Die Berechnung der Ausfälle fußt auf den Schadensmeldungen der einzelnen Unternehmungen. Diese Schadensmeldungen berücksichtigen nicht – insbesondere im Hinblick auf den zu erwartenden Schadensersatz durch das Reich – in welchem Umfang der Rest eines ausgefallenen Produktionsteiles noch im Rahmen der Betriebsorganisation oder der Gesamtwirtschaft Verwendung finden konnte. Aus der Entwicklung der Braunkohlen-Industrie nach 1945 ist bekannt, daß durch die Mobilisierung aller Kapazitäten, d.h. auch der bereits als verlustig gemeldeten Kapazitäten, eine Produktionshöhe in kürzester Frist erreicht war, die nach betriebswirtschaftlichen und technischen Kalkulationen mit den rechnerisch noch vorhandenen Restkapazitäten überhaupt nicht hätte erreicht werden können. Aus den Berichten der englischen und amerikanischen Luftwaffenkommissionen über die Auswirkungen des Großflächen-Bombardements auf Industrieanlagen nach 1945 im Ruhrgebiet wissen wir, daß die Auswirkungen der Bombardements sowohl von den alliierten Generalstäben als auch von der Wirtschaftsführung des Reichs als zu hoch eingeschätzt wurden. Alle diese Momente erlauben es, anzunehmen, daß die Ausgangskapazität der westdeutschen Wirtschaft im Jahre 1945 als zu gering angesetzt wird. Es muß in diesem Zusammenhang daran erinnert werden, daß die deutsche Stahlindustrie im Jahre 1944 ihr Produktionsmaximum von 28 Mio. to in ihrer Gesamtgeschichte erreichte. Die Expansion der Wirtschaftskapazität im Rahmen der nationalsozialistischen Wehr- und Kriegswirtschaft muß auch aus dem Grunde höher angesetzt werden, weil das zwangswirtschaftliche System des Faschismus die einzelnen Unternehmen zu einer Verschleierung ihrer wahren Kapazitäten zwang – eine Erscheinung, die wir aus allen planwirtschaftlichen Systemen kennen –, durch die sie den oft schnellen und unregelmäßigen Aufträgen im Rahmen der Kriegswirtschaft besser gerecht werden konnte. Letzten Endes mußten jedoch die Kapazitäten des Jahres 1945/46 in Westdeutschland nicht auf die wehrwirtschaftlichen Erfordernisse bezogen werden, sondern auf einen „Friedensmarkt". Man behauptet, daß gegenüber den Anforderungen des Friedensmarktes im Jahre 1936 die Kapazitäten der westdeutschen Wirtschaft im Jahre 1945 ausreichend gewesen wären. Eine Schere zwischen Kapazität und Bedarf ergibt sich im Jahre 1945 nur durch den großen Bedarf als Ergebnis der Zerstörungen oder des Verschleißes von Gütern durch den Krieg. Es ist bezeichnend, daß die deutsche Industrie noch im Jahre 1950 Kapazitätsreserven von 15-25 % zur Verfügung gehabt hat.

Für die ökonomische Entwicklung in Westdeutschland ist charakteristisch, daß der Ernährungswirtschaft und damit der Landwirtschaft in den ersten Jahren eine besondere Bedeutung zugemessen wurde. Der Landwirtschaft ist es in diesen Jahren gelungen, innerhalb der deutschen Gesamtwirtschaft, ihre traditionelle Sonderstellung nicht nur zu bewahren, sondern auszubauen. Sie ist durch keinerlei Maßnahmen zu einer umfassenden Umorganisierung ihrer Produktionsweise gezwungen worden. Die Erscheinung des doppelten Marktes erlaubte es ihr, eine Produktion durchzuführen, wie sie nicht den volkswirtschaftlichen Bedürfnissen entsprach, sondern ihren betrieblichen und Gruppeninteressen. Die Konservierung der Struktur der Landwirtschaft in Westdeutschland muß als einer der entscheidenden Akte für die umfassende Restaurierung des kapitalistischen Systems angesehen werden.

Der Entwicklung der Landwirtschaft in Westdeutschland steht in den ersten Jahren eine völlig andere Entwicklung der Industrie gegenüber. Die Entwicklung der Industrie ist in diesen ersten Jahren bestimmt durch Kriegszerstörung, Demontage-Verluste und Drosselung. Es darf jedoch nicht übersehen werden, daß in diesen beiden ersten Jahren, in denen die industrielle Produktion in der britischen Zone nur 50 % und in der US-Zone 40 % der Industrieproduktion des Jahres 1936 erreichte, die Kapazitäten der Industrie durch umfassende Aufräumungs- und Reparaturarbeiten wesentlich vergrößert worden sind, ohne daß sie unmittelbar produktiv eingesetzt worden wären.

Welche ungeheure Leistung die Arbeitnehmer in der Bundesrepublik in den beiden ersten Jahren nach dem Zusammenbruch des Faschismus vollbracht haben, zeigt die Ernährungsstatistik. Der durchschnittliche Verbraucher verfügte im Jahre 1936 über 3113 Kalorien täglich; im Jahre 1943 hatte er nur 2181 Kalorien zur Verfügung; im Frühjahr 1945 waren es nur noch 2010 Kalorien und im Frühjahr 1946 1451 Kalorien. Es wäre falsch, zu glauben, daß in dieser Periode der Hungerrationen und der gedrosselten Produktion nicht wesentliche industrielle Gewinne gemacht worden wären. Erfolgte die Sanierung der deutschen Landwirtschaft über den Schwarzmarkt, so benutzte auch die Industrie diese Quelle zur Akkumulation von Kapital, aber in einem noch viel größeren Maße fand eine unmittelbare Akkumulation statt, wie wir sie aus der Geschichte der Entstehung des Industrie-Kapitalismus in Europa und in ehemaligen Kolonialländern kennen.

Die Wirtschafts- und Finanzpolitik

Die wichtigste Aufgabe jeglicher Wirtschaftspolitik in Westdeutschland war jedoch die Lösung der Geld- und Finanzprobleme. Das neue deutsche Staatswesen mußte, auf welchen Wegen auch immer, zu einer Liquidierung der Verschuldung des deutschen Staates durch die Finanzierung des Krieges kommen. Diese Kriegsfinanzierung hatte in den Jahren 1939 bis 1945 670 Milliarden Reichsmark betragen. Diesen Ausgaben standen Einnahmen des Staates von 330 Milliarden Reichsmark gegenüber, sowie Kredite in einem Umfange von 340 Milliarden Reichsmark. Ende des Krieges meldete die Reichsschulden-Verwaltung ein Defizit von ungefähr 390 Milliarden Reichsmark. Diese Inlandsverschuldung von 390 Milliarden Reichsmark mußte jedes neue deutsche Staatswesen und jede Wirtschaft nach 1945 schwerstens belasten. Die Größe ‚Kriegsschulden' von 390 Milliarden Reichsmark wurde nicht so sehr im klassisch-kapitalistischen Sinne liquidiert, sondern durch radikale politische Maßnahmen, durch die eine Reihe von Gläubigern einfach ausgeschaltet wurden. Zu diesen Maßnahmen zählte die Abtrennung deutscher Gebiete sowie die Ausgliederung Österreichs aus dem Staatsverband. Im Zusammenhang mit der Liquidierung der Kriegsverschuldung erhält das bereits aufgeworfene Problem der Kontinuität des deutschen Staatswesens einen neuen Aspekt.

Das Problem der Kriegsfinanzierung stellte sich in den ersten Jahren des Wiederaufbaus in Westdeutschland in der Erscheinung des Geldüberhangs, das heißt der Überliquidität dar. Im Jahre 1945 hatte der Umlauf von Reichsbanknoten einen Umfang von 73 Milliarden Reichsmark angenommen. Ende August 1944 war der Umlauf von Reichsbanknoten noch auf 38,6 Milliarden Reichsmark angegeben worden. Die Finanzierung des Krieges durch die Notenpresse hat den inflationistischen Trend des kapitalistischen Systems im letzten Jahre des Krieges noch ungeheuerlich vermehrt, und jede deutsche Wirtschaft nach 1945 mußte an die Liquidierung dieses Erbes herangehen. An eine radikale Liquidierung dieses Problems mit sozialistischen Mitteln war bei dem Zustand der deutschen Wirtschaft und Gesellschaft nach 1945 überhaupt nicht zu denken. Dieser Umstand ist von den Vertretern sozialistischer Gedankengänge im Zusammenhang mit dem deutschen Wiederaufbau nach 1945 meistens übersehen worden. Eine sozialistische Lösung dieses Problems wäre – wie es die Beispiele in den osteuropäischen Ländern zeigen – nur in einzelnen Etappen möglich gewesen und nur bei Einströmen großer Auslandshilfen im Verlaufe der einzelnen Etappen. Da in Deutschland und insbesondere in Westdeutschland dieses Problem jahrelang konserviert wurde, war eine sozialistische Lösung bis auf absehbare Zeit unmöglich gemacht. Sie wäre nur denkbar gewesen, wenn die Eigentumsverhältnisse in diesen ersten Jahren nach dem Zusammenbruch des Faschismus in Westdeutschland sich radikal verändert hätten und wenn weiter zum Zeitpunkt der endgültigen Lösung, das heißt der Währungsreform im Jahre 1948, umfassende Kredite und Hilfen zur Verfügung gestanden hätten. Die Ausgangsposition der westlichen Besatzungsmächte, wie insbesondere die politischen Zielsetzungen der Vereinigten Staaten, schlossen eine Politik dieser Art vollständig aus.

Daß es sich bei dem Geld- und Finanzproblem in Deutschland nach dem 2. Weltkrieg nicht um ein spezifisch aus der Situation heraus bedingtes Problem handelte, sondern um ein allgemeines Problem, zeigt ein Blick auf die Entwicklung der Geldwirtschaft in Deutschland von 1913 bis 1945.

	1913	1932	1938	1945
		in Milliarden Reichsmark		
Stückgeld	6.6	5.6	10.4	73.0
Bankguthaben	12.3	12.7	18.7	100.0
Sparguthaben	24.5	15.3	27.3	125.0
	43.4	33.6	56.4	298.0

Jede Wirtschaftspolitik in Deutschland mußte an die Liquidierung dieses Geldüberhangs herangehen. Es ist dabei bezeichnend, daß diese Politik der Liquidierung in den beiden Teilen Deutschlands nach 1945 in gänzlich verschiedener Weise erfolgte. Nur im Gebiet der sowjetischen Besatzungsmacht sowie in Berlin wurden nach 1945 unmittelbar die Banken geschlossen, die Guthaben mit Ausnahme eines „Zwischengeldes" gesperrt und die Öffnung der Börsen nicht mehr erlaubt. Demgegenüber wurden die Geldansprüche in den Westzonen nach 1945 mit Ausnahme der Guthaben, die vom Gesetz Nummer 52 der Militärregierungen betroffen worden waren, voll anerkannt. Die Begründung der Anerkennung der Geldansprüche, das heißt der bedeutende geldliche Kriegsgewinn, wurde dadurch begründet, daß die westlichen Besatzungsmächte unter allen Umständen an dem Grundsatz des Privateigentums festhalten wollten. Mit dieser Politik wurde die Finanzpolitik des Faschismus in Westdeutschland konserviert und die Voraussetzungen für den Aufbau eines kapitalistischen Wirtschafts- und Gesellschaftssystems geschaffen. Gerade an der verschiedenen Behandlung des Geld- und Finanzproblems nach 1945 in Ost- und Westdeutschland zeigt sich, daß das Ziel der westlichen Besatzungsmächte der Wiederaufbau eines kapitalistischen, das heißt eines bürgerlichen Deutschlands, von Anfang an war. Für die Unternehmerschaft war diese Politik nach 1945 deshalb von Bedeutung, weil ihre Finanzmittel ständig aus dem Geldüberhang gespeist werden konnten. Daß dabei die öffentlichen Unternehmungen wie Reichsbahn und Reichspost diese Methoden nicht praktizieren konnten, führte von Beginn an zu einer unterschiedlichen Behandlung der Sektoren Privatwirtschaft und öffentliche Wirtschaft in Westdeutschland, welche für die wirtschaftliche Entwicklung Westdeutschlands für Jahre hinaus typisch sein sollte. Die Unternehmungen konnten in diesen Jahren sehr leicht mit Verlust arbeiten, weil diese Verluste durch den Rückgriff auf die Finanzreserven abgedeckt werden konnten. Es wäre ein Irrtum, zu glauben, daß das „Geld" nach 1945 für alle Glieder der Wirtschaft in der Bundesrepublik wertlos gewesen wäre. Aus den umfassenden Geldreserven konnten die Unternehmungen sehr wohl Reparaturen und Investitionen durchführen, welche zum Zeitpunkt eines umfassenden Produktionsbeginns erst ihre volle Realisierung finden konnten.

Die Geldpolitik nach 1945 erlaubte den Unternehmungen eine Praxis, die ihre betriebswirtschaftlichen Realisierungen erst zu einem Zeitpunkte finden würde, zu dem die betrieblichen Kapazitäten in einem geschlossenen wirtschaftlichen Kreislauf voll eingesetzt wurden.

Mit der Geld- und Finanzpolitik nach 1945 hängt die Steuerpolitik zur Deckung der Ausgaben des Staates zusammen. Die drakonischen Steuersätze, die im Frühjahr 1946 angeordnet wurden, konnten aus den betriebswirtschaftlichen Realisierungen der Unternehmungen nicht bezahlt werden, sondern es muß angenommen werden, daß ein großer Teil der Steuern aus dem Kapital der Unternehmungen entrichtet worden ist. Dabei tauchte hier bereits das Charakteristikum der Steuerpolitik der Restauration auf; denn für viele Steuerpflichtige war ein Rückgriff auf Kapital, das heißt Geldguthaben, nicht möglich. Während es auf der einen Seite den Unternehmungen gestattet wurde, ihren steuerlichen Verpflichtungen mit „wertlosem Geld" nachzukommen, mußten breite Massen der Steuerpflichtigen ihrer Steuerpflicht mit „wertvollem Geld" nachkommen, das heißt mit Geld, das durch eine unmittelbar wirkende ökonomische Größe (Arbeitskraft) gedeckt war. Während auf seiten der Unternehmungen also ein Kapitalentzug stattfand, der sie kaum belastete, wurde auf seiten der Arbeitnehmer Kaufkraft abgezogen. Dazu kommt, daß sich im Laufe der ersten Jahre der Anteil der Massensteuern am gesamten Steueraufkommen im Vergleich zu früher wesentlich erhöht hatte. Der aus der Kriegsfinanzierung herrührende Geldüberhang konnte jedoch mit Hilfe der laufenden Besteuerung kaum vermindert werden. Das wirtschaftspolitische Ziel der Steuerpolitik der Besatzungsmächte war so nicht primär wirtschaftspolitisch, sondern gesellschaftspolitisch bestimmt; sie hatte zu ihrem Inhalt die umfassende Bevorzugung der Unternehmer, das heißt der Produktionsmittelbesitzer.

Die geldwirtschaftlichen Voraussetzungen nach 1945 können mit Recht als eine Inflation bezeichnet werden. Die Inflation nach 1945 unterscheidet sich aber von der der Jahre 1921 bis 1923 dadurch, daß sie eine Geldinflation mit einer absoluten Festhaltung des Preisniveaus war. In der Wirtschaftspolitik und in der Inflations-Entwicklung des kapitalistischen Systems ist Geldinflation, gekoppelt mit Festhaltung des Preisniveaus, etwas völlig neues. Die offene, das heißt die klassische Inflation geht ganz offensichtlich auf Kosten der Arbeitnehmer. Bei der preisgestoppten Inflation wird am Arbeitnehmer ein ähnlicher Betrug verübt. Das staatspolitische Mittel dafür ist das Bewirtschaftungssystem, das heißt die Technik der nominellen Festhaltung des Preisniveaus. Durch dieses Mittel wird nur ein Teil des Lohnes als reale Kaufkraft bestätigt, während der andere Teil seiner Kaufkraft beinahe völlig beraubt wird. Durch die Steuerpolitik und die Ausgabenpolitik der Staatshaushalte nach 1945 wurde die Inflation nicht gedrosselt, sondern noch wesentlich gefördert. Nur wer den Inhalt und die gesamtpolitische Zielsetzung dieser Inflationspolitik in Westdeutschland übersieht, kann die wirtschaftliche und politische Bedeutung der Währungsreform vom Sommer 1948 überschätzen. Bezieht man die Inflationspolitik nach 1945 in die Betrachtung der Entwicklung mit ein, so ist die Währungsreform nur der logische und konsequente Abschluß einer Wirtschaftspolitik, wie sie seit 1945, aber insbesondere seit der offenen Veränderung der Wirtschaftspolitik der amerikanischen Besatzungsmacht vom Sommer 1946, eingeleitet wurde.

In diesem Zusammenhang muß auf die verschiedenen Wirkungen des Preisstopps und des Lohnstopps hingewiesen werden. Durch Preis- und Lohnstopp wurden zwei Faktoren des wirtschaftlichen Kreislaufs formal gleich behandelt. Während jedoch die Arbeitnehmer in breiten Massen den Wirkungen des Lohnstopps ebensowenig entfliehen konnten wie den steuerlichen Belastungen, bezog sich der Preisstopp nur auf einen Teil der durch die Wirtschaft erzeugten Güter. Die Entstehung des Schwarzen Marktes als eines regulierenden Mechanismus beweist die verschiedenartige Wirkung von Preis- und Lohnstopp eindeutig. Über den Schwarzen Markt konnte sowohl die Landwirtschaft als auch die Industrie große Teile „wertlosen" Geldes zu Wert machen. Wenn auch durch Kompensationen auf dem Gebiete des Lohns ähnliche Erscheinungen nach 1945 aufgetreten sind, so hatten sie doch keineswegs die umfassende Wirkung und Bedeutung, wie jene auf dem Sektor der Landwirtschaft und der industriellen Güterproduktion. Welche ungeheuerliche Arbeitsdisziplin die breiten Massen der Arbeitnehmer in Westdeutschland nach 1945 geübt haben, wird daraus deutlich, daß zum Beispiel der Arbeitnehmer aus dem Verkauf seiner ihm zugeteilten Rauchwaren-Ration auf dem Schwarzen Markt einen Gewinn von 80 Reichsmark erzielen konnte, der der Höhe von 2 Wochengehältern entsprach. Soziologisch wird nach 1945 ein Phänomen sichtbar, das die wirtschaftliche und politische Entwicklung in Westdeutschland im Verlaufe der letzten Jahre weitgehend bestimmen sollte, nämlich die Tatsache, daß sich ein Teil der Bevölkerung, das heißt die Produktionsmittelbesitzer, systemgerecht verhalten, während ein anderer Teil sich nach Prinzipien verhält, die nicht zu den konstituierenden Prinzipien des kapitalistischen Systems gehören. Dieses Verhalten der breiten Massen der Arbeitnehmer nach 1945, die Gewerkschaften miteingeschlossen, könnte man als „Solidarismus" bezeichnen. Dieser Solidarismus wurde zwar von den politischen Mächten nach 1945, was die Arbeitnehmer betrifft, weitgehend erzwungen, aber er entsprach einem traditionellen Verhalten der deutschen Arbeitnehmerschaft gegenüber Arbeit, Arbeitsplatz und Betrieb.

Die Wirtschaft stellte bis zur Währungsreform Ansprüche an die laufende Güterversorgung, die nicht durch Leistung gedeckt waren. Die Arbeitnehmerschaft mußte zuerst Leistung liefern, um zu einem nominellen Anspruch auf Güterversorgung zu kommen. Durch die Steuerpolitik und das Mittel der Bewirtschaftung wurde, wie wir bereits dargestellt haben, nur ein Teil des durch Leistung gedeckten Einkommens der Arbeitnehmer zur effektiven Kaufkraft. An den Arbeitnehmer wurden so nach 1945 auf der einen Seite große Leistungsanforderungen gestellt, auf der anderen Seite wurde er zu einem „unfreiwilligen Sparen", das heißt zu Konsumverzicht gezwungen. Dabei war aus der geldwirtschaftlichen Lage heraus das Geld als Sparmittel völlig entthront. Die Außerkurssetzung des Geldes war jedoch nur teilweise wirksam. Wir haben bereits darauf hingewiesen, daß die großen Geldreserven bei den Unternehmungen ihnen die Erledigung ihrer Steuerzahlungen erlaubte. Darüber hinaus hatte Geld in größeren Mengen auch in den Jahren nach 1945 eine unmittelbare Kaufkraft auf dem Schwarzmarkt gehabt. Aus dem Zirkulationsprozeß des Geldes in seinen verschiedensten Formen konnten in der Wirtschaft Kapazitäten geschaffen werden bzw. Rohstoffe und Halbfertigprodukte erstanden werden. Die Hortung von Rohstoffen, Halbfertig-Produkten und industriellen Fertigprodukten vor der Währungsreform in umfangreichen Lagern war die bewußte Abkappung des wirtschaftlichen Kreislaufs. Die Möglichkeit der Hortung und Drosselung von Produktionskapazitäten gab die Voraussetzung für das Gelingen der Währungsreform im Sommer 1948. Hortung und Drosselung waren jedoch nur auf Kosten der breiten Massen der Arbeitnehmer möglich.

Die Formen der Wirtschaftslenkung hatten bis zum Jahre 1948 als Mittel der Bevorzugung der Produktionsmittelbesitzer gewirkt. Der literarischen Propaganda ist es jedoch gelungen, die Praktiken der Steuerpolitik und der Bewirtschaftungspolitik nach 1945 als „sozialistische Maßnahmen" auszugeben. Diese Maßnahmen waren jedoch nichts anderes als Schutz- und Förderungsmaßnahmen einer zukünftigen freien Unternehmerwirtschaft. Die Konsolidierung der Unternehmer hatte zu Beginn des Jahres 1948 bereits ein so großes Ausmaß angenommen, daß auf diese Form des unmittelbaren Protektionismus durch die Unternehmer verzichtet werden konnte. Dabei mußte das Problem des Lastenausgleichs völlig beiseite gestellt werden. In der deutschen Wirtschaftsgeschichte wurde schon einmal das Problem des Lastenausgleichs angegangen – durch die Maßnahme des Reichsnotopfers von 1919 und einer bestimmten Vermögensabgabe. Wie sehr die Wirtschaftspolitik bis 1948 bereits unternehmerisch bestimmt war, zeigt, daß man weder die Frage Abschöpfung der Kriegsgewinne ins Auge faßte, noch die Frage der Abgabe eines Notopfers oder gar einer Vermögensabgabe. Die Wirtschaftspolitik bis zur Währungsreform hat auch nur von dem Gedanken einer Sachbesitz-Belastung völlig abgesehen. Die Währungsreform konnte so nicht gleichzeitig das Problem des Geldüberhangs und des Ausgleichs der Belastung der verschiedenen Bevölkerungsgruppen durch den Krieg und die Kriegsfinanzierung lösen. Die Belastungen durch Kriegsschäden wurden im Jahre 1946 auf rund 150 Milliarden Reichsmark geschätzt, die

Belastung durch die Verluste der Flüchtlinge im gleichen Jahre auf rund 40-50 Milliarden Reichsmark. Eine Koppelung von Währungsreform und Lastenausgleich wäre nur möglich gewesen durch eine Besitzteilung oder durch Sozialisierung der Produktionsmittel. Die Wirtschaftspolitik bis zur Währungsreform hat nicht nur diese Entscheidungen verzögert, wie allgemein angenommen wird, sondern sie hat eine Politik betrieben, die eine sozialistische oder doch zumindest positiv sozialpolitisch orientierte Reform auf längere Zeit unmöglich machte.

Das Problem, ob die Geldreform gelingen würde oder nicht, bestand darin, ob die vorhandenen Kapazitäten der westdeutschen Wirtschaft in der Lage waren, so viele Produkte auf den Markt zu werfen, daß sie die effektive Nachfrage, die durch die Geldreform geschaffen werden sollte, unmittelbar befriedigen konnte. Was die Frage nach den Kapazitäten betrifft, haben wir bereits nachgewiesen, daß die Kapazitäten der westdeutschen Wirtschaft nach 1945 trotz Kriegszerstörung und Demontagen weitaus größer waren, als allgemein angenommen wird. Darüber hinaus hat die Periode der Reparatur und Ingangsetzung halbzerstörter Produktionseinrichtungen von 1946 bis Juni 1948 zusätzliche Kapazitäten geschaffen. Für die Lösung des wirtschaftlichen Problems wurde darüber hinaus wohl noch von Bedeutung, daß die westdeutsche Wirtschaft an der Teilung Deutschlands insoweit profitierte, als sich bereits während des Krieges große Teile der industriellen Kapazitäten Ostdeutschlands und insbesondere große Gruppen technischer und wirtschaftlicher Kader der Industrie der Gebiete östlich der Elbe in einem stetigen Strom nach Westdeutschland bewegten.

Die Bedeutung der Übersiedlung von ganzen Weltfirmen und Industriezweigen nach Westdeutschland kann für die weitere Entwicklung der westdeutschen Wirtschaft und insbesondere der Exportwirtschaft nicht hoch genug eingeschätzt werden. Darüber hinaus war es der Wirtschaft in Westdeutschland erlaubt, die vorhandenen Kapazitäten nicht voll in der Produktion einzusetzen bzw. die produzierten Güter nicht auf den Markt zu werfen, sondern zu horten und umfangreiche Lager von Halbfertig-Produkten anzulegen, die oft nur eines kurzen Montagevorgangs bedurften, um auf den Markt geliefert werden zu können. Daß die westdeutsche Wirtschaft vor 1948 in der Lage gewesen wäre, zumindest die Friedensbedürfnisse nach dem Stichjahr 1936 zu befriedigen, zeigt zum Beispiel die Auseinandersetzung um die Zulassung westdeutscher Firmen zum Weltmarkt. Die Militärregierungen haben in Westdeutschland die Exportfähigkeit der westdeutschen Firmen stark gedrosselt, was die englische Besatzungsmacht betrifft, zum anderen jedoch aus Überlegungen der amerikanischen Besatzungsmacht, Westdeutschland in seinem wirtschaftlichen Aufbau und insbesondere in seiner Ernährungswirtschaft von unmittelbaren amerikanischen Finanz- und Güterhilfen abhängig zu machen. Sowohl das Wirtschaftsamt in

Minden als auch der Frankfurter Wirtschaftsrat waren davon überzeugt, daß bereits Ende 1947 die westdeutsche Wirtschaft in der Lage gewesen wäre, die Einfuhren von Konsumgütern nach Westdeutschland aus dem Ausland durch den Erlös des freigegebenen deutschen Exports zu dekken. Für die weitere Entwicklung war insbesondere von Bedeutung, daß die Besatzungsmächte den Aufbau der Grundstoffindustrien bzw. die volle Auslastung ihrer Kapazitäten systematisch gedrosselt haben. Die Grundstoffindustrien waren so in der Lage, große Teile ihrer Kapitalmittel zur reinen Bereitstellung der Kapazitäten bis zum Augenblicke des vollen Einsatzes zu verwenden.

Es besteht kein Zweifel, daß selbst in der Kohlefrage die Besatzungsmächte bremsend gewirkt haben, indem sie die traditionelle Organisationsform der deutschen Grundstoffwirtschaft – den Verbund – nach 1945 faktisch aufgelöst haben. Dabei verfügte die westdeutsche Wirtschaft nach 1945 über einen wohldisziplinierten Stamm von Industriearbeitern, die selbst unter den schlechtesten Bedingungen ihre Aufgaben in den Betrieben erfüllten und daneben über eine industrielle Reservearmee, wie sie in dieser Art die Geschichte des kapitalistischen Systems noch nicht gekannt hat. Die breiten Massen der Flüchtlinge und die Evakuierten waren gezwungen, ihre Arbeitskraft zu den diktierten Bedingungen auf dem Arbeitsmarkt anzubieten, um ihre unmittelbaren Konsumbedürfnisse befriedigen zu können. Die Steuerpolitik des Staates vor 1948 hat es darüber hinaus den arbeitenden Massen nicht erlaubt, umfangreiche Mittel zur Befriedigung der weitergehenden Konsumbedürfnisse bis zum Tage der Geldreform zu sparen. Der Hinweis auf die Größe der Sparguthaben in Westdeutschland ist deshalb irreführend, weil insbesondere die Massen der Flüchtlinge über keine Sparguthaben und Reserven mehr verfügten. Außerdem war ein großer Teil der Sparguthaben in Deutschland nach 1945 in der Ostzone unmittelbar blockiert und so der Verfügung der Besitzer entzogen.

Die herrschenden Kräfte in Westdeutschland konnten umso beruhigter den Auswirkungen der Geldreform entgegensehen, als Westdeutschland durch die Politik der westlichen Besatzungsmächte in die günstige Lage kam, daß sich Geldreform und der Zeitpunkt des Einfließens von Mitteln aus dem Marshall-Plan beinahe deckten. Bereits für das Jahr 1948 konnte die westdeutsche Wirtschaft eine Finanzhilfe von 914,5 Millionen Dollar erwarten. Es versteht sich von selbst, daß dieses Zusammenspiel von Marshall-Plan und Geldreform die westdeutsche Wirtschaft in eine außerordentlich günstige Situation versetzte, die sich von der Lage der französischen und englischen Wirtschaft wesentlich unterschied. Rückblickend müssen der Marshall-Plan wie die westdeutsche Geldreform als zwei Teile ein und desselben politischen Plans der Vereinigten Staaten angesehen werden. Das Ziel dieser Politik konnte nur die Errichtung eines kapitalistischen Wirtschaftssystems in Westdeutschland sein, das von innen durch keine sozialistischen Experimente bedroht wurde und auf absehbare Zeit nicht bedroht werden konnte. Es ist anzunehmen, daß der Marshall-Plan zusammen mit der Geldreform als ein Mittel gedacht war, um die größere Leistungsfähigkeit der kapitalistischen Wirtschaft gegenüber Osteuropa vor der Welt zu demonstrieren. Daß die kummulativen Effekte der Marshall-Plan-Hilfe weit über die amerikanischen Schätzungen und wohl auch über die Bestrebungen der westlichen Besatzungsmächte später hinausgingen, mag darin begründet sein, daß die Besatzungsmächte die vorhandenen industriellen Kapazitäten wie auch den Umfang der gehorteten Halbfertig-Produkte und Waren unterschätzt haben. Die restaurativen Kräfte gingen also in der Durchführung der Geldreform vom Juni 1948 kein übergroßes Risiko ein. Alle Elemente einer erfolgreichen Durchführung waren Mitte des Jahres 1948 gegeben. Dies nicht erkannt zu haben, zählt zu den entscheidenden Schwächen der theoretischen und politischen Vertreter der Arbeiterbewegung in Westdeutschland.

Die weltpolitische Lage vor der Währungsreform

Die Frage bleibt, ob die restaurativen Kräfte zum Zeitpunkt der Währungsreform ein politisches Risiko eingingen. Ein Blick auf die weltpolitische Entwicklung in den Jahren vor 1948 zeigt, daß die Große Koalition gegen das nationalsozialistische Deutschland im Jahre 1947 endgültig zerbrochen war. Das Scheitern der Moskauer Konferenz vom März 1947 muß als das formale Ende der Kriegs-Koalition der Alliierten gewertet werden. Bereits im Juni 1947 verkündete der Außenminister der Vereinigten Staaten, George Marshall, in seiner berühmten Rede in Harvard den Entschluß der Vereinigten Staaten, einen umfangreichen Wirtschaftshilfsplan zur Sanierung der europäischen Wirtschaft einzuleiten. Die Einladung an die Mächte des Ostblocks, an diesem europäischen Wirtschaftshilfsplan teilzunehmen, muß als ein Versuch der Vereinigten Staaten gewertet werden, die durch die offenen und geheimen Abmachungen von Yalta abgesteckten Einflußsphären nicht anzuerkennen. Diese diplomatische Offensive richtete sich in besonderer Weise auf die Tschechoslowakei. Es ist selbstverständlich, daß mit der Annahme der Marshall-Plan-Hilfe durch die Tschechoslowakei diese wichtige Position der russischen Außenpolitik aus dem System des Ostblocks herausgebrochen worden wäre. Im Grunde genommen hat jedoch der Marshall-Plan von Anfang an auf eine westeuropäische Lösung gezielt, das heißt auf die ökonomische und militärische Stabilisierung Westeuropas gegenüber Versuchen des Stalinismus, die Macht in einzelnen westeuropäischen Ländern an sich zu reißen. An eine militärische Offensive Rußlands hat wohl kein Vertreter der westlichen Alliierten in diesen Jahren ernsthaft gedacht. Mit der Konferenz der sechzehn europäischen Nationen in Paris zur Konstituierung des Marshall-Plans am 12. Juli 1947 wurde der europäische Westblock formal gegründet. Diese Konstituierung des Westblocks hatte eine Beschleunigung der von Anfang an bestehenden russischen Gleichschaltungstendenzen im Ostblock zur Folge. Der Versuch des Stalinismus, die Konstituierung des Westblocks durch Massenstreiks und Demonstrationen insbesondere in Frankreich und Italien zu verhindern, hat hinwiederum nur zu einer Beschleunigung des Tempos der Zusammenfassung des westeuropäischen Blocks unter amerikanischer Oberherrschaft geführt. Die stalinistische Offensive in Frankreich und Italien wurde insbesondere im Hinblick auf den griechischen Bürgerkrieg so bedrohlich eingeschätzt, wo die Stalinisten mit militärischen Mitteln versuchten, die durch die englische Militärmacht eingesetzten konservativ-reaktionären Kräfte zu stürzen. Der Kalte Krieg brach in seiner ganzen Schärfe aus, als es den Stalinisten in der Tschechoslowakei beim Prager Umsturz vom 20. bis 25. Februar 1948 gelang, alle Kräfte aus der politischen Führung auszuschalten, die an eine beschränkte Anlehnung der Tschechoslowakei an den Westen bei grundsätzlicher politischer Gebundenheit an Rußland dachten. Der Prager Umsturz hat alle Versuche, in West- und Mitteleuropa neutrale Zonen oder Zonen der Entspannung zu schaffen, auf Jahre hinaus unmöglich gemacht. Der Kalte Krieg brach in Europa offen aus. Wie sehr die außenpolitische und wirtschaftliche Blockbildung die militärische Blockbildung zum Ziele hatten, zeigt der Brüsseler Fünf-Mächte-Pakt vom März 1948. Der Höhepunkt des Kampfes um die wirtschaftliche und politische Ordnung in Westeuropa wurde markiert von den Wahlen des 18. April 1948 in Italien. Diese Wahlen wurden von seiten der konservativ-restaurativen Kräfte mit dem Einsatz aller ideologischen Mittel geschlagen. Die italienischen Wahlen führten zur Einheitsfront der christlichen Demokratie mit den kapitalistischen Kräften in den einzelnen Staaten und im Weltmaßstab. Diese Koalition sollte auf Jahre hinaus die Entwicklung in Westeuropa und insbesondere die Entwicklung in Westdeutschland bestimmen. Die außenpolitische Initiative zu einer schnellen militärischen Blockbildung wurde von den Westmächten auch deshalb in Westeuropa eingeleitet, weil die europäische Vormachtstellung in Asien im gleichen Jahre durch den Verlust Indiens und Burmas bedeutend eingeschränkt wurde. Der Aufgabe der englischen wie der niederländischen Positionen in Asien entsprach nicht unmittelbar ein verstärkter Einfluß der Vereinigten Staaten in diesem Gebiet. Schon zu Beginn des Jahres 1948 zeichnete sich am Horizont eine große militärische Auseinandersetzung in China ab, von der es für die Westmächte nicht feststand, ob sie mit dem Siege der Kuomintang enden würde.

Für die Durchführung der Währungsreform in einem reaktionär-restaurativen Sinne – offen gegen die unmittelbaren Interessen der breiten Massen der Arbeitnehmer gerichtet – war diese weltpolitische Lage von ausschlaggebender Bedeutung. Die inneren Differenzen zwischen Christlicher Demokratie und Sozialdemokratie als Repräsentant der Arbeiterbewegung in Westdeutschland erschienen zweitrangig gegenüber den großen weltpolitischen Entwicklungen. Die amerikanische Blockpolitik in Westeuropa machte auf lange Sicht eine sozialdemokratische Politik in Europa unwahrscheinlich. Sowohl in der Außenpolitik als auch in der Wirtschaftspolitik blieb der Sozialdemokratie nichts anderes übrig, als sich dem „Zwang der Verhältnisse" zu beugen.

Die politisch-strategische Lage der Weltpolitik ergab in den Jahren 1947/48 einen offenen Vorteil für die restaurativen Kräfte in der Bundesrepublik. Ihre Zielsetzung, einen bürgerlich-demokratischen Staat mit klassisch-kapitalistischer Wirtschaftsordnung in Westdeutschland zu schaffen, deckte sich voll und ganz mit den Plänen der Besatzungsmächte und insbesondere ihrer führenden Kraft, den Amerikanern. Die Entwicklung des Kalten Krieges in diesen beiden Jahren im Weltmaßstab ließ alle Hoffnungen auf eine Dritte Kraft, das heißt auf eine sozialdemokratische Lösung der Nachkriegsprobleme in den wichtigsten Zonen zwischen den Blöcken, zunichte werden. In noch viel größerem Umfange als in der Weltpolitik verlief die innenpolitische Entwicklung in den Jahren 1946 bis 1948 zugunsten der Restauration. Die amerikanische Besatzungspolitik hatte zu ihrer Grundlage die Weisung der amerikanischen Regierung ICS-1067, die einen Kompromiß zwischen den Zielen Morgenthaus und den gemäßigten Kräften in der amerikanischen Politik darstellte. Die Verordnung ICS-1067 wurde von der amerikanischen Militärregierung zwar nie offiziell zurückgezogen, aber es besteht kein Zweifel, daß die entscheidende Wende in der Deutschlandpolitik der Vereinigten Staaten im Verlaufe des Jahres 1946 eintrat. Der Entschluß der amerikanischen Besatzungsmacht, so schnell als möglich zu einer Zusammenfassung der westlichen Zonen zu kommen, und gleichzeitig ihr Drängen, den einzelnen Ländern in diesen Zonen so schnell als möglich Verfassungen bürgerlich-parlamentarischen Inhalts zu geben, sind ein Beweis dafür, daß sie die Errichtung eines westdeutschen Staatswesens bereits zu diesem Zeitpunkt ins Auge gefaßt hatten. Die von ihr geschaffenen Provisorien wie der Länderrat, die Konferenz der Ministerpräsidenten der Länder, die Bizonen-Ämter und nicht zuletzt der Frankfurter Wirtschaftsrat, die von ihr nur als ein Weg zur Erledigung allgemeiner Verwaltungs- und Wirtschaftsfragen ausgegeben wurden, erwiesen sich als Vorstufen und Etappen zur westdeutschen Verfassung und zur Konstituierung des Staatswesens der Bundesrepublik und ihrer Wirtschaftsordnung. Daß die Kräfte der Sozialdemokratie und der Gewerkschaften die Argumentation der führenden Besatzungsmächte, es handele sich bei den Einrichtungen nur um pragmatische Provisorien, anerkannten und akzeptierten, kann nur aus einem blinden Vertrauen in die demokratischen Ziele der amerikanischen und britischen Besatzungsmacht verstanden werden. Die entscheidende Einrichtung der Provisorien war die Umgestaltung des Zonenbeirates zu einem beratenden Organ mit parlamentarisch legitimierten Abgeordneten in einem Wirtschaftsrat. Die im Herbst 1946 aufgebauten Bizonalen Ämter, an die in Westdeutschland so große Hoffnungen geknüpft wurden, erwiesen sich im Verlaufe des Jahres 1946/47 als nicht sehr funktionsfähig. Die Gründe dafür waren, daß die politische Lage zwischen den Besatzungsmächten im Bezug auf die Ziele ihrer Deutschlandpolitik und insbesondere im Bezug auf das Tempo der Veränderung ihrer Deutschlandpolitik ungeklärt blieb. Weiter waren die Bizonalen Räte gezwungen, getrennt voneinander zu arbeiten. Diese Trennung wurde durch keine übergeordnete Instanz überwunden, welche die einzelnen Ämter und Aufgaben koordiniert und kontrolliert hatte. Darüber hinaus war das Verhältnis der Länder zu den Zonen-Einrichtungen ungenügend abgegrenzt. Die größte Schwäche der Bizonalen Ämter war jedoch das Fehlen der Legislative und Exekutive und insbesondere die fehlende deutsche Kontrolle. Der föderalistische Aufbau stieß sich bereits in seinen Anfängen mit den Versuchen einer zentralen Wirtschaftskontrolle und -lenkung, als die man die Bizonalen Ämter zumindest in ihrem Beginne bezeichnen muß. Der Schritt von den Bizonalen Ämtern zum Wirtschaftsrat wurde sowohl von dem Generalgouverneur der britischen Zone, Brian Robertson, als auch von General Lucius Clay nicht als Schritt zu einer politischen Vereinigung der westlichen Besatzungszone ausgegeben.

Der Frankfurter Wirtschaftsrat

Am 25. Juni 1947 konstituierte sich im großen Saal der Börse in Frankfurt der Wirtschaftsrat durch 54 Abgeordnete. Die Abgeordneten des Wirtschaftsrates wurden von den Länderparlamenten geschickt. Es besteht kein Zweifel, daß die Konstituierung des Wirtschaftsrates in einem engen Zusammenhang gesehen werden muß mit der Proklamierung des Marshall-Plans. Bei diesem offensichtlichen Zusammenhang ist es völlig unverständlich, warum die Vertreter der Sozialdemokratischen Partei und der Gewerkschaften die Konstituierung des Wirtschafsrates nicht als Teil einer Politik der amerikanischen Besatzungsmacht gesehen haben, ein kapitalistisches, bürgerlich-demokratisches westdeutsches Staatswesen aufzubauen. Die Konstituierung des Wirtschaftsrates und der einzelnen Verwaltungen in Frankfurt hatte darüber hinaus die Liquidierung der Bizonalen Ämter und insbesondere des Bizonalen Wirtschaftsamtes in Minden zur Voraussetzung. Das Bizonale Wirtschaftsamt in Minden war unter der Leitung von Dr. Viktor Agartz von Kräften besetzt, die mit Unterstützung der englischen Besatzungsmacht eine planwirtschaftliche, wirtschaftsdemokratische und zum Teil auch zentralistische Lösung der Nachkriegsprobleme in Westdeutschland im Auge hatten. Mit der Verlagerung des politischen und organisatorischen Zentrums nach Frankfurt ergab sich gleichzeitig eine Verschiebung der führenden politischen Kräfte nicht nur, was die Besetzung der Bizonalen Ämter betrifft, sondern auch der gesamtpolitischen Führung im allgemeinen. Dadurch, daß der Wirtschaftsrat von Vertretern der Länderparlamente beschickt wurde und nur Parteien in ihm repräsentiert waren, ergab sich notwendigerweise, daß damit nicht nur jede zentralistische und planwirtschaftliche Lösung in Westdeutschland sich verbat, sonder darüber hinaus auch jede wirtschaftsdemokratische Entwicklung unmöglich schien. Im Grunde genommen haben die Gewerkschaften ihre wirtschaftsdemokratischen Ansichten, die sie im Jahre 1949 offen proklamierten, bereits zu diesem Zeitpunkt der Konstituierung des Wirtschaftsrates aufgegeben. Die Konstituierung des Wirtschaftsrates muß als die endgültige Weichenstellung für eine restaurative Entwicklung in Westdeutschland gewertet werden. Die Sozialdemokratische Partei und die Gewerkschaften haben sich mit ihrer Unterwerfung unter dieses „Provisorium" den politischen Grundprinzipien der Restauration gebeugt.

Mit der Politik der amerikanischen Besatzungsmacht (gegen die Bedenken der französischen Besatzungsmacht), ein westdeutsches Staatswesen aufzubauen, entwickelte die kommunistische Staatsführung in Ostdeutschland einen Plan des nationalen Widerstandes gegen die Spaltung in der Bewegung des Volkskongresses. Bereits wenige Monate nach der Konstituierung des Wirtschaftsrates wurde vom Hauptausschuß die Konstituierung einer westdeutschen ökonomischen Union ins Auge gefaßt. Als eine der symptomatischen Entwicklungen in Westdeutschland muß die Auswechslung des Direktors der Verwaltung der Wirtschaft, Johannes Semler, durch den ehemaligen bayerischen Wirtschaftsminister, Professor Erhard, im Frühjahr 1948 angesehen werden. Die Publizistik der Restauration datiert von diesem Ereignis mit Recht die Machtübernahme in Westdeutschland durch die Kräfte der Christlichen Demokratie und des Liberalismus. Es ist bezeichnend, daß bei der Wahl Erhards zum Direktor der Verwaltung für Wirtschaft die CDU/CSU zum erstenmal offen auf parteipolitischen Gesichtpunkten auch gegenüber formalen Einsprüchen der Besatzungsmächte bestand, um die Leitung dieses Amtes in die Hand zu bekommen. Der Politik der Zusammenfassung der Zonen durch die westlichen Besatzungsmächte entsprach in der DDR der Schritt zu einer offenen zentralistisch-bürokratischen Planwirtschaft. Im Laufe des Frühjahrs 1948 griff der Kalte Krieg auf Deutschland über. Im März weigerten sich die Vertreter der russischen Besatzungsmacht, an den Kontrollratssitzungen teilzunehmen. Im gleichen Monat begannen im Wirtschaftsrat die Verhandlungen über die Formen der Einschaltung Westdeutschlands in den Marshall-Plan. Die Lage in Deutschland wurde durch den Versuch der russischen Besatzungsmächte verschärft, Berlin von allen Zufuhren aus dem Westen zu blockieren. Die Berliner

Blockade hat das Tempo der restaurativen Entwicklung vor der Währungsreform wesentlich beschleunigt.

Im Laufe des Frühjahrs zeigen sich in allen größeren westdeutschen und süddeutschen Städten Streikbewegungen gegen die schlechte Ernährungslage. Die amerikanische Besatzungsmacht beurteilte diese Demonstrationen und Streikbewegungen als kommunistisch infiltrierte Aktionen und forderte die Vertreter der Arbeiterbewegung auf, den kommunistischen Einfluß zurückzudrängen. Die Versuche der Gewerkschaften, zu einer einheitlichen Organisation in Gesamtdeutschland zu kommen, scheiterten endgültig auf der 8. Interzonen-Konferenz in Heidelberg. Die politische Offensive der Kommunisten durch die Berliner Blokkade, die Volkskongreß-Bewegung, die Umbenennung der Kommunistischen Partei in Sozialistische Volkspartei und die Radikalisierung der Gewerkschaften führten den endgültigen Bruch der antifaschistischen Einheitsfront von Kommunisten und Sozialdemokraten in der westdeutschen Arbeiterbewegung herbei. Der Sozialdemokratischen Partei und den Gewerkschaften blieb nichts anderes übrig, als sich unter die Politik des Kalten Krieges, des Marshall-Plans und des Aufbaus eines bürgerlichparlamentarischen Staatswesens in Westdeutschland zu unterwerfen.

Die Besatzungsmächte geben Mitte dieses Jahres die These der Provisorien auf, indem sie die Auflösung des Länderrates bekannt geben und damit den Wirtschaftsrat in Frankfurt zur westdeutschen politischen Instanz deklarieren. In welche Richtung die weitere wirtschaftspolitische Entwicklung nach der Währungsreform gehen würde, zeigte die Debatte des Gesetzes über die Leitsätze für Bewirtschaftung und Preispolitik nach der Währungsreform. Wie die Übernahme der Verwaltung für Wirtschaft durch Professor Erhard als ein symptomatischer Akt bewertet werden muß, so muß die Niederlage der Sozialdemokratie in der Abstimmung über dieses Gesetz als eine symptomatische, die weitere Entwicklung bestimmende Niederlage angesehen werden.

Wie die Entscheidung über die außenpolitische und innenpolitische Entwicklung Westdeutschlands durch die amerikanische Besatzungsmacht bereits im Jahre 1946 gefallen ist, so war der Inhalt der Währungsreform bereits im gleichen Jahre entschieden. Die amerikanische Besatzungsmacht hat gegenüber allen Versuchen westdeutscher Vertreter, wie auch insbesondere der Gewerkschaften, den Plan zur Währungsreform, den sogenannten Dodge-Plan, unter Mitarbeit von Goldsmith und Cohn am 20. Mai 1946 durchgedrückt. Der zentrale Punkt dieses Dogde-Plans aus dem Jahre 1946 war die allgemeine Konvertierung der Währung im Verhältnis 10:1. Bei der endgültigen Vorbereitung zum Gesetz der Währungsreform hat insbesondere der Finanzspezialist der amerikanischen Besatzungsmacht, Tenenbaum, eine entscheidende Rolle gespielt. Es ist bezeichnend, daß in der Arbeitsgemeinschaft, die den Plan von Homburg erarbeitete, wie auch in der Konklave von Rothwesten, kein Vertreter einer sozialistischen Lösung der Währungsreform teilgenommen hat. Die sozialdemokratischen Vertreter innerhalb dieser Gremien müssen als Sozialliberale bezeichnet werden. Der insbesondere von dem Wirtschaftswissenschaftlichen Institut der Gewerkschaften der britischen Zone herausgegebene Vorschlag Wolkersdorf kann nur noch als ein formaler, aber unter den bestehenden politischen Kräfteverhältnissen undurchführbarer Protestakt gewertet werden. Am 18. Juni 1948 wurde das erste Gesetz zur Neuordnung des Geldwesens erlassen, nach dem am 21. Juni die Reichsmark als Währung außer Kraft gesetzt wurde und jeder Bewohner der Westzonen 60 Deutsche Mark Kopfgeld erhielt. Die Auszahlung der Kopfquote sollte in zwei Etappen erfolgen. Am 21. Juni wurde das sogenannte Emissionsgesetz erlassen, in dem der Bank der Deutschen Länder das Notenausgaberecht zuerkannt wurde. Der Geldumlauf wurde auf 10 Milliarden Deutsche Mark beschränkt. Der Befehl Nummer 111 verfügte, daß Ersparnisse bis 70 bzw. 100 RM im Verhältnis 1:1 umgetauscht werden sollten und alle Ersparnisse über 1000 RM im Verhältnis 5:1. Das dritte Gesetz zur Währungsreform vom 26. Juni betraf die Umwertung des Altgeldes, der Bankguthaben und der Schulden. Am gleichen Tage wurde der Güterverkehr von Westdeutschland nach Berlin durch die russische Besatzungsmacht endgültig blockiert. Wie sehr die Geldreform in Westdeutschland ihrem Inhalt nach als ein Instrument des Kalten Krieges angesehen werden muß, zeigt gerade die letzte Tatsache. Wenn auch die Arbeiterbewegung in Westdeutschland im Verlaufe der Entwicklung mit unzureichenden politischen Ansichten und Konzeptionen angetreten ist, so sehr sie sich auch allzu leichtgläubig den demokratischen Proklamationen der westlichen Besatzungsmächte unterwarf – trotzdem war das Ausmaß der Blockierung der Arbeiterbewegung in Westdeutschland durch die Ereignisse des Kalten Krieges zum Zeitpunkte der Währungsreform ohne vorhergehendes Beispiel in der Geschichte. Daß die aus der Lage heraus erzwungene Kapitulation in den Fragen der Währungsreform vom Juni 1948 trotzdem als eine entscheidende Niederlage der Arbeiterbewegung gewertet werden muß, ist selbstverständlich. Für die restaurativen Kräfte war die Währungsreform der entscheidende politische Erfolg. Sie haben bei diesem radikalen klassenpolitischen Akt, wie wir gesehen haben, weder wirtschaftliche noch politische Risiken auf sich genommen. Diese Tatsache ist ein Beweis dafür, daß die Währungsreform nicht als der Beginn der restaurativen Entwicklung in Westdeutschland gewertet werden muß, sondern als ein Abschnitt in der Entwicklung, der durch die endgültige politische Festigung der restaurativen Kräfte in Westdeutschland gekennzeichnet ist.

12. Kapitel
Die Verfassung der Restauration

Die Entstehung des Bonner Grundgesetzes im Jahre 1948/49 zählt zu den interessantesten, aber auch sonderbarsten Kapiteln im Verfassungswesen der modernen Staaten. Mit der Verfassungsbewegung in Westdeutschland reiht sich das deutsche Volk in die große europäische Verfassungsbewegung ein, die innerhalb weniger Jahre mehr Verfassungen in Europa hervorgebracht hat, als sonst in Jahrzehnten und Jahrhunderten europäischer Geschichte. Das Sonderbare an der Verfassungsbewegung zum Bonner Grundgesetz ist dies, daß alles fehlt, was der Kenner und Schüler der Geschichte in anderen Fällen bemerkt, wenn ein Volk sich eine neue Verfassung gibt. Setzt man das Wort Rousseaus aus dem *Contrat Social* voraus, daß der Gesetzgeber in jeder Beziehung ein außergewöhnlicher Mensch innerhalb des Staates sei, „wäre er es nicht durch seinen Geist, so wäre er es nicht weniger durch seinen Auftrag", so kann dieses Zitat nur als eine Ironie aufgefaßt werden gegenüber den tatsächlichen Bedingungen, unter denen die Verfassung der Bundesrepublik entstand. Daß es sich bei diesem Verfassungs-Unternehmen auch im allgemeinen staatsrechtlichen Sinne um eine absonderliche Erscheinung handelt, das zeigt sich, wenn wir das angeführte Zitat aus dem *Contrat Social* vollenden. Hier steht:

„Dieser Auftrag (eine Verfassung zu geben) steht in keinem Zusammenhang mit der Regierung, noch mit der Staatshoheit; er begründet das Gemeinwesen, wird aber selbst kein Bestandteil der Verfassung. Die Gesetzgebung ist eine besondere und erhabene Tätigkeit, die mit menschlicher Herrschaft nichts gemein hat; denn wer Menschen Befehle gibt, kann keine Gesetze geben; wer Gesetze gibt, kann nicht mehr Menschen Befehle geben, sonst würden diese Gesetze, als Werkzeuge seiner Leidenschaft, oft nur seine Ungerechtigkeiten verewigen; nie könnte er vermeiden, daß irgendwelche besondere Interessen die Heiligkeit seines Werkes schädigten."

In diesem Satz Rousseaus ist im Hinblick auf die wirklichen Vorkommnisse in der Entstehungsgeschichte des Bonner Grundgesetzes eines bemerkenswert, daß alles, aber auch alles anders war, als es sich Rousseau in seinem *Contrat Social* als ideale Norm beim Werk der Verfassungsgebung vorgestellt hat. Diese ideale Norm wurde wohl auch bei anderen Unternehmungen verfassungsgebender Körperschaften verletzt und nicht eingehalten, aber wohl noch selten hat eine verfassungsgebende Körperschaft so radikal gegen den allgemeinen Geist und den besonderen Inhalt des Rousseau'schen Zitats über die Gesetzgebung der Gemeinwesen verstoßen als die verfassungsgebenden Körperschaften und Mächte Westdeutschlands in den Jahren 1948 und 1949. Weder kann man sagen, daß die Gesetzgeber in jeder Beziehung außergewöhnliche Menschen gewesen wären, noch entsprach ihr Auftrag dem Geiste Rousseaus.

Liest man die Protokolle des Parlamentarischen Rates, die Berichte des Konvents von Herrenchiemsee und der Ausschüsse des Parlamentarischen Rates heute durch, so ist eines unbestreitbar: das geistige – das philosophische und staatsrechtlich-theoretische – Niveau dieser Versammlungen lag weit unter dem, was die deutsche Verfassungsgeschichte in den Jahren 1848, 1870 und insbesondere 1918 kennt. Die Reden zweier klassischer intellektueller Erben der mißlungenen bürgerlichen Revolution von 1848, der Abgeordneten Professor Carlo Schmid und Dr. Theodor Heuss, ragen wie Findlinge des deutschen Humanismus des Neunzehnten Jahrhunderts aus dem flachen Kiesbett der rhetorischen Leistungen von Spezialisten, Funktionären, Interessenvertretern, Ministerialbürokraten, städtischen und ländlichen Honoratioren heraus. Der Auftrag, nach dem diese Körperschaft daran ging, dem deutschen Volk eine Verfassung zu geben, ist in diesem speziellen Falle keineswegs so ideal gewesen, als sich das Rousseau vor zweihundert Jahren vorgestellt hat. Dieser Auftrag stand im Gegenteil nicht nur in einem unmittelbaren Zusammenhang mit der Regierung und der Staatshoheit, die in Deutschland zu diesem Zeitpunkte herrschte, er war eine Weisung, wenn nicht ein Befehl; und dies nicht nur, was die allgemeine Aufgabe, eine Verfassung zu erstellen, betrifft, sondern auch, was sich auf den Modus der Verfassungsarbeit bezieht, wie auch auf den Inhalt dieser Verfassung selbst. Die westdeutsche Verfassung ist ein unmittelbarer Ausfluß menschlichen Herrschaftswillens und der Befehlsgewalt der herrschenden Kräfte zu dieser Zeit in Westdeutschland. Und so wurde diese Verfassung sehr wohl zum Werkzeug der Leidenschaften wie auch der Ungerechtigkeiten dieser herrschenden Mächte. Die weitere Entwicklung der Verfassungswirklichkeit in der Bundesrepublik nach 1949 war von dem bestimmt, was am Ende des Rousseau'schen Zitats steht, daß nämlich durch die besonderen Umstände der Entstehungsgeschichte das Bonner Grundgesetz tatsächlich eine politische Tendenz erhalten hat, die sich immer mehr gegen die proklamierten Prinzipien dieses Werkes richtete – wenn auch nicht gegen sein nicht erklärtes Ziel.

Widerspricht die Entstehungsgeschichte des Bonner Grundgesetzes den allgemeinen und höchsten Prinzipien des *Contrat Social*, so widerspricht sie auch allen Vorstellungen eines revolutionären Verfassungswerkes. Jeder Geschichtsschreiber könnte mit Recht annehmen, daß das deutsche Volk nach der Niederwerfung der faschistischen Diktatur eine Verfassung ersehnt hätte, die ihm mehr an Freiheiten gibt, als es vor dem Beginn der faschistischen Willkürherrschaft gehabt hat, das heißt, daß dieses Volk sich eine Verfassung gegeben hätte, die würdig eingereiht werden könnte in die Folge dessen, was man in der Geschichte des europäischen Konstitutionalismus die „positiven Revolutionen" nennt. Von einem Verfassungswillen dieser Art war jedoch bei allen entscheidenden Kräften, die an diesem Verfassungswerk mitwirkten, nichts zu spüren; geschweige denn von dem Geist, wie er die Verfassung von politischen Revolutionen kennzeichnet, die ein Kenner der Revolutionen als „wahnsinnige Inspirationen der Geschichte" bezeichnet hat.

Die Verfassungsbewegung in den Jahren 1948/49 in den drei westlichen Besatzungszonen kann nur verstanden werden, wenn man sich das Ziel der amerikanischen Politik in diesen Jahren ins Gedächtnis ruft. Es besteht kein Zweifel, daß spätestens seit dem 6. September 1946, als der damalige Außenminister der Vereinigten Staaten, Byrnes, seine berühmte Rede in Stuttgart hielt, die Europa-Politik der US-Regierung auf einen westdeutschen Staat abzielte. Der verfassungsrechtliche Inhalt dieses westdeutschen Staates sollte eine reine bürgerlich-parlamentarische Demokratie sein. Von einer Fortsetzung der wirtschaftsdemokratischen Elemente in der Weimarer Republik wollte ganz ohne Zweifel die amerikanische Besatzungsmacht wie das US-Außenministerium nichts wissen. Dies beweist die Tatsache, daß die amerikanische Militärregierung den Artikel 41 der Hessischen Verfassung, der auf Sozialisierung abzielte, bis zur Konstituierung einer gesamtdeutschen Verfassung außer Kraft gesetzt hatte. Weiter haben die westlichen Besatzungsmächte in den Länderverfassungen alle die Artikel faktisch aufgehoben, welche eine bestimmte Bevorzugung der Arbeiterklasse bzw. ihrer Interessenorganisation, die Gewerkschaften und deren Praktiken zum Inhalte hatten; so den Artikel 23 der Württemberg-Badischen Verfassung, den Artikel 29 der Hessischen Verfassung, den Artikel 51 der Bremischen Verfassung. Diese Aufhebung der Artikel – die geteilte oder ungleichmäßige Behandlung von Arbeitgebern und Arbeitnehmern betreffend, bzw. das Recht zum Streik und das Recht zur Ausschließung – muß als symptomatisch für den Verfassungswillen der westlichen Besatzungsmächte aufgefaßt werden. Der Präsident des neuen Jüdischen Staates, Ben Gurion, hat in der verfassungsgebenden Versammlung dieses Landes mit Recht darauf hingewiesen, daß der fortschrittliche Charakter einer modernen Verfassung daran gemessen werden kann, ob die Fiktion der Gleichheit von Arbeitnehmern und Arbeitgebern aufrecht erhalten wird oder nicht. Die grundsätzliche Einstellung der amerikanischen Besatzungsmacht zum Inhalt einer neuen deutschen Verfassung ging aber geradezu von dieser Fiktion der gleichen Behandlung von Arbeitgebern und Arbeitnehmern aus. Die verfassungsrechtlich und allgemein rechtlich gleiche Behandlung von machtmäßig Ungleichen führt aber notwendigerweise zur Bevorzugung dessen, der mehr Macht besitzt. Was für den Mächtigen Verfassungswirklichkeit ist, wird für den Ohnmächtigen zu einer Fiktion, die seine kritische Stellungnahme zum Verfassungswerk und zum Staat von vorneherein festlegt.

Die Verfassungsvorstellungen der westlichen Besatzungsmächte wurden in den Jahren 1948/49 bereits vollständig von der Politik der Vereinigten Staaten bestimmt. Dies zeigt u.a. auch die Tatsache, daß das Sozialisierungs-Gesetz des Landtags von Nordrhein-Westfalen aus dem Jahre 1948 von der britischen Militärregierung mit dem gleichen Argument suspendiert wurde, wie der Sozialisierungs-Artikel der Hessischen Verfassung. Die britische Militärregierung hat nach den Weisungen der Regierung in London ganz ohne Zweifel in den ersten Jahren ihrer Besatzungspolitik versucht, die Gewerkschaften gegenüber den Arbeitgebern und ihren Organisationen zu bevorzugen. Die wirtschaftliche und politische Misere, in der sich das Britische Empire und Großbritannien sehr bald nach 1945 befanden, zwang aber die britische Regierung zu einer – nicht ganz unfreiwilligen – Kapitulation vor den politischen Zielsetzungen der amerikanischen Regierung.

Die Verfassung des westdeutschen Staates sollte also nach dem Willen der Militärregierungen bürgerlich-parlamentarisch sein und „sozial neutral". Sozial neutral in dem Sinne, als die Wirtschaftsordnung und die Wirtschaftsverfassung dieses Staates im Grundgesetz nicht unmittelbar verankert werden sollten. Diesem Drängen zur Neutralität der Verfassung in den Fragen der Wirtschaftsordnung und Wirtschaftsverfassung stand eine wirtschaftspolitische Aktivität der Militärregierungen und insbesondere der amerikanischen Militärregierung gegenüber, die zu dieser Neutralität in einem krassen Widerspruch steht. Durch die Währungsreform wurde eine Verfassungswirklichkeit geschaffen, an der jeder Versuch einer neuen politischen Verfassung, diese Verfassungswirklichkeit zu verändern, scheitern mußte. Daran aber, den Auftrag, eine politische Verfassung für den neuen westdeutschen Staat zu schaffen, als eine Waffe gegen die faktisch festgelegte kapitalistische Wirtschaftsordnung in Westdeutschland zu nützen, dachte innerhalb der verfassungsgebenden Körperschaften und innerhalb der Verfassungsbewegung niemand. Während sich die Väter der westdeutschen Verfassung um mehr oder weniger wesentliche Konstruktionen der Machtdelegation und Machtverteilung stritten, etablierte sich der westdeutsche Kapitalismus im Jahre 1949 endgültig. Die Versuche, der unternehmerischen und klassenmäßigen Wirtschaftspolitik Professor Erhards und der Mehrheit des Frankfurter Wirtschaftsrates durch außerparlamentarische Aktionen entgegenzutreten, wurden sowohl durch die amerikanische Militärregierung wie auch durch Teile der führenden Kräfte der Arbeiterbewegung in Westdeutschland bald gebremst. Die Militärregierung benützte insbesondere die Tatsache des Einströmens von Marshall-Plan-Hilfsgeldern zu einem Druckmittel zur nationalen Arbeitsdisziplin. Die westdeutsche Verfassung hatte so zu ihrer unmittelbaren ökonomischen Grundlage eine mehr oder weniger vollständig eingerichtete kapitalistische Wirtschaftsordnung.

Von 1946 bis 1948 hat insbesondere die amerikanische Besatzungsmacht das Ziel, einen westdeutschen Staat zu schaffen, kaum verhüllt. Es haben aber bis zur Währungsreform sämtliche Generalgouverneure dieses politische Ziel abgeleugnet. Nach der Währungsreform wurde dieses politische Ziel jedoch offen zugegeben und die Politik der Schaffung eines westdeutschen Staates in ihrem Tempo durch die westlichen Besatzungsmächte und insbesondere durch die amerikanische Besatzungsmacht verstärkt. Es bleibt eine Aufgabe für den zukünftigen Historiker, eine umfassende und eingehende Geschichte des Bonner Grundgesetzes von den Jahren 1947 bis 1948 zu schreiben. So weit sich die deutschen Staatsrechtler wie auch die außerdeutschen Juristen über das Bonner Grundgesetz auslassen, so wenig haben die Historiker der Geschichte des Bonner Grundgesetzes nachgespürt. An offiziellem Material und unmittelbaren Quellen der westdeutschen Verfassungsgeschichte nach 1945 ist kein Mangel. Aber mit der Aufzählung, Darstellung und auch der Interpretation dieser Materialien und der Quellen ist es nicht getan. Entscheidend wäre eine Aufdeckung der Einflüsse der Besatzungsbehörden auf die politischen Kräfte, die in der verfassungsgebenden Körperschaft, im Parlamentarischen Rat, vertreten waren.

Es ist deshalb nur ein mangelhafter Versuch, wenn die geschichtlichen Bedingungen der Verfassungsbewegung der Jahre 1948/49 in Westdeutschland noch einmal dargestellt werden sollen. Bereits die Währungsreform stand ganz unter dem Schatten des politischen Ereignisses, das als der Höhepunkt des Kalten Krieges zwischen den beiden Weltblöcken angesehen werden muß: der Berliner Blockade. Diese Berliner Blockade setzte sich während der Jahre 1948 und 1949 fort, in denen die verfassungsgebenden Körperschaften in Westdeutschland am Werke waren. Immer wieder brach in den Debatten des Parlamentarischen Rates das Problem der Berliner Blockade auf und riß so die Arbeit der verfassungsgebenden Versammlung in den unmittelbaren Strudel politischer Zielsetzungen und Leidenschaften. Das Signum der Berliner Blokkade ist dem Bonner Grundgesetz von vorneherein aufgedrückt, und dieses Signum bezeichnet den wesentlichen politischen Zweck des Bonner Grundgesetzes als ein Mittel des antikommunistischen Kampfes. Der Antikommunismus ist jedoch stets ein schlechter Ratgeber für eine demokratische und sozialistische Politik gewesen. Mit dieser antikommunistischen Zielsetzung wurden eine Reihe von Artikeln des Bonner Grundgesetzes wesentlich verschärft, wie sie der Verfassung vielleicht das wesentliche Merkmal der Kanzler-Demokratie aufgedrückt hat. Darüber hinaus hat der Antikommunismus die Verfassung zu einer Waffe in der weltweiten Auseinandersetzung zwischen den beiden Blöcken der Weltmächte gemacht.

Die Währungsreform war kaum im Anlaufen, als die westlichen Besatzungsmächte die westdeutschen Ministerpräsidenten zusammenriefen, um mit ihnen Besprechungen im Sinne der schnellen Erarbeitung und Verabschiedung einer westdeutschen Verfassung zu führen. Auf der Rüdesheimer Konferenz der Regierungschefs der Westzonen am 21. Juli 1948 wurde die Entscheidung gefällt, einem Spezialisten-Gremium den Auftrag zu geben, die allgemeinen Grundzüge einer neuen deutschen Verfassung zu erarbeiten. In welchem allgemein politischen Klima diese Entscheidung fiel, mögen die Ereignisse der Urteilsverkündung im IG-Farben-Prozeß und im Krupp-Prozeß verdeutlichen. Am 17. August 1948 wandte sich die Sozialdemokratische Partei im Wirtschaftsrat in einem Mißtrauensantrag gegen die Wirtschaftspolitik Dr. Erhards, den der Wirtschaftsrat mit Mehrheit ablehnte. Vom 11. bis 23. August 1948 tagte der Herrenchiemsee-Konvent. 30 Verfassungsspezialisten, die von den einzelnen Länderregierungen delegiert waren, erarbeiteten in drei Kommissionen einen Verfassungsvorschlag, der einen föderalistischen Zusammenschluß der westlichen Länder zu einem Bund Deutscher Länder vorsah. Nicht nur in den allgemeinen Zügen, sondern bis in die einzelnen Artikel hinein wurde hier schon der allgemeine Entwurf des Bonner Grundgesetzes erarbeitet. Während die westdeutschen Verfassungsspezialisten an einem Verfassungsentwurf arbeiteten, wandte sich die amerikanische Militärregierung im gleichen Monat noch gegen das hessische Betriebsrätegesetz und insbesondere gegen die Artikel, die dem Betriebsrat das wirtschaftliche Mitbestimmungsrecht zubilligten. Es besteht kein Zweifel, daß Entscheidungen dieser Art auch die Spezialisten der Herrenchiemseer Konferenz mit beeinflußt haben.

Am 1. September 1948 wurde die „Verfassungsgebende Versammlung", d.h. der Parlamentarische Rat der drei Westzonen Deutschlands in Bonn konstituiert. Zum Präsidenten des Parlamentarischen Rates wurde Dr. Konrad Adenauer, CDU, gewählt. Mit der Konstituierung des Parlamentarischen Rates in Bonn – auf Weisung der westlichen Militärregierungen – wurde eine Vorentscheidung getroffen, die nicht nur für die Auswahl der neuen Hauptstadt des westdeutschen Staates von Bedeutung sein sollte, sondern auch für die gesamte weitere politische Entwicklung in Westdeutschland symptomatisch war. Wenn man die Wahl Dr. Erhards zum Direktor der Verwaltung für Wirtschaft als das Zeichen der Machtübernahme der kapitalistischen Kräfte in Westdeutschland ansehen muß, so ist mit der Wahl Dr. Adenauers zum Präsidenten des Parlamentarischen Rates in Bonn die politische Machtübernahme der konservativ-restaurativen Kräfte in Westdeutschland gekennzeichnet. Es mag dem historischen Beobachter mehr als zufällig erscheinen, daß an diesem gleichen 1. September 1948 der amtierende britische Militärgouverneur für Nordrhein-Westfalen dem Landtag mitteilte, daß die Militärregierung das Gesetz zur Sozialisierung des Ruhrbergbaus nicht genehmigen könne, da ein solcher Entschluß nur von einem gesamtdeutschen Organ gefaßt werden könne. Wie stark die öffentliche Meinung in

Westdeutschland von den Berliner Ereignissen zu diesem Zeitpunkte beherrscht war, zeigt die Tatsache, daß die Berliner Blockade im gleichen Monat ihrem Höhepunkt zutrieb. Am 6. September drangen kommunistische Demonstranten vor Beginn der Stadtverordneten-Versammlung in das Berliner Stadthaus ein. Bezeichnend ist, daß der Düsseldorfer Parteitag der SPD im gleichen Monat weniger von dem Problem einer westdeutschen Verfassung erfüllt war, als von der Notwendigkeit der Abwehr des kommunistischen Angriffs auf Berlin. Wie sehr die Besatzungsmächte sich zu einem „Bündniswechsel" zu diesem Zeitpunkt bereits entschieden hatten, dafür mögen die Spruchkammerbescheide in Königstein und in München über prominente Industrielle und Militaristen zeugen. Am 14. September reihte die Spruchkammer in Königstein den Industriellen Fritz Thyssen in die Gruppe der Minderbelasteten ein, und am 22. September erklärte die Spruchkammer in München den ehemaligen Generalstabsmarschall des deutschen Heeres, Generaloberst Franz Halder, als nicht belastet im Sinne des Gesetzes.

Daß die deutschen Politiker damals den Raum und den Umfang ihrer tatsächlichen politischen Macht nur wenig absehen konnten, beweisen ihre Bemühungen, in der Frage der Ruhr wie auch in der Frage der Demontagen zu endgültigen Klärungen zu kommen. Am 10. November 1948 erließ die britische und die amerikanische Militärregierung das Gesetz Nr. 75 über die Neuregelung in der Organisation und in den Besitzverhältnissen des Ruhrbergbaus und der Eisen- und Stahlindustrie. Dieses Gesetz Nr. 75 wurde von einem Teil der westdeutschen Politiker als ein Fortschritt betrachtet, und dies sowohl von Vertretern der Sozialdemokratischen Fraktion als auch der Fraktion der CDU. Teile der Sozialdemokratischen Fraktion begrüßten das Gesetz als einen Schritt zur Sozialisierung des Ruhrbergbaus und der Eisen- und Stahlindustrie an der Ruhr; Teile der CDU-Fraktion bejahten das Gesetz, weil sie – mit größerem realistischen Einschätzungsvermögen begabt – begriffen, daß durch diese Neuregelung eine Sozialisierung des Ruhrbergbaus und der Eisen- und Stahlindustrie in weite Ferne gerückt war und praktisch also jede sozialdemokratische und gewerkschaftliche Initiative in dieser Richtung sich an dem Willen der Besatzungsmächte stoßen mußte. Die Versuche der Sozialdemokratischen Partei im Wirtschaftsrat, Mißtrauensanträge gegen die Wirtschaftspolitik Dr. Erhards und Dr. Pünders einzubringen, scheiterten wie wenige Wochen zuvor.

Am 22. November 1948 überreichten alliierte Verbindungsoffiziere in Bonn dem Präsidenten des Parlamentarischen Rates, Dr. Konrad Adenauer, ein Dokument der drei westlichen Militärgouverneure, in dem diese ihre Auffassung über das zu schaffende Grundgesetz darlegten. In diesem Dokument erachteten die Militärgouverneure einen föderalistischen Staatsaufbau, die Sicherstellung der Finanzverwaltung bei den Ländern und eine weitgehende Selbstverwaltung der Gemeinden für erforderlich.

Am 10. Dezember erließ der Parlamentarische Rat in Bonn eine Denkschrift zu den deutschen Auffassungen zum Besatzungsstatut. Das Besatzungsstatut sollte nach dem Willen der Militärregierungen gleichzeitig mit der neuen westdeutschen Verfassung in Kraft treten.

Am gleichen Tage schloß der Hauptausschuß des Parlamentarischen Rates die erste Lesung des Entwurfs zum Grundgesetz der Deutschen Bundesrepublik durch die Annahme der Präambel ab. Wie ein Vorbote kommender Ereignisse mag die Meldung eines Nachrichtenbüros vom 11. Dezember 1948 wirken, nach der der 2. Vorsitzende der Sozialdemokratischen Partei, Erich Ollenhauer, in Bad Godesberg zu den Gerüchten über eine deutsche Remilitarisierung erklärte, daß die SPD keine militärische Organisation unterstützen könne, die auf den traditionellen Kräften des deutschen Militarismus aufbaue. Am 14. Dezember dementierte der amerikanische Armee-Minister, daß die Vereinigten Staaten Pläne für eine Aufrüstung Westdeutschlands bereits vorbereitet hätten.

Am 16. Dezember 1948 beriefen die Militärgouverneure in Frankfurt eine Konferenz über das Besatzungsstatut für Westdeutschland ein. Sie empfingen eine unter Führung Adenauers stehende siebenköpfige Delegation des Parlamentarischen Rates. Während dieser Konferenz kam es zu Sonderverhandlungen Adenauers mit den Militärgouverneuren. Über diese Sonderverhandlungen und bestimmte Zugeständnisse Adenauers an die Militärgouverneure weigerte er sich, dem Parlamentarischen Rat Auskunft zu geben. Es kam deshalb im Hauptausschuß des Parlamentarischen Rats in den folgenden Tagen zu schwerwiegenden Differenzen zwischen den Fraktionen der CDU und der SPD. Dieser Vorgang bestätigt wie kaum ein anderer in den folgenden Monaten, wie sehr die westdeutsche Verfassung auf den mächtigsten Mann in Westdeutschland, auf Konrad Adenauer zugeschnitten wurde und daß tatsächlich die Militärgouverneure die Wahl Adenauers zum Präsidenten des Parlamentarischen Rats als einen Akt der Machtübernahme angesehen und gewertet haben. Aber der Konflikt im Parlamentarischen Rat wegen des Verhaltens des Ratspräsidenten wurde zu Beginn des folgenden Jahres beigelegt. Am 10. Februar 1949 schloß der Hauptausschuß des Parlamentarischen Rats die 3. Lesung des Grundgesetzes ab. Am 11. und 12. Februar fand eine Sitzung der westdeutschen Ministerpräsidenten in Hamburg statt. In der Plenarsitzung des Parlamentarischen Rates wurde am 24. Februar das Wahlgesetz in allen drei Lesungen angenommen. Zwei Tage später erklärte General Clay vor Pressevertretern, daß für den Treuhandschaftsrat für die Ruhrstahlindustrie Fachleute benötigt würden; man werde deshalb mindestens ein Viertel der deutschen Treuhänder unter maßgebenden Männern der früheren Trusts auswählen.

Am 2. März 1949 überreichten die Militärgouverneure der Westzonen dem Parlamentarischen Rat zwei Denkschriften, die alliierte Abänderungsvorschläge zur bisherigen Fassung des Grundgesetzes und zum

Wahlgesetz enthielten. Am 17. März fand in Königstein eine Konferenz der westdeutschen Regierungschefs mit Vertretern des Parlamentarischen Rats statt. Die Ministerpräsidenten nahmen zwei Entschließungen an, die den Parlamentarischen Rat auffordern, seine Verhandlungen so schnell wie möglich abzuschließen, und die Zweckmäßigkeit eines einheitlichen Wahlrechts betonen. Am fogenden Tage überreichten Vertreter des Parlamentarischen Rates den alliierten Verbindungsstäben die Gegenvorschläge zum alliierten Memorandum vom 2. März 1949 über das Grundgesetz. Am 25. des gleichen Monats erklärten die alliierten Verbindungsstäbe dem interfraktionellen Ausschuß, daß ihre Gegenvorschläge nicht mit dem alliierten Memorandum zu vereinbaren seien. Diese Periode der laufenden Interventionen der westlichen Besatzungsmächte in die verfassungsgebende Arbeit des Parlamentarischen Rates mag als geringer, aber schlagender Beweis für die Einschränkung der Souveränität dieser Körperschaft nicht nur im allgemeinen verfassungspolitischen Rahmen, sondern bis in die Verwirklichung des Verfassungswerkes hinein dienen.

Daß für die amerikanische Politik die Berliner Ereignisse nur ein Mittel waren, um die Entstehung eines westdeutschen Staates vorwärts zu bringen, das illustrierte General Clay im März, indem er betonte, daß der westdeutsche Staat auch dann gebildet werde, wenn die Sowjetunion inzwischen die Blockade Berlins aufhebe. In den folgenden Wochen wurde der Sieg der amerikanischen Deutschland-Politik vollständig. Am 5. April überreichte der Leiter des amerikanischen Verbindungsstabes in Bonn dem Präsidium des Parlamentarischen Rats ein Schreiben der drei Militärgouverneure, in dem es heißt, daß die drei Außenminister gegenwärtig in Washington das deutsche Problem studieren und mit Befriedigung erfahren hätten, daß der Parlamentarische Rat die Vollendung des Grundgesetzes vorwärts treibe; eine Entscheidung möge im Geiste getroffen werden, der eine Zusammenarbeit zwischen den künftigen deutschen Bundesbehörden und den Besatzungsbehörden erleichtere. Das Treffen des stellvertretenden britischen Premierministers, Morrison, mit dem Vorsitzenden der Sozialdemokratischen Partei, Kurt Schumacher, im gleichen Monat, um Fragen des Grundgesetzes zu besprechen, wird eine Beeinflussung der Sozialdemokratischen Partei im Sinne der amerikanischen Verfassungspolitik zum Inhalt gehabt haben. Am 10. April trafen unter dem Vorsitz von Adenauer die westdeutschen Ministerpräsidenten und führende Mitglieder des Parlamentarischen Rats zusammen und erklärten in einer Entschließung zum Besatzungsstatut, daß sie in dem Dokument einen tatsächlichen Fortschritt zur Wiedererlangung der deutschen Souveränität erblicken und in Zukunft eine gleichberechtigte Eingliederung in die europäische Völkerfamilie erhoffen. Am 14. April fand eine Konferenz der drei Militärgouverneure mit einer Delegation des Parlamentarischen Rates statt. Am 20. April nahm der unter Vorsitz von

Schumacher tagende sozialdemokratische Parteiausschuß in Hannover mit 63 gegen 4 Stimmen bei 8 Enthaltungen eine grundsätzliche Entschließung zur Arbeit des Parlamentarischen Rates an. Am 25. April fand eine zweite Konferenz der drei Militärgouverneure mit der siebenköpfigen Delegation des Parlamentarischen Rates statt. Adenauer teilte mit, daß der baldigen Verabschiedung des Grundgesetzes durch eine große Mehrheit im Parlamentarischen Rat nichts mehr im Wege stehe. Am 28. April wurden die interfraktionellen Verhandlungen mit Vorbehalten seitens der CSU abgeschlossen. Noch ehe der westdeutsche Staat gebildet war, legte die amerikanische Besatzungspolitik die zweite Etappe der Deutschlandpolitik fest. Am gleichen Tage, an dem Adenauer die oben genannte Erklärung abgab, befürwortete der amerikanische Militärgouverneur General Clay in einer Botschaft an den Jahreskongreß der *Associated Press* den Einschluß Deutschlands in einen Bund westeuropäischer Länder als den wirkungsvollsten Weg zur Eindämmung der kommunistischen Expansion. Mit dieser westeuropäischen Zielsetzung wurde praktisch eine Wiederaufrüstung des neuen westdeutschen Staates ins Auge gefaßt.

Am 5. Mai 1949 führte der Hauptausschuß des Parlamentarischen Rates die durch das Frankfurter Übereinkommen mit den Militärgouverneuren notwendig gewordene vierte Lesung des Grundgesetzes durch und ernannte zur Wahrnehmung der sich bis zum Zusammentritt der Bundesorgane ergebenden Pflichten am 6. Mai einen Überleitungsausschuß. Am 8. Mai verabschiedete der Parlamentarische Rat das Grundgesetz mit 53 gegen 12 Stimmen (mit allen Stimmen der sozialdemokratischen Fraktion). Mit 49 gegen 1 Stimme wurde die schwarz-rot-goldene Flagge zur Bundesflagge erklärt. Am 10. Mai wählte die Vollversammlung des Parlamentarischen Rates mit 33 gegen 19 Stimmen in geheimer Wahl Bonn als Bundeshauptstadt und verabschiedete mit 36 gegen 29 Stimmen das Wahlgesetz für die erste Wahl zum ersten Bundestag und die Wahl des ersten Bundespräsidenten.

Der 8. Mai muß als der endgültige Sieg der konservativ-restaurativen Kräfte in Westdeutschland nach 1945 angesehen werden. Die Wahl Bonns zur Bundeshauptstadt mag dafür als ein Symptom stehen. Die Entscheidung des Parlamentarischen Rates vom 10. und 11. Mai 1949 ist für die Verfassungsgeschichte und die weitere Entwicklung des westdeutschen Staates aus einer Reihe von Gründen bemerkenswert. Einmal stellte die Frage der zukünftigen Hauptstadt eines der wenigen „Verfassungsprobleme" dar, welches die „öffentliche Meinung" brennend interessierte und an der sie regen Anteil nahm. Die öffentliche Diskussion um den zukünftigen Sitz des Bundesparlaments und der Bundesregierung dauerte erregt mehrere Monate. Die große Mehrheit der Stimmen optierte für Frankfurt als Bundessitz. Frankfurt, weil es verkehrsgeographisch zentral lag, weil es als moderne Großstadt auch die geistigen

Funktionen einer Hauptstadt zu erfüllen vermochte, weil es Räumlichkeiten für das Bundesparlament und die Bundesregierung zur Verfügung stellen konnte, und nicht zuletzt deshalb, weil es der Schauplatz der Revolution von 1848/49 war. Die Entscheidung für Frankfurt schien so offensichtlich und selbstverständlich, daß die Stadtverwaltung und die hessische Landesregierung bereits Vorbereitungen zur Aufnahme des Bundesparlaments und der Bundesregierung trafen. Selbst prominente CDU-Politiker waren gewiß, daß die Entscheidung des Parlamentarischen Rats auf Frankfurt fallen wird. Freilich übersah die sogenannte öffentliche Meinung in dieser Frage, daß mit der Einberufung des Parlamentarischen Rats nach Bonn durch die Besatzungsbehörden bereits eine Vorentscheidung getroffen worden war und daß sich sowohl die Besatzungsbehörden wie auch die konservativ-restaurativen Kräfte in dem Bestreben trafen, das Bundesparlament und die Bundesregierung unter keinen Umständen unter den „Druck der Straße" kommen zu lassen.

Das hochindustrielle Frankfurt mit seiner großen Industrieregion war den Besatzungsbehörden wie den konservativ-restaurativen Kräften einfach zu gefährlich, zu potentiell revolutionär. Die Frage der Bundeshauptstadt war aber noch aus einem anderen Grunde bedeutsam. Die Politik der zukünftigen Bundesregierung war offen nach dem Rheinland, nach der Ruhr orientiert. Die Geschicke Westdeutschlands waren auf nicht absehbare Zeit von der Entwicklung im Ruhrgebiet bestimmt. Dies mögen die Hauptgründe – neben Gründen privater und konfessioneller Natur – gewesen sein, die den Präsidenten des Parlamentarischen Rates, Konrad Adenauer, dazu bewegt haben, sich so entschieden und in Verletzung aller Regeln des parlamentarischen fair-play, der Rücksicht auf die öffentliche Meinung, für Bonn als Bundeshauptstadt einzusetzen. Das Ergebnis zeigte aber bereits, wie stark die CDU unter der Herrschaft dieses Mannes stand und wie wenig die innere Demokratie dieser stärksten deutschen Partei nach 1945 funktionierte. Der Sieg Adenauers in dieser Frage wurde ihm auch deshalb erleichtert, weil die Wahl Bonns zur Bundeshauptstadt nur als eine provisorische Übergangslösung ausgegeben wurde. Der Begriff des Provisoriums, auf den wir im Verlauf der Verfassungsarbeit noch öfter stoßen werden, wirkte wie ein vernebelnder Schleier über den politischen Zielen der Westmächte und der konservativ-restaurativen Kräfte: einen starken bürgerlich-kapitalistischen westdeutschen Staat zu errichten.

Zum gleichen Zeitpunkt muß angenommen werden, daß der britische Außenminister Ernest Bevin, der am 9. Mai mit dem Vorsitzenden der Sozialdemokratischen Partei, Schumacher, in Melle bei Herford zusammentraf, seinen Einfluß geltend machte, um die Sozialdemokratische Partei zu einer endgültigen Annahme der Bundesverfassung zu bewegen. Ob der britische Außenminister dabei dem Vorsitzenden der Sozialdemokratischen Partei bestimmte Versprechungen im Hinblick auf die weitere Entwicklung in der Frage der Eigentumsordnung bei den Grundstoffindustrien gemacht hat, ist nicht bekannt – es darf aber angenommen werden.

Ein weiteres Ereignis ist für den Abschluß der Arbeiten des Parlamentarischen Rats bemerkenswert. Beinahe gleichzeitig mit der Verabschiedung des Grundgesetzes, nämlich am 12. Mai 1949, wurde die Berliner Blockade und die Gegenblockade der Westmächte um 00.01 Uhr aufgehoben. Der Verdacht kann nicht beseitigt werden, daß an der Verschärfung der Lage in Berlin die Westmächte und insbesondere die amerikanische Besatzungsmacht in den Monaten der Arbeit des Parlamentarischen Rates an der Verfassung des neuen westdeutschen Staates deshalb interessiert waren, um von der Berlin-Frage aus die Arbeit des Parlamentarischen Rates zu beeinflussen. Der Zusammenfall der beiden Ereignisse muß eher als ein Ergebnis der politischen Strategie und nicht als ein unerklärlicher Zufall gewertet werden.

Am 23. Mai 1949 verkündete der Parlamentarische Rat im Rahmen eines Festaktes das Grundgesetz der Bundesrepublik Deutschland. Es war nur eine Frage der Zeit, wann die russische Besatzungsmacht dem westdeutschen Staatsgebilde einen ostdeutschen Staat gegenüberstellen würde. Die Proklamierung des Grundgesetzes der Bundesrepublik Deutschland war das proklamierte Ende einer möglichen gemeinsamen Politik der Siegermächte in Deutschland. Die Siegermächte wie auch die westdeutschen Politiker waren sich zu diesem Zeitpunkt darüber im klaren, daß eine Wiedervereinigung auf dem Wege diplomatischer Verhandlungen auf nicht absehbare Zeit außerhalb aller Möglichkeiten lag. Die Konstituierung des westdeutschen Staates hatte im außenpolitischen Planspiel der amerikanischen Besatzungsmacht ja auch nicht so sehr zum Inhalt, eine günstige diplomatische Position für die Errichtung eines gesamtdeutschen Staates zu gewinnen, sondern in Mitteleuropa eine starke politische und auch militärische Kraft aufzubauen.

Im Verlaufe der folgenden Monate wurden von den westdeutschen Ministerpräsidenten das Wahlgesetz und die alliierten Abänderungswünsche zum Wahlgesetz für den ersten Deutschen Bundestag erarbeitet. Wie sehr sich innerhalb weniger Jahre das innenpolitische Klima in Westdeutschland verändert hatte, zeigte die Tagung der Arbeitsgemeinschaft der CDU/CSU am 15. Juli 1949 in Düsseldorf. Auf dieser Düsseldorfer Tagung verabschiedeten die beiden Parteien neue Leitsätze zur Wirtschaftspolitik, zur Sozialpolitik, zur Agrarpolitik und zum Wohnungsbau. Professor Erhard gab hierzu einen Rechenschaftsbericht über die Frankfurter Wirtschaftspolitik. Diese Düsseldorfer Arbeitstagung vom 15. Juli 1949 muß als die proklamierte Wende in der Politik der CDU/CSU zur liberalistischen Wirtschaftspolitk angesehen werden. Die sozialistischen Träume des linken Flügels der CDU vom Ahlener Programm 1947 wurden auf dieser Konferenz zu Grabe getragen. Die CDU/CSU muß seit dieser Düsseldorfer Tagung als der erklärte Repräsentant der konservativ-restaurativen Kräfte in der Entwicklung des westdeutschen Staates aufgefaßt werden.

Am 5. August 1949 beschlossen die elf westdeutschen Länderchefs in Wiesbaden, den Bundestag für den 4. September nach Bonn einzuberufen, die Bundesversammlung sollte zur Wahl des Bundespräsidenten am 9. September zusammentreten. Dieser Entscheid ist deshalb bemerkenswert, weil zwischen der Verabschiedung des Grundgesetzes durch den Parlamentarischen Rat vom 23. Mai bis zur Wahl zum ersten Bundestag am 14. August von deutscher Seite keine Initiative mehr entwickelt wurde, um noch vor der endgültigen staatspolitischen, staatsrechtlichen und verfassungsmäßigen Spaltung Deutschlands – und insbesondere nach der Aufhebung der Blockade Berlins – zu einer Überwindung der endgültigen Spaltung in Deutschland zu kommen. Die Politik der Westmächte wie auch die der bürgerlichen Parteien in Westdeutschland trug in diesen Monaten einen ausgesprochen offensiven antikommunistischen Charakter. Die Politik der Härte und der Stärke wurde mit dieser Linie zur Grundlinie der National- und Außenpolitik des westdeutschen Staates für die nächsten Jahre.

Am 14. August 1949 wählte die Bevölkerung der westdeutschen Besatzungszonen die Abgeordneten für den Ersten Deutschen Bundestag. Von 31 179 422 Wahlberechtigten gaben 85,5 % ihre Stimmen ab. Die einzelnen Parteien erhielten in Anwendung des neuen Wahlgesetzes aufgrund der abgegebenen Stimmen folgende Anzahl von Sitzen im Parlament: CDU 139; SPD 131; FDP 52; KPD 15; Zentrum 10; Bayernpartei 17; DP 17; WAV 12; DRP 5.

Der amerikanische Hohe Kommissar John J. McCloy und der britische Hohe Kommissar Sir Brian Robertson bezeichneten einen Tag darauf die Ergebnisse der Bundestagswahl als außerordentlich befriedigend und sagten den Abgeordneten des Bundestages den vollen Beistand bei der Lösung der zukünftigen Aufgaben zu. Wenige Tage später trafen in Rhöndorf führende Politiker der CDU/CSU mit Adenauer zu Besprechungen über die Regierungsbildung zusammen. Es konnte kein Zweifel sein, daß trotz einiger Widerstände des Ministerpräsidenten von Nordrhein-Westfalen, Karl Arnold, nur eine konservativ-restaurative bürgerliche Koalition das Ergebnis dieser Besprechungen sein würde. Welches Ziel sich Adenauer als der offensichtlich zukünftige Regierungschef bereits nach diesem Wahlsieg unmittelbar setzte, zeigte seine Äußerung vom 23. August, in der er für die Eingliederung Westdeutschlands in den Atlantik-Pakt, d.h. faktisch für die Wiederaufrüstung des neuen westdeutschen Staates, eintrat. Ein Sprecher des britischen Außenministeriums erklärte zu diesen Äußerungen Adenauers, daß die britische Regierung der Ansicht sei, der Europa-Rat würde eine geeignetere Form der Verbindung Deutschlands mit Europa darstellen als der Atlantik-Pakt.

Am 26. August 1949 gaben die westdeutschen Ministerpräsidenten nach Abschluß ihrer Tagung auf dem Rittersturz die Einberufung des Bundesrates und Bundestages zum 7. September bekannt. Wenige Tage später nahm der Parteivorstand der SPD in Bad Dürkheim eine 16 Punkte umfassende Entschließung zur sozialdemokratischen Politik aufgrund des Wahlergebnisses an. Die Entschließung forderte u.a. eine Politik der Vollbeschäftigung, die Erhöhung des Reallohns, Planung und Lenkung der Kredite und Rohstoffe, Beginn des Wohnungsbaus und des sozialen Lastenausgleichs, Schaffung eines Flüchtlingsministeriums, Neuordnung der Sozialversicherung, Mitbestimmung der Arbeitenden in den Betrieben, Sozialisierung der Grundstoff- und Schlüsselindustrie, Änderung des Ruhrstatuts, Einbeziehung Berlins in die Bundesrepublik, Verbleib des Saarlandes im deutschen Staatsverband und weiter eine Stellungnahme gegen die Oder/Neiße-Linie als deutsche Ostgrenze. Mit Ausnahme der Stellungnahme gegen die Oder/Neiße-Linie legte sich damit die Sozialdemokratische Partei auf eine Politik der radikalen Opposition gegen die Politik der konservativ-restaurativen Kräfte im neuen Bundestag fest. Eine entscheidende Einflußnahme der Sozialdemokratischen Partei auf die Politik der Bundesregierung in den nächsten vier Jahren konnte von ihr aufgrund der wirtschaftlichen Entwicklung, der außenpolitischen Verhältnisse, der Ziele und Praktiken der westlichen Besatzungsmächte sowie des Entscheids der Wähler vom 14. August und nicht zuletzt wegen der kanzlerdemokratischen Konstruktion des Grundgesetzes nicht erwartet werden. Die Sozialdemokratische Partei war so auf die Hoffnung verwiesen, nach vier Jahren die politische Linie des neuen westdeutschen Staates zu verändern.

Am 30. August 1949 erklärte der Präsident des Deutschen Volksrates, Otto Nuschke, daß die Bundestagswahl in Westdeutschland zwangsläufig in der Ostzone die Proklamation der Republik Deutschland notwendig mache. Die damit vollzogene nationale Spaltung werde jedoch nur kurz sein.

Die innenpolitische Entwicklung in den Jahren 1948/49 zeichnete sich dadurch aus, daß

1. die Westmächte unter der Führung der amerikanischen Politik einen offenen innenpolitischen Bündnis-Wechsel zugunsten der konservativen bürgerlich-kapitalistischen Kräfte vorgenommen haben;
2. die konservativ-restaurativen Kräfte in Westdeutschland sich umfassend organisierten und eine Politik der Wiederaufrichtung der kapitalistischen Wirtschaftsordnung, der Eingliederung Deutschlands in eine europäische Vereinigung und in die NATO und damit eine Wiederaufrüstung anstrebten;
3. durch die Proklamierung eines westdeutschen Staates die Spaltung Deutschlands auf nicht absehbare Zeit vollzogen wurde und keine

Möglichkeiten einer Wiedervereinigung Deutschlands mit diplomatischen Mitteln bestanden;

4. sämtliche großen westdeutschen Parteien sich vollständig in die antikommunistische und antirussische Außenpolitik der amerikanischen Regierung eingliederten;
5. der Einfluß der demokratischen und sozialdemokratischen fortschrittlichen Kräfte zurückging und innerhalb der nächsten Jahre keine Möglichkeiten mehr bestanden, auf dem Wege der parlamentarischen Demokratie die eingeschlagene politische Linie zu verändern;
6. eine Verfassung geschaffen wurde, die einer starken, konservativen und autoritär gestimmten Bundesregierung alle Möglichkeiten gab, ihre politischen Ziele gegen den Willen der Opposition im Parlament, die öffentliche Meinung und außerparlamentarischen Kräfte durchzusetzen;
7. dieser westdeutsche Staat nur eine beschränkte Souveränität besaß und jeder Widerstand gegen die Politik einer konservativ-restaurativen Bundesregierung gleichzeitig auf die vertragsmäßig festgelegten Einflußmöglichkeiten der Besatzungsmächte stieß.

Auf die Entwicklung der westdeutschen Verfassung und die Entstehung eines westdeutschen Staates haben natürlich auch die außenpolitischen Ereignisse der Jahre 1948/49 eingewirkt. Das wichtigste außenpolitische Ereignis in den Jahren 1948/49 dürfte ganz ohne Zweifel der Sieg der chinesischen Kommunisten über die Kuomintang sein. Am 7. September 1948 überschritten die kommunistischen Truppen den Gelben Fluß und unterbrachen die Eisenbahnlinie zwischen dem Regierungsstützpunkt Suchow und Kaifeng, der Hauptstadt der Provinz Honan. Am 1. Dezember stießen rotchinesische Truppen bereits auf Nanking vor. Am 3. Januar 1949 wandte sich der Stadtrat von Shanghai unmittelbar an die kommunistische Regierung mit dem Ersuchen um Feuereinstellung und Aufnahme von Friedensverhandlungen. Am 24. April wurde Nanking von kommunistischen Streitkräften besetzt und am 17. Mai die Stadt Hankau erobert. Am 28. Mai wurde die Schlacht um Shanghai mit der vollständigen Besetzung durch die Kommunisten beendet. Am 17. Juli begannen die Kommunisten eine groß angelegte Offensive nach dem Süden. Am 16. August, d.h. am Tage nach der Wahl zum ersten Deutschen Bundestag, eroberten kommunistische Streitkräfte die Hauptstadt der Provinz Futschau und am 18. August die Hauptstadt der Provinz Kiangsi. Am 27. August fällt die Hauptstadt der Provinz Kansu.

Die Bedeutung der Niederlage der Kuomintang und damit des Zusammenbruchs der amerikanischen China-Politik für die europäische und somit auch Deutschland-Politik der amerikanischen Regierung kann nicht hoch genug bewertet werden. Der politische Erdrutsch im Fernen Osten war für die amerikanische Politik auch deshalb so bedrohlich, weil das Ende dieses Erdrutsches nicht abgesehen werden konnte. Bereits in den ersten Monaten des Jahres 1949 zeichneten sich weitere Krisenherde in Ostasien ab, die für die Weltpolitik von größter Bedeutung werden sollten: Korea und Indochina. Die Vereinigten Staaten sind durch ihre Niederlage auf dem asiatischen Kontinent zu einer Revision ihrer Besatzungspolitik in Japan gezwungen worden. Gleichzeitig ergab sich aus dieser Niederlage in Ostasien für sie die Notwendigkeit, die militärische Organisation des Westens auf- und auszubauen. Die Bildung der NATO, der Zusammenschluß der westeuropäischen Staaten, die Wiederaufrichtung eines stabilen und konservativ-restaurativen westdeutschen Staates wurde in diesen Jahren für die Politik der amerikanischen Regierung zur dringenden Notwendigkeit. Es kann heute nicht mehr der Zusammenhang zwischen der Politik des Marshall-Plans und der Organisierung der westlichen Militärorganisation der NATO geleugnet werden. Für Europa war für die amerikanische und britische Politik noch ausschlaggebend, daß das stalinistische System des Ostblocks durch den Ausschluß Titos aus der Kominform in seine erste große Krise geriet. Mit dem Ausscheiden Jugoslawiens aus dem ökonomischen und militärischen System des Ostblocks konnten einige europäische Fragen, wie der griechische Kommunistenaufstand und das Problem Triest, in absehbarer Zeit liquidiert werden. Die Politik der amerikanischen Regierung wollte in diesen Jahren in Europa das wiedergewinnen, was sie in China verlor. Der offensive und aggressive Charakter der amerikanischen Politik in diesen Jahren hat aber kein europäisches Land unmittelbarer beeinflußt als Westdeutschland. Die Versuche der Kommunisten, durch Streikbewegungen in Frankreich und Italien Ende des Jahres 1948 und zu Beginn des Jahres 1949 dieser politischen Offensive der Amerikaner in Europa entgegenzutreten, scheiterten. Sowohl diese kommunistischen Versuche als auch ihr Scheitern haben Auswirkungen auf die Verhaltensweisen der westdeutschen Politiker im Parlamentarischen Rat gehabt. Dies wird insbesondere dann deutlich, wenn man die Streikbewegungen der Kommunisten in Frankreich und Italien in diesen Monaten im Zusammenhang mit ihrer Offensive in Berlin sieht.

Das große Hemmnis der amerikanischen Politik in Europa stellte in den Jahren 1948/49 ganz ohne Zweifel Frankreich dar. Die französische Regierung war nicht willens, eine so radikale Revision ihrer Deutschlandpolitik zu vollziehen, als es die Amerikaner und Engländer wünschten. Insbesondere befürchteten die Franzosen eine Wiedererstehung der ökonomischen, politischen und militärischen Macht Deutschlands. Die zentrale Frage auf diesem Gebiet war für Frankreich die Neuordnung der Ruhr. Am 11. Oktober 1948 fand eine Ruhr-Konferenz zwischen England und den USA in London statt. Auf dieser Konferenz wurde beschlossen, die Entscheidung über das Eigentumsrecht in der Ruhrindustrie einer künftigen deutschen Regierung zu überlassen. Mit dieser Entscheidung wurde der Plan einer Internationalisierung der Ruhr hinfällig. Der französische Außenminister Schuman erhob am 21. November 1948 Einspruch gegen diesen britisch-amerikanischen Beschluß. Am 24. November 1948 gab der amerikanische Außenminister Marshall zur Frage der Ruhr-Kontrolle eine Erklärung ab, aus der hervorging, daß die Vereinigten Staaten und Großbritannien trotz der französischen Proteste bei ihrer getroffenen Entscheidung bleiben würden. Am 1. Dezember 1948 wies die Französische Nationalversammlung einstimmig das Gesetz Nr. 75 zur Neuordnung der Ruhrindustrie zurück.

Ende des Jahres 1948 einigte sich die Ständige Kommission der Westeuropäischen Union in London über den Entwurf zu einem nordatlantischen Verteidigungspakt. Im Rahmen von Besprechungen zwischen dem französischen Außenminister Schuman und dem britischen Außenminister Bevin am 13. und 14. Januar 1949 wurden die englisch-französischen Differenzen in der Deutschland-Frage beigelegt. Am 16. Februar 1949 schlug die Ständige Organisation der Westeuropäischen Union in London Straßburg als Sitz des Europa-Rates vor. Am 1. März 1949 begann im Rat der Republik in Paris eine außenpolitische Debatte über den Atlantik-Pakt, den Europa-Rat und die französische Deutschland-Politik. Diese Tatsache beweist, daß diese drei Fragen in einem engen inhaltlichen Zusammenhang miteinander stehen. Während dieser Debatte vertrat Außenminister Schuman die Ansicht, daß der Bonner Verfassungsentwurf nicht die Schaffung eines föderalistischen Deutschlands gewährleiste. Schuman erklärte weiter, daß die Alliierten hinsichtlich des Besatzungsstatuts übereingekommen seien, den Deutschen größere Erleichterungen zu gewähren, doch soll die Kontrolle über Erziehung, Presse und Rundfunk aufrecht erhalten werden. Für die alliierte Ruhrkontrolle sei keine Zeitbegrenzung vorgesehen. Trotz dieser Erklärungen wird aus dem Inhalt der Debatte im Rat der Republik in Paris deutlich, daß Frankreich auf die amerikanische Linie der Deutschland-Politik vollständig eingeschwenkt war. Eine Störung des Verfassungswerkes in Westdeutschland durch französische Interventionen konnte nicht mehr erwartet werden. Am 18. März 1949 unterbreitete Außenminister Bevin dem Unterhaus den Atlantik-Pakt. In den Hauptstädten der beteiligten Staaten wurde der Wortlaut des Nordatlantik-Paktes zwischen den Vereinigten Staaten, Kanada, Großbritannien, Frankreich, Belgien, den Niederlanden, Luxemburg und Norwegen veröffentlicht. Nach dem Inhalt des Vertrags verpflichten sich die Partner gegenseitig zu Hilfeleistung im Falle eines inneren oder von außen kommenden bewaffneten Angriffs. Der Atlantik-Pakt war von seinen Vätern also nicht nur als ein militärisches Bündnis nach außen gedacht, sondern gleichzeitig auch als eine politische Allianz nach innen, d.h. gegen etwaige kommunistische Revolutions- oder Putschversuche gerichtet. Die Selbstverständlichkeit, mit der die Westmächte eine militärische Allianz auf innenpolitische Fragen ausgedehnt haben, trat auch bei den laufenden Interventionen der westlichen Besatzungsmächte in der Verfassungsarbeit des Parlamentarischen Rates zutage. Der antikommunistische Inhalt des Atlantik-Paktes wie der antikommunistische Inhalt des Bonner Grundgesetzes, der durch die strategische Lage erzwungene offensive Charakter des Atlantik-Paktes wie auch der offensive Charakter der westdeutschen Verfassung stehen in einem unmittelbar zeitlichen, ursächlichen und personellen Zusammenhang.

Am 2. April 1949 traten die Außenminister der 12 Atlantik-Pakt-Mächte zu einer ersten Konferenz zusammen, um den Pakt-Entwurf zu billigen und in einem gemeinsamen Kommunique den Protest der Sowjetunion zurückzuweisen. Am 27. April eröffnete Außenminister Acheson die Senatsdebatte über den Atlantik-Pakt und das Waffenhilfeprogramm für die Unterzeichner-Mächte. Am 28. April unterzeichneten die Vertreter der drei Westmächte und der Benelux-Staaten in London das Abkommen über die Bildung einer internationalen Ruhrbehörde. Am 12. Mai ratifizierte das Unterhaus mit 333 gegen 6 Stimmen den Atlantik-Pakt. Am 5. Juli 1949 begann im Senat der Vereinigten Staaten die Debatte über die Ratifizierung des Atlantik-Paktes. Am 13. Juli erklärte Außenminister Acheson, daß die für das Waffenhilfsprogramm vorgeschlagene Summe von 1,45 Milliarden Dollar das absolut notwendige Minimum sei, um einen Erfolg des Programms zu garantieren. Am 5. August führten die Generalstabschefs in Paris mit dem französischen Generalstab und in Fontainebleau mit dem Ausschuß der westeuropäischen Oberbefehlshaber Besprechungen über die militärische Organisation des Atlantik-Paktes durch. Auf einer anschließenden Pressekonferenz erklärte Admiral Denfeld, daß die Einbeziehung von deutschen Streitkräften in das Verteidigungsprogramm ausgeschlossen sei und bleibe. Am 8. August trat in Straßburg der Ministerausschuß des Europa-Rates zu seiner ersten Sitzung zusammen. Am 18. August 1949 stimmte das amerikanische Repräsentantenhaus mit 238 gegen 122 Stimmen für die Bewilligung von 869.505.000 Dollar für das Waffenhilfsprogramm. Die weltpolitische Situation in diesen beiden Jahren zeichnet sich dadurch aus, daß

1. die amerikanische Außenpolitik in Ostasien eine schwere Niederlage erleidet;
2. durch das Ausscheiden Jugoslawiens aus dem Ostblock sich für die amerikanische Europa-Politik eine offensive Möglichkeit ergibt;
3. die Kommunisten in Italien, Frankreich und Berlin Versuche machen, um durch Massenaktionen diese politische Offensive zu stören;
4. eine Zusammenfassung der westeuropäischen Staaten in der Europa-Union Gestalt gewinnt;

5. die militärische Organisation des Westens in der NATO konstituiert wird, die offensive antikommunistische Zwecke und Ziele hat;
6. die französischen Einsprüche gegen die Wiedererrichtung eines ökonomisch und politisch starken westdeutschen Staates durch die amerikanisch-englische Politik zurückgewiesen werden;
7. die Frage der Eingliederung des westdeutschen Staates in eine westeuropäische Staatengemeinschaft, wie auch die Wiederaufrüstung dieses westdeutschen Staates, durch die amerikanische Außenpolitik ins Auge gefaßt wird.

Aus den innen- und außenpolitischen Bedingungen der Entstehung der Verfassung des neuen westdeutschen Staates muß der Schluß gezogen werden, daß auf sie kein Ergebnis stärker gewirkt hat, als das des Kalten Krieges. Die Verfassung des westdeutschen Staates muß als eine Erscheinung und als ein Geschöpf des „Weltbürgerkrieges" nach 1945 aufgefaßt werden.

Die „Verfassungsbewegung"

Zu Beginn dieses Kapitels haben wir die Erscheinung der westdeutschen Verfassungsbewegung in den Jahren 1948/49 als eine der sonderbarsten Erscheinungen in der Geschichte des modernen Verfassungswesens bezeichnet. Dieses Urteil wurde in der vorhergehenden Darstellung der geschichtlichen Bedingungen der Entstehung des Bonner Grundgesetzes bereits zum Teil belegt. Es wird jedoch noch deutlicher, wenn wir uns die einzelnen Elemente dieser Verfassungsbewegung vor Augen führen. Ihr Hauptmerkmal bestand darin, daß eine Bewegung im soziologischen, ideologischen und politischen Sinne des Wortes beinahe völlig fehlte.

Der Auftrag, den die verfassungsgebenden Kräfte bei der Arbeit an einer Verfassung erfüllen sollten, war nicht idealer, sondern massiv realer, d.h. herrschaftsmäßiger Natur. Der Auftrag ging von den drei westlichen Militärgouverneuren den Ministerpräsidenten der 11 deutschen Länder zu: einen Weststaat vorzubereiten. Dieser Auftrag hatte drei verschiedene Gebiete zum Inhalt. Einmal die Weisung, eine Verfassung für die vereinigten westlichen Besatzungszonen zu schaffen, dann die Grenzen der Länder zu überprüfen und Abänderungsvorschläge zu machen; und nicht zuletzt ein Besatzungsstatut zu entwerfen und einen Katalog der Beschränkungen der deutschen Souveränität festzulegen.

Der bayerische Staatsminister Pfeiffer sagte in seiner Eröffnungsansprache zum Herrenchiemseer Konvent:

„Es war (bei der Begegnung der Militärgouverneure mit den Ministerpräsidenten am 1. Juli 1948 in Frankfurt) nicht mehr die Übergabe einer Ordonnanz oder eine Direktive, die stattfand, sondern es war die Unterbreitung von Dokumenten, die zwar einen engen Rahmen steckten, es aber doch ermöglichten, in Form eines Gesprächs, die deutsche Auffassung und die der Alliierten in einem echten Gedankenaustausch gegenüberzustellen und zu formen."

Diese Interpretation der Weisung der Militärgouverneure an die Ministerpräsidenten durch den bayerischen Staatsminister Pfeiffer muß als eine rhetorische Beschönigung der Tatsache des politischen Befehls der Westmächte an die führenden westdeutschen Politiker gewertet werden, so schnell wie nur möglich einen deutschen Weststaat zu errichten.

Die Interessen der Besatzungsmächte waren jedoch keineswegs einheitlich. Das Ziel der Vereinigten Staaten war es, ein starkes bürgerlich-kapitalistisches Westdeutschland in Mitteleuropa zu errichten. Die britische Regierung neigte zu diesem Zeitpunkt noch zu einem sozialdemokratischen Deutschland, jedoch zu einem Deutschland, das schwach sein sollte. Frankreich war nur an einem schwachen und zerstückelten Deutschland interessiert. In der Darstellung der geschichtlichen Bedingungen, unter denen die Entstehung des Verfassungswerkes stand, haben wir bereits dargestellt, wie es den Vereinigten Staaten in diesen Jahren gelungen ist, die beiden anderen westlichen Besatzungsmächte zu einer mehr oder weniger freien Annahme der Deutschland-Politik der Vereinigten Staaten zu zwingen.

Die Reden auf dem Herrenchiemseer Konvent, wie auch später im Parlamentarischen Rat, wollten die unwahrscheinliche Version verbreiten, daß sowohl der Entscheid zu einem westdeutschen Staat wie auch die Entscheidung für eine Verfassung dieses westdeutschen Staates und nicht zuletzt der Inhalt dieser westdeutschen Verfassung nur in allgemeinen Richtlinien von den Besatzungsmächten festgelegt worden wäre. Dies mag stimmen, wenn wir den offiziellen Einfluß auf die verfassungsgebende Arbeit des Herrenchiemseer Konvents, des Parlamentarischen Rats und seiner Ausschüsse im Auge haben. Es besteht jedoch kein Zweifel, daß auf die einzelnen Repräsentanten der Länder wie auch auf die führenden Männer der Fraktionen im Parlamentarischen Rat und dessen Ausschüssen ein permanenter inoffizieller Einfluß durch die Besatzungsmächte erfolgte. Es ist unwahrscheinlich, daß insbesondere die amerikanische Besatzungsmacht – wie wir es quellenmäßig belegt aus einer Reihe von Publikationen wissen – ihren ganzen und massiven Einfluß in der Frage der Währungsreform geltend machte – im Hinblick aber auf den Inhalt des Verfassungswerkes des neuen westdeutschen Staates eine politische Zurückhaltung betrieben habe.

Dagegen spricht insbesondere die Art und Weise, wie die deutschen Politiker den Auftrag der Besatzungsmächte erfüllt haben. Die Weisung wurde unmittelbar an die Regierungschefs der westdeutschen Länder gegeben. Indem das Korps der Regierungschefs der westdeutschen Länder von den Besatzungsmächten dazu ausersehen wurde, eine solche Weisung entgegenzunehmen – und nicht die eigentlich demokratisch allein dazu legitimierten Parteien –, haben die Besatzungsmächte demonstrativ einen Weg gewählt, auf dem ihnen ein unmittelbarer Einfluß auf die verfassungsgebende Körperschaft am sichersten erschien. Darüber hinaus haben sie ihre Politik der Zusammenfassung der Länderchefs in den Jahren seit 1946 – die sie immer nur als technische Einrichtungen der verwaltungsmäßigen Zusammenarbeit der einzelnen Länderregierungen ausgegeben haben – durch die Wahl dieses Weisungsweges selbst dementiert und ihre vorhergehende Politik als eine bewußte Vorbereitung der Schaffung eines westdeutschen Staates demonstriert. Auf diesem Wege über die Länderregierungen wurden faktisch die Parteien, als politische Einheiten, zumindest in der vorbereitenden Periode der Verfassungsarbeit mehr oder weniger ausgeschaltet bzw. die verschiedenen Richtungen in den einzelnen Parteien – insbesondere in der SPD – gegeneinander ausgespielt. Die Regierungschefs traten in dieser vorbereitenden Arbeit – ebenso wie die von ihnen delegierten Spezialisten zum Herrenchiemseer Konvent – nicht primär als Vertreter ihrer Parteien auf, sondern als Vertreter der einzelnen Länderregierungen. In keiner Verfassungsbewegung der modernen Staaten kennen wir einen Fall, in dem die Beamten und Spezialisten von Anfang an einen so entscheidenden Einfluß auf die verfassungsgebende Arbeit gehabt haben als im Falle der westdeutschen Verfassungsbewegung. Wenn Rousseau im *Contrat Social* davon spricht, daß es für die weitere politische Entwicklung einer Staatsverfassung von Vorteil ist, wenn der Gesetzgeber, d.h. der Schöpfer der Verfassung, seine Würde niederlegt bzw. das Werk der verfassungsgebenden Arbeit Fremden anvertraut wird, so erscheint der Modus der Vorbereitung der verfassungsgebenden Arbeit in der Gestalt des Herrenchiemseer Spezialisten-Konvents wie eine bewußte Satire auf diesen Grundsatz. Und wenn der große Theoretiker des europäischen Konstitutionalismus, Montesquieu, sagt, daß „bei der Bildung der Gesellschaften die Befehlshaber der Republik die Verfassung machen und dann diese Verfassung die Befehlshaber formt", dann muß in Bezug auf die westdeutsche Verfassung diese Wechselbeziehung bestritten werden, denn diese Verfassung ist ganz von den Befehlshabern der Republik gemacht und auf ihre politischen Interessen zugeschnitten worden.

Von der Stunde ihrer Zeugung an hat also die Bundesrepublik einen starken Zug zur Bevorrechtung und Machtvermehrung der Exekutive gezeigt. Als einmalig in der Verfassungsgeschichte muß auch die Arbeit des Herrenchiemseer Konvents vom 10. bis 23. August 1948 angesehen werden. Aufgrund der Entscheidung der Ministerpräsidenten wurden 30 Spezialisten aus dem Korps der Exekutive der einzelnen Länder nach Herrenchiemsee geschickt, um dort einen allgemeinen Verfassungsvorschlag für die verfassungsgebende Arbeit des Parlamentarischen Rates vorzubereiten. Ist schon die Delegierung und Zusammensetzung des Herrenchiemseer Konvents ein Novum in der modernen Verfassungsgeschichte, so ist es das Ergebnis dieses Konvents nicht minder. Zwar waren sich die Spezialisten zu Beginn ihrer Arbeit – wohl jedoch nur scheinbar – ihrer Aufgabe nicht ganz bewußt; sonst hätte es nicht geschehen können, daß in der Eröffnung der Generaldebatte der Sozialdemokrat Carlo Schmid zu dieser Frage ausgeführt hätte:

„Vielleicht ist zunächst noch einmal klarzustellen, in welcher Eigenschaft wir hier versammelt sind. Wir sind ein Ausschuß von Experten, dessen Mitglieder durch die Ministerpräsidenten der Länder benannt worden sind. Wenn man richtig vorgegangen wäre, hätte man uns eine ganz bestimmte Aufgabe gestellt, nicht nur in dem vagen Sinne, wie sie tatsächlich gestellt wurde, sondern in einem präziseren Sinne. Man hätte uns dann ganz bestimmte Richtlinien gegeben, gewisse politische Grundentscheidungen vorgegeben und uns nach bestimmten Zielrichtungen gewiesen."

Der sozialdemokratische Staatsrechtler Carlo Schmid hat bei seinen Überlegungen außer Acht gelassen, ob die Regierungschefs der einzelnen Länder überhaupt dazu legitimiert gewesen wären, dem Expertenausschuß von Herrenchiemsee ganz bestimmte Richtlinien und politische Grundentscheidungen wie auch bestimmte Zielrichtungen vorzugeben. Selbst bei der starken Betonung des föderalistischen Charakters eines neuen deutschen Staatswesens hätten solche Richtlinien unter keinen Umständen von den Regierungschefs gegeben werden können, sondern allein von dem durch das Volk, d.h. den Wählern, zur politischen Arbeit legitimierten Parlament. Die Entstehung einer „Nationalversammlung" aus den Länderparlamenten heraus war eine klare Verletzung des demokratischen Modus. Das Staatsvolk bzw. die wahlberechtigten Bürger der einzelnen deutschen Länder hätten zuerst befragt werden müssen und – auch bei der bereits vorhandenen politischen Konstruktion – befragt werden können, ob sie sich für eine Nationalversammlung, d.h. für eine Verfassungsgebende Versammlung entscheiden oder nicht, und in welcher parteipolitischen Zusammensetzung sie sich diese Nationalversammlung wünschen. Erst diese Nationalversammlung wäre berechtigt gewesen, aus ihrem Kreise heraus oder aus Personen außerhalb der Verfassungsgebenden Versammlung einen vorbereitenden Spezialistenausschuß zu bilden. Daß der sozialdemokratische Politiker Carlo Schmid auf dieses Problem keinen einzigen Gedanken verschwendet, zeigt den Charakter der verfassungspolitischen Anschauungen der Sozialdemokratie innerhalb dieser Verfassungsbewegung. Carlo Schmid führte dann in seiner Rede weiter aus, daß es nicht Aufgabe des Spezialisten-Konvents sei, politische Entscheidungen zu treffen, und daß es auch nicht Aufgabe dieses Konvents sei, eine Verfassung im vollen staatsrechtlichen Sinne zu schaffen. Er wies mit Recht auf die doppelte Problematik hin, daß die deutschen Politiker keinen Staat „mit der unbeschränkten Fülle hoheitlicher Gewalt" zu schaffen vermögen, wie auch auf die politischen Tendenzen der Schaffung eines westdeutschen Staates überhaupt.

Wenn es auf diesem Spezialisten-Konvent vielleicht den sozialdemokratischen Vertretern nicht klar war, welche politischen Entscheidungen dieser Konvent für die Arbeit einer zukünftigen Verfassungsgebenden Versammlung und darüber hinaus für einen westdeutschen Staat fällen sollte, so muß das politische Ziel doch anderen Fraktionen dieses 30-Männer-Kollegiums völlig klar gewesen sein; denn der Spezialisten-Konvent von Herrenchiemsee hat nicht nur eine politische Einzelentscheidung de facto gefällt, sondern bereits – unter der Hand – den Entwurf einer neuen deutschen Verfassung geschaffen. Die Arbeit des Verfassungs-Konvents wurde in drei Kommissionen erfüllt, die sich mit den Problemen der Grundsatzfrage, der Zuständigkeitsfragen und der Organisationsfragen beschäftigten. Bereits am 20. August hatten diese drei Kommissionen ihre Arbeit beendet. Fürwahr eine erstaunliche Leistung, was den Umfang und die Art des Ergebnisses betrifft. Auf dem Plenum des 21. Augusts stellte sich nämlich heraus, daß – wie der Vertreter Bayerns, Dr. Pfeiffer, sagte – die letzte Klarheit erst erreicht wurde, indem man Artikel einer Verfassung formuliert hatte. Es hieße, dem Zufall in der Geschichte eine zu große Rolle zuzuschreiben oder der paragraphierenden Wut von Juristen keine Grenzen zu setzen, würde man heute noch annehmen, daß diese Veränderung des Zwecks des Herrenchiemseer Konvents ein historischer Zufall oder von einem Teil der Spezialisten des Herrenchiemseer Konvents nicht gewollt gewesen sei. Aus allgemeinen Richtlinien und Empfehlungen wurde im Verlauf einer zwölftägigen Arbeit der Entwurf einer Verfassung. Dieser Verfassungsentwurf hat sich in der Festlegung des Inhalts einer zukünftigen Verfassung nur in einem Kapitel Mäßigung auferlegt, nämlich in der Bezeichnung des politischen Gebildes: westdeutscher Staat. Ansonsten sind dem Inhalte nach alle Elemente des Bonner Grundgesetzes bereits vorhanden, wie:

1. der Bundesrat als Hüter der föderalistischen Struktur des neuen deutschen Staates;
2. der Bundespräsident als neutrale Gewalt, gewählt vom Bundesparlament;
3. die parlamentarische Abhängigkeit der Regierung, aber eine Sicherung der Regierungsstabilität durch Bindung des Mißtrauensvotums an den Vorschlag eines Nachfolgers;
4. das Kanzler-System:
   a) Bundeskanzler benennt und entläßt mit Parlamentszustimmung die Minister,
   b) Minister können gegen den Willen des Kanzlers nicht einzeln gestürzt werden;
5. Überwindbares Veto des Bundestags bei der Gesetzgebung;
6. die besondere Natur des Notverordnungsrechtes.

Darüber hinaus hat der Konvent sowohl die Natur der Grundrechte als auch den demokratisch-militanten Charakter der Verfassung fixiert. Nicht zuletzt hat er in der Frage des Wahlrechts die Entscheidung mit dem Argument der „Personalisierung" der Politik gegenüber einer drohenden „Funktionalisierung" im Sinne eines relativen Mehrheitswahlrechtes gefällt.

Daß sich die Schöpfer dieses Verfassungsentwurfs von Herrenchiemsee der allgemeinen politischen Zielsetzungen der Besatzungsmächte bewußt waren, das zeigt dessen Inhalt; daß sie sich jedoch nur unzureichend bewußt waren, welche militärpolitischen Konsequenzen die Schaffung eines westdeutschen Staates haben würde, das beweisen folgende Sätze im Abschnitt über Völkerrecht und Bundesrecht in diesem Verfassungsentwurf:

„Endlich werden Handlungen, die mit der Absicht unternommen werden, das friedliche Zusammenleben der Völker zu stören, insbesondere die Führung eines Krieges vorzubereiten, unter Strafe gestellt. Es kommen hierfür nicht etwa nur Handlungen in Frage, die auf einen konkreten Krieg abzielen, sondern auch solche, die überhaupt der Vorbereitung zur Führung eines Krieges im allgemeinen dienen, wobei etwa auch an die frühere vormilitärische Ausbildung zu denken ist."

Die Spezialisten des Herrenchiemseer Konvents glaubten, die Grundsätze der Rechtsprechung des internationalen Nürnberger Gerichtshofes mit in die neue deutsche Verfassung übernehmen zu müssen. Sie haben nicht erkannt, daß die Periode der Bestrafung endgültig vorüber und die Periode einer „konstruktiven Deutschland-Politik", wie es General Clay zu dieser Zeit genannt hat, eingeleitet wurde.

Die Verfassungsbewegung der Jahre 1948/49 wird auch dadurch ausgezeichnet, daß sie im Grunde keine verfassungspolitische Opposition kennt. Die beiden größten Parteien, CDU und SPD, waren sich in den wichtigsten Grundzügen des neuen Verfassungswerkes einig. Die sozialdemokratischen Vertreter waren sich jedoch weit weniger als die Vertreter der CDU und der FDP der notwendigen allgemeinen Konsequenzen, die aus ihrer Arbeit heraus entspringen mußten, bewußt. Die sozialdemokratischen Spezialisten auf dem Herrenchiemseer Konvent versuchten, mit rein logistischen und semantistischen Formeln an der Tatsache „westdeutscher Staat" vorüberzugehen, indem sie gern vom „politischen Gebilde", „Provisorium" oder „Staatsfragment" sprachen. Die Sozialdemokratische Partei hat zu dieser Zeit weder intern eine umfassende Verfassungsdebatte geführt, noch nach außen hin klare Vorstellungen einer westdeutschen Verfassung der Öffentlichkeit unterbreitet. Die Berlin-Frage und die Frage der Demontagen erfüllten die sozialdemokratischen Politiker weit mehr als die Frage nach der Natur einer zukünftigen westdeutschen Verfassung. Es muß als symptomatisch für den verfassungsrechtlichen Bewußtseinsstand der Sozialdemokratischen Partei gelten, daß ihre zwei profiliertesten staatsrechtlichen Vertreter Dr. Hoegner und insbesondere Professor Dr. Carlo Schmid waren. Die Sozialdemokratische Partei hat innerhalb dieser Verfassungsbewegung ihre alte verfassungspolitische Position faktisch aufgegeben. Die Sozialdemokratie hatte sich nach 1871 stets als die Fortsetzerin der Jakobinischen Revolution und der Jakobinischen Verfassung von 1793 gefühlt. Die Elemente einer radikalen Demokratie werden an den Formulierungen zum Beispiel des Erfurter Programms deutlich. Wenn Bebel und Liebknecht vom „Volksstaat" sprachen, so war ihr verfassungspolitisches Bewußtsein weniger vom Marxismus geprägt denn von den Gedankengängen einer radikalen Demokratie, d.h. dem Jakobinertum. Die Sozialdemokratische Partei hat deshalb bis in die Weimarer Republik hinein an einer Verfassungsvorstellung festgehalten, in der das Parlament die wichtigste und entscheidendste Größe ist und in der das Volk seinem politischen Willen im Modus der Verhältniswahl wie auch mit dem Mittel des Plebiszits Ausdruck zu geben vermag. Darüber hinaus müssen die wirtschaftsdemokratischen Auffassungen wie die Forderungen nach Ausdehnung der Selbstverwaltung der Sozialdemokratie in den zwanziger Jahren als Anpassung eines radikal-demokratisch parlamentarischen Denkens an die Bedingungen des modernen Industriekapitalismus aufgefaßt werden. In den Reden der sozialdemokratischen Vertreter auf dem Herrenchiemseer Konvent, im Plenum und in den Ausschüssen des Parlamentarischen Rates ist von dem traditionellen Jakobinertum der Sozialdemokratie nichts mehr zu finden. Die sozialdemokratischen Vertreter haben im Gegenteil den militant-demokratischen Charakter der Verfassung wie auch die Elemente der Kanzler-Demokratie in ihr verstärkt.

Wenn diesem Verhalten in Verfassungsfragen auch eine grundsätzliche Änderung der politischen Auffassungen der Sozialdemokratie nach 1945 zugrunde liegt, so kann doch dieses Einschwenken der Sozialdemokratie auf die Grundzüge des Herrenchiemseer Verfassungsvorschlages nur dann voll verstanden werden, wenn man sich vor Augen führt – was die Darstellung der geschichtlichen Bedingungen bewiesen hat –, daß die Sozialdemokratische Partei sich seit mindestens 1947 auf allen Gebieten der Politik in Westdeutschland im Rückzug befand. Eine Politik des radikalen Widerstandes gegen das Verfassungsunternehmen hätte sie zur Führerin der nationalen Opposition gegen die westlichen Besatzungsmächte gemacht. Da jedoch die Loyalität zur Allianz der Demokratie, d.h. der Westmächte, zu den unverrückbaren Grundsätzen der Sozialdemokratischen Partei seit 1945 gehörte, sah sich die Parteiführung einem strategischen Dilemma gegenüber, das sie unter dem Druck der Verhältnisse nicht zu lösen vermochte. Nicht zuletzt mag der britische Einfluß auf die Sozialdemokratie in dieser Frage von Bedeutung gewesen sein. Dieser britische Einfluß in der sozialdemokratischen Führung war durch die Gruppe der England-Emigranten so stark, daß man tatsächlich von einer Anglomanie der Sozialdemokratie in diesen Jahren sprechen muß. Und wenn die Sozialdemokratische Partei nicht in offene Opposition zur Verfassungspolitik der Besatzungsmächte wie der konservativ-restaurativen Kräfte in diesen Jahren trat, so aus der verzweifelten Hoffnung heraus, die Möglichkeiten einer militanten Demokratie, wie auch der Kanzler-Demokratie, in dem nächsten Wahlgang für eine fortschrittliche und soziale Demokratie nutzen zu können. Dabei muß sich die sozialdemokratische Parteiführung aber darüber klar gewesen sein, daß die militant-demokratischen Elemente, wie auch der kanzlerdemokratische Inhalt der Verfassung, sich während der weiteren Entwicklung in der Bundesrepublik unter Führung der CDU/CSU ständig verstärken mußten. Die Sozialdemokratie hat so ihre verfassungspolitische Strategie auf die Hoffnung ausgerichtet, daß ihr bereits der nächste Wahlgang die Regierungsmöglichkeit geben würde.

Die Verfassungsbewegung in Westdeutschland zeichnet sich aber nicht nur durch die führende Stellung von Beamten und Spezialisten und durch das Fehlen einer verfassungspolitischen Opposition aus, sondern auch durch das Fehlen der „öffentlichen Meinung". Zwar bestand in den Jahren 1947/48 bereits eine deutsche Presse in allen westlichen Besatzungszonen, aber diese war Lizenzpresse und deshalb nicht nur den allgemeinen pressepolitischen Richtlinien der Besatzungsmächte unterworfen, sondern noch unter dem unmittelbaren Einfluß der alliierten Presseoffiziere. Dabei war es von zweitrangiger Bedeutung, daß die Lizenzierung der Presse in den einzelnen westlichen Besatzungszonen nach verschiedenen Gesichtspunkten erfolgte. Während in der britischen Zone eine mehr oder weniger reine Parteipresse – jedoch an Personen gebunden – durch die britische Besatzungsmacht aufgebaut wurde, entschied sich die amerikanische Militärregierung für den Aufbau einer sogenannten unabhängigen Presse. In der französischen Zone wurden sowohl Parteizeitungen als auch unabhängige Zeitungen zugelassen. Neben den deutschen Zeitungen existierte zu diesem Zeitpunkt noch die unmittelbare Besatzungspresse, wie die *Neue Zeitung* in der amerikanischen Zone und *Die Welt* in der britischen Zone. Die Bedeutung dieser reinen Besatzungspresse für die Bildung der öffentlichen Meinung in den Fragen der Verfassungspolitik darf nicht unterschätzt werden. Die Besatzungspresse verfügte über die größten publizistischen Mittel, wie sie sich auch durch den Umstand, daß sie die ersten und relativ bestgemachtesten Zeitungen in den ersten Jahren nach 1945 besaß, eine große Leserschaft gewinnen konnte.

Für den Zustand der Presse in Westdeutschland war zu diesem Zeitpunkt bedeutsam, daß sie von einer Lizenzpresse zu einer reinen Unternehmerpresse wurde. Nach 1945 erhofften die antifaschistischen Journalisten, daß mit dem System der Lizenzierung nicht nur die umfassende Pressediktatur des Faschismus zerschlagen würde, sondern auch ein für allemal eine Entwicklung verhindert werden könnte, wie sie die Presse der Weimarer Republik auszeichnete, d.h. das Entstehen von Monopolen der öffentlichen Meinung, die unter dem unmittelbaren Einfluß der großen Industriemonopole und Kartelle standen. Die antifaschistischen Journalisten waren sich nach 1945 darin einig, daß die Schuld des Großkapitals am Sieg des Faschismus nicht so sehr in der unmittelbaren Finanzierung der NSDAP in den Jahren 1932/33 bestand, sondern in der antirepublikanischen Praxis des großen monopolkapitalistischen Presse-, Film- und Nachrichtenkonzerns des Vertreters der Ruhrindustrie, Hugenberg, sowie in dem völligen Einschwenken dieses Konzerns der öffentlichen Meinung auf die nationalsozialistische Politik in den Jahren 1931/32.

Das Jahr 1946 war das Jahr der Vergebung von Lizenzen an Privatpersonen und Einzelgruppen. Die Lizenzträger verpflichteten sich in einem Lizenzvertrag mit den Besatzungsmächten, die Kontrollratsdirektive 40 unter allen Umständen – bei Strafe des Verlustes der Lizenz – einzuhalten. In dieser Kontrollratsdirektive 40 war es jedem deutschen Journalisten verboten, Kriegs- und Rassenhetze zu betreiben sowie Kritik an den Besatzungsmächten zu üben. Der letztere Punkt schloß faktisch das Recht der Kritik an deutschen Exekutivorganen aus, insoweit diese sich auf Direktiven der Besatzungsmächte stützten. Sollte durch die Lizenzierung der Presse verhindert werden, daß andere als Antifaschisten zu Trägern des neuen deutschen Pressewesens wurden, so sollte die Presse selbst – das einzelne Zeitungsunternehmen wie die Gesamtheit der Presse in den verschiedenen Ländern und Besatzungszonen – einer öffentlichen Kontrolle unterworfen werden. Die Organisationen der Journalisten nach 1945 glaubten in der Lizenzierung den Anfang einer gemeinwirtschaftlichen Form der einzelnen Zeitungsunternehmen zu sehen. Darüber hinaus wurden in der britischen Zone Presse-Beiräte geschaffen, in denen sowohl die Lizenzträger als auch die Repräsentanten der Journalistenorganisationen vertreten waren. Jedoch bereits ein Jahr nach der Einführung der Lizenzpresse erwiesen sich die gemeinwirtschaftlichen und demokratischen Kontrollvorstellungen der Journalisten und ihrer Verbände als ein Irrtum. Die Lizenzträger schlossen sich in Vereinigungen der Zeitungsverleger zusammen, die sich in den Jahren 1947/48 die Beseitigung der gemeinwirtschaftlichen Bestrebungen sowie der Formen der öffentlichen Kontrolle zum Ziele setzten. Noch vor der Währungsreform hatte das Prinzip des freien und reinen Unternehmertums im deutschen Pressewesen gesiegt. Es besteht kein Zweifel, daß die Pressepolitik der einzelnen Besatzungsmächte diese Tendenz zur reinen Unternehmerpresse in den Jahren 1947/48 bewußt gefördert hat. Thomas Dehler schrieb Ende 1948 in der *Freien Deutschen Presse:*

„Das Schicksal der deutschen Demokratie wird weitgehend von der Güte ihrer Presse abhängen. Sie wurde durch ein System der Lizenzierung geschaffen, das für den Übergang sinnvoll war, durch die Weiterführung aber zu einem schwer erträglichen, notwendig schädlichen Monopol der mehr oder minder zufällig Privilegierten wurde, deren hauptsächliches Bestreben es nun ist, ihre Position zu behaupten und auszubauen ... Wird der Lizenzierungszwang durch die Besatzungsmächte aufgehoben, dann haben sich die bisher Begünstigten so breit ins Nest gesetzt, daß kein anderer mehr Platz haben wird. Von einer wirklichen Freiheit und Möglichkeit des Wettbewerbs der Presse wird nur schwerlich die Rede sein können."

Wie der Einfluß der Spezialisten der Besatzungsbehörden auf die Verfassungsspezialisten der Länder-Exekutiven nur sehr schwer faßbar ist, ebenso wenig kann der unmittelbare persönliche Einfluß der Presse-Spezialisten in den Behörden der Besatzungsmächte auf die Lizenzträger und die Richtung ihrer Zeitungen nachgewiesen werden. Es ist jedoch bezeichnend, daß einige Jahre später die westdeutsche Presse von den Besatzungsmächten Kredite in Höhe von rund 15 Millionen DM erhalten hat. Die Subventionierung einzelner Zeitungen der Linzenzpresse geschah in den Jahren 1947/48 noch auf dem Wege der Begünstigung in der Zuteilung von Papier und der Zuweisung von Druckmöglichkeiten aus den Verlagsanstalten und Druckereiunternehmungen des alten faschistischen Pressewesens und der nationalsozialistischen Organisationen. Es muß in Erinnerung gerufen werden, daß in der britischen Zone die Lizenzträger sich erst am 24. April 1949 für ein tägliches Erscheinen ihrer Zeitungen entschieden haben. Von einer formalen Pressefreiheit konnte bis zum Abschluß der Verfassungsbewegung in Westdeutschland keine Rede sein, denn erst am 4. Mai 1949 wurde in der US-Zone durch die Generallizenz Nr. 3 die Pressefreiheit im Rahmen der zu erstellenden Pressegesetze der Länder eingeführt. Für das gesamte westdeutsche Gebiet bestand die Pressefreiheit erst nach dem 21. September 1949, an dem Tage, an dem das Besatzungsstatut in Kraft trat. Innerhalb der Verfassungsbewegung fehlten also sämtliche korrigierende Faktoren, die sich für eine verfassungsgebende Arbeit stets in der Geschichte nicht nur als äußerst bedeutend, sondern als notwendige Voraussetzungen erwiesen haben.

Nicht zuletzt fehlte innerhalb dieser Verfassungsbewegung der direkte Volkswille zu einer Verfassung. Auf die Tatsache, daß die Väter der Verfassung wie die Besatzungsmächte nicht den geringsten Versuch machten, im Hinblick auf die Frage: Verfassung oder nicht, die Staatsbürger zu befragen, haben wir bereits vorher hingewiesen. Im Herrenchiemseer Konvent sagte der Vertreter Hessens, Dr. Brill: „Unsere Aufgabe ist es, das deutsche Volk aus einem schlechten Verfassungszustand, in dem es sich heute befindet, in eine gute Verfassungsordnung herüber zu führen." Und weiter sprach er davon, „daß im deutschen Volk ein aus echter deutscher Arbeitstreue geborenes Verlangen nach Ordnung lebendig ist". Es ist äußerst fragwürdig, ob dieses Verlangen nach Ordnung in den breiten Massen der westdeutschen Bevölkerung seinen Ausdruck nur in Form einer neuen Verfassung und der Entstehung eines westdeutschen Staates hat finden müssen. Aber die Reden im Herrenchiemseer Konvent, im Parlamentarischen Rat und in dessen Ausschüssen, in denen sich die Redner auf den Willen des Volkes beziehen, sind äußerst selten. Liest man die Protokolle dieser verfassungsgebenden Körperschaften durch, so wird der Satz eines amerikanischen Beobachters bestätigt: „Nirgends auf dem Kontinent ist ein echter Glaube an den ‚kleinen Mann' zu finden." Die Spezialisten des Herrenchiemseer Konvents haben sich im Gegenteil als die politische Elite des deutschen Volkes gefühlt und nicht als Delegierte seines verfassungspolitischen Willens.

Das Mißtrauen gegenüber der politischen Vernunft, der politischen Einsicht und den politischen Fähigkeiten des „kleinen Mannes", insbesondere wenn er unorganisiert in Massen auftritt, durchzieht die Beratungen und Artikel des Verfassungswerkes wie ein roter Faden. Der antipopulistische Charakter des Bonner Grundgesetzes ist unbestreitbar, und der Verfassungsauftrag wurde weniger vom Willen des Volkes abgeleitet als von den tatsächlich herrschenden Mächten in Westdeutschland. Dieser Auftrag hatte jedoch nicht nur eine außen- und innenpolitische Komponente, sondern auch eine allgemeine Tendenz. Bei der Lektüre der Reden und Publikationen der führenden Politiker und Generale der westlichen Besatzungsmächte nach 1945 fällt einem stes der penetrante erzieherische Charakter auf. Die Siegermächte haben sich nicht so sehr als Politiker und Militärs gegenüber dem deutschen Volke gefühlt, sondern als eine Gruppe von „Zuchtmeistern", die ein ganzes Volk auf die rechte moralische und politische Bahn bringen wollten. Zwar ist mit der Veränderung der amerikanischen Außenpolitik die Periode der demokratischen Reeducation abgeschlossen, aber alliierte Politiker und Generale konnten sich in den Jahren der westdeutschen Verfassungsbewegung nur sehr schwer von ihren alten erzieherischen Vorstellungen lösen. Sie befanden sich in der Rolle eines Lehrers, der sich in einer Notlage dazu gezwungen sieht, seinen schlechtesten Schüler als Helfer und Bundesgenossen heranzuziehen. Die Spezialisten und Politiker des Herrenchiemseer Konvents und des Parlamentarischen Rats fühlten sich als die Fortsetzer der Politik der Reeducation, und so haben sie ein Verfassungswerk geschaffen, das nicht so sehr ein Instrument ist, mit dem das Volk seinen Willen auszudrücken vermag, sondern vielmehr ein Instrument, mit dessen Hilfe das deutsche Volk zur Demokratie erzogen werden soll. In keiner Verfassung der westlichen Staaten ist das educative Element so stark wie im Bonner Grundgesetz. Freilich wurden diese Tendenzen in der Verfassungsbewegung durch das Volk dadurch verstärkt, daß zwar – wie Brill sagte – vielleicht ein angeborenes Verlangen nach Ordnung in den breiten Massen des deutschen Volkes lebendig war, bestimmt jedoch kein Verfassungswille. Aus den Zustimmungen des Staatsvolkes in den einzelnen Ländern zu ihren Verfassungen einen Verfassungswillen ableiten zu wollen, hieße, die politischen Fähigkeiten des deutschen Volkes nach zwölfjähriger faschistischer Herrschaft und zwei bis drei Jahren Militärdiktatur weit überfordern.

So liegt mit der westdeutschen Verfassungsbewegung eine geschichtliche Erscheinung vor uns, die als eines der absonderlichsten Kapitel in das Werk der europäischen Verfassungsgeschichte eingehen wird.

Grundfragen des Verfassungswerkes

Als die Spezialisten im Herrenchiemseer Konvent daran gingen, den Auftrag der Besatzungsmächte bzw. der Ministerpräsidenten der westdeutschen Länder zu erfüllen, waren sie sich zumindest nach außen hin im Unklaren darüber, was ihre Aufgabe eigentlich sei. Der Auftrag der Ministerpräsidenten an die Spezialisten des Herrenchiemseer Konvents lautete nämlich wörtlich, nicht Vorschläge für die Verfassung eines Staates zu erarbeiten, sondern Vorschläge für ein Grundgesetz zu schaffen. Der Vertreter von Württemberg-Hohenzollern, Carlo Schmid, faßte dieses Problem in folgenden Worten zusammen:

„Was machen wir denn eigentlich? Wir sollen ein Grundgesetz schaffen. Was heißt das? Soll das nur ein anderes, verschämteres Wort für das sein, was man normalerweise ‚Verfassung' nennt, vielleicht mit dem Eigenschaftswort ‚vorläufig' versehen? Oder soll in dem Wort ‚Grundgesetz' zum Ausdruck kommen, daß wir etwas wesenhaft anderes wollen als das, was normalerweise eine Verfassung ist? Mit anderen Worten: Wollen wir mit dem, was wir hier machen, dazu beitragen, daß im Westen Deutschlands ein Staat entsteht oder wollen wir das nicht? Wollen wir etwas machen, das auf die Bildung von etwas anderem als einen Staat hintendiert, etwa ein Staatsfragment, nicht im territorialen Sinne, sondern im substantiellen Sinne ein fragmentarisches Gebilde? Wenn man vom Staat als der oberen Möglichkeit ausgeht, also etwas, was irgendwo zwischen dem Nullpunkt und der unbeschränkten Fülle hoheitlicher Gewalt der Deutschen über sich selbst liegt, die das wesentliche Charakteristikum dessen ist, was wir einen Staat nennen?"

Der bedeutendste Staatsrechtler in dieser Versammlung war sich also wohl darüber klar, daß unter den gegebenen Bedingungen von einem Staat oder gar von einem deutschen Staat nicht die Rede sein konnte. Ein politisches Gebilde, das wir Staat nennen, wird gekennzeichnet durch

– das Staatsgebiet
– das Staatsvolk
– den Staatszweck
– die Staatsgewalt.

In allen vier Punkten war die politische Wirklichkeit dieses deutschen Staatswesens, das man daran ging zu schaffen, fragwürdig.

Das Staatsgebiet. Mit dem Problem des Staatsgebietes tauchten eine Reihe von Fragen auf. Einmal die Frage, welche Grenzen dieses Gebilde haben sollte. Wie weit sich also sein realer oder ideeller Anspruch erstrekken sollte. Die Frage der Grenzen eines zukünftigen deutschen Staates konnte weder von der verfassungsgebenden Körperschaft in Westdeutschland festgelegt werden noch von den westlichen Besatzungsmächten. In der Frage der Grenzen waren die deutschen Politiker ohnmächtig. Die westlichen Besatzungsmächte waren durch internationale Verträge an die Verpflichtung gebunden, die Grenzen eines zukünftigen deutschen Staatswesens endgültig erst durch einen Friedensvertrag festzulegen. Bevor dieser Friedensvertrag nicht vorlag, war das reale oder ideelle Staatsgebiet dieser neuen Verfassung und des neuen deutschen Staates machtpolitisch wie völkerrechtlich fragwürdig. Und selbst im Rahmen der westlichen Gebiete Deutschlands war es problematisch, ob die Verfassung und ihre Normen auf alle Gebiete ausgedehnt werden könnten, die zum Zeitpunkt der bedingungslosen Kapitulation im Mai 1945 deutsches Staats- und Hoheitsgebiet waren. Die Ohnmacht der Verfassungsgebenden Versammlung und der deutschen Politiker wird insbesondere in der Frage des Saargebietes deutlich. Die Stellung des Saargebietes war von den Besatzungsmächten de facto geregelt und aufgrund der Wahlen im Saargebiet selbst nach dem Prinzip der Selbstbestimmung der Völker von einem nicht existierenden deutschen Staat getrennt. Das Selbstbestimmungsrecht der Völker setzt jedoch die Existenz eines Volkes voraus. Den Zusammenbruch des Nationalbewußtseins der Deutschen und damit ihres politischen Selbstbewußtseins nach 1945 zeigt die Tatsache, daß sie eine Separationsbewegung im Saargebiet überhaupt zugelassen haben. Die Einheit des Staates ist nicht so sehr von der unmittelbaren Macht eines Staatsvolkes und seiner Politiker abhängig, sondern von ihrem Staatsbewußtsein. Dieses Staatsbewußtsein war durch die Unterwerfung unter die Separationsbestrebungen der Westmächte in der Saar auf einem historischen Nullpunkt angelangt. Gerade auf diesem Tiefpunkte des nationalen und politischen Bewußtseins gingen deutsche Politiker daran, nicht nur für Westdeutschland, sondern für die Gesamtheit des deutschen Volkes eine neue demokratische Verfassung zu schaffen.

Als die Spezialisten des Herrenchiemseer Konvents in Grundzügen den Verfassungsentwurf erarbeiteten, war eine weitere Frage des zukünftigen deutschen Staatsgebietes, wie auch des Gebietes des zukünftigen Weststaates, noch völlig ungeklärt: die Ruhr. Erst im Laufe der Verfassungsarbeit wurde, wie wir in der Darstellung der innen- und außenpolitischen Bedingungen der westdeutschen Verfassungsbewegung gesehen haben, diese Frage zumindest insoweit geklärt, als eine Ausgliederung der Ruhr von den westlichen Besatzungsmächten nicht mehr ins Auge gefaßt wurde. Die internationale Kontrolle über die Ruhr war aber ganz ohne Zweifel ein Eingriff in die hoheitlichen Rechte jedes zukünftigen deutschen Staates. Solange diese Hoheitsfrage in dem wichtigsten ökonomischen Teil eines zukünftigen Weststaates nicht endgültig bereinigt war, hätte kein verantwortungsbewußter deutscher Politiker an die Arbeit einer westdeutschen Verfassung gehen dürfen. Der zum Zeitpunkt der verfassungsgebenden Arbeit bestehende hoheitliche Zustand war alles andere als klar.

Das Staatsgebiet Westdeutschlands war nicht nur formal, sondern tatsächlich nach Machteinfluß-Räumen, in Besatzungszonen geteilt. Die Gliederung nach einzelnen Ländern in den verschiedenen Besatzungszonen war völlig von der Willkür der Militärregierungen abhängig. Die deutsche Bevölkerung stand de facto und de jure unter einer doppelten Hoheit. Indem man diesen Tatbestand anerkannte und ihn zur Grundlage des Aufbaus eines deutschen Staatswesens machte, war der demokratische Charakter des zu schaffenden Verfassungswerkes von vorneherein fragwürdig. Selbst nach der Proklamierung der Verfassung hatten die Vertreter des westdeutschen Staates und der Länder keineswegs die Macht, innerhalb eines bestimmten umrissenen Gebietes einen Verhaltenszwang durchzuführen. Sie hatten nicht einmal die Macht, ihren Bürgern Aufenthalt und Bewegungsfreiheit zu gewähren. Die problematischste Seite des Verfassungswerkes im Hinblick auf den zukünftigen Geltungsbereich der Verfassung war jedoch der Anspruch der Verfassungsgebenden Versammlung, eine Verfassung für einen zukünftigen deutschen Staat, d.h. auch mit Einschluß der mittel- und ostdeutschen Gebietsteile, zu schaffen. Der bereits öfter zitierte sozialdemokratische Staatsrechtler Carlo Schmid hat die Konsequenzen eines solchen Anspruchs im Herrenchiemseer Konvent ganz klar gesehen. Er sagte damals:

„Wenn man der Meinung sein sollte, daß hier ein Staat geschaffen werden soll: Was für ein Staat soll dies sein? Soll es ein Weststaat sein, von dem man so viel spricht, oder vielleicht gar die deutsche Republik, hier im Westen konstruiert, die den Anspruch erhebt, die gesamtdeutsche Wirklichkeit zu vergegenwärtigen, für einen Teil unseres deutschen Gebietes freilich nur stellvertretend, aber mit dem Anspruch und der Tendenz, auch die mittel- und ostdeutschen Gebietsteile in die Autorität der sich im Westen etablierenden Republik einzubeziehen? Dies würde, politisch betrachtet, sofort die Vorstellung der Irredenta . . . auslösen."

Der Anspruch, für Gesamtdeutschland eine Verfassung zu schaffen, wurde im Verlaufe der verfassungsgebenden Arbeit im Parlamentarischen Rat von Fall zu Fall – nicht zuletzt unter dem Einfluß der Berliner Ereignisse – verschärft. Dieser Anspruch der Verfassung, für die deutschen Gebiete auch jenseits der Elbe zu gelten, war von den Auftraggebern und den Vätern der Verfassung gewollt. Der westdeutsche Staat und seine Verfassung sollten ein Instrument des politischen Angriffs auf die Versuche der kommunistischen Expansion in Mitteleuropa sein. Tatsächlich sind die in dieser Verfassung enthaltenen offensiven Elemente nicht nur irredentisch – d.h. auf die Wiedervereinigung der Nation hinzielend –, sondern auch revisionistisch – d.h. der Versuch, die Grenzen Deutschlands zumindestens in ihren Formen von 1937 wiederherzustellen. Die

Verfassung als Waffe eines irredentistischen und revisionistischen Kampfes dürfte im Verfassungswesen der modernen Staaten wohl ein Novum und ein Einzelfall sein.

Das Staatsvolk. Als Staatsvolk wird im allgemeinen der Teil der Bevölkerung eines Landes aufgefaßt, der seinen ständigen Wohnsitz in dem Gebiete des betreffenden Staates hat. Er ist Staatsangehöriger im Hinblick auf den territorialen Grundsatz; d.h. aus der Tatsache, daß er in einem bestimmten Lande wohnt und arbeitet, ergeben sich für ihn innerhalb eines Staatswesens bestimmte Rechte und Pflichten. Die Frage, wer zum Zeitpunkt der verfassungsgebenden Arbeit aber in Deutschland Staatsvolk tatsächlich war, konnte aus dem territorialen Grundsatz nur für Teile der Bevölkerung abgeleitet werden. Die 9 Millionen Flüchtlinge aus dem Osten hatten zwar ihren Wohnsitz innerhalb der westlichen Besatzungszonen, aber weder die Besatzungsmächte noch die westdeutschen Politiker hatten sich für eine offene Politik der Integration dieser Flüchtlinge in den neuen Staatskörper entschieden. Große Teile der Flüchtlinge selbst waren nicht willens, ihr „Recht auf Heimat" aufzugeben.

Darüber hinaus war es fragwürdig, inwieweit deutsche Staatsangehörige, wie z. B. die ehemaligen Bewohner Deutsch-Österreichs, durch einen reinen Verwaltungsakt der Militärbehörden ihre deutsche Staatsangehörigkeit verlieren konnten oder nicht. Nach dem auch zu diesem Zeitpunkt gültigen Staatsangehörigkeitsgesetz von 1913 war eine Aberkennung der deutschen Staatsbürgerschaft gegen den Willen des Staatsbürgers nicht möglich. Einen bestimmten Ausweg hätten die Besatzungsmächte wie auch die deutschen Politiker darin finden können, daß sie den einzelnen Bewohnern der verschiedenen Länder eine Länder-Angehörigkeit zuerkannt hätten, die nach der Konstituierung eines deutschen Staatswesen zu einer deutschen Staatsangehörigkeit hätte ausgedehnt werden können.

Diese Fragen sind jedoch rein formalrechtlicher Natur und können in ihren Grundlagen bestritten werden. Eines jedoch ist unbestreitbar, daß die deutschen staatlichen Einrichtungen in den verschiedenen Ländern und in den überregionalen politischen Körperschaften zu diesem Zeitpunkt nicht in der Lage waren, das zu tun, was den Staat neben seiner Fähigkeit, einen Verhaltenszwang in einem bestimmten Raume auszuüben, noch auszeichnet, nämlich seinen Staatsangehörigen Schutz zu gewähren. Die Besatzungsmächte haben in diesen Jahren entweder willkürlich oder gestützt auf andere, fragwürdige Präzedenzrechte des internationalen Gerichtshofes von Nürnberg Verhaftungen, Ausweisungen und Bestrafungen vorgenommen. Solange deutsche politische Körperschaften nicht in der Lage waren, ihren Bürgern ein reales Schutzverhältnis zu gewährleisten, wäre nach demokratischen Grundauffassungen eine verfassungsgebende Arbeit überhaupt nicht statthaft gewesen.

Aus dem Problem des Geltungsbereichs der Verfassung des westdeutschen Staates und dem der Staatsangehörigkeit ergab sich jedoch noch das weitere Problem, daß in absehbarer Zeit zwar zwei deutsche Staaten mit verschiedenen Verfassungen und verschiedenen Verfassungsprinzipien bestehen würden, aber für die Bürger dieser Staaten nur eine Staatsbürgerschaft. Wiederum war es Carlo Schmid, der sich bereits auf dem Herrenchiemseer Konvent dieser Problematik bewußt war, indem er betonte, daß die Bildung eines westdeutschen Staates nicht nur die Vorstellung der Irredenta auslösen würde, sondern – wie er sagte –, „auch die Denkfigur des Hochverrats". Faktisch haben die Väter der westdeutschen Verfassung das Problem der doppelten Loyalität aufgeworfen. Carl Schmitt, der konservativ-reaktionäre Staatsrechtler, bezeichnete einen Zustand, in dem ein Staatsbürger zur doppelten Loyalität von zwei Autoritäten gezwungen wird, als die „Bürgerkriegs-Situation". Die westdeutsche Verfassung hat wohl zum erstenmal in der Geschichte des modernen Verfassungswesens diese Bürgerkriegs-Situation fixiert. Aus diesem Problem der doppelten Loyalität heraus mußte sich je nach der Besetzung der Exekutive in dem neuen westdeutschen oder ostdeutschen Staat eine Rechtsentwicklung ergeben, die in ihrer Einschränkung der politischen Rechte der Gruppen und des einzelnen faktisch keine logisch definierbare Begrenzung haben konnte. Der restaurative Charakter wie der Bürgerkriegs-Charakter des Bonner Grundgesetzes mußte bei der absehbaren Besetzung der Exekutive durch konservativ-restaurative Kräfte zu einer Rechtsentwicklung führen, die auf eine unmittelbare Politisierung der Rechtsprechung hinauslief.

Die Staatsangehörigkeit kann jedoch nicht nur aus dem territorialen Grundsatz abgeleitet werden, sondern auch aus dem Grundsatz der völkischen Zugehörigkeit. In diesem Falle wird das aktuell lebende und agierende Volk nur als die Objektivation einer historischen Größe angesehen, der das aktuelle Volk verpflichtet ist. Es besteht kein Zweifel, daß Staatsangehörigkeit nur aus diesem völkischen Prinzip abgeleitet werden kann, sonst wäre die Eingliederung der 9 Millionen Flüchtlinge staatsrechtlich kaum möglich gewesen. Indem man jedoch das völkische Prinzip zur Grundlage erklärte, war man in der Lage, stellvertretend für andere Teile dieses Volkskörpers zu handeln. Bereits die konservativ-reaktionären Kräfte in der Weimarer Republik, wie auch die Nationalsozialisten, hatten dieses Handeln in Stellvertretung zu einem Instrument ihrer revisionistischen Politik in Osteuropa gemacht. Dieses völkische Element, das in den Tagen der Verfassungsarbeit des Parlamentarischen Rates noch unterdrückt war, ging eine Ehe mit dem christlich-demokratischen Grundgedanken des Bonner Grundgesetzes ein. Wenn zum Zeitpunkt der verfassungsgebenden Arbeit dieses völkische Element auch noch unterdrückt war, so mußte mit der Verschärfung des irredentistischen und revisionistischen Kampfes dieses Element immer stärker in den Vordergrund rücken.

Die Staatsgewalt. Die Staatsgewalt ist nichts anderes, als das Recht des Staates zum Zwang gegenüber seinen Bürgern. Diesem Recht zum Zwang liegt die Größe der Macht zugrunde. Macht ist – so sagt der deutsche Soziologe Max Weber – dann vorhanden, wenn es einer Person oder einer Gruppe möglich ist, „den eigenen Willen auch gegen Widerstrebende durchzusetzen". Das Problem der Staatsgewalt, der Machtausübung, des Rechtes zum Zwang, ist die Legitimität der Gewaltsamkeit. Die Legitimität der Gewaltsamkeit des Staates ist nur dann gegeben, wenn die Normen der Anwendung der Gewalt einheitlich und begrenzt sind. Der machtmäßige Zustand, in dem sich Westdeutschland in den Monaten der verfassungsgebenden Arbeit aber befand, kann höchstens als ein System der Doppelherrschaft aufgefaßt werden. Dieses System der Doppelherrschaft hat später in der Tatsache seinen Ausdruck gefunden, daß faktisch zwei Grundgesetze nach der Verabschiedung des Bonner Grundgesetzes in Westdeutschland herrschten: das Bonner Grundgesetz selbst und das Besatzungsstatut. Darüber hinaus ist es fragwürdig, ob die internationalen Verträge zwischen den Alliierten, nämlich die Verträge von Yalta und Potsdam, nicht als weiteres grundgesetzliches Element des westdeutschen Staates aufgefaßt werden müssen. Die Väter der Verfassungsgebenden Versammlung haben die Legitimität ihres Handelns aus zwei Quellen bezogen: einmal aus der faktischen Zwangsgewalt der Besatzungsmächte und deren Anspruch, die „Demokratie zu repräsentieren", und sodann aus der Überzeugung, den Willen – wenn auch nur den indirekten Willen – des deutschen Volkes zu repräsentieren. Das Grundgesetz hat aus diesem Falle der Teilung der Staatsgewalt, der Teilung der Legitimität, eine unbezweifelbare innere historische Fragwürdigkeit erhalten. Selbst wenn man die Konstituierung eines westdeutschen Staates zu diesem Zeitpunkt bejaht und wenn man das Recht und die Notwendigkeit einsieht, diesem westdeutschen Staat eine Verfassung zu geben, so war doch der Modus des Weges, auf dem die Verfassung entstand, rechtlich fragwürdig. Einwandfrei wäre die Entstehung der Verfassung dann gewesen, wenn die Westmächte die Verträge von Yalta und Potsdam gekündigt, d.h. wenn sie offen die Kriegsallianz aufgelöst hätten. Es zählt in der Diplomatie zu einer der erstaunlichsten Erscheinungen, daß die Regierung der Vereinigten Staaten selbst zu einem Zeitpunkt ihrer politischen Offensive in Europa gegen die Sowjetunion und ihre Blockstaaten an der formalen Fiktion der Kriegsallianz festgehalten hat.

Die Verträge von Yalta und Potsdam hätten durch die Westmächte jedoch nur durch zwei Argumentationen aufgekündigt und aufgelöst werden können:

1. daß ihr Inhalt dem Völkerrecht widerspricht – was einer Selbstverurteilung ihrer Kriegs- und Nachkriegspolitik gleichgekommen wäre; und
2. daß die Sowjetunion völkerrechtswidriges Verhalten nach 1945 gezeigt habe.

Nach dieser Aufkündigung und Aufhebung der Verträge von Yalta und Potsdam wäre die Abfassung eines partiellen Friedensvertrages mit den westdeutschen Ländern bzw. eine Notorganisation oder Notvereinigung der westdeutschen Länder nötig gewesen. Nach dem Abschluß eines Friedensvertrages, der sowohl die Frage des Staatsgebietes wie der Staatsgewalt geklärt hätte, hätte eine Verfassung dieses westdeutschen Staates oder auch die Eingliederung der Notorganisation und Notvereinigung der deutschen Länder in eine internationale Organisation erfolgen können. Daß sowohl die westlichen Besatzungsmächte wie auch die westdeutschen Politiker an eine solche Konstruktion auch nicht einen Gedanken verschwendeten und man in den Protokollen des Parlamentarischen Rates keine Stimme in dieser Richtung zu finden vermag, ist ein Beweis dafür, wie sehr beide Teile den westdeutschen Staat wie auch seine Verfassung als ein Instrument einer antikommunistischen, irredentistischen (und vielleicht revisionistischen) Politik aufgefaßt haben.

Das Verfassungswerk der Jahre 1948/49 in Westdeutschland zeichnet sich durch eine beinahe unglaubliche Beschränkung der Souveränität aus – dies sowohl, was die Souveränität der verfassungsgebenden Körperschaft, als auch, was die Souveränität des neuen westdeutschen Staates betrifft. Die westlichen Alliierten haben durch verfassungsmäßige Vorentscheidung oder Interventionen so große Teile des Verfassungswerkes bereits festgelegt, daß die verfassungsgebende Körperschaft sich nur in einem sehr engen Rahmen bewegen konnte. Die wichtigste Vorentscheidung betrifft alle Artikel der Wirtschaftsverfassung. Die alliierten Behörden haben durch die negative Intervention der Aufhebung wirtschaftsdemokratischer Artikel in den Länderverfassungen, der Aufhebung von Ländergesetzen, die Wirtschaftsordnung betreffend, und durch ihre Forderung, eine wirtschaftlich neutrale Verfassung zu erstellen, den wohl wichtigsten Teil der Verfassung bestimmt. Ihre Interventionen bezüglich des föderalistischen Staatsaufbaus wie auch insbesondere bezüglich der Form des Wahlrechts sind dagegen von zweitrangiger Bedeutung. Die Politik der Vorentscheidungen und laufenden Interventionen ist mit dem Begriff der Souveränität unvereinbar. Staatsrechtlich bedeutet Souveränität nichts anderes als „die ausschließliche Fähigkeit rechtlicher Selbstbestimmung und Selbstbindung". In diesem Sinne war weder die verfassungsgebende Körperschaft, der Parlamentarische Rat, souverän, noch kann sein Ergebnis, das Grundgesetz mit dem Appendix des Besatzungsstatuts, als ein Dokument der Souveränität gewertet werden.

Der Staatszweck. Es ist beinahe selbstverständlich, daß eine der wichtigsten Fragen in der verfassungsgebenden Arbeit die Errichtung eines demokratischen Rechtsstaates war. Nach der absoluten Rechtlosigkeit im nationalsozialistischen System waren sich alle Politiker in Westdeutschland darüber einig, eine verfassungsmäßige und politische Konstruktion zu schaffen, welche jeden Versuch der Ausdehnung des Staates auf die Rechte des Individuums unmöglich machen sollte. Wenn sich das Verfassungswerk in Frankreich auszeichnet durch die Einführung der kommunalen Autonomie und das in Italien durch den Einbau der Autonomie bestimmter Regionen, so ist das Verfassungswerk in Westdeutschland gekennzeichnet durch Verlagerung des Schwerpunktes der verfassungsgebenden Arbeit auf die föderalistische und rechtsstaatliche Konstruktion. Neben diesem Element des Rechtsstaates waren die Schöpfer der westdeutschen Verfassung gezwungen, einem Zuge der Zeit zu folgen und in die Verfassung Artikel einzubeziehen, die sich auf die Daseinsvorsorge bezogen. Bei der Bestimmung der Daseinsvorsorge, d.h. der sozialen Zwecke des Staates, ist – mehr noch als in den Fragen der Rechtsstaatlichkeit – die Festlegung dessen, was allgemeines Wohl ist, unmittelbar entscheidend. Die Verfassungsgebende Versammlung war in dieser Frage jedoch bereits gespalten, indem in den sozialen Elementen des Verfassungswerkes die christlich-demokratische Seite mehr auf den Schutz sozialer Einheiten wie die Familie usw. aus war, während die Sozialdemokratie eine materielle Bestimmung dieser sozialen Artikel im Verfassungswerk erstrebte. Die sozialen Artikel des Verfassungswerkes, wie sie im Bonner Grundgesetz vorliegen, sind eine Mischform zwischen den Auffassungen eines katholischen Subsidiarismus und einer Auffassung der sozialdemokratischen Wohlfahrtsstaatlichkeit.

Geht so der Riß von den verschiedenen Auffassungen des Allgemeinwohls durch Teile des Bonner Grundgesetzes selbst, so trägt das Grundgesetz einen größeren Widerspruch in sich, über dessen Bedeutung und Konsequenzen sich – mit wenigen Ausnahmen, wie z.B. dem Abgeordneten Theodor Heuss – die verfassungsgebende Körperschaft nicht zureichend klar war. Dieser Widerspruch besteht in der verschiedenen Natur der Bestimmungen eines liberalen Rechtsstaates und den Bestimmungen eines Sozialstaates. Wie die Ausdehnung der staatlichen Aufgaben auf die Wirtschafts- und Sozialpolitik im Verlaufe der letzten Jahrzehnte den Staat in seinen alten Ausformungen sprengte und insbesondere den Parlamentarismus zu unterhöhlen und zu unterdrücken drohte, so sprengt die Einfügung von Wohlfahrts-Artikeln in eine liberale rechtsstaatliche Verfassung den Rahmen dieser Verfassung selbst. Das Prinzip der Sozialstaatlichkeit kann nicht von dem Prinzip der liberalistischen Rechtsstaatlichkeit abgeleitet werden; es ist auch keineswegs nur eine Erscheinung der Anwendung der liberalen Rechtsstaatlichkeit auf die sozialen Fragen des Industriekapitalismus. Der „Industriestaat" und

„Sozialstaat" sprengt die Formen der bürgerlichen Demokratie oder unterhöhlt sie bis zur Bedeutungslosigkeit und macht so den Konstitutionalismus fragwürdig.

Aus dem Element der Sozialstaatlichkeit ergibt sich eine weitere Gefahr in den modernen Verfassungswerken. Diese Gefahr wird schon durch die Begriffe deutlich, die in der Bezeichnung der neuen Gebiete der Staatsaufgaben angewendet werden, wie „Wohlfahrt", „Daseinsvorsorge" oder „staatliche Fürsorge". Der Staat übernimmt in den sozialstaatlichen Verfassungen unmittelbar eine große Schutzfunktion, daß demgegenüber die Elemente der tatsächlichen Rechte der Individuen wie der einzelnen Gruppen in der Gesellschaft und ihrer Organisationen ins Hintertreffen geraten müssen. Diese Bedrohung der Grundlagen der Rechtsstaatlichkeit durch sozialstaatliche Elemente wird dann noch verstärkt, wenn der Staat als Unternehmer auftritt oder durch seine Wirtschafts- und Steuerpolitik unmittelbar in die wirtschaftlichen Vorgänge eingreift, d.h. wenn er gleichzeitig Industriestaat ist. In den Debatten um das Bonner Grundgesetz ist erstaunlich, daß diese Frage, die im Rahmen des bürgerlichen Konstitutionalismus dem Problem der Quadratur des Zirkels gleichkommt, nämlich der richtigen Beziehungen rechtsstaatlicher, sozialstaatlicher und industriestaatlicher Elemente, nicht im vollen Umfange erkannt wurde, sondern nur wie ein unsichtbarer Geist die einzelnen Fraktionen bei ihren verfassungsrechtlichen Vorstellungen beunruhigte oder irritierte. Im Rahmen des bürgerlichen Konstitutionalismus wird der Versuch gemacht, die liberale Rechtsstaatlichkeit in Einklang mit den Prinzipien des Sozial- und Industriestaates zu bringen; dieser Versuch hat aber naturgemäß den Einbau einer starken Autorität der Exekutive zur Folge, um die sich immanent auseinandersetzenden Triebkräfte dieser verschiedenen Staats- und Verfassungsprinzipien zu neutralisieren. Die autoritären Elemente innerhalb des Bonner Grundgesetzes sind deshalb scharf ausgeprägt, weil in keinem Punkte der Versuch gemacht wurde, dieses Problem klarzustellen und zu lösen.

Mit der Einfügung sozialstaatlicher und industriestaatlicher Elemente in die Verfassungsgrundformel der liberalen Rechtsstaatlichkeit tritt innerhalb der Verfassung eine Konkurrenz der Staatszwecke auf. Der Zerfall der Verfassung ist so schon in ihren Grundlagen vorbestimmt. Darüber hinaus bekommt aus der Konkurrenz der fixierten Staatszwekke die Interpretation der Verfassung und die Anwendung ihrer einzelnen Artikel auf konkrete gesellschaftliche Verhältnisse eine größere Bedeutung als die Artikulierung selbst.

Die Väter des Bonner Grundgesetzes sahen sich dem Problem gegenüber, das sie – auch wegen des Mangels an Souveränität – nicht einmal zureichend darzulegen, geschweige denn zu lösen vermochten. Dieses Problem besteht im Grunde darin, für was sich eine Verfassungsgebende Versammlung entscheidet: die Perfektion der Prinzipien der Rechtsstaatlichkeit, der Demokratie, des sozialen Schutzes usw. oder für das Prinzip der Funktionsfähigkeit. Man kann als einen verfassungsrechtlichen Grundsatz aufstellen, daß je mehr die Perfektion der Prinzipien angestrebt wird, die Funktionsfähigkeit der Verfassung und ihrer Institutionen leidet; und je mehr der Schwerpunkt der Verfassungsarbeit auf der Funktionsfähigkeit der staatlichen Einrichtungen liegt, die Grundprinzipien darunter leiden müssen. Dies trifft auf alle Prinzipien zu, die den Zwecken des Rechtsstaates, des Sozialstaates und des Industriestaates zugrunde liegen. Die Väter der Verfassung des westdeutschen Staates haben sich – beinahe naturgemäß aus ihrem Spezialisten- und Perfektionsdenken heraus – für die Funktionsfähigkeit entschlossen. Dieser Entschluß der Funktionsfähigkeit war so stark, daß die Reinheit der Prinzipien und insbesondere des Grundprinzips der Demokratie darunter wesentlich leidet. Wir haben bereits auf die antipopulistischen und antijakobinischen Züge der Verfassung hingewiesen. Diese Züge können in der Verfassung nicht nur aus den grundsätzlichen autoritär-erzieherischen Auffassungen der Väter des Bonner Grundgesetzes abgeleitet werden, sondern sie sind auch Ausdruck der radikalen Entscheidung der Verfassungsgebenden Versammlung zugunsten des Prinzips des Funktionierens gegenüber der Perfektion der Prinzipien. Es ist selbstverständlich, daß – wenn man dem Funktionieren des Staatsapparates den Primat zuerkennt – jede unmittelbare Einmischung des Volkes und der Volksmassen in die staatspolitischen Entscheidungen als Störung empfunden werden muß. Aus diesem Grunde haben die Väter der Bonner Verfassung in Übereinstimmung mit den Besatzungsmächten den Parteien eine neue und völlig einmalige Stellung in der Verfassung gegeben. Mit der Einbeziehung der Parteien in das Verfassungswerk wurde eine Parteien-Demokratie geschaffen. Die Parteien tragen aber darin weniger den Charakter von Integrationsinstrumenten, sondern vielmehr den Charakter großer politischer Erziehungsinstitutionen. Selbst wenn man den Grundsätzen der Parteien-Demokratie zustimmt, ist es doch möglich und vielleicht sogar logisch konsequenter, wenn man dem Volk zumindest in bestimmten Situationen und unter sehr erschwerten Bedingungen die Möglichkeit gibt, seinem negativen oder korrigierenden Willen Ausdruck zu geben. Erfüllt von dem Prinzip des Funktionierens um jeden Preis und in jeder denkbaren politisch historischen Lage, hat die verfassungsgebende Körperschaft jedoch diese Rolle des Volkes ausgeschaltet. Das Ausschalten von Volksbegehren und Volksentscheiden wurde mit dem Argument belegt, daß das Volk vor Demagogie geschützt werden muß. Es tritt hier wieder der erzieherische Aspekt der Verfassung gegenüber dem Volke in den Vordergrund.

Bei der Frage der Bestellung der Herrschaft war es eine allgemeine Erkenntnis der Verfassungsgebenden Versammlung, daß der westdeutsche Staat unter keinen Umständen ein Präsidialsystem werden sollte. Der

Kampf gegen das Präsidialsystem wurde geführt unter dem Hinweis auf die negativen Erfahrungen, welche die deutsche Demokratie in der Weimarer Republik mit den großen Rechten und den Sonderrechten des Reichspräsidenten gemacht hat. In der Ablehnung der Volkswahl des Präsidenten wird der starke antipopulistische Zug deutlich; denn selbst, wenn man das Präsidialsystem im Stile der Verfassung der Vereinigten Staaten ablehnt und – wie es die Väter des Bonner Grundgesetzes getan haben – den Präsidenten nur als Weichensteller sehen will, wäre seine Funktion als Weichensteller noch dadurch zu verstärken gewesen, daß er aus der Volkswahl hervorgegangen wäre. Indem man auf die Volkswahl verzichtete, hat man dem unmittelbaren Willensausdruck des Volkes erneut eine Beschränkung auferlegt. Zwar wurden in den Debatten des Parlamentarischen Rates auch die Fragen Plebiszit und Volkswahl im Hinblick auf die Weimarer Erfahrungen diskutiert, es darf jedoch nicht übersehen werden, was das verfassungspolitische Ziel der Besatzungsmächte zu diesem Zeitpunkte war.

Das Ziel war, eine funktionierende parlamentarische Demokratie zu errichten. Es war keineswegs im Bestreben der Besatzungsmächte, eine starke deutsche demokratische Republik aufzubauen. So wurde der Primat des Funktionierens des Staates auch durch die politische Zielsetzung der Besatzungsmächte in der verfassungsgebenden Arbeit des Parlamentarischen Rates verstärkt, abgesehen von der führenden Rolle der Bürokraten und Spezialisten in dieser Verfassungsgebenden Versammlung.

Mit der Bestimmung des allgemeinen Wohls und der Bestimmung der Machtträger erhob sich auch die Frage nach dem Wahlsystem. Die Besatzungsmächte hatten auch hier bestimmte Wünsche vorgebracht, wie auch durch den Einfluß auf die Wahlrechte der einzelnen Länder Vorentscheidungen gefällt. Klar war, daß aufgrund der allgemeinen Lage wie auch der Auffassungen der Schöpfer der Verfassung das System der Verhältniswahl (Proporz) nicht in Frage kam. Die allgemeinen Tendenzen zielten auf Mehrheitswahl. Es ist dabei bedeutsam, daß die Propaganda für die Mehrheitswahl unter dem Hinweis auf die negativen Erfahrungen, welche die Weimarer Republik mit dem System des Proporzes gemacht hatte, wie auch unter dem Hinweis auf die Notwendigkeit der Personalisierung der Politik nach der faschistischen Diktatur geführt wurde. Dabei wurde dem System der Verhältniswahl beim Zusammenbruch und Untergang der Weimarer Republik eine ungebührlich große Rolle zugeschrieben; wie es auch bezeichnend ist, daß in den Protokollen des Parlamentarischen Rates immer dann, wenn von diesem Zusammenbruch der Weimarer Republik die Rede ist, der Fehler in der verfassungsmäßigen Konstruktion gesucht wird und nicht in mangelndem republikanischen Willen und Fähigkeiten der Politiker und Parteien. Die starke Betonung der Fehler der Weimarer Republik in der Periode ihres

Zusammenbruchs hat aber ihren Grund wohl darin, daß die Mehrheit der Schöpfer des Bonner Grundgesetzes – die sozialdemokratische und kommunistische Fraktion ausgenommen – an dem Sturz der Weimarer Republik aktiv teilgenommen haben. Mit der Entscheidung für die Mehrheitswahl wäre aber die Gefahr entstanden, daß man zu einem System der Mehrheitsabstimmung mit zwei Wahlgängen hätte kommen müssen, wie es in der Wilhelminischen Periode herrschte. Die Mehrheitsabstimmung mit zwei Wahlgängen führt aber erfahrungsgemäß zur Bildung zahlreicher und nur schwer miteinander zum Kompromiß neigender Parteien. Die Vermeidung der Bildung zahlreicher und inkohärenter Parteien war aber gerade das Ziel der Verfassungsgebenden Versammlung. Die Entscheidung für eine relative Mehrheitswahl mit ihrer Mehrheitsabstimmung in einem Wahlgang war von der Erkenntnis bestimmt, daß dieses Wahlsystem zur Herausbildung eines Zweiparteien-Systems tendiert.

In der Debatte zum Wahlsystem ist bezeichnend, daß man die Wahl selbst keineswegs im Sinne der Rousseau'schen Demokratie als eine politische Willensmessung ansah, sondern vielmehr als eine Form der politischen Willensbildung des Volkes. Der erzieherische Charakter der Verfassung des neuen westdeutschen Staates wird an keinem Punkte deutlicher als im Falle des Wahlsystems. Bezeichnend ist, daß das Wahlsystem so im Interesse der beiden großen privilegierten Parteien erarbeitet wurde, d.h., daß es ein majorisiertes Wahlsystem ist. Die Majorisierung des Wahlsystems im Sinne von Gruppen- und Parteieninteressen zählt aber zu den gefährlichsten demokratischen Praktiken, die nur mit der völligen Aufhebung des Sinnes des demokratischen Wahlaktes enden kann. An dem Wahlsystem der relativen Mehrheitswahl waren nur die Besatzungsmächte, die Christlichen Demokraten und die großen Parteien interessiert. Dabei ist bezeichnend, daß die Sozialdemokratische Partei, wie wir bereits dargelegt haben, insbesondere in dieser Frage ihre klassische jokobinische Auffassung aufgab und so den Prinzipien einer konservativ-autoritären Demokratie zustimmte. Die Manipulation mit dem Wahlrecht stand bereits an der Wiege der Bonner Verfassung und des westdeutschen Staates. Die Frage war nur, wer die Macht in diesem Staate in den nächsten Jahren in den Händen halten würde. Die Verfassungsgebende Versammlung hat diese Gefahr kaum beachtet und der Manipulation mit dem Wahlrecht zugunsten einer Partei keinen Riegel vorgeschoben. Die Ursache kann nur darin liegen, daß beide großen Parteien glaubten, sowohl das gegenwärtige Wahlgesetz zu ihren Gunsten benützen zu können, als auch sich die Möglichkeit der Manipulierung mit dem Wahlgesetz überhaupt frei lassen wollten.

Die Staatsfunktionen

Bei der verfassungsgebenden Arbeit des Parlamentarischen Rates erhob sich auch das Problem der Gewaltenteilung. Die Väter der Verfassung mußten sich entscheiden, in welcher Weise sie dem Prinzip der Gewaltenteilung gerecht werden wollten, d.h. welchem verfassungspolitischen Vorbilde sie zu folgen gedachten. Bei den Auseinandersetzungen um die Frage der Gewaltenteilung hat sich die verfassungsgebende Körperschaft nicht ausreichend Gedanken darüber gemacht, inwieweit das Prinzip der Gewaltentrennung – wie es am klassischsten Montesquieu Mitte des 18. Jahrhunderts vorgetragen hat und wie es seine reinste Ausprägung in der amerikanischen Verfassung von 1787 findet – in einer modernen Industriegesellschaft überhaupt noch den Anforderungen eines demokratischen Staatswesens gerecht wird.

Die Verfassung des neuen westdeutschen Staates wird im Grunde genommen nur im formalen Sinne den Prinzipien der Gewaltenteilung gerecht, jedoch nicht dem Montesquieu'schen Grundsatz, daß nur die Gewalt die Gewalt in Schranken halten kann. Die Väter der Verfassung haben die historische Bedingtheit der formalen Gewaltenteilung Montesquieus ganz ohne Zweifel übersehen. Die Formel Montesquieus ist nur erfolgreich anwendbar in einer statischen Gesellschaft, d.h. in einer Gesellschaft, in der einzelne Gruppen sich seit Jahrzehnten oder gar Jahrhunderten stark organisiert haben und als solche stark organisierte Gruppen einander gegenüberstehen. Diese beiden organisierten Gruppen waren zur Zeit Montesquieus die Aristokratie auf der einen Seite und die Bourgeoisie auf der anderen. Die Aristokratie mit ihrer höchsten Spitze, dem Monarchen, repräsentierte bis in das 19. Jahrhundert das, was man den Staat nannte; die Bourgeoisie mit ihren starken und weitverzweigten ständischen Organisationen stellte demgegenüber die Vielfalt, Lebendigkeit und Kraft der Gesellschaft dar. Wesentliche soziologische und staatsrechtliche Erkenntnisse im Verlaufe des 17. und 18. Jahrhunderts durch Cromwell, John Locke und Montesquieu bestehen darin, verfassungsrechtliche Formen und Formeln gefunden zu haben, die diesem soziologischen Tatbestand gerecht wurden. Der Einbau der bürgerlichen Repräsentation in den Staat, d.h. der Einbau des Parlaments in die Verfassung gegenüber der Krone und dem Staat, ist die Konstruktionsformel der klassischen Gewaltenteilung. Diese klassische Gewaltenteilung muß fragwürdig werden in der geschichtlichen Periode, in der sich die soziologischen Grundlagen verändern, und zwar in schnellem Tempo verändern, d.h. in dem die Gesellschaft eine Industriegesellschaft, eine Massengesellschaft, eine Klassengesellschaft wird.

Das System der Gewaltenteilung im klassischen Sinne ist auch nur dort sinnvoll, wo der Staat noch als reiner Staat der Gesellschaft gegenübersteht, d.h. wo er das politische gegenüber dem gesellschaftlichen repräsentiert. In dem Augenblick, in dem der Staat zu einem Industriestaat wird oder gar zu einem Wohlfahrtsstaat, verliert er seine ursprüngliche Sonderstellung und wird in die Abläufe der Wirtschaft und die Formen der Auseinandersetzungen um den sozialen Wohlstand der Massen mitten hineingerissen. Die Väter der Verfassung von Bonn haben das Prinzip der Gewaltenteilung nur im traditionellen Sinne berücksichtigt, jedoch keinen Versuch gemacht, Formen und Formeln zu finden, mit denen eine tatsächliche Gewaltenteilung in der modernen industriellen Massengesellschaft durchgeführt werden könnte. Die Verfassungsgebende Versammlung hat nicht die Erfordernisse erkannt, die aus der Tatsache der Industriegesellschaft und ihrem pluralistischen Charakter entspringen. Von Pluralismus sprechen wir in der Soziologie und dem Staatsrecht dann, wenn es innerhalb einer Gesellschaft mehrere Zentren der Macht gibt, die von den Mitgliedern der Gesellschaft Loyalität fordern und Loyalität erzwingen können. In der pluralistischen Gesellschaft fallen den gesellschaftlichen Verbänden ganz besondere Aufgaben zu, und das verfassungsrechtliche Problem besteht darin, Konstruktionen zu finden, in denen die oft widerstrebenden Interessen der einzelnen Verbände zum Nutzen des allgemeinen Wohls überwunden werden können. Es besteht kein Zweifel, daß mit der Hervorhebung der Rolle der Parteien im Bonner Grundgesetz die Probleme, die sich aus der pluralistischen Gesellschaft ergeben, nicht verkleinert, sondern noch vergrößert wurden. Tatsächlich stellen die Parteien gegenwärtig die großen verfassungsrechtlichen Integrationsinstrumente dar, die mit der Bürokratie der Verbände, der Bürokratie der Exekutive und den Fraktionen im Parlament unmittelbar verbunden sind, so daß von einer Trennung der Gewalten – was die Korps der Bürokratien betrifft – keine Rede sein kann.

Eine Gewaltentrennung hätte auch durch eine Verstärkung des Gedankens der Autonomie auf kommunaler und regionaler Ebene erfolgen können. Der prinzipielle Föderalismus der Verfassung des westdeutschen Staates stellt alles andere dar als eine funktionierende Gewaltentrennung, weil – wie wir in den Ausführungen über die konstitutionelle Bewegung gesehen haben – die Aufteilung des deutschen Staatswesens in eine Reihe von Ländern nach gänzlich willkürlichen und ahistorischen Gesichtspunkten erfolgte. Dem Prinzip der Gewaltenteilung wurde in dem Verfassungswerk in den Jahren 1948/49 weder Rechnung getragen im Sinne eines tatsächlichen Föderalismus noch im Sinne einer regionalen Autonomie und auch nicht – wie wir bereits dargestellt haben – durch eine Verstärkung des Prinzips der kommunalen Selbstverwaltung. Jedoch auch auf anderen Gebieten hat die verfassungsgebende Körperschaft in allen ihren Fraktionen auf eine reale Gewaltenteilung verzichtet, indem sie keine Formen der Wirtschaftsdemokratie schuf und auf anderen Gebieten, wie auf dem der Zusammenfassung der kommunalen Selbstverwaltung zum Beispiel in Form eines Städtetages, der unmittelbar Teil der Verfassung hätte werden müssen, oder eines Kulturrates, keine Institutionen der Gegenmacht geschaffen hat.

Die Väter der Verfassung waren wie hypnotisiert von dem Gedanken einer stabilen Regierung, d.h. einer starken Demokratie und haben – wie wir bereits dargestellt haben – dem Prinzip des formalen Funktionierens auf der Ebene des Regierungsgeschäftes nicht nur die Reinheit der demokratischen Prinzipien geopfert, sondern auch die realen Probleme der Gewaltenteilung übersehen. Die Gewaltenteilung wurde im Grunde nur auf dem Gebiet der Rechtsstaatlichkeit im vollen Umfange verfassungsrechtlich verankert. Durch das Prinzip der Rechtsstaatlichkeit wollte man unter allen Umständen der Staatsgewalt Schranken gegenüber Rechten des Individuums im Staat setzen. Mit dieser Frage tauchte das Problem der Ausdehnung der Grundrechte auf. Die Grundrechte sind aus den Forderungen nach Religionsfreiheit entstanden, und bis heute gehört zu den Individualrechten die Religionsfreiheit. Historisch wurden die Grundrechte noch erweitert durch alle Rechte, die mit der Freiheit des Individuums als Mitglied eines Standes zusammenhängen. Diese Grundrechte müssen, wenn es sich um einen realen Rechtsstaat handeln soll, als „unveräußerlich, unaberkennbar und uneinschränkbar" gelten. Im Verlaufe der Entwicklung des Grundrechtsgedankens ergab sich eine bedeutende Erweiterung der Grundrechte mit dem Problem des Revolutionsrechtes, d.h. eines Widerstandsrechtes und der Widerstandspflicht. Innerhalb der Verfassungsgeschichte hat die jakobinische Verfassung der französischen Revolution aus dem Jahre 1793 in dem Grundartikel 35 diesem Prinzip des Widerstandsrechtes am reinsten Ausdruck gegeben. In diesem Artikel 35 der jakobinischen Verfassung von 1793 heißt es: „Wenn die Regierung die Rechte des Volkes verletzt, so ist die Erhebung des Volkes und jedes einzelnen Teils desselben das historischste seiner Rechte und die höchste seiner Pflichten".

Dieser Gedanke des Widerstandsrechtes wurde von den Vätern der Bonner Verfassung überhaupt nicht in die Grundrechte mit aufgenommen. Der antijakobinische, antirevolutionäre Charakter der Verfassung zeigt sich ganz besonders in der Frage des Widerstandsrechtes und der Widerstandspflicht der Individuen und der einzelnen Teile des Volkes. Sehr frühzeitig tauchte im Parlamentarischen Rat das Problem des politischen Streiks als einer Ausdrucksform des Widerstandsrechtes auf, und es ist bezeichnend, daß die Mehrheit des Parlamentarischen Rates sich gegen den politischen Streik – auch wenn er aus wirtschaftlichen Bedingungen heraus entsteht – gewendet hat. Der Gedanke des Widerstandsrechtes und der Widerstandspflicht wurde in einem konservativ-autoritären Lichte gesehen. Der Putsch-Versuch des 20. Juli 1944 hat hier ganz ohne Zweifel noch nachgewirkt, und die weitere Entwicklung in der Debatte um das Widerstandsrecht zeigt, daß im Grunde ein reales

Widerstandsrecht nur den Staatsbeamten und damit auch den Offizieren einer Armee zugestanden wird. Das Widerstandsrecht als ein Individualrecht, als ein Recht der Verbände, als ein Recht der Massen wurde aus der verfassungsgebenden Arbeit für eine neue westdeutsche Verfassung völlig ausgegliedert und dafür dem Gedanken einer formalen Rechtsstaatlichkeit der Vorzug gegeben. Diese Bevorzugung des Gedankens der Rechtsstaatlichkeit gegenüber den Prinzipien des Widerstandsrechtes und der Widerstandspflicht hat aber zur Voraussetzung, daß sowohl die Väter der Verfassung als auch das Volk im Staat tatsächlich einen neutralen Schiedsrichter sehen.

Der Rechtsstaat

Es muß in Erinnerung gebracht werden, daß das Prinzip der Rechtsstaatlichkeit keineswegs mit der demokratischen Staatsform identisch ist. Ein Rechtsstaat kann sowohl monarchisch als auch demokratisch sein, und er hat selbst die Möglichkeit, innerhalb einer aufgeklärten Diktatur zu funktionieren. Die Rechtsstaatlichkeit hängt ab von der Loyalität der Herrschaft, einer formalen Gewaltentrennung und der Anerkennung der Menschenrechte. Insbesondere ist entscheidend, daß in der Gesetzgebung ein Unterschied gemacht wird zwischen der allgemeinen Norm und dem speziellen Falle.

Das Problem der Rechtsstaatlichkeit hängt zusammen mit den verschiedenen Auffassungen von den natürlichen oder historischen ethischen Fähigkeiten des Menschen, d.h. von dem Menschenbild. In dem Kapitel über die Ideologien haben wir bereits auf bestimmte Elemente hingewiesen, die mit der Frage des Menschenbildes als Grundlage einer neuen Gesellschaftsordnung in Deutschland nach der faschistischen Niederlage zusammenhängen. Versucht man die Auffassungen der Väter der westdeutschen Verfassung über die politischen Tugenden aus ihren Reden herauszuarbeiten, so ergibt sich folgendes, überraschendes Bild: Der Staatsbürger soll gemäßigt sein, d.h. er soll sich aller demagogischen Verführungen und radikal-politischen Handlungen enthalten. Diese Mäßigung wird als Grundlage der politischen Tugenden des neuen deutschen Staatsbürgers angesehen. Weiter ist es selbstverständlich, daß dieser Staatsbürger christlich-demokratisch sein soll, d.h., daß er seine Menschenrechte zurückführt auf einige absolut gültige Gesetze, die ihren religionsgeschichtlichen Ausdruck in den ethischen Forderungen des Christentums finden. Demokratisch soll er in dem Sinne sein, daß er das Recht der Selbstbestimmung selbst beschränkt an dem Recht der Selbstbestimmung anderer. Er soll also von vorneherein zu Kompromissen bereit und zu Kompromissen fähig sein. Zu keinem Zeitpunkt ist wohl mehr über diese Grundtugend der bürgerlichen Demokratie gesprochen und geschrieben worden als in der Periode der verfassungsgebenden Arbeit innerhalb der westdeutschen Verfassungsbewegung von 1948/49. Als eine weitere Tugend des Staatsbürgers wird die Loyalität hervorgehoben. Die Grundlage dieser Loyalität ist nicht so sehr die Anerkennung der Gesetze und der sich aus den Grundrechten und den Gesetzen ergebenden Pflichten, als vielmehr ein allgemeines Vertrauen in den Staat. Dieses Element des Vertrauens steht in einem völligen Widerspruch zu der alten demokratischen Grundformel, daß Mißtrauen die erste Bürgertugend sei. Nicht zuletzt soll sich der Staatsbürger der Beschränktheit seiner Urteilskraft und der Möglichkeiten seiner realen Selbstbestimmung als Individuum oder als Individuum innerhalb einer organisierten Gruppe bewußt sein, d.h. er soll die politische Arbeitsteilung innerhalb dieser Gesellschaft voll anerkennen.

Wohl noch zu keinem Zeitpunkt beruhte die verfassungsgebende Arbeit einer Körperschaft, die sich auf die Prinzipien der Demokratie berief, auf so offen konservativen Ansichten von den politischen Tugenden des Menschen und des Staatsbürgers. Vergleicht man dieses politische Menschenbild, das der Arbeit der verfassungsgebenden Körperschaft in Westdeutschland zugrunde liegt, mit dem klassisch-bürgerlichen Menschenbilde, so ergeben sich sehr wesentliche Unterschiede. Die Väter einer bürgerlichen Verfassung im 18. und 19. Jahrhundert hatten eine weitaus konkretere Auffassung vom Menschen und Staatsbürger als Element eines Staatswesens als die Väter des Bonner Grundgesetzes, deren Ansichten sich durch eine allgemeine Idealität und beinahe kleinbürgerliche Moralität auszeichnen. Die Väter der klassisch-bürgerlichen Verfassungen sprachen vom Bürger als Teil eines Staatswesens nur dann, wenn er Eigentümer war und weiter, wenn er Bildung nachweisen konnte. Mit der Übernahme der Aufgaben des Eigentümers und der Bildung ergab sich für das politische Menschenbild ganz von selbst die Forderung nach Aufgeklärtheit. Bei einer Reihe von bürgerlichen Verfassungen nimmt diese Aufgeklärtheit die Form eines allgemeinen Deismus an oder gar eines humanistischen Atheismus. Zumindest traten in den bürgerlichen Verfassungsbewegungen stets radikale atheistische Strömungen auf, deren Ansichten im Verfassungswerk mehr oder weniger Berücksichtigung fanden.

Wie das Problem der Gewaltenteilung in seinen historisch-soziologischen Bedingungen gesehen werden muß und nur aus dem Widerspruch von Adel und Bourgeoisie heraus begriffen werden kann, so muß auf dem Gebiete der Rechtsstaatlichkeit stets die historische Bedingtheit der Grundlagen der Rechtsstaatlichkeit im Auge behalten werden. Die Rechtsstaatlichkeit bezieht sich in der bürgerlichen Demokratie nicht auf ideale oder gar ethische Größen, sondern auf konkrete soziale Erscheinungen wie das Eigentum, die ständische Koalition und die Meinungsfreiheit. In der Konkretisierung der Prinzipien der Rechtsstaatlichkeit erweist sich die Verfassung des neuen westdeutschen Staates jedoch als äußerst vorsichtig, so daß das Prinzip der Rechtsstaatlichkeit in einer unbestimmten Farblosigkeit auftritt.

Das Problem des Industriestaates

Es ist überraschend, daß die Mitglieder des Parlamentarischen Rates wie auch die Spezialisten des Herrenchiemseer Konvents an dem Problem eines modernen Industriestaates so weitherzig vorbeigegangen sind. Überraschend deshalb, weil Tag für Tag große wirtschaftliche und soziale Probleme anstanden, die gelöst werden mußten. Zu dieser sonderbar anmutenden Ausklammerung der Probleme eines modernen Industriestaates in der verfassungsgebenden Arbeit mag die Väter der Verfassung der Gedanke verführt haben, daß es sich bei dieser Verfassung nur um ein Provisorium handele. Zwar wurde dieser Gedanke nicht in Bezug auf die Probleme eines Industriestaates ausgesprochen, sondern nur im Hinblick auf die Wiedervereinigung Deutschlands, aber die sozialdemokratische Fraktion im Parlamentarischen Rat hat sehr wahrscheinlich mit dem Gedanken gespielt, die Probleme einer Wirtschaftsdemokratie erst im Rahmen einer neuen Verfassung für ein wiedervereinigtes Deutschland aufzurollen. Die verfassungsgebende Körperschaft hat sich in keinem Punkte den Vorstellungen einer arbeitsteiligen Industriegesellschaft in einem modernen Massenstaat gestellt, in dem „die räumliche und sachliche Überschaubarkeit immer schwieriger wird und die Gesetzes- und Verwaltungsapparaturen durch den steigenden Aufgabenumfang immer gewaltiger und komplizierter". Daß eine solche Vernachlässigung in der Tendenz auf eine Stärkung der Exekutive in allen diesen Zügen, d.h. auf die Stärkung der Bürokratie, hinausläuft, versteht sich von selbst.

Weiter wurde das Problem übersehen, daß in einer arbeitsteiligen Industriegesellschaft und in einem modernen Massenstaat „es den Massen und auch den Gebildeten an Einsicht in den Sinn und den Wert der Rechtsordnung fehlen" muß. Diese Erscheinung der politischen Unbildung hängt nicht von dem individuellen Willen zur Bildung ab, sondern von dem Umfang, der Kompliziertheit und Spezialisiertheit politischer Aufgaben, sowie den ungenügenden aufklärenden Funktionen der öffentlichen Bildungseinrichtungen und des Pressewesens, sowie der Aufklärungsmittel. Wer in einer modernen Verfassung dieses Problem ausläßt, überläßt die politische Aufklärung bestimmten spezialisierten Gruppen, die staatliche oder halbstaatliche Aufklärungsinstrumente in Händen halten, oder unternehmerischen Aufklärungsmonopolen, denen es nicht so sehr um die Aufklärung der Massen geht, als vielmehr um die Steigerung des wirtschaftlichen Erfolges.

In einer arbeitsteiligen Industriegesellschaft und in einem modernen Massenstaat „nützt sich der rechtsstaatliche Apparat in Form einer ständigen Inanspruchnahme immer stärker ab". Aus der Geschichte der großen Rechtssysteme und ihrem Zusammenbruch wissen wir, daß sich aus dieser steigenden Inanspruchnahme des Rechtsstaates Strömungen und Organisationen bilden, die nur auf die reine Ausnutzung des formalen Rechtes im Rahmen einer allgemeinen Rechtsunsicherheit und Rechtsungläubigkeit aus sind. Wer in einer modernen Verfassung dieses Problem ausklammert, hat dem demokratischen Rechtsstaat von Anfang an den Keim einer Krankheit mitgegeben, der zur Zerstörung der Rechtsstaatlichkeit und zu einer Verstärkung der autoritären Tendenzen führen muß.

Nicht zuletzt hat sich der Parlamentarische Rat mit dem Problem der Daseinsgestaltung nur im allgemeinen befaßt und so zwar allgemeine Ansprüche gegenüber dem Staat geschaffen, die er aber nur bei bestimmten allgemeinen wirtschaftlichen Konjunkturerscheinungen zu erfüllen vermag. Der Staat schafft so selbst eine Gruppierung der Gesellschaft nach reinen Interessen, deren Ansprüche die einzelnen Parteien erfüllen müßten, um sich der politischen Unterstützung und des Votums dieser Interessengruppen sicher zu sein.

So liegt in der gegenwärtigen Form, in der das Recht der Daseinsvorsorge in der Verfassung festgelegt ist, von vorneherein das Element des Bündnisses einer Partei oder Parteiengruppen sowie der staatlichen Exekutive mit Interessenorganisationen oder deren Koalitionen. Indem aber unmittelbar ein Bündnis dieser Art notwendigerweise vorliegt, muß der Staat gegenüber der Anmeldung anderer Interessen in immer schärferen Formen vorgehen. Je schärfer er vorgeht, umso mehr werden sich die autoritären und bürokratischen Züge innerhalb dieses Staatswesens vermehren.

Das Dokument

Zuletzt sei noch auf das Problem hingewiesen, warum sich die westdeutschen Politiker zu einer Verfassung in Form eines Dokuments entschieden haben. Es muß hier hervorgehoben werden, daß eine Reihe von politischen Zielsetzungen sowohl der Besatzungsmächte wie auch der westdeutschen Politiker auch hätten erreicht werden können, wenn man durch de facto-Entscheidungen in den einzelnen Besatzungszonen oder in Westdeutschland, in einer weit freieren Zusammenfassung der gemeinsamen Verwaltungsorgane in den Westzonen sowie ihrer parlamentarischen Kontrollinstanzen ohne die Schaffung einer „Verfassung" vorgegangen wäre.

Ein Grund, warum trotzdem eine Verfassung geschaffen wurde, liegt natürlich in dem Diktat der Besatzungsmächte. Aber darüber hinaus hat wohl das Schwergewicht der Spezialisten und der Bürokratie dazu geführt, ein Verfassungsdokument zu schaffen, das den verfassungsrechtlichen Prinzipien der Systematisierung und der Geschlossenheit gerecht wird. Daß sich darüber hinaus dieses Dokument durch einen hohen Grad von Konstruktivismus auszeichnet, der es den breiten Massen des Staatsvolkes beinahe unverständlich macht, sowie durch einen hohen Grad eines juristischen Perfektionismus, mag sowohl in der Vorherrschaft der Juristen in der verfassungsgebenden Körperschaft begründet sein als auch in der Tatsache, daß die Väter der Verfassung – weil sie große Gebiete der Gesellschaftsordnung Deutschlands nicht in ihre politischen Überlegungen miteinbeziehen konnten – auf dem ihnen verbliebenen und zugewiesenen Raume eine besondere und vorbildliche Arbeit leisten wollten.

Wenn eine Verfassung geschaffen wird, erhebt sich die Frage, ob und in welchem Umfange und auf welche Weise diese Verfassung geändert werden kann. Da sich die Verfassungsgebende Versammlung in den Fragen des Wahlrechtes, des Plebiszits, des Widerstandsrechtes und der Stärkung der Spitze der Exekutive bereits grundsätzlich entschieden hatte, konnte nur erwartet werden, daß diese Versammlung die Änderung der Verfassung bedeutend erschweren würde. Mit dem Schwerpunkt auf der Frage des Funktionierens gegen die Reinheit der Prinzipien und ihrer ausgesprochen antirevolutionären Tendenz mußte die Entscheidung zugunsten einer bestimmten Starrheit der Verfassung im Parlamentarischen Rat fallen. Über dieses Problem sagt der Staatsrechtler Eschenburg: „Zu leichte Abänderlichkeit kann zur Unbeständigkeit und Unstabilität; zu große Starrheit zum Umsturz, zur Revolution oder zum Staatsstreich führen." Bei diesem entweder oder, das der Staatsrechtler Eschenburg im Hinblick auf eine schwere Veränderlichkeit der Verfassung darstellt, vergißt er eine Möglichkeit, nämlich die, daß durch eine starre Verfassung bestimmte autoritär-konservative Kräfte die Verfassung als ein Instrument der schrittweisen Ausdehnung ihrer Macht nutzen können. Wenn wir von Restauration in der Bundesrepublik sprechen, so handelt es sich gerade um diesen Vorgang, daß die Starrheit der Verfassung sich zugunsten der konservativen Kräfte auswirken muß. Bei diesem Prozeß fällt der Interpretation der Verfassung eine wesentliche Rolle zu. Die Frage ist nicht so sehr der Buchstabe der Verfassung oder der Wille der Väter der Verfassung, sondern die bestehende Macht, die de jure oder de facto eine bestimmte Interpretation der Verfassung zu erzwingen vermag. Die Starrheit der Verfassung wie auch die wichtige Rolle, die man der Interpretation der Verfassung aufgrund der allgemeinen Bedingungen zuschreiben muß, mußten sich notwendigerweise zu einer Stärkung der Rolle der Exekutive gegenüber dem Parlament auswirken. Dies insbesondere auch deshalb, weil die Verfassungsgebende Versammlung – so sonderbar dies dem geschichtlichen Betrachter auch erscheinen mag – von einer stark antiparlamentaristischen Tendenz getragen war. Das Bonner Grundgesetz muß als eine demokratische Verfassung bezeichnet werden, aber es ist keineswegs eine parlamentarische

Verfassung. Die starke antiparlamentarische Tendenz im Parlamentarischen Rat hat zwei Gründe: Einmal war sie offen gegen den Parlamentarismus der Weimarer Verfassung gerichtet; und sodann glaubte sie, eine aktuelle Bestätigung aus den laufenden Regierungskrisen des französischen Staates ableiten zu können. Beide Ansichten ähneln der Spezialisten-Argumentation, wie wir sie bereits in der Frage des Wahlrechtes angetroffen haben. Die Väter der Verfassung des neuen westdeutschen Staates waren mehr darauf aus, ein verfassungsrechtliches Instrument zu schaffen, durch das nichts geschehen kann, als eine Verfassung zu bilden, die als Plattform für eine umfassende fortschrittliche Bewegung hätte dienen können. Es liegt hier kein schöpferisches, sondern ein korrigierendes Verfassungswerk vor.

Der Verfassungsrechtler Kaufmann sagte einmal, daß „das Gesetz der Schwäche und des Versagens eines Organs ein anderes stärkt; und daß die Stärke und das gute Funktionieren eines Organs ein anderes zurücktreten läßt, gilt in jeder Staatsform". Bei dieser Argumentation ist der erste Teil unrichtig, denn der Parlamentarismus im deutschen Verfassungsrecht hat noch nie die Chance gehabt, sich zu bewähren. Der deutsche Parlamentarismus brach mit der bürgerlichen Revolution des Jahres 1848/49 zusammen, und darüber hinaus hat Bismarck die Weiterentwicklung zum Parlamentarismus im deutschen Verfassungsleben verhindert. Das Problem des Parlamentarismus der Weimarer Verfassung bestand nicht in einer zu großen Ausdehnung der parlamentarischen Prinzipien innerhalb des Verfassungswerkes, sondern darin, daß sich ein demokratischer Parlamentarismus gegenüber einer antidemokratischen und antiparlamentarischen Mehrheit nicht zu entwickeln vermochte.

Es ist eine der widersprüchlichen Erscheinungen in der Verfassungsgebenden Versammlung des Parlamentarischen Rates, daß im Falle des Parlamentarismus das so häufig anerzogene und strapazierte Beispiel der schweizerischen Verfassung mit ihrem reinen Parlamentarismus keine ernsthaften Schüler fand. Der antiparlamentarische Charakter der Verfassungsgebenden Versammlung hatte seinen Grund in den antijakobinischen und antipopulistischen Auffassungen, wie wir sie bereits dargestellt haben, die ihren Ausdruck in einer antirevolutionären, konservativen Demokratie und in einer neuen Form der führenden Rolle der Parteien fanden, die wir als eine erzieherische Demokratie bezeichneten. Der antiparlamentarische Charakter mußte notwendigerweise, wie der Staatsrechtler Kaufmann darstellt, zur Stärkung eines anderen Organs, nämlich der Exekutive, führen. Die Bevorzugung der Exekutive mußte eine noch weitere Einschränkung des Parlaments und seiner Rechte zur Folge haben. Die antiparlamentarische Entwicklung des neuen westdeutschen Staates mit ihrem autoritären Gefälle war so in der grundsätzlichen Verfassungsformel beinhaltet. Die Bevorzugung der Exekutive führte darüber hinaus zu einer Form der Stärkung der Spitze der Exekutive, die wir als Kanzler-Demokratie bezeichnen. Bei der Frage der Rolle des Präsidenten haben wir bereits darauf hingewiesen, daß die Verfassungsgebende Versammlung auf keinen Fall ein Präsidialsystem oder gar die Erscheinung eines Volks-Präsidenten wünschte. Leider hat die Verfassungsgebende Versammlung ihre Argumente gegen einen Volkspräsidenten nicht auf die Figur des Kanzlers ausgedehnt. Wenn die Staatsrechtler erklären, daß die Stellung des amerikanischen Präsidenten die umfassendste verfassungsrechtliche Position ist, die ein Staatsmann in einem Lande einnehmen kann, so muß dies nach der Schöpfung des Bonner Grundgesetzes bezweifelt werden, denn die Rechte des Bundeskanzlers sind außergewöhnlich groß und darüber hinaus ist seine Position noch in einer Weise geschützt, wie es bis dahin keine demokratische Verfassung kannte. Historiker haben Verfassungen stets als die Kleider von Männern bezeichnet; die Verfassungsgebende Versammlung hatte sich zum Ziele gesetzt, starken Männern ein verfassungsrechtliches Kleid zuzuschneiden, das deren Figur gemäß war. Die beiden starken Männer der großen Parteien waren der Präsident des Parlamentarischen Rates, Konrad Adenauer, und der Vorsitzende der Sozialdemokratischen Partei, Kurt Schumacher. Die Sozialdemokratische Partei hat an der Stärkung der Exekutive sowie an den Erscheinungen der Kanzler-Demokratie konstruktiv mitgearbeitet, wohl in der Hoffnung, daß – wenn auch nicht im nächsten, so doch im übernächsten Wahlgang – ein sozialdemokratischer Bundeskanzler die kanzler-demokratischen Mittel und Möglichkeiten zu nutzen vermochte. In der unmittelbaren politischen Situation war jedoch nicht zu erwarten, daß der erste Bundeskanzler des neuen westdeutschen Staates Schumacher heißen würde. Wir haben in der Darstellung der historischen Bedingungen der westdeutschen Verfassungsbewegung die Wahl Adenauers zum Präsidenten des Parlamentarischen Rats als den Zeitpunkt der politischen Machtübernahme durch die konservativen Kräfte in der Bundesrepublik nach 1945 bezeichnet. Die Stellung Adenauers in seiner Partei, im Parlamentarischen Rat, wie insbesondere gegenüber den Besatzungsmächten sind Beweis dafür, daß dieses Kleid der Kanzler-Demokratie unmittelbar auf den starken Mann Adenauer zugeschneidert war.

Die Verfassungsgeschichte der Weimarer Verfassung zeichnet sich dadurch aus, daß eine Reihe starker und bedeutender Politiker an ihr Anteil nahmen. Das Ergebnis war eine Verfassung, innerhalb der sich die starken Politiker in einem System des Machtgleichgewichts befanden. Die Verfassungsbewegung von 1948/49 in Westdeutschland zeichnete sich dadurch aus, daß das Niveau wie auch das Format der Politiker sehr niedrig war, so daß starke Figuren weit mehr die Verfassungsbewegung beherrschten, als es 1918/19 der Fall war. Das Bonner Grundgesetz kann ohne Übertreibung als die Verfassung für einen starken Mann bezeichnet werden. Mit dieser Stärkung der Exekutive hat das Element der

Kanzler-Demokratie im deutschen Verfassungswesen seinen ersten rechtlichen Ausdruck gefunden. Der Begriff der Kanzler-Demokratie wurde vom politischen Lehrmeister von Theodor Heuss in den Zwanziger Jahren geprägt.

Die Kanzler-Demokratie entsteht aus einem Verfall der politischen Theorie und Ideologie in der Auseiandersetzung des Parlaments und innerhalb der öffentlichen Meinung sowie durch eine Veränderung des Parteienwesens. Der Verfall der politischen Theorie und Ideologie und damit der Verfall des politischen Niveaus, wie die Verbürokratisierung des Parteienwesens sind die Brutstätten von politischen Führern. Die Wählermassen orientieren sich nicht mehr nach Theorie und Ideologie, wie auch nicht nach dem Niveau der Repräsentanten der verschiedenen Parteien, sondern vielmehr nach Personen, nach Führern. Indem das Element der Kanzler-Demokratie in der Verfassung des neuen westdeutschen Staates festgelegt wurde, mußte gleichzeitig die Entwicklung zum „Leaderismus" – wie es die angelsächsischen Soziologen nennen – in Zukunft beschleunigt werden.

Verweilen wir noch zum Schluß bei dem Grundproblem jedes Verfassungswerkes, nämlich dem, ob die geschriebene Verfassung der gesellschaftlichen Verfassung entspricht oder nicht. Bei der Darstellung der Verfassungsgeschichte und der Verfassungsprobleme sind wir zu dem Schluß gekommen, daß die geschriebene Verfassung der gesellschaftlichen Verfassung nicht entspricht; aber es entspricht die aus der Verfassungsbewegung hervorgegangene Verfassung sehr wohl dem politischen Willen einer Gruppe in der Gesellschaft, nämlich ihrem Willen zur Machtvermehrung. Die Funktionsfähigkeit einer Verfassung kann nicht an dem Begriff der idealen Entsprechung der geschriebenen mit der gesellschaftlichen Verfassung gemessen werden, sondern vielmehr daran, ob die Verfassung für eine bestimmte Gruppe in der Gesellschaft ein brauchbares politisches Kampfinstrument ist oder nicht. Die aus der Verfassungsbewegung von 1948/49 hervorgegangene Verfassung des westdeutschen Staates muß als ein ideales Mittel des politischen Willens der westlichen Besatzungsmächte wie auch des politischen Willens der bürgerlich-kapitalistischen Kräfte in Westdeutschland, in der weiteren Entwicklung ihre bereits erreichten Machtpositionen nicht nur abzusichern, sondern noch zu vermehren, aufgefaßt werden.

Wenn wir die Verfassungsbewegung in Westdeutschland in den Jahren 1948/49 als eine der interessantesten, aber auch sonderbarsten Erscheinungen in der Verfassungsgeschichte der modernen Staaten bezeichnet haben, so bezieht sich dieses Urteil also nicht nur auf die unmittelbaren historischen Umstände und politischen Erscheinungsformen dieser Verfassungsbewegung, sondern auch auf die Behandlung der wichtigsten Verfassungsprobleme durch die verfassungsgebende Körperschaft innerhalb dieser Verfassungsbewegung.

Die restaurativen Elemente des Grundgesetzes

Bei der Herausarbeitung der restaurativen Elemente des Bonner Grundgesetzes soll nicht mehr unterschieden werden, ob diese restaurativen Elemente auf der zufälligen Zusammensetzung und den Ansichten des Herrenchiemseer Konvents sowie des Parlamentarischen Rates beruhen, oder ob sie Ausdruck allgemeiner Tendenzen im demokratischen Verfassungswesen oder der modernen Gesellschaft überhaupt sind. Es soll hier auch nicht gefragt werden, ob dieser restaurative Charakter einzelner Bestimmungen des Grundgesetzes bereits zum Zeitpunkt ihrer Abfassung hätte eingesehen werden können oder ob dazu erst die Erfahrung der restaurativen Entwicklung in Westdeutschland seit 1949 notwendig ist. Der restaurative Charakter ist für die politische Betrachtung keine wesentliche Erscheinung, sondern eine Erscheinung, die nur an ihrer politischen und geschichtlichen Wirksamkeit gemessen werden kann.

Das Wahlrecht. Auf bestimmte restaurative Elemente des Wahlrechtes sind wir im vorhergehenden bereits eingegangen. Man kann das restaurative Mehrheitswahlrecht als ein oligopolistisches Wahlrecht bezeichnen, weil in diesem Wahlrecht mit seiner Tendenz zu einem Zweiparteien-System den großen Parteien von vorneherein ein bestimmtes politisches Monopol zufällt. Der oligopolistische Charakter des Wahlrechts wurde noch verstärkt durch die 5 %-Klausel, die gegen eine parteipolitische Zersplitterung wirksam sein sollte. Diese 5 %-Klausel muß als ein erzieherisches Mittel gegenüber den Wählern bzw. dem politisch aktiven Teil der Bevölkerung angesehen werden. Sie hat aber innerhalb des bestehenden Parteiensystems darüber hinaus eine disziplinierende Wirkung. Kleine Gruppen innerhalb der großen Parteien werden durch diese Barriere der 5 %-Klausel zu einer stärkeren Parteidisziplin gezwungen, als es ohne sie möglich wäre. Diesem Zug zur stärkeren Parteidisziplin steht weder im Wahlrecht noch in der Verfassung ein Element gegenüber, das auf eine starke Förderung der inneren Demokratie innerhalb der Parteien hinzielen würde. Es sei am Rande vermerkt, daß eine Reihe von großen Politikern der Weimarer Republik unter einem Schema der 5 %-Klausel überhaupt nicht zum Zuge gekommen wäre. Diese Blockierung „großer Außenseiter" und aktivistischer Minderheiten hat zur Senkung des Niveaus des politischen Lebens in Westdeutschland wesentlich beigetragen. Darüber hinaus hat sie die bereits vorhandenen bürokratischen Tendenzen innerhalb der großen Parteien noch verstärkt. Das politisch absonderlichste Ergebnis der 5 %-Klausel ist das Entstehen von Satelliten-Parteien. Das Wahlrecht hat den großen Parteien die Möglichkeit freigelassen, kleine Parteien unter ihren wahlpolitischen Schutz zu nehmen. Es war von Anfang an vorauszusehen, daß solche Satelliten-Parteien entstehen würden. Diese Satelliten-Parteien müssen für ein politisches demokratisches

Leben insbesondere dann gefährlich werden, wenn die Regierungspartei eigene Satelliten-Parteien schafft. Die 5 %-Klausel mit ihrer Tendenz zu Satelliten-Parteien, zusammen mit den weitreichenden Rechten und Möglichkeiten des Bundeskanzlers innerhalb des Kabinetts, auf die wir später eingehen werden, ist eine der Triebkräfte zu einer demokratischen Verfassung, in der dem Repräsentanten der Regierungspartei, der in der Regel der Bundeskanzler sein wird, umfassende politische Möglichkeiten zur Beeinflussung des parteipolitischen Lebens und des parteipolitischen Schemas gegeben werden, die sich auf längere Sicht nur gegen den demokratischen Charakter dieses Parteilebens und des Parteisystems selbst auswirken können.

Meinungs- und Informationsfreiheit. Für den restaurativen Charakter des Grundgesetzes auf dem Gebiet der Meinungs- und Informationsfreiheit mag die Tatsache gelten, daß es nur Schutzbestimmungen, jedoch keine Erfüllungsbestimmungen enthält. Das Recht zur Meinungsbildung und Informationsfreiheit wird dem einzelnen Staatsbürger zwar zugestanden, aber die Verfassung nimmt keinen Einfluß auf die Möglichkeiten der Meinungsbeeinflussung und der Informationsverbreitung. Die Verfassung hat gänzlich abgesehen von der verheerenden Rolle, welche ein monopolkapitalistisches Presse- und Filmwesen wie auch ein staatsmonopolistisches Funkwesen bei der Zersetzung der Demokratie in Deutschland in der Periode der Weimarer Republik gespielt hat. Dazu kommt, daß auf dem Gebiet des Pressewesens noch das Pressegesetz von 1874 Gültigkeit hatte, dessen autoritär-konservativer Charakter unbestritten ist. Daß sich zum Zeitpunkt des Inkrafttretens der Verfassung das Pressewesen bereits in Richtung eines demokratisch unkontrollierten Informationswesens entwickelte, wurde bereits dargestellt.

Das Recht der Meinungs- und Informationsfreiheit hat im Grundgesetz die Einschränkungsbestimmungen, die im allgemeinen auch in anderen Verfassungen die Meinungs- und Informationsfreiheit beschränken, wie den Schutz der Jugend, der Sittlichkeit und der Ehe. Darüber hinaus kennt aber das Grundgesetz durch den Artikel 18, mit der Möglichkeit der Verwirkung der Grundrechte, eine Einschränkung, die zwar als Ausdruck einer militanten Demokratie aufgefaßt werden kann, jedoch bei einer restaurativ-konservativen Entwicklung in ihren negativen Auswirkungen nicht abzusehen ist. Daß das Grundgesetz auch auf dem Gebiete der Meinungs- und Informationsfreiheit eine Sonderstellung des Beamten vorsieht, den es zur Mäßigung und Zurückhaltung verpflichtet, sei hier nur vorweg genommen.

Versammlungsrecht. Der Artikel 8 des Grundgesetzes gibt den Bürgern das Recht der Versammlung mit der Einschränkung, daß die Versammlung unter freiem Himmel einer vorhergehenden obrigkeitlichen Genehmigung bedarf. In dieser Einschränkung wird die antipopulistische Tendenz des Grundgesetzes sichtbar. Das politische Leben der Demokratien und insbesondere die Politik der Arbeiterbewegung war oft durch Jahre von dem Thema des „Kampfes um die Straße" beherrscht. Die Sozialdemokratische Partei hat noch bis zum Untergang der Weimarer Republik daran festgehalten, daß das „Recht auf die Straße" zu den Grundrechten der Arbeiterklasse und Arbeiterbewegung gehöre. Das Bonner Grundgesetz kennt dieses Recht auf die Straße nicht mehr, weil es die Ausschaltung der „Straße" zu seinem Ziele hat. Durch diese Ausschaltung der „Straße", d.h. der spontanen oder organisierten politischen Demonstration, wurden die politischen Mittel insbesondere der Arbeiterbewegung verfassungsmäßig von vorneherein eingeschränkt.

Vereinsrecht. Das Bonner Grundgesetz kennt auf dem Gebiete des Vereinsrechtes wiederum nur Schutzbestimmungen. Inwieweit sozial schwache Gruppen von Staats wegen die Möglichkeit erhalten sollen, sich in Vereinen zusammenzuschließen, davon spricht das Grundgesetz nicht. Die gleiche Behandlung Ungleicher zeigt sich gerade auf dem Vereins- und Vertragsrecht als eine Form der rechtlichen Bevorzugung des Stärkeren. Insbesondere ist es überraschend, daß das Grundgesetz, obwohl es den Parteien eine so große verfassungsrechtliche Stellung einräumt, nicht zu positiveren Bestimmungen des Vereinsrechtes gekommen ist. Nach der Verfassung sind Parteien Vereine, deren Sonderstellung durch den Artikel 21 des Grundgesetzes bestimmt ist. Inwieweit durch die Sonderstellung der Parteien eine völlige Umgestaltung des Vereinsrechtes stattgefunden hat, soll hier nicht weiter erörtert werden. Die Vereinsfreiheit wird im Bonner Grundgesetz durch den besonders militanten Artikel 9.2 eingeschränkt, in dem die verfassungsbedrohenden Vereine verboten werden.

Koalitionsfreiheit. Die Koalitionsfreiheit stellt in den modernen Verfassungen ein soziales Grundrecht dar, das sich insbesondere auf die Organisierung der Arbeitnehmer, im Grundartikel 9.3 des Grundgesetzes auf die Gewerkschaften bezieht. Diese Koalitionsfreiheit ist nur dann gegeben, wenn die Koalition, die Gewerkschaften, das Recht zur Organisierung und Durchführung des Streiks besitzt. Die Koalitionsfreiheit der Gewerkschaften wurde jedoch auf drei Gebieten verfassungsrechtlich bereits eingeschränkt, indem den Gewerkschaften faktisch das Recht zum politischen Streik nicht offen eingeräumt wurde, weiter das System der geschlossenen Betriebsgewerkschaft – closed shop – als verfassungswidrig anzusehen ist, und daraus folgernd jeder direkte und indirekte Zwang zur Organisierung in Gewerkschaften der Verfassung widerspricht. Durch diese Bestimmungen wurden die Gewerkschaften von vorneherein in einen sehr engen Rahmen gepreßt, der sie dann einschränken mußte, wenn sie sich ein politisches und organisatorisches Programm setzten, das über die traditionellen Ziele der Gewerkschaftsbewegung hinauswies.

Ämterfreiheit. Der Artikel 33.2 des Bonner Grundgesetzes regelt den allgemeinen Zugang aller Staatsbürger zu den Ämtern. Dieses Recht gehört nicht zu den besonders geschützten Grundrechten. Der allgemeine Zugang zu den Ämtern besteht im Grunde nur in dem allgemeinen Recht zur Bewerbung für die einzelnen Ämter. Gegenüber der insbesondere in diesen Jahren auftretenden Methode der Rekrutierung der Beamten und Angestellten im Hinblick auf Parteizugehörigkeit und Konfessionalität muß dieses Recht als formal und leer bezeichnet werden. Insbesondere auch deshalb, weil das Bonner Grundgesetz im Gegensatz zum Artikel 136 der Weimarer Verfassung die Freiheit des Schweigens nicht klar ausdrückt.

Freizügigkeit. Der Artikel 11 des Grundgesetzes gibt den Staatsbürgern das Recht der Freizügigkeit. Im Grundgesetz wird dieses Recht jedoch für Auslandsreisen und für Personen beschränkt, die entweder die Grundordnung gefährden oder von denen angenommen werden muß, daß sie im Ausland das Ansehen des Staates herabsetzen. Diese Einschränkung der Freizügigkeit ist insbesondere deshalb gefährlich, weil sie durch die Exekutive ohne die Anrufung der Gerichte durchgeführt werden kann. Der Entzug des Passes kann durch reine Polizeigewalt erfolgen.

Die Menschenrechte. Der Artikel 1, Satz 2 des Grundgesetzes macht die Achtung vor der Menschenwürde zur allgemeinen Grundlage des staatlichen und politischen Lebens. Carlo Schmid hat im Parlamentarischen Rat darauf hingewiesen, „daß die Rechte, deren der Einzelmensch bedarf, wenn anders er in Würde und Selbstachtung soll leben können, die Verfassungswirklichkeit bestimmen müßten". Die Frage, inwieweit die Menschenrechte innerhalb eines Staates geachtet werden, ist also stets ein Problem der Übereinstimmung des Buchstabens der Verfassung mit der Verfassungswirklichkeit.

Eigentumsrecht. Im Bonner Grundgesetz wird wie in allen bürgerlichen Verfassungen eine Eigentumsgarantie ausgesprochen. Diese Eigentumsgarantie gerät jedoch in Widerspruch mit dem Wesen eines Staates, der sich die soziale Daseinsgestaltung zum Staatszweck gesetzt hat. Im Artikel 14/2 des Grundgesetzes heißt es: „Eigentum verpflichtet, sein Gebrauch soll zugleich dem Wohl der Allgemeinheit dienen". Durch diese Formulierung der Eigentumspflicht wird die Unterwerfung der Funktion des Eigentums unter das Wohl der Allgemeinheit zu einer moralischen Verpflichtung gemacht und zugleich der privaten Nutzung des Eigentums der Vorrang gewährt. Daß das Privateigentum an Produktionsmitteln und dessen Schutz und Förderung Inhalt der Eigentumsartikel des Grundgesetzes ist, das zeigen eine Reihe anderer Bestimmungen; so der Artikel 15, der zwar Sozialisierung zuläßt, aber nur unter der Voraussetzung der Entschädigung, und der keine allgemeinen Bestimmungen über die Formen der Übernahme des Privateigentums kennt, sondern den allgemeinen Begriff des Gemeineigentums benützt. Darüber hinaus wird das Sozialisierungsrecht dadurch eingeschränkt, daß nach Artikel 19.1 alle die Grundrechte einschränkenden Gesetze allgemein gelten müssen. Eine Sozialisierung kann also nicht im Hinblick auf ein bestimmtes privates Monopol durchgeführt werden, sondern es können der Sozialisierung nur ganze Wirtschaftsgruppen unterworfen werden.

Im Bonner Grundgesetz ergibt sich ein offensichtlicher Widerspruch der Artikel 14 und 15. Der Artikel 14 verankert die freie Wirtschaft in der Verfassung; der Artikel 15 hat eine beschränkte planwirtschaftliche Tendenz. Der Grund dieses Widerspruchs lag darin, daß keine der beiden großen Parteien ihre Auffassungen über die Wirtschaftsordnung in der Verfassungsgebenden Versammlung durchsetzen konnte. Das Resultat ist faktisch die Verankerung des Systems der sozialen Marktwirtschaft in der Verfassung. Daß dabei der Interpretation der Verfassung eine ganz besondere Rolle zufällt, versteht sich von selbst.

Überraschend ist in diesem Zusammenhang, daß die Verfassung nicht in besonderer Weise die Frage der Monopole und Kartelle erwähnt. Diese Ausklammerung der Monopole und Kartelle ist umso überraschender, als die Besatzungsmächte zu dieser Zeit zumindest noch nach außen hin an einer antimonopolistischen und antikartellistischen Politik festhielten. Es kann nicht angenommen werden, daß die Väter der Verfassung der Ansicht waren, daß es in der zukünftigen deutschen Wirtschaft überhaupt keine Kartelle oder Monopole mehr geben würde. Die Ausklammerung der Frage der Monopole und Kartelle sollte für die weitere Entwicklung der Wirtschaftsordnung der Bundesrepublik von ausschlaggebender Bedeutung sein. Darüber hinaus widersprechen Monopole und Kartelle keineswegs der verfassungsrechtlich verankerten Wirtschaftsordnung der sozialen Marktwirtschaft. Eine Marktwirtschaft ist volkswirtschaftlich theoretisch auch dann gegeben, wenn es sich um Formen monopolistischer und kartellistischer Konkurrenz handelt. Aus dem Grundgesetz ist nicht der Kampf gegen eine monopolistische und kartellistische Entwicklung der deutschen Wirtschaft abzuleiten. Darüber hinaus läßt die Definition der sozialen Marktwirtschaft eine staatliche Kontrolle nicht nur zu, sondern sie verpflichtet in bestimmtem Umfange den Staat auch zu dieser Kontrolle. Die Entstehung eines engen Zusammenhangs von Staatskontrolle und Monopolismus führte in der deutschen Wirtschaftsgeschichte zu dem System des kapitalistischen Staatsmonopolismus. Die Entwicklung zu einem reinen System des kapitalistischen Staatsmonopolismus ist durch die Verfassung keineswegs eingeschränkt; blockiert sind jedoch verfassungsrechtlich alle Tendenzen zu einer zentral gelenkten oder geplanten sozialistischen Wirtschaftsordnung. Jeder Versuch, eine zentral gelenkte oder geplante Wirtschaftsordnung zu errichten, wie auch allein die Propagierung einer solchen Wirtschaftsordnung, stößt sich nicht nur am Buchstaben, sondern auch am Geiste und der Interpretation der Verfassung. Dies ist wohl eine der wesentlichsten Blockierungen für eine sozialistische Bewegung in Westdeutschland. Dieses verfassungsrechtliche Ergebnis wurde unter dem Aspekt einer „Systemneutralität" der Verfassung erzielt. Indem jedoch diese Neutralität in einen verfassungsrechtlichen Zusammenhang gesetzt wurde mit dem traditionellen Eigentums-Schutzartikel der bürgerlichen Verfassung, ergab sich wie von selbst eine antisozialistische Tendenz.

Freiheit der Lehre. Als eine der wenigen demokratischen Verfassungen kennt das Bonner Grundgesetz durch den Artikel 5/3, Satz 2 die Einschränkung der Freiheit der akademischen Lehre. Der Sozialdemokrat und Professor Carlo Schmid war es, der in besonderer Weise auf den Einbau dieses Artikels in die Verfassung drängte. Durch diesen Artikel wird deutlich, welche bedeutende Rolle der Interpretation der Verfassung zufällt. Die Freiheit der Lehre soll nicht eingeschränkt werden bei Verfassungskritik, sondern nur bei Verfassungsschädigung oder Verunglimpfung. Inwieweit sich jedoch die Einschränkung der Lehre auch auf bestimmte Methoden und den Inhalt einer Verfassungskritik bezieht, darüber schweigt sich das Grundgesetz aus.

Verwirkung der Grundrechte. Das Bonner Grundgesetz sieht die Möglichkeit der Verwirkung der Grundrechte vor. Einer unmittelbaren autoritären Willkür ist nur insoweit ein Riegel vorgeschoben, als durch bestimmte Institutionen zur Verwirkung dieser Grundrechte ein besonderer Rechtsweg vorgeschrieben ist. Darüber hinaus ist ein bestimmter Schutz vor Willkür auf diesem Gebiet durch den Gesetzesvorbehalt gegeben, nach dem das verwirkte Grundrecht im einzelnen angegeben werden muß. Die Weimarer Verfassung hat eine allgemeine, aber zeitlich begrenzte Verwirkung der Grundrechte gekannt. Die Bonner Verfassung kennt nach dem Artikel 18 nur die Verwirkung der Grundrechte im Einzelfall. Mit der Konstruktion des Bonner Grundgesetzes auf diesem Gebiete wurde jedoch dem Bundesverfassungsgericht eine wesentliche politische Bedeutung zugespielt, von der es fragwürdig ist, ob es damit nicht von vorneherein überfordert wurde. Der Artikel 18 des Grundgesetzes ist der typische Ausdruck eines militanten Verfassungswillens. Dieser militante Verfassungswille war zwar als eine Abwehr nach rechts und links gedacht, ist jedoch selbst im Kontext und in der konservativen Tendenz des Verfassungswerkes ausgesprochen antirevolutionär.

Das Grundgesetz hat mit seinem militanten Artikel des Problem der Loyalität aufgeworfen, das bei der Existenz zweier weltanschaulich firmierter Blöcke und der ihnen angehörenden zwei deutschen Staaten mit ihrer jeweils anderen Grundregelung der Legitimität zu einer bestimmten Rechtsunsicherheit, wenn nicht sogar Rechtswillkür von vorneherein führen mußte. In diesem militanten Artikel geht die Verfassung über die Frage der Motive hinweg, wie auch über die Probleme der Legalität und Illegalität des verfassungsschädigenden Unternehmens. Der Verfassungsrechtler Geiger sagt in diesem Zusammenhang:

„Gleichgültig ist aber, ob das geschehen soll im Wege der Gewalt, ‚legal', in den Formen, die das Grundgesetz zu seiner Änderung vorsieht, oder ohne formale Änderung der geschriebenen Verfassung, indem – außerhalb des rechtlichen Vergleichs – nur politische, gesellschaftliche und wirtschaftliche Tatsachen geschaffen werden, die die unveränderlich gebliebene geschriebene Verfassung zu einem ‚Fetzen Papier' machen . . .".

Indem auf die Frage der Bestimmung der Loyalitätsspaltung, der Einwirkung der Motive wie auf das Problem Legalität und Illegalität nicht eingegangen wurde, wurde der Interpretation der Verfassung durch das Bundesverfassungsgericht die entscheidende Funktion in der Frage des Verfassungsschutzes zugeschoben. Ergab sich schon die Frage, ob das Bundesverfassungsgericht nicht von Anfang an materiell überfordert worden ist, so muß diese Frage noch ergänzt werden durch die, ob dem Bundesverfassungsgericht nicht eine unmöglich zu haltende Interpretations- und Hilfsrolle zugefallen ist.

Der Artikel 21 des Grundgesetzes handelt von der Möglichkeit des Verbots verfassungsfeindlicher Parteien und ihrer Organisationen. In Kombination mit dem Artikel 18 fällt dem Bundesverfassungsgericht eine bedeutende und große Macht zu. Mit dieser Konstruktion wurde der Versuch gemacht, von vorneherein Verfassungskämpfe zu vermeiden oder sie allein auf der Ebene der Justiz auszutragen. Die Väter des Bonner Grundgesetzes haben sich insbesondere da, wo es um die Frage sozialer Grundlagen oder Rechte ging, stets gegen deren Einfügung in die Verfassung mit dem Argument gewehrt, daß diese nicht justiziabel seien. Auf dem Gebiet des Verfassungsstreits und Verfassungskampfes haben sie aber ein unbegrenztes Vertrauen in die Entscheidungsmöglichkeiten und Entscheidungsfähigkeiten der Justiz gezeigt. Die Konstruktion, die auf diesem Gebiet verfassungsrechtlich im Bonner Grundgesetz vorliegt, muß als ein Novum in der Verfassungsgeschichte der modernen Demokratien bezeichnet werden. Der Staatsrechtler Eschenburg spricht in diesem Zusammenhang von „Justizstaat"; er schreibt: „Der demokratische Justizstaat ist eine neue Erscheinung, ein Versuch." Die Funktion der Justiz innerhalb des Verfassungswesens vergleicht er mit der der Verkehrspolizei. Er bezeichnet die Justiz als die „Verkehrspolizei des demokratisch-pluralistischen Staates". Er ist sich dabei wohl nicht bewußt gewesen, daß diese Bezeichnung die ganze Schwäche der verfassungsrechtlichen Konstruktion des Justizstaates anzeigt. Der pluralistische Charakter der modernen Gesellschaft läßt eben nicht zu, daß der Justiz im allgemeinen Sinne eine schiedsrichterliche Funktion zugeordnet wird. Nimmt man die pluralistische Natur der modernen Gesellschaft ernst, so können nur Institutionen, in denen die Verbände offen ihre Interessen austragen und in diesem Austragen an der politischen Integration des Parlaments mitwirken, das Problem einer der Verfassungswirklichkeit gemäßen staatlichen Verfassung lösen. Der Staatsrechtler Eschenburg ist sich dabei der Problematik des Justizstaates sehr wohl bewußt, indem er fordert, daß die Justiz nicht zum Instrument von Parteien oder Parteigruppen werden darf. Eine moralische Norm ist also in diesem Zusammenhang der einzige Schutz vor einer parteipolitischen oder verbandsmäßigen Beeinflussung der Justiz. Daß solche moralischen Proklamationen den realen Bedingungen des Funktionierens der Justiz nicht gerecht werden, versteht sich von selbst. Das Problem des Justizstaates muß dann in ganzer Deutlichkeit hervortreten, wenn man sich vor Augen führt, welche geschichtliche Vergangenheit diese Justiz in den letzten 50 Jahren gehabt hat. Die Väter des Bonner Grundgesetzes haben sich aber weder die Frage nach der Erneuerung des Richter-Korps und der Justizverwaltung gestellt, noch die Frage, auf welchem Wege diese Justiz demokratisiert werden kann. Damit aber ist gerade die Justiz und ihre Entwicklung zu einem Maßstab für die Etappen der restaurativen Entwicklung geworden.

Soziale Grundrechte. Soziale Grundrechte kennt das Bonner Grundgesetz nicht; im Gegensatz zum Beispiel zur Verfassung der DDR, in der das Recht auf Arbeit verbürgt wird. Die Väter der Verfassung haben sich, wie bereits erwähnt wurde, gegen den Einbau sozialer Grundrechte gewehrt, weil sie der Ansicht waren, daß aus sozialen Grundrechten soziale Pflichten entstehen müssen. Mit dieser Auffassung hat sich der Parlamentarische Rat gegen wesentliche Artikel der Länderverfassungen gestellt, wie zum Beispiel den Artikel 162.2 der Bayerischen Verfassung, in der jedermann das Recht auf Arbeit und auf auskömmliche Existenz zuerkannt wird, und insbesondere gegen den Artikel 28.2 der Hessischen Verfassung, in dem es heißt: „Jeder hat nach seinen Fähigkeiten ein Recht auf Arbeit und, unbeschadet seiner persönlichen Freiheit, die sittliche Pflicht zur Arbeit." Die angeführten sozialen Artikel der Länderverfassungen erscheinen wie eine Demonstration gegen die sozial-reaktionäre Argumentation der Verfassungsgebenden Versammlung. Darüber hinaus ergibt sich ein immanenter Widerspruch zu der Abfassung der Eigentumsartikel, in denen sowohl Rechte als auch daraus folgende Pflichten miteinander in Beziehung gesetzt werden.

Im Parlamentarischen Rat wurde die Entscheidung über den Inhalt der sozialen „Grundrechte" auf das bestehende oder das noch zu schaffende soziale Rechtssystem verwiesen. Zwar war man sich der völlig anderen Natur der Gesetze des sozialen Rechtssystems klar, da sie mit einfacher Mehrheit geändert werden können, aber man glaubte damit, dem Einbau von sozialen Grundrechten in die Verfassung aus dem Wege gehen zu können. Daß damit aber der Kampf um einzelne Gesetze oder um die Gesamtheit des sozialen Rechtssystems früher oder später zu einem Zusammenstoß zwischen Gewerkschaften und Parlament führen mußte, war vorauszusehen. Darüber hinaus ist durch die Verschiebung des Problems der sozialen Grundrechte auf das Sozialrechtssystem die Notwendigkeit der Unterbauung der Parteien durch Interessenorganisationen verstärkt worden. Diese Konsequenz widerspricht der bedeutenden verfassungsrechtlichen Stellung der Parteien, die als reine Träger des politischen Willens aufgefaßt werden. In diesem Zusammenhang hat in den zwanziger Jahren der reaktionäre Staatsrechtler C. Schmitt gesagt: „Grundpflichten, welche in ihrer Struktur Grundrechten entsprechen, sind im bürgerlichen Rechtsstaat undenkbar." Indem das Bonner Grundgesetz eine Koppelung von Grundrechten und Grundpflichten ablehnte – mit Ausnahme der Eigentumsartikel – hat es sich als ein klassisch bürgerliches Verfassungswerk erwiesen; da es außerdem kein Widerstandsrecht zuläßt, geschweige denn eine Widerstandspflicht, muß es als ein konservativ-bürgerliches Verfassungswerk aufgefaßt werden.

Parlament. Wir haben schon des öfteren darauf hingewiesen, daß sich die Stellung des Parlaments innerhalb des Verfassungswerkes durch eine außerordentliche Schwäche auszeichnet. Inwieweit sich in den einzelnen Fällen diese Schwäche in besonderer Weise gegenüber der Stärkung der Kanzler-Demokratie zeigt, darauf wird später noch einzugehen sein. Die Verfassung geht von der Fiktion aus, daß der Bundestag das einzige Organ sei, das seine Macht direkt vom Volke ableitet. Diese Auffassung wird dargestellt durch den Artikel 38.1 des Grundgesetzes, in dem es heißt: „Die Abgeordneten sind Vertreter des ganzen Volkes, an Auftrag und Weisungen nicht gebunden und nur ihrem Gewissen unterworfen." Die Verfassung will also im Parlament eine unmittelbare Repräsentation des allgemeinen Willens sehen. Gegen diesen allgemeinen Willen ist kein Widerstand legitim. In diesem Fall wird also die höchste Form des Parlamentarismus innerhalb des demokratischen Verfassungswesens proklamiert. Diese hehre Proklamation steht in einem krassen Widerspruch zu der offenen Machteinschränkung des Parlaments. Sie kann jedoch von den restaurativ-konservativen Kräften stets gegen außerparlamentarische Versuche ins Treffen geführt werden, den allgemeinen Willen des Volkes während einer Periode des Parlaments mit zu repräsentieren. Darüber hinaus ist diese ideale Stellung des Abgeordneten deshalb auch fragwürdig, weil das Grundgesetz keine Formen der Beziehung von Abgeordneten und Volk nach der Wahl kennt. Jeglicher Versuch einer Beeinflussung des Abgeordneten durch einen sich ändernden Volkswillen wird also von vorneherein bewußt unterbunden. Wir haben es bei dieser Konstruktion mit einer Form der vollkommenen Delegation des Volkswillens an das Parlament zu tun. Das Volk verharrt zwischen den Wahlakten in einem Zustand des Untertanen gegenüber seinem Souverän. Die Wirklichkeit des parlamentarischen Lebens sieht jedoch anders aus. Der Wähler schickt den Abgeordneten nicht, wie der Buchstabe der Verfassung meint, in das Parlament, sondern in die Fraktionen der Parteien. Indem der Abgeordnete notwendigerweise und beinahe zwangsweise Mitglied einer Fraktion ist, wird seine proklamierte Abgeordneten-Freiheit gebeugt, wenn nicht sogar de facto aufgehoben. Die Zugehörigkeit eines Abgeordneten zu einer Partei ergibt sich aus der Tatsache des Parlamentarismus in einer Massendemokratie, in der notwendigerweise auch Staatsbürger zu Abgeordneten werden, die nicht über genügend finanzielle Mittel verfügen, um gegenüber den Parteiapparaten selbständig zu sein. In ihrer Soziologie des deutschen Parteienwesens stellen die Sozialwissenschaftler von der Heydte und Sacherl diese Sachlage so dar: „Die Zahl der Abgeordneten, die wirtschaftlich dem Nichts gegenüber stehen, wenn sie die Partei verlassen und damit von vorneherein auf eine Wiederwahl verzichten, ist nicht zu gering." Die Macht der Parteibürokratie und in ihr die Macht des Kämmerers dehnt sich so nicht nur auf den Parteigenossen als Abgeordneten aus, sondern auch auf die private Existenz des Abgeordneten selbst und beschränkt so seine Freiheit ganz erheblich. Darüber hinaus sind die Rechte eines „freien Abgeordneten", der sich von seiner Partei bzw. der Fraktion im Parlament löst, minimal; er hat keine Möglichkeit mehr, im Plenum Anträge zu stellen; praktisch ist er von der Debatte des Plenums ausgeschlossen und weiterhin verliert er seinen Sitz in den Ausschüssen. Der Fraktionszwang ist für den Abgeordneten eine Entscheidung zwischen politischer Möglichkeit oder Wirkungslosigkeit. Im Grunde genommen besteht jedoch nicht nur für den Abgeordneten, der politisch aktiv am parlamentarischen Leben teilnehmen will, ein Fraktionszwang, sondern darüber hinaus der Zwang, einer großen Fraktion beizutreten. Das Grundgesetz hat zwar die verfassungsrechtliche Rolle der Parteien festgelegt, jedoch nicht die Art ihres Funktionierens im Parlament. Die Fraktionen aber sind die entscheidenden Kräfte der parlamentarischen Willensbildung. Sie brauchen nicht einmal mit der Parteiorganisation zusammenzufallen. Einige Kommentatoren des Grundgesetzes sind der Ansicht, daß der Gesetzgeber diesen Fraktionskampf nicht aufheben konnte, weil er sonst die Vereinigungsfreiheit eingeschränkt hätte. Es sind dies die gleichen Kommentatoren, die sich auf dem Gebiet der Koalitionsfreiheit zu den eifrigsten Verteidigern der negativen Vereinigungsfreiheit machten. Mit dem Zwang zur Fraktion wird selbstverständlich die Macht der Bürokratie in den Parteien noch verstärkt.

Innerhalb des Grundgesetzes liegt ganz offensichtlich ein Widerspruch zwischen dem Artikel 38.1, „Die Abgeordneten sind Vertreter des ganzen Volkes und nur ihrem Gewissen unterworfen", und dem Artikel 21, „Die Parteien wirken an der politischen Willensbildung des Volkes mit", vor. Dieser Widerspruch ist zwar logisch nicht absolut und er kann formal aufgelöst werden, aber der Artikel 38.1 steht im krassen und unauflösbaren Widerspruch zur Verfassungswirklichkeit des Fraktionszwanges. Um Irrtümer zu vermeiden, sei hier hervorgehoben, daß nicht die Frage Fraktionsfreiheit oder Fraktionszwang debattiert wird, sondern daß der Versuch gemacht wird, die inneren Widersprüche der Verfassung sowie ihre restaurativen Tendenzen darzustellen. Das Bonner Grundgesetz unterscheidet sich von früheren Verfassungen dadurch, daß es die Funktion und Bedeutung der Parteien nicht verschweigt und die Parteien zu Gliedern der Verfassung macht. Das Bonner Grundgesetz aber verschweigt die tatsächliche parlamentarische Funktion der Parteien, ihre Rolle als Fraktion. Damit aber wird der Artikel 38.1 zu einer reinen Verfassungsfiktion.

Die besonderen Formen des Fraktionszwanges sind innerhalb der verfassungsmäßigen Gegebenheit bei der Regierungspartei und ihren Satelliten gefährlich. Die Form des Fraktionszwanges, die Macht der Bürokratie in den Parteien, wird hier noch verstärkt durch die überragende Rolle des Bundeskanzlers. Es war vorauszusehen, daß die Kombination solcher Größen im Parlament zu einem Kanzler-Block führen würde, der das parlamentarische Leben bedrohen mußte.

Indem die Parteien zu Gliedern der Verfassung geworden sind, hätte sich der Verfassungsgeber insbesondere um die innere Demokratie der Parteien kümmern müssen. In einem Punkte, nämlich der Frage der Finanzierung der Parteien, liegt ein Ansatz dazu vor. Da aber der Gesetzgeber diesen Ansatz nicht genützt und auf weiten Gebieten nicht gewollt hat, hat er die Frage der inneren Ordnung, d.h. faktisch der bürokratischen Ordnung der Parteien, nicht in den Griff genommen. Damit aber hat er den Abgeordneten zu einem Glied der Parteiorganisation und der Fraktion gemacht und nicht – wie es der Artikel 38.1 will – zu einem unmittelbaren Repräsentanten des gesamten Volkswillens. Diese Gebundenheit des Abgeordneten, wie auch die bürokratische Tendenz in den Parteien, muß noch dadurch verstärkt werden, daß die Parteien einen äußerst geringen Prozentsatz der Wähler repräsentieren. Die Frage der Finanzierung der Agitation für den einzelnen Kandidaten wurde vom Verfassungsgeber und Gesetzgeber völlig und bewußt ausgelassen.

Nicht die Parteien sind also die wesentlichen Träger politischer Willensbildung, sondern die Fraktionen. Die Fraktionen sind die handelnden Körperschaften der Parteien; die Parteien sind die werbenden Organisationen. Es ist bezeichnend, daß keine der großen Parteien das Problem der Kontrolle der Fraktion durch die Demokratie der Partei gelöst hat. Tatsächlich ähneln die Parteitage der großen Parteien, wie wir es in dem Kapitel über das deutsche Parteiwesen bereits dargestellt haben, mehr Paraden als Institutionen der demokratischen Willensbildung. Den Fraktionen muß so eine führende und entscheidende Rolle innerhalb des Parteilebens zufallen. Bei diesen offensichtlichen Tendenzen, welche ein demokratisch-parlamentarisches Leben gefährden, wäre zu erwarten gewesen, daß die Rolle der parlamentarischen Opposition in besonderer Weise verfassungsmäßig gestärkt oder wenigstens fixiert worden wäre. Der sozialdemokratische Abgeordnete Carlo Schmid war zu Beginn der Arbeit des Bundestages noch der Ansicht, daß die Opposition „der andere Beweger der deutschen Politik" sei. Diese Ansicht ist mehr eine moralisch-politische Forderung, denn eine Behauptung, die sich auf eine verfassungsmäßige Konstruktion stützt. Auch die Heranziehung des klassischen Spiels von Regierung und Opposition im bürgerlichen Parlamentarismus wird den tatsächlichen Beziehungen von Regierung und Opposition im modernen Staatswesen und insbesondere innerhalb des verfassungsmäßigen Rahmens des Bonner Grundgesetzes nicht mehr gerecht.

Die Opposition ist keineswegs mehr ein fruchtbarer, wünschbarer und politisch erfolgreicher Faktor innerhalb des modernen Industrie- und Sozialstaates, sondern in Wahrheit eine Gefahr. Es ist für die Oppositionspartei dabei mehr oder weniger gleichgültig, welche Form der Opposition sie gegenüber der Regierung zu üben gewillt ist. Die Gefahr besteht darin, daß Herrschaft – wie der deutsche Soziologe Max Weber sagt – im Alltag primär Verwaltung sei. Für den Industrie- und Sozialstaat muß gesagt werden, daß Politik primär Verwaltung ist; daß politische Entscheidungen und Verwaltungsakte kaum mehr voneinander zu trennen sind. Mit dem Anschwellen wirtschaftspolitischer Fragen und sozialpolitischer Probleme nimmt die Verwaltung notwendigerweise ein Übergewicht innerhalb des politischen Lebens ein. Aus diesem Übergewicht der Verwaltung gegenüber der Politik ergibt sich eine beinahe natürliche Bevorzugung der Kontinuität. Eine Unterbrechung der Regierungsarbeit oder gar ein Wechsel wird nicht nur von der Exekutive, sondern auch von den breiten Massen der durch die Entscheidung des Wirtschafts- und Sozialstaates betroffenen Kräfte und insbesondere von den organisierten Interessengruppen als eine Störung empfunden. Es muß als ein allgemeiner Zug innerhalb des bürgerlichen Wirtschafts- und Sozialstaates gewertet werden, daß der Schwerpunkt sowohl der Verfassungsarbeit, wie auch des politischen Lebens mehr auf dem Funktionieren, denn auf der Einschaltung der demokratischen Prinzipien liegt. Darüber hinaus ergibt sich durch das System der Ämterbesetzung durch Mitglieder der Regierungspartei bzw. der Regierungsparteien ein unmittelbares korporatives Interesse der Bürokratie, eine Unterbrechung des Regierungsgeschäfts oder gar einen Regierungswechsel zu verhindern. Die Staatsrechtler Sultan-Abendroth haben diese Erscheinung als „bürokratischen Verwaltungsstaat" bezeichnet.

Innerhalb des parlamentarischen Lebens fällt neben den Fraktionen den Ausschüssen eine ganz besondere Bedeutung zu. Die Ausschüsse werden formal als die Verbindungsglieder von Parlament und Exekutive bezeichnet. In Wahrheit aber stellen sie die „Gesandten-Kongresse der großen Fraktionen" dar. Auch die von der Exekutive in die Ausschüsse gesandten Beamten fühlen sich als Teile der Fraktionen und nicht als Repräsentanten eines neutralen Staates. Mit dem Anschwellen der wirtschafts- und sozialpolitischen Aufgaben vermehrte sich naturgemäß auch die Zahl der Ausschüsse; mit der Vermehrung der Zahl der Ausschüsse wurde die Kontrolle der Parteien über die Ausschußarbeit im einzelnen immer schwieriger. Da die parlamentarischen Vertreter in den Ausschüssen in der Regel an Arbeitsüberhäufung leiden, ergibt sich eine natürliche Führungsrolle der spezialisierten Beamten-Repräsentation in den Ausschüssen. Die Ausschüsse selbst sind in ihrer Zusammensetzung Spezialisten-Gremien, die auch von der Sache her in ihrer Arbeitsweise nur schwer zu kontrollieren sind. Darüber hinaus sind ihre Sitzungen nicht öffentlich. Damit unterscheidet sich jede konservativ-demokratische Verfassung von einer progressiv-demokratischen, da die Öffentlichkeit der Ausschuß-Sitzungen neben der Abschaffung der Geheimdiplomatie zu den traditionellen Grundforderungen radikal-demokratischer politischer Bewegungen gehört.

Aus diesen Tendenzen heraus muß sich ein Verfall des Parlamentarismus ergeben. Die Auseinandersetzungen im Parlament sind nicht so sehr politische Argumentationen, sondern Paradeschlachten, deren Zweck Werbung ist. Die allgemeine Werbung und das Moment der parlamentarischen Parade führt aber zur Differenzierung der Fraktionen und letztenendes zu einer Förderung des Führerwesens im Parlament, im parteipolitischen und im politischen Leben überhaupt. Der Verfall des Parlamentarismus im klassischen Sinne muß als der stärkste Motor zur Förderung der Kanzler-Demokratie gewertet werden. Die Differenzierung in den Fraktionen zeigt sich darin, daß sich die Fraktionen in Paradepferde, Spezialisten und Hinterbänkler einteilen lassen. Dabei ist bezeichnend, daß die Zahl der Hinterbänkler, d.h. des reinen parlamentarischen Stimmviehs, immer mehr zunimmt. In den Fraktionen selbst herrscht die stille Macht der Spezialisten, die eine innere Demokratie in den Fraktionen beugen oder sie gar verhindern und eine demokratische Kritik beinahe unmöglich machen, ebenso wie der Widerstand gegen die Paraderepräsentanten der Fraktion die Opposition innerhalb der Fraktion nahe an die Schwelle des Parteiverrats und der Parteischädigung bringt.

Haushaltsrecht. Das Haushaltsrecht wird in der Geschichte des Parlamentarismus als das erste, älteste und wichtigste Recht der Parlamente bezeichnet. Die Macht eines Parlaments in der Verfassungsgeschichte kann daran gemessen werden, in welchem Umfange es eine Bestimmung des Etats und des Budgets durchführen kann. Aber gerade an der Erscheinung des Haushaltsrechts wird der historisch bedingte Charakter der bürgerlich-kapitalistischen Demokratie deutlich. Das Haushaltsrecht hat als Instrument der Kontrolle und Bestimmung nur dort zu funktionieren vermocht, wo noch eine Trennung von Staat und Parlament gegeben war, d.h. wo die Krone und der Verwaltungsapparat den Staat repräsentierten, und das Parlament die Bourgeoisie.

Mit der Veränderung der gesellschaftlichen Struktur und mit der Ausdehnung der Staatsaufgaben mußte sich auch das klassische Recht der Parlamente auf diesem Gebiet verändern. Der deutsche Soziologe Adolf Wagner hat bereits im Jahre 1892 über das Gesetz „der wachsenden Ausdehnung der öffentlichen und insbesondere der Staatstätigkeiten" geschrieben. Mit der Übernahme wirtschaftspolitischer und staatspolitischer Funktionen hat dieser Prozeß der Vermehrung der Staatstätigkeiten noch zugenommen. So beliefen sich die Ausgaben des Deutschen Reiches im Jahre 1913 auf 7 Milliarden Reichsmark, im Jahre 1920 auf 11 Milliarden, 1930 auf 20 Milliarden, 1939 auf 52 Milliarden und im Jahre 1952 die Ausgaben der Bundesrepublik auf 40 Milliarden Deutsche Mark. Innerhalb der Staatsaufgaben verschiebt sich in den großen Industriestaaten der Anteil der verschiedenen öffentlichen Instanzen immer stärker auf die Ausgaben der zentralen Staatsorganisation. In den modernen Industrie- und Sozialstaaten hat der Haushalt einen so großen Umfang angenommen, daß er weder von einzelnen noch von Gruppen, und selbstverständlich nicht von der Gesamtheit eines mehrhundertköpfigen Parlaments überblickt werden kann. Die Staatstätigkeiten haben sich außerdem so spezialisiert, wie auch die Technik des Staatshaushaltes einer fortschreitenden Spezialisierung unterworfen war, daß man mit Recht sagen kann, daß kaum noch ein Abgeordneter des Parlaments in der Lage ist, den Staatshaushalt in allen Einzelheiten zu übersehen. Aus dem Umfang und der Spezialisierung des Staatshaushalts ergibt sich eine natürliche Überlegenheit an Übersicht und Sachkenntnis der Ministerialbeamtenschaft gegenüber dem Parlament. Der Modus der Aufstellung des Staatshaushalts ist so kompliziert, daß ohne Übertreibung von einer Verwilderung der Technik des Staatshaushaltes gesprochen werden kann. Für das Problem der Kontrolle des Staatshaushalts ist in den Industriestaaten noch erschwerend, daß hier der Staat als Unternehmer auftritt, das Geschäftsgebaren der Unternehmen jedoch nicht unmittelbar der parlamentarischen Kontrolle unterliegt. Der Staatshaushalt stellt ein reines Jahresbudget dar und keineswegs einen Ausgabeplan, so daß das Parlament nur den Umfang, jedoch nicht den Modus zu bestimmen vermag. Daß jedoch gerade der Modus der Ausgaben von entscheidender volkswirtschaftlicher Bedeutung ist, ist innerhalb einer hochkomplizierten

Wirtschaft selbstverständlich. Eine bestimmte Klärung des Haushaltswesens wie auch des Problems eines Ausgabeplans könnte durch die Aufstellung eines volkswirtschaftlichen Gesamtplans – eines Nationalplans – erreicht werden. Das Grundgesetz sieht jedoch keinen volkswirtschaftlichen Gesamtplan dieser Art vor. Auf dem Gebiete des Haushaltsrechts des Parlaments muß es als ein verfassungsrechtliches Unikum angesehen werden, daß auf Befehl der Besatzungsmächte der Zwang zum ausgeglichenen Staatshaushalt in das Grundgesetz aufgenommen werden mußte. Die Beschränkung der Souveränität und die daraus sich ergebende Einschränkung der parlamentarischen Rechte wird an keinem Beispiel deutlicher, als an diesem militär-diktatorischen Zwang. Das Motiv dieser Beschränkung des Parlaments auf dem Gebiete des Haushaltsrechts waren antiinflationistische Überlegungen der wirtschaftspolitischen Spezialisten der Militärregierungen.

Eine zweite wesentliche Beschränkung des Haushaltsrechts des Parlaments ergibt sich durch den Artikel 113 des Grundgesetzes, nach dem der Bundesregierung in den Fragen des Haushalts ein absolutes Vetorecht zukommt. Dieses Vetorecht kann nicht durch einen Mehrheitswillen des Parlaments gebrochen werden. Die einzige Möglichkeit besteht in der Herbeiführung einer Regierungskrise, da – wie wir sehen werden – das einfache Mißtrauensvotum dem Parlament versperrt ist. Dieses absolute Vetorecht stellt die schärfste Form des Vetos gegen die Macht des Parlaments dar, die wir auf dem Gebiete des parlamentarischen Haushaltsrechts überhaupt in einer demokratisch-parlamentarischen Verfassung kennen. Das absolute Vetorecht der Bundesregierung, d.h. praktisch des Bundeskanzlers, wird durch ein suspensives Vetorecht des Bundesfinanzministers ergänzt. Der Bundesfinanzminister kann sein Veto gegen das Haushaltsrecht des Parlaments jedoch nur aus haushaltswirtschaftlichen Gründen einlegen.

Entstehen die oben angeführten Beschränkungen des Haushaltsrechts des Parlaments aus bestimmten Artikeln des Grundgesetzes, so ergibt sich eine weitere Beschränkung durch eine allgemeine Tendenz in der Entwicklung des Haushaltswesens in den Industrie- und Sozialstaaten. Mit der Übernahme der Aufgaben der „Daseinsvorsorge" liegen in den Budgets der modernen Industriestaaten von Jahr zu Jahr immer größere Teile des Haushalts bereits von vornherein fest, die praktisch unkorrigierbar sind. Diese Zunahmen der Staatsausgaben im Staatshaushalt führen zu einer unmittelbaren Einschränkung der korrigierenden Funktionen des Parlaments auf dem Gebiet des Haushaltswesens.

Eine weitere Beschränkung des parlamentarischen Haushaltswesens hat ihren Grund in der wachsenden Starrheit der Steuergesetzgebung und des Steuersystems. Indem das kapitalistische System in seinen Abläufen immer konjunkturempfindlicher wird, kann es sich der Staat nicht leisten, von Fall zu Fall seine steuerpolitischen Grundsätze und

Praktiken zu verändern, ohne große wirtschaftliche Störungen befürchten zu müssen. Wesentlich ist, daß kein Gleichlauf des Haushalts mit dem Modus der Besteuerung vorliegt, sondern daß der Modus der Besteuerung sich naturgemäß über mehrere Haushalte erstreckt. Dieses Problem könnte dadurch gemildert werden, daß langfristige Haushalts- und Besteuerungspläne zusammen mit umfassenden Kalkulationen der Entwicklung des Volksvermögens und der Volkswirtschaft eingeführt würden. Diese Beobachtungs- und Planungsmethoden entsprechen jedoch nicht den wirtschaftlichen Prinzipien des Grundgesetzes. Es wäre zwar möglich, die Methoden dieser Art aus den sozialen Verpflichtungen des Grundgesetzes abzuleiten, jedoch nur bei einer sehr freien Interpretation des Buchstabens der Verfassung. Mit der Starrheit des Steuersystems ist natürlich auch das Parlament von Haushaltsplan zu Haushaltsplan bestimmten Vorentscheidungen unterworfen, die seine unmittelbaren Entscheidungsfähigkeiten, eine Korrektur des Haushalts betreffend, wesentlich einschränken.

Die allgemeinen und speziellen verfassungstechnischen Bedingungen haben in keiner anderen demokratischen Verfassung das Haushaltsrecht des Parlaments so eingeengt wie in Westdeutschland. Aus der Entscheidung für den Primat des Funktionierens und für das Prinzip der Kontinuität der Verwaltung hat sich so notwendigerweise ein starker antiparlamentarischer Zug im deutschen Verfassungswesen und Verfassungsleben ergeben.

Kanzler-Demokratie. Aus der Schwächung des Parlaments ergab sich gleichermaßen eine Stärkung der Exekutive und insbesondere der Spitze der Exekutive, der Position des Bundeskanzlers. Allein die Wahl des Bundeskanzlers ist schon eine äußerst komplizierte Regelung, welche zum Ziele hat, das Parlament zu zwingen, einen Bundeskanzler mit großer Mehrheit zu wählen oder auch einen Kandidaten als Bundeskanzler durchzubringen, wenn keine qualifizierte Mehrheit vorliegt.

Das Grundgesetz hat durch Artikel 63 auch die Regierungsbildung bei relativer Mehrheit gesichert und damit das Problem der Koalition aufgeworfen. Das Grundgesetz spricht jedoch nicht davon, inwieweit die Fraktionen das Recht und die Möglichkeit haben, den Bundeskanzler bei der Auswahl seiner Minister zu beeinflussen. Daraus ergibt sich eine äußerst starke Position des Bundeskanzlers bereits bei der Regierungsbildung.

Die zweite Einrichtung, die auf eine bedeutende Stärkung der Position des Bundeskanzlers hinausläuft, ist die Einrichtung des konstruktiven Mißtrauensvotums. Das Parlament kann gegenüber dem Bundeskanzler nur dann ein Mißtrauensvotum stellen, wenn es in der Lage ist, ihm einen Gegenkandidaten entgegenzusetzen, der über die Möglichkeit der Gewinnung einer relativen Mehrheit verfügt. Das konstruktive Mißtrauensvotum stellt selbstverständlich einen antiparlamentarischen Akt dar. Die Väter des Grundgesetzes haben sich zum konstruktiven Mißtrauensvotum aus den Erfahrungen der Weimarer Republik heraus entschieden, in der es wechselnden Links-Rechts-Kombinationen des öfteren gelungen ist, zwar Regierungskrisen herbeizuführen, aber nicht diese Regierungskrisen zu überwinden. Im Grunde genommen hatten die Verfasser des Grundgesetzes das Problem der Herrschaft Brünings vor Augen; sie haben jedoch übersehen, daß der Sturz Brünings nicht durch eine parlamentarische Links-Rechts-Kombination erfolgt ist, sondern dem Reichspräsidenten bzw. dem Einfluß der konservativ-reaktionären Kräfte um den Reichspräsidenten zuzuschreiben ist. Das andere Vorbild waren die sich ablösenden Regierungskrisen in Frankreich. Die Stabilität der Regierung in Westdeutschland war als ein wichtiges antikommunistisches Mittel gedacht.

Im Hinblick auf das Koalitionsproblem ergibt sich, daß in der Verfassung kein Modus festgelegt ist, durch den eine Regierungskoalition entstehen kann oder entstehen soll. Zwar findet sich auch in anderen parlamentarisch-demokratischen Verfassungen keine Festlegung des Modus der Entstehung einer Koalition, aber für eine neue deutsche Demokratie wäre hier eine Festlegung deshalb am Platze gewesen, weil diese Demokratie keine demokratische und parlamentarische Tradition besitzt. Durch die starke Stellung des Bundeskanzlers ergibt sich zwangsläufig, daß er im Wahlgang stets die umstrittenste Figur sein wird. Der Kanzler-Koalition steht nicht nur während der Legislaturperiode, sondern auch im Wahlgang selbst die Kanzler-Opposition gegenüber. Daraus ergäbe sich die Notwendigkeit, daß die Parteien sich bereits im Wahlakt zu einer Koalitionsfront gegen bzw. für den Bundeskanzler zusammenschließen. Die Festlegung der Parteien und Fraktionen auf eine Koalition nach der Wahl widerspricht jedoch der gängigen Praxis der Parteiführungen und Fraktionen. So ergibt sich eine Irreführung der Wählermassen aus dem System heraus. Der Wähler ist praktisch ohne Einfluß auf die Regierungsbildung und er wird, wie der Staatsrechtler Eschenburg sagt, zu einer „Fahrt ins Blaue" eingeladen. Dem Bundeskanzler verbleiben für die Praxis einer Koalition große Möglichkeiten, indem er willkürlich die Ministerien vermehren kann. Mit dieser Mehrung der Ministerien steht im Zusammenhang, daß es in der Entscheidungsmöglichkeit des Bundeskanzlers liegt, Kanzler-Ministerparteien zu schaffen.

Die Verfassung kennt große Möglichkeiten der Koalitionsbildung auch dann, wenn die Kanzlerpartei nicht über die relative Mehrheit verfügt. Diese Möglichkeit ist insbesondere dann gegeben, wenn eine Einheitsfront von Präsident und Kanzler eintritt. Es ergeben sich so geringe Ablösungschancen für die Opposition; eine Ablösungschance würde einen politischen Erdrutsch voraussetzen. Ein politischer Erdrutsch diesen Ausmaßes ist jedoch nur in politischen oder wirtschaftlichen Krisenzeiten zu erwarten. Wirtschaftliche und politische Krisen werden aber ganz ohne Zweifel die in der Verfassung angelegten autoritären Tendenzen auf dem Wege einer reaktionären Interpretation der Verfassung sowie auf dem Wege einer rigorosen Ausnützung der in der Verfassung angelegten autoritären Elemente verstärken.

Die parlamentarische Kontrolle kann in diesem durch die Verfassung festgelegten politischen System entweder durch eine reine autoritäre Kanzler-Demokratie oder durch die Koalition der beiden großen Parteien aufgehoben werden. Beide Möglichkeiten würden faktisch das Ende eines funktionierenden Parlamentarismus in Westdeutschland bedeuten. In der Verfassung angelegt ist stärker die Tendenz zu einer reinen autoritären Kanzler-Demokratie. Für die Gefahr der Ausschaltung der Kontrollfunktionen des Parlaments durch eine große Koalition hat die Verfassung überhaupt keine Sicherung vorgesehen.

Bei der Betrachtung der Verfassung haben wir den Primat der Verwaltung festgestellt. Die Verwaltung ist in der bürgerlich-kapitalistischen Gesellschaft ihrem Wesen nach monokratisch und hierarchisch organisiert. In der Gestalt des Bundeskanzlers erhält die Verwaltung ihre Spitze. Die Autorität des Kanzlers ist so groß, daß er zugleich zu herrschen und zu verwalten vermag. Das Grundgesetz hat auf diese entscheidende Trennung staatlicher Funktionen keinen Gedanken verschwendet. Wenn Ende des 17. Jahrhunderts der französische König Ludwig XIV. gesagt hat: „Der Staat bin ich!", so befand er sich in einem schwerwiegenden Irrtum, wenn er mit dem Staat die Gesamtheit der Verwaltung gemeint hat. Die französische Geschichte ist geradezu bestimmt durch die Trennung von Staat und Staat, d.h. der Staat als corps administratif und corps politique. Der Schwerpunkt des staatlichen Lebens in der französischen Geschichte liegt auf der Kontinuität des Staates als Verwaltung. Wir sehen daraus, daß das Problem der Verwaltung, ihre Sonderrolle und ihre stark sich durchsetzenden Kräfte innerhalb einer bürgerlich-demokratischen Verfassung und einem bürgerlich-demokratischen Staatswesen bis heute nicht gelöst worden ist. Andere demokratische Verfassungen haben jedoch dieses Problem gesehen und Einrichtungen geschaffen, um das Durchdringen des corps politique durch das corps administratif zu verhindern. Die westdeutsche Verfassung hat demgegenüber den Ausdehnungstendenzen der Verwaltung nicht nur keine Schranken entgegengesetzt, sondern die Kraft dieser Ausdehnungstendenzen noch verstärkt. Die Verteidiger des Prinzips der Kanzler-Demokratie führten an, daß dies notwendig gewesen sei, um der zentrifugalen Kräfte innerhalb einer pluralistischen Gesellschaftsordnung Herr zu werden. Diese Auffassung wäre nur dann richtig, wenn es gelänge, das corps administratif, d.h. die staatliche Verwaltung, den staatlichen Beamtenkörper, politisch zu neutralisieren. Aber gerade in der pluralistischen Gesellschaftsordnung ist der unmittelbare Einfluß auf die Besetzung der Ämter und auf die Arbeit der Beamten offensichtlich und, solange dieser Einfluß nicht in einen verfassungsinstitutionellen Rahmen gebracht wird, auch notwendig. Die Forderung nach einer politischen Neutralisierung der Verwaltung ist jedoch im Hinblick auf die Geschichte, den sozialen Hintergrund und die speziellen Formen der Tätigkeit der deutschen Beamtenschaft nichts anderes als eine moralische und politische Überforderung.

Welche starke Position der Bundeskanzler einnimmt, zeigt sich an seiner Stellung innerhalb der Regierung. Es ist bezeichnend, daß die Regierung sich in Westdeutschland die Geschäftsordnung selbst gegeben hat; und es besteht kein Zweifel, daß durch diese Geschäftsordnung die Elemente der Kanzler-Demokratie noch verstärkt worden sind. In dieser Geschäftsordnung der Bundesregierung sind die Minister zum Schweigen über die Vorgänge innerhalb des Kabinetts gegenüber Fraktion, Partei und Öffentlichkeit – auch nach ihrem Ausscheiden aus dem Kabinett! – verpflichtet. Die Minister sind allein von den Entscheidungen des Bundeskanzlers abhängig. Die Fraktionen können gegenüber den Ministern keine Loyalität erzwingen. Der Bundeskanzler bestimmt nach Artikel 65 des Grundgesetzes die Richtlinien der Politik; er hat sozusagen die „Kompetenz der Kompetenz". Dabei wird die Stellung des Bundeskanzlers noch dadurch gestärkt, daß keine klaren Abgrenzungen der Ressortrechte der Minister gegenüber dem Bestimmungsrecht des Bundeskanzlers vorliegen. Das Kabinett-System, wie es durch das Grundgesetz konzipiert ist, ist eine Mischung von Kollegial- und Ressort-System. Gerade diese Mischung ist es jedoch, die zu einer wesentlichen Stärkung der Macht des Bundeskanzlers geführt hat, da damit keine Begrenzung seiner Kompetenzen innerhalb des Kabinetts festgelegt wurde. Es liegt ganz ohne Zweifel in der Konstruktion dieser Mischung, daß der Bereich der Ermessensentscheidungen durch den Bundeskanzler sich ständig vergrößern muß. Carlo Schmid hat im Parlamentarischen Rat davon gesprochen, daß natürlich die Richtlinien der Politik der Bundesregierung, die zu bestimmen dem Kanzler obliegt, nur normativen Charakter haben könnten, d.h. nicht auf Einzelfälle und Einzelentscheidungen bezogen werden könnten. Indem jedoch der Schwerpunkt auf der Kontinuität der Administration liegt und das Administrative immer stärker das politische Leben bestimmt, ergibt sich die Praxis einer permanenten Intervention des Bundeskanzlers in die einzelnen Akte der Verwaltung. Letztenendes ist es der Kanzler, der den Bereich und damit auch die Natur der Richtlinien bestimmt.

Der Bundeskanzler ist innerhalb des Bundeskabinetts nicht an den Mehrheitsentscheid des Kabinetts gebunden. Von vorneherein lag in der Konstruktion der Rolle des Bundeskanzlers im Bundeskabinett die Gefahr „einsamer Beschlüsse" begründet. Gegenüber dieser autoritären Tendenz in der Konstruktion der Rolle des Bundeskanzlers gegenüber dem

Parlament und gegenüber den Ministern seines Kabinetts wird von den Verteidigern der Konstruktion der Kanzler-Demokratie meistens nur ein moralischer Appell an die demokratischen Eigenschaften des Bundeskanzlers vorgebracht. Die verfassungsrechtliche Figur des Bundeskanzlers ist deshalb eine interessante verfassungsrechtliche Erscheinung, weil sie zeigt, wie aus einer geschäftsmäßigen und moralischen Überforderung einer verfassungsmäßigen Institution oder Position sich entweder deren Verfall ergibt oder die willkürliche Ausdehnung deren Autorität. Die Tendenz zur willkürlichen Ausdehnung der Autorität wird im Falle des Bundeskanzlers noch dadurch verstärkt, daß er die alleinige Verantwortung gegenüber dem Parlament trägt. Ihm obliegt auch die Bestellung seines Vertreters, wie auch die Bestellung des Staatssekretärs für das Bundeskanzleramt. Es ist vorstellbar, daß in der Konstellation Bundeskanzler – Vertreter – Staatssekretär des Bundeskanzleramtes sich dann eine kanzler-demokratische Konstellation direktorialer Natur ergibt, wenn der Bundeskanzler selbst nicht fähig oder willens ist, die kanzlerdemokratischen Möglichkeiten der Verfassung ganz auszuschöpfen.

Wesentlich für die Macht des Bundeskanzlers in der Verfassung ist, daß er Minister nach freiem Ermessen berufen und entlassen kann sowie, daß die Minister nur ihm verantwortlich sind. Den demokratisch-parlamentarischen Charakter einer Verfassung kann man hauptsächlich an zwei verfassungsrechtlichen Elementen erkennen: Einmal an dem Umfang des Haushaltsrechtes und zum anderen an der Minister-Verantwortlichkeit gegenüber dem Parlament. Wir haben bereits gezeigt, daß das Haushaltsrecht des Parlaments im Bonner Grundgesetz empfindlich eingeschränkt ist; eine Ministerverantwortlichkeit gegenüber dem Parlament wurde bewußt ausgeschaltet. Daraus kann mit Recht gefolgert werden, daß die Verfassung des westdeutschen Staates offen die Prinzipien eines parlamentarischen Systems aufgegeben hat, wie auch das Prinzip der Koalition. Indem der Bundeskanzler Minister auszuwechseln vermag, kann er seine Regierung auch bei wechselnden Mehrheiten im Parlament stabil erhalten. Diese Möglichkeit stellt eine ideale Klaviatur der Macht des Bundeskanzlers, wie insbesondere auch der Ausdehnung und Festigung der Autorität der Position des Bundeskanzlers dar. Das Parlament kann darüber hinaus den Bundeskanzler nur dann zur Verantwortung zwingen, wenn es in der Lage ist, den Weg des konstruktiven Mißtrauensvotums zu gehen. Dies aber ist äußerst fragwürdig. Die Konstruktion der Kanzler-Demokratie war im Parlamentarischen Rat – im Hauptausschuß wie im Plenum – von den beiden großen westdeutschen Parteien, der CDU und der SPD – dies beweisen die Stenogramme eindeutig – gewollt. Im Zusammenhang mit dieser Machtstellung des Bundeskanzlers ergibt sich zusätzlich das Problem, daß der Parlamentarische Rat sich nicht vorstellen konnte oder wollte, inwieweit diese Machtposition des Bundeskanzlers durch die Aufstellung einer westdeutschen Armee eine ungeheure Mehrung erfährt.

Bundesverfassungsgericht. Gegenüber dieser ungeheuren und beinahe alle konstitutionellen Vorstellungen sprengenden Macht des Bundeskanzlers sieht die Verfassung die Bremse des Bundesverfassungsgerichtes vor. Man hätte erwarten können, daß das Bundesverfassungsgericht geradezu auf die Beschränkung der Machtfülle der Position des Bundeskanzlers spezialisiert worden wäre. Aus der Verfassung jedoch ergibt sich eine so große Aufgabenfülle, daß man von einer offensichtlichen Überbürdung des Bundesverfassungsgerichtes sprechen kann. Das Bundesverfassungsgericht hat Fragen zu regeln, die sich aus den Beziehungen von Bundesrecht und Länderrecht ergeben; es hat den rechtsinstanziell richtigen Verlauf der gerichtlichen Verfahren zu kontrollieren; es hat weiter die Aufgabe, das Grundgesetz auszulegen, die Exekutionskontrolle durchzuführen sowie insbesondere über die Verwirkung von Grundrechten und die Verfassungswidrigkeit von Parteien zu entscheiden; es hat die Anklage gegen den Bundespräsidenten und die Bundesrichter zu tragen und allgemeine Verfassungsbeschwerden zu bearbeiten. Daraus ergeben sich zwei Funktionen: einmal der Schutz der Rechtsstaatlichkeit und weiterhin die, Frieden zu stiften. Es ist eine verfassungsrechtliche Regel, daß, je überbürdeter eine Institution ist, umso geringer und fragwürdiger ihre Wirkung sein muß. Wenn es auch als verfassungsrechtlicher Grundsatz zu gelten hat, daß bei der politischen Überbürdung einer Institution diese Institution entweder wirkungslos wird, weil ihre Vertreter sich vor der Gewichtigkeit ihrer politischen Entscheidungen fürchten, oder mit in den Kampf der politischen Kräfte hineingerissen wird, so ist das Letztere aus der Verfassungskonstruktion im Falle des Bundesverfassungsgerichtes zu erwarten.

Die Möglichkeiten der Bremswirkung des Bundesverfassungsgerichtes im Hinblick auf eine Ausdehnung des Prinzips der Kanzler-Demokratie und des bürokratischen Verwaltungsstaates sind äußerst gering. Da man die Kanzler-Demokratie nicht im Rahmen der allgemein geltenden Verhaltensregeln, wie sie die demokratische Tradition herausbildete, zu fesseln vermochte, ist man auf den Ausweg verfallen, durch eine formal-juristische Konstruktion die Kanzlermacht zu bremsen. Daß dazu eine reale Gegenmacht allein in der Lage gewesen wäre, versteht sich von selbst. Indem diese Gegenmacht innerhalb der Verfassung nicht existiert, liegt es nahe, daß sich außerparlamentarische Verbände und Organisationen als Gegenmacht gegen die Tendenzen des autoritären Verwaltungsstaates und der autoritären Kanzler-Demokratie etablieren. Das Element der Kanzler-Demokratie hat so das Grundproblem einer pluralistischen Gesellschaftsordnung nicht abgeschwächt, sondern es im Gegenteil verstärkt.

In dem Zusammenstoß von Kanzler-Demokratie und außerparlamentarischer Macht steht den Vertretern der Kanzler-Demokratie das ganze Arsenal der restaurativen Elemente der Verfassung zur Verfügung. Die außerparlamentarische Macht kann sich dabei auf nichts anderes stützen als auf allgemeine demokratische Prinzipien. Sie ist so im Hinblick auf die Legitimität des Kanzlers von vorneherein geschwächt und durch die äußerst weitgehenden militant-demokratischen Elemente der Verfassung bedroht.

Die Darstellung der Geschichte der Verfassung, ihres Inhalts, sowie der Vergleich von Verfassungsinhalt und Verfassungswirklichkeit beweisen, daß die Verfassung des westdeutschen Staates nicht so sehr als Voraussetzung der restaurativen Entwicklung in Westdeutschland, sondern vielmehr als eine wichtige Etappe der Etablierung der politischen Macht der konservativ-restaurativen Kräfte gewertet werden muß.

Dieser Schluß steht im Widerspruch zu der zum Beispiel von Professor Abendroth vorgetragenen These, daß im Bonner Grundgesetz wesentliche Elemente einer sozialen Demokratie enthalten seien, die erst durch die weitere Entwicklung in Westdeutschland zurückgedrängt und verfälscht wurden. Ein Widerspruch von „Sozialer Demokratie" und „bürokratischem Verwaltungsstaat" besteht in der Verfassung des westdeutschen Staates nicht. Der Versuch, das Bonner Grundgesetz „sozialdemokratisch" zu interpretieren, ist ein parteiliches, fragwürdiges und im Grunde verzweifeltes Unternehmen. Die Verfassung ist ihrem Geist, ihrem Inhalt und ihrer Tendenz nach ein politisches Instrument konservativ-restaurativer und reaktionärer Zielsetzung. Der Buchstabe, der Geist wie die Logik der Verfassung stehen auf seiten ihrer reaktionären Interpreten, nicht ihrer fortschrittlichen Verteidiger.

Die Tatsachen, daß das Grundgesetz als ein Abschluß der Eroberung der politischen Macht in Westdeutschland durch die Restauration angesehen werden muß und daß das Grundgesetz selbst eine ideale Waffe der Restauration im politischen Kampf ist, mögen den Vorstellungen der fortschrittlichen Kräfte in Westdeutschland widersprechen. Diese Tatsachen sind deshalb nicht weniger richtig. Erst wenn man das Grundgesetz so einschätzt, wird dem Beobachter die weitere politische Entwicklung in Westdeutschland in den folgenden beiden Jahren verständlich. Fußend auf dem konservativ-restaurativen Charakter des Grundgesetzes, es als Waffe verwendend, konnte die Restauration in den Jahren 1950/51 in Westdeutschland ihre Macht festigen, ausbauen und zum offenen Angriff auf die „sozial-demokratischen" Kräfte übergehen.

13. Kapitel
Die Festigung des restaurativen Systems

Für die Entwicklung des restaurativen Systems in Westdeutschland waren wenige Jahre nach 1945 so bedeutungsvoll wie die von 1950 und 1951. Innerhalb dieser Zeitspanne hat sich das restaurative System in seinen alten Grundlagen und zukünftigen Tendenzen in Westdeutschland so stark eingerichtet, daß eine Veränderung oder gar eine Beseitigung dieses Systems sehr schwer vorstellbar ist. Wenn man sagt, daß die Bundesrepublik ein Geschöpf des Kalten Krieges ist, so versteht es sich beinahe von selbst, daß die innere Ordnung dieser Bundesrepublik zu dem Zeitpunkt am stärksten von den außenpolitischen Verhältnissen beeinflußt worden ist, in dem dieser Kalte Krieg zu einem Heißen Krieg wurde. Der Kalte Krieg erreichte seinen Höhepunkt in der Berliner Blokkade. Er wurde zum Heißen Krieg im Korea-Konflikt. Es ist deshalb von großer Wichtigkeit, wenn man die innere Entwicklung Westdeutschlands verstehen will, die außenpolitischen Ereignisse in den Jahren 1950 und 1951, die alle mit dem Korea-Konflikt zusammenhängen, darzustellen. Die folgende Darstellung reicht vom Januar 1950 bis zum April 1951. Um den Zusammenhang zwischen den weltpolitischen Vorgängen und den innenpolitischen Verhältnissen in Westdeutschland nicht aus dem Auge zu verlieren, wird im folgenden die Darstellung der weltpolitischen Ereignisse bei scharfen Einschnitten unterbrochen und der Blick auf die Vorgänge in Westdeutschland im gleichen Zeitraum zurückgeführt. Es ist deshalb notwendig, die geschichtlichen Ereignisse von Januar 1950 bis April 1951 in drei Perioden zu unterteilen:

- Januar 1950 bis zum Ausbruch des Korea-Konflikts,
- vom Ausbruch des Korea-Krieges bis zur militärischen Krise in Korea im Dezember 1950,
- vom Januar 1951 bis zur Entlassung General MacArthur's.

Vom Januar 1950 bis zum Ausbruch des Korea-Konflikts.

Bei der Geschichte der Entstehung des Bonner Grundgesetzes haben wir auf den starken Einfluß hingewiesen, welchen der Verlust Chinas auf die amerikanische Politik auch in Europa gehabt hat. Der Verlust Chinas und die Berliner Blockade sind die beiden politischen Ereignisse, welche die Deutschland-Politik der westlichen Besatzungsmächte am unmittelbarsten beherrscht haben. Die dritte chinesische Revolution kam in den Monaten Dezember 1949 und Januar 1950 zu ihrem großen militärischen und politischen Erfolg. Am 13. Januar 1950 verlautbarte Radio Peking: „Mit Ausnahme von Tibet und den Inseln Formosa und Hainan befindet sich ganz China in der Hand der kommunistischen Kräfte. Die Ausmerzung nationalistischer Partisanen und die Einnahme von Tibet und der Inseln sind zwei der zahlreichen Aufgaben des chinesischen Volkes." Mit diesem Sieg der chinesischen Revolution erhob sich für die amerikanische Pazifik-Politik die große Frage, in welcher Weise sie auf die Herausforderung des kommunistischen Chinas antworten sollte. Alle Tendenzen seit 1944 wiesen darauf hin, daß die Vereinigten Staaten, was die Ostasien-Politik betrifft, nicht nur gezwungen waren, in die Fußstapfen Japans zu treten, sondern darüber hinaus auch festen Willens, das Werk der japanischen Außenpolitik im Fernen Osten fortzusetzen. Zu keinem Zeitpunkt der chinesischen Entwicklung seit 1944 zeichnete sich die Möglichkeit ab, daß die Vereinigten Staaten in eine Allianz oder zumindest in ein freundschaftliches Verhältnis mit dem neuen China treten würden. Im Gegenteil, die Politik der Vereinigten Staaten war nicht nur in Europa, sondern auch im Fernen Osten nach 1945 so ausdrücklich festgelegt, daß jede revolutionäre Entwicklung an den Grenzen der Machtblöcke unmittelbar zugunsten der Sowjetunion ausschlagen mußte. Das neue kommunistische China hatte deshalb keine andere außenpolitische Alternative und letztenendes wohl auch keinen anderen außenpolitischen Wunsch, als die Beziehungen zur Sowjetunion so schnell wie möglich und so stark wie möglich zu festigen. Noch ehe die militärischen Operationen in China endgültig abgeschlossen waren, kam es zu zweiseitigen Verhandlungen zwischen China und der Sowjetunion, die eine Ausdehnung der Organisation des Ostblocks auf das neue kommunistische China zum Ziele hatten. Bereits am 14. Februar 1950 schloß die Volksrepublik China mit der UdSSR sowohl einen Freundschaftsvertrag ab, als auch ein Bündnis des gegenseitigen militärischen Beistandes. Der Beginn des Jahres selbst hatte unter dem Aspekt der Festigung des Bündnisses China-Rußland durch den Besuch Mao Tse-tungs in Moskau gestanden. Das Ziel dieses Besuches des neuen Präsidenten der Chinesischen Volksrepublik war:

1. Verhandlungen über die Fortentwicklung des im Jahre 1945 zwischen Sowjetrußland und Nationalchina abgeschlossenen Freundschaftspaktes für das neue China zu führen;
2. sowjetrussische Kredite zu günstigen Bedingungen für den wirtschaftlichen Aufbau des Landes zu erhalten;
   und
3. die Frage eines Handelsvertrages zwischen den beiden Ländern zu besprechen.

Es schien damit so, als sollte die Reihe diplomatischer Niederlagen der amerikanischen Außenpolitik im Fernen Osten, die die Jahre 1949/50 auszeichneten, noch nicht an ihrem Ende sein. Die amerikanische

Niederlage im Fernen Osten war in diesen Jahren so komplett und so offensichtlich, daß die Vereinigten Staaten es nicht vermochten, unmittelbar verbündete wie auch befreundete Nationen zur Unterstützung ihrer fernöstlichen und insbesondere ihrer China-Politik zu gewinnen. Zu Beginn des Jahres 1950 hatte der Außenminister der Volksrepublik China, Tschu En-Lai, dem indischen Außenminister Nehru erklärt, daß die Chinesische Volksrepublik bereit sei, mit der Indischen Union in diplomatische Beziehungen zu treten und dabei der Hoffnung Ausdruck gegeben, daß die indische Regierung ihre Vertreter entsenden werde, um über diese Frage zu verhandeln. Am 6. Januar 1950 veröffentlichte das Foreign Office in London ein Dokument, das den Abbruch der Beziehungen Großbritanniens zu Nationalchina und die de jure Anerkennung der Chinesischen Volksrepublik durch Großbritannien bekanntgab. Wenige Wochen später eröffnete Schweden der Regierung der Chinesischen Volksrepublik, daß es bereit sei, diplomatische Beziehungen mit Peking aufzunehmen.

Die chinesische Revolution schien in diesen Wochen jedoch noch nicht zu ihrem Stillstand gekommen zu sein. Im Verlaufe der nächsten Monate setzten sich die kommunistischen chinesischen Armeen in Richtung Tibet in Bewegung, wie sie auch dem Aufstand des Vietminh in Indochina mit der Erreichung der südchinesischen Grenze militärische Hilfe zuteil werden lassen konnten. Die Auswirkungen der chinesischen Revolution auf Indochina waren so stark, daß der Indochina-Konflikt Formen eines offenen Kolonialkrieges und darüber hinaus sogar Formen eines modernen Krieges annahm. Die Französische Republik glaubte noch im Februar 1950, dieser Frage dadurch Herr zu werden, daß sie gegenüber den drei Staaten Indochinas – Vietnam, Laos und Kambodscha – Abkommen billigte, die auf eine mehr oder weniger große politische Autonomie dieser einzelnen Staaten hinausliefen. Daß jedoch die Zeit solcher diplomatischer Manöver im Fernen Osten vorbei war, zeigt die Erklärung der Republik Vietnam, in der Ho Chi Minh am 12. Februar 1950 ankündigte, daß innerhalb weniger Monate ein offener Krieg gegen die französischen Truppen in Indochina beginnen werde. Mit der Erklärung des französischen Hochkommissars für Indochina, Leon Pegnon, auf einer Pressekonferenz, daß Frankreich jeden kommunistischen Angriff auf das Regime des Kaisers von Vietnam, Bao Dai, als einen Angriff auf Frankreich selbst betrachten müsse, wurde die Tatsache bewiesen, daß sich auch im völkerrechtlichen Sinne der Kolonialkrieg in Indochina zu einem Krieg zweier Staaten entwickeln mußte. Diese Entwicklung in Indochina und die Rückwirkungen des Indochina-Krieges auf die politische und wirtschaftliche Stellung Frankreichs innerhalb des alliierten Bündnisses und in Westeuropa sollte – wie wir später sehen werden – für die Entwicklung in Westdeutschland im gleichen Zeitraum von ausschlaggebender Bedeutung sein. Die verspäteten Reformversuche noch in der Mitte des Jahres 1950 durch die französische Regierung waren nicht mehr in der Lage, den offenen Ausbruch des Krieges in diesem Teil des Fernen Ostens zu verhindern.

Der chinesische Sieg hat auf das Klima des Kalten Krieges sehr stark eingewirkt und insbesondere auf die antikommunistische Bewegung in den Vereinigten Staaten selbst. Zu Beginn des Jahres 1950 wurde Alger Hiss, einer der bedeutendsten Mitarbeiter Dean Achesons und erster Sekretär der UNO bei ihrer Konstituierung in San Franzisko, vom Bundesgericht in New York wegen Meineides zur Höchststrafe von 5 Jahren Gefängnis verurteilt. Für das Klima des Kalten Krieges war neben dem Fall Hiss auch der Fall des Atomwissenschaftlers Klaus Fuchs kennzeichnend. Im Februar 1950 wurde Dr. Klaus Fuchs aufgrund von Feststellungen des amerikanischen Bundesermittlungsbüros wegen zweimaliger Verletzung der Geheimhaltungsakte vor einem Londoner Gericht angeklagt und dem Polizeigericht vorgeführt. Am 1. März wurde Fuchs von dem Zentralen Kriminalgericht zu 14 Jahren Zuchthaus verurteilt. Es war dies die Maximalstrafe, welche das Gericht verhängen konnte. Der Fall Hiss und der Fall Fuchs waren für die antikommunistischen Kräfte in den Vereinigten Staaten unter Führung des Senators Joseph McCarthy das Signal zu einer umfassenden Offensive. Am gleichen Tage, an dem der Atomwissenschaftler Fuchs wegen Atomspionage in London verurteilt wurde, beschloß der Amerikanische Senat auf Antrag des Senators McCarthy – der behauptet hatte, daß das Außenministerium von kommunistischen Kräften durchsetzt sei – eine Untersuchung, welche von einem Unterausschuß der außenpolitischen Senatskommission durchgeführt werden sollte. Die Säuberungsaktionen in den Vereinigten Staaten gegen umstürzlerische und politisch unzuverlässige Elemente dehnten sich auch auf andere Departements der Regierung in Washington aus und führten zur Entlassung von Beamten oder zu deren Ausscheiden aus dem Regierungsdienst. Mit der Anklage gegen Professor Owen Lattimore, der 1946/47 und 1949 vom amerikanischen Außenministerium in der Asien-Politik zu Rate gezogen wurde und von dem Senator McCarthy behauptete, daß er als der Hauptspion der Russen in Amerika angesehen werden muß, erreichte der McCarthyismus im Frühjahr 1950 seinen ersten politischen Höhepunkt.

Die Vereinigten Staaten waren aus ihrer außenpolitischen und innenpolitischen Lage heraus entschlossen, den diplomatischen und politischen Kampf gegen eine etwaige Ausdehnung der Sowjetunion oder ihres Einflusses mit allen Mitteln aufzunehmen. Am 27. Januar 1950 wurde in Washington ein gegenseitiges Abkommen über die Waffenhilfe im Sinne des Nordatlantik-Paktes von den Vereinigten Staaten einerseits und Großbritannien, Frankreich, Italien, Belgien, den Niederlanden, Luxemburg, Norwegen und Dänemark andererseits unterzeichnet. Mit dem Inkrafttreten des Atlantik-Paktes nahm die Weltpolitik eine Wendung, von der befürchtet werden mußte, daß sie nur in einem dritten Weltkrieg enden konnte. Der politische Westblock, den die amerikanische Diplomatie in den letzten Jahren geschaffen hatte, wurde so zu einem militärischen Block und einer militärischen Operationsorganisation. In dem Schlußkommunique, das der Rat des Atlantik-Paktes Mitte Mai veröffentlichte, heißt es u.a.:

„Der Rat ist einmütig der Ansicht, daß für eine angemessene militärische Verteidigung der Mitgliedstaaten das den einzelnen Ländern zur Verfügung stehende Potential in wirtschaftlichster und wirksamster Weise ausgenützt werden muß. Die Außenminister fordern ihre Regierungen daher auf, ihre gesamten Kräfte zum Aufbau des Verteidigungssystems des Nordatlantikgebietes zusammenzuschließen. Die Außenminister haben dabei die Erfordernisse, die sich aus den anderweitigen Verpflichtungen der Mitgliedstaaten ergeben, voll in Erwägung gezogen."

Dieser Satz aus dem Schlußkommunique des Rates der Atlantik-Pakt-Organisation muß als Mobilisierungsorder für die Staaten angesehen werden, die sich im Atlantik-Pakt zusammengeschlossen haben. Die scharfe Form dieser Order war umso erstaunlicher, als eine unmittelbare militärische Offensive der Sowjetunion in absehbarer Zeit wohl von keinem der damaligen Politiker ernsthaft erwartet wurde. Die Propaganda, die zu diesem Zeitpunkt aber die öffentliche Meinung im Westen beherrschte, ging von dieser Annahme als einer militärisch und politisch bewiesenen Größe aus. Auch die Debatten um eine Wiederaufrüstung Westdeutschlands standen, wie wir sehen werden, zu diesem Zeitpunkt voll und ganz unter dem Eindruck der Offensiv-These. Mit der Mobilisierungsorder des Atlantik-Paktes wurde gleichzeitig das Rüstungswettrennen zwischen den Blöcken eingeleitet.

Der Senator Vandenberg erklärte am 2. Februar 1950, daß der Entschluß des Präsidenten zur Aufrüstung mit der Wasserstoffbombe in Ansehung der Tatsache nicht zu vermeiden gewesen sei, daß rücksichtslose Aggression in der Welt hersche. Die Frage einer Einbeziehung Westdeutschlands in einen militärischen Block des Westens erschien in Anbetracht der militärischen Zielsetzungen und der dabei eingesetzten wirtschaftlichen und militärischen Mittel beinahe nur noch von zweitrangiger Bedeutung. Während der Debatte im britischen Unterhaus über das Wehrbudget im März 1950 befaßte sich Winston Churchill mit der Verteidigung Westeuropas, wobei er auch auf Deutschland zu sprechen kam. Er sagte dabei u.a.:

„Es gibt keine andere Garantie als die, einen allgemeinen Krieg zu führen, der, nachdem er all das zerstört hat, was von der europäischen Zivilisation übrig blieb, zweifellos schließlich mit einer Niederlage der Sowjets enden würde. Ein solcher Krieg würde aber mit der kommunistischen Versklavung Westdeutschlands und vielleicht nicht allein Westdeutschlands beginnen. Eine wirksame Verteidigung der europäischen Grenzen kann nicht erreicht werden, wenn ein Beitrag Deutschlands aus den Erwägungen jener, die verantwortlich sind, ausgeschaltet wird. Es ist peinlich zu beobachten, wie eine Wiederversöhnung Frankreichs und Großbritanniens mit dem deutschen Volk durch die verspätete Demontierung deutscher Fabriken und die noch mehr verspäteten Prozesse gegen betagte deutsche Generale behindert wird."

Die Rede Winston Churchills zeigt, daß zumindest große Kräfte innerhalb des Westens einen neuen Weltkrieg als unvermeidlich, im Hinblick für die weitere Entwicklung sogar für erwünscht, und in Bezug auf die militärischen Kräfteverhältnisse im gegenwärtigen Augenblick als notwendig erachteten. Um die zentrale These dieser Politik zu unterbauen, wurde von der Diplomatie der Westmächte und ihren Propagandazentralen behauptet, daß sich die Ostzone in einer Periode umfassender militärischer Aufrüstung befinde. Die Regierung Großbritanniens, die Regierungen von Frankreich und den Vereinigten Staaten protestierten deshalb im Frühjahr 1950 in getrennten Noten bei der Regierung der Sowjetunion gegen alle Aufrüstungspläne der Ostzone.

Es ist für die Einschätzung der Lage von größter Bedeutung, daß sowohl das Rüstungswettrennen wie auch die beinahe kriegsmäßige Propaganda bereits vor Ausbruch des Korea-Konflikts auf vollen Touren liefen, und daß sich letztenendes die Westmächte im Prinzip für eine Wiederaufrüstung Westdeutschlands bereits in der ersten Hälfte des Jahre 1950 entschieden hatten. Der Ausbruch des Krieges in Korea am 25. Juni 1950 hat also die militärische Entwicklung im Westen nicht ausgelöst, sondern sie nur beschleunigt. An diesem Tage überschritten nordkoreanische Kräfte die Demarkationslinie am 38. Breitengrad und stießen in schnellem Tempo nach Süden vor. In der westlichen Propaganda wurde dieser Vormarsch der Nordkoreaner als ein überraschender Überfall auf einen friedlichen südkoreanischen Staat unter Führung des Ministerpräsidenten Syngman Rhee ausgegeben. Dieser Version, der sich kaum einer der bedeutenden Politiker in den Hauptstädten der westlichen Welt entzog, kann bei einer näheren Analyse und Untersuchung der Quellen – wie sie gegenwärtig vorliegen – nicht beigepflichtet werden; diese Version muß als eine rein propagandistische Vereinfachung gewertet werden. Es liegt nach einer Sichtung des Quellenmaterials eher der Beweis vor, daß zumindest das amerikanische Hauptquartier in Tokio unter der Führung des Generals MacArthur von der Konzentration militärischer Kräfte nördlich des 38. Breitengrades schon einige Zeit vor dem 25. Juni informiert war und diese Meldung entweder nicht nach Washington weitergegeben oder ihre militärische Bedeutung abgeschwächt hat. Noch am 23. Juni befanden sich der Verteidigungsminister Louis Johnson und der Vorsitzende des gemeinsamen Generalstabs, Omar Bradley, zu einer Inspektionsreise in Japan. Es hieße dem Zufall in der Geschichte eine zu große Rolle zuzuschreiben, wollte man behaupten, daß die drei wichtigsten Leute der amerikanischen Militärpolitik sich zu diesem Zeitpunkt rein routinemäßig in Tokio getroffen haben. Es war dem amerikanischen Hauptquartier in Tokio wie auch der Regierung in Washington darüber hinaus bekannt, daß der südkoreanische Präsident Syngman Rhee auf eine militärische Intervention in Nordkorea bereits während des ganzen Jahres 1949 gedrängt hatte und daß enge politische Beziehungen zwischen Tschiang Kai-schek und Syngman Rhee bestanden, die zum Ziele hatten, die Amerikaner zu einer militärischen Offensive gegenüber dem kommunistischen China zu bewegen. Aus den Hearings, denen sich General MacArthur ein Jahr später vor den Kommissionen des Amerikanischen Senats unterwerfen mußte, ergibt sich eindeutig, daß die führenden Kräfte zumindest des amerikanischen Hauptquartiers in Tokio zum Zeitpunkt des Ausbruchs des Korea-Konflikts diese politischen Zielsetzungen mit Syngman Rhee und Tschiang Kai-schek teilten. Nicht zuletzt war dem amerikanischen Hauptquartier in Tokio bekannt, daß die südkoreanische Regierung vor dem 25. Juni starke militärische Kräfte südlich des 38. Breitengrades konzentriert hatte und daß weiter laufend Verletzungen der Grenze durch Einheiten der in unmittelbarer Nähe des 38. Breitengrades stationierten südkoreanischen Kräfte durchgeführt wurden. Wenn auch so die Frage nicht befriedigend beantwortet werden kann, wer den Krieg in Korea ausgelöst hat, so kann heute wohl mit eindeutiger Sicherheit gesagt werden, daß die Version des willkürlichen Überfalls nordkoreanischer Kräfte auf ein friedliches Südkorea nicht mehr aufrecht erhalten werden kann.

Der Ausbruch des Korea-Krieges sollte für die kapitalistische Wirtschaft von ausschlaggebender Bedeutung sein. In welcher Situation sich die kapitalistische Wirtschaft zu diesem Zeitpunkt befand, darüber gibt ein Bericht des Sekretariats der Vereinten Nationen für die Mitglieder des Wirtschafts- und Sozialrates vom 1. März 1950 Aufschluß. Als die wichtigsten wirtschaftlichen Veränderungen, welche in der westlichen Wirtschaft im Jahre 1949 stattgefunden haben, bezeichnet das Sekretariat der Vereinten Nationen folgende:

„In gewissen Industrieländern hat die Veränderung der Nachfrage eine empfindliche Steigerung der Arbeitslosigkeit herbeigeführt. Diese Senkung der Nachfrage hat ihren Grund darin, daß im Jahre 1949 der Wiederaufbau und die Instandsetzung der Industrie in den großen europäischen Ländern, die durch den Krieg verwüstet waren, beendigt wurde. Darüber hinaus scheint auch in den meisten anderen Industriegebieten der Welt die wirtschaftliche Nachkriegsentwicklung abgeschlossen.

Die Vereinigten Staaten waren im Westen das erste Land, in dem die Nachkriegsentwicklung zum Stillstand kam. Im August 1949 zählte man in den USA 3.700.000 Arbeitslose, das sind um 1.9 Millionen mehr als im Vorjahr. Der Index der Industrieproduktion der Vereinigten Staaten, der während der zweiten Hälfte des Jahres 1948 auf 170 (1937 = 100) angestiegen war, fiel während des 3. Quartals 1949 auf 149.

Auch das Volumen des Welthandels zeigte, ebenso wie die Produktion, während des Jahres 1949 nicht mehr die Tendenz zum Steigen. Für die Stabilität der westlichen Wirtschaft ist in diesem Zusammenhang von Bedeutung, daß der Exportüberschuß der Vereinigten Staaten zugenommen hat und der Wert der Exporte denjenigen von 1948 trotz des Fallens der Preise leicht überstieg."

Für die weitere Entwicklung der westlichen Wirtschaft, so hebt das Sekretariat der Vereinten Nationen hervor, sei von ganz besonderer Bedeutung, daß die Vereinigten Staaten die Importe im Jahre 1949 beschränkt haben, was in vielen Ländern dazu führte, daß sich das Problem des Devisenmangels verschärfte.

Für Westeuropa war diese Entwicklung zu diesem Zeitpunkt deshalb einschneidend, weil die Sanierung des westeuropäischen Außenhandels mit den Vereinigten Staaten – die im Laufe des Jahres 1949 erreicht wurde – wiederum in Frage gestellt wurde.

Für den Welthandel war darüber hinaus bedeutsam, daß der Nachkriegshandel von Lateinamerika, der zuerst durch einen großen Exportüberschuß nach Europa und durch ein bedeutendes Handelsdefizit gegenüber den USA charakterisiert war, sich im Laufe des Jahres 1949 in seinen Tendenzen veränderte. Viele südamerikanische Länder haben ihre Importe aus den USA eingeschränkt, die Exporte nach Europa haben sich während der ersten Hälfte des Jahres 1949 plötzlich verringert, während die Importe aus Westeuropa gleichbleibend waren.

Als das wichtigste wirtschaftspolitische Ereignis des Jahres 1949 gibt das Sekretariat der UNO die Abwertung in einer Reihe von Ländern, und insbesondere die Abwertung des Pfunds vom 18. September 1949 um 30.5 % an. Aus der Veränderung des Kreislaufes gegenüber der Zeit vor dem 2. Weltkrieg ergibt sich für die westliche Wirtschaft das Problem eines schwierigen Ausgleichs zwischen ihren einzelnen Teilen. Der Bericht macht darauf aufmerksam, daß diese Schwierigkeit durch die Unstabilität der internationalen Transaktionen erhöht wird, welche durch den im Jahre 1949 stattgehabten Wechsel beleuchtet wird, in dessen Verlauf die Importe der Vereinigten Staaten bei einer nur leichten Verminderung der effektiven Nachfrage stark abgenommen haben. Solange die Nachfrage der Handelsvölker nach Importerzeugnissen nicht stabilisiert sei, werden sich daraus in den anderen Ländern Konflikte zwischen der Aufrechterhaltung der Vollbeschäftigung und der Aufrechterhaltung des Gleichgewichts ihrer Handelsbilanzen ergeben. Der Bericht des Sekretariats der UNO sagt abschließend, daß es auf die Dauer sogar sein kann, daß die Länder, die die Vollbeschäftigung aufrecht erhalten wollen, ihre Wirtschaft gegen die äußeren Schwierigkeiten isolieren, indem sie die Struktur ihrer Produktion und die Orientierung ihres Handels ändern.

Aus diesem Bericht des Sekretariats der UN geht eindeutig hervor, daß sich das kapitalistische System zu Beginn des Jahres 1950 im Zustand einer ausgesprochenen Stagnation befand, welche alle Anzeichen einer klassischen Krise in sich trug. Insbesondere ist aus dem Bericht des UN-Sekretariats hervorzuheben, daß bei einer Fortsetzung der Stagnationstendenzen die wirtschaftspolitische Linie im Kapitalismus, die von liberalistischen Grundsätzen im allgemeinen bestimmt war, verändert werden müsse.

Wenn also nicht von einer unmittelbaren ökonomischen Krise des Kapitalismus vor dem Korea-Konflikt gesprochen werden kann, so doch von einer wirtschaftlichen. Für diese wirtschaftspolitischen Veränderungen wäre dabei von ausschlaggebender Bedeutung gewesen, daß es der englischen Labour Party im Laufe des Jahres 1949 und insbesondere durch die Abwertung des Sterlings gelungen war, zu einer allgemeinen Sanierung der Volkswirtschaft Großbritanniens zu kommen. Im Wirtschaftsbericht für das Jahr 1950 sah die amerikanische Regierung eine Herabsetzung des Gold- und Dollardefizits des Sterling-Gebietes vor, wie auch eine positive Zahlungsbilanz Großbritanniens gegen Ende der Periode 1950/51 mit einem Überschuß von 50 Millionen Pfund. Es kann nicht bezweifelt werden, daß das planwirtschaftliche Vorbild Großbritanniens bei einer Veränderung der wirtschaftspolitischen Linie im kapitalistischen Westen im Gefolge der Ausdehnung der Stagnationstendenzen für die anderen kapitalistischen Länder Westeuropas und insbesondere für Westdeutschland von Wichtigkeit gewesen wäre.

Zwar nahmen im Verlauf der ersten Monate des Jahres 1950 die Krisenanzeichen in der amerikanischen Wirtschaft nicht mehr zu, aber es vermehrten sich die sozialpolitischen Krisenzeichen. Die wichtigsten davon sind der 100-tägige Streik in den 25 Fabriken der Chryssler-Automobil-Corporation, sowie die große Streikbewegung der amerikanischen Bergarbeiter. Das einzige kapitalistische Land, das mit Zuversicht den Problemen einer wirtschaftlichen Stagnation entgegen sehen konnte, war in diesen Monaten Großbritannien. Der englischen Arbeiterpartei gelang in den Wahlen vom 23. Februar 1950 eine Stabilisierung ihrer Politik. Mit 13,3 Millionen Stimmen gegenüber 14,4 Millionen der Konservativen konnte die Regierung der englischen Arbeiterpartei ihr planwirtschaftliches Experiment beruhigt fortsetzen.

Die Lage in den anderen westeuropäischen Ländern war demgegenüber keineswegs so stabil, wie es für eine diplomatische und politische Offensive des Westens gegenüber der Sowjetunion notwendig gewesen wäre. Zwar hatte die Marshall-Hilfe in den einzelnen Ländern seit April 1948 ungeheure Ausmaße angenommen, wie zum Beispiel für Großbritannien 2226.4, für Frankreich 1197.4, für Italien 883.4, für Westdeutschland 801.9, für Holland 713.6 Millionen Dollar, aber der wirtschaftliche und politische Erfolg war mit diesen großen Hilfeleistungen der Vereinigten Staaten an die westlichen Länder nicht gewährleistet. Die politischen Ziele konnten nur erreicht werden, wenn Washington seine Politik der Auslandshilfe fortsetzte und wenn die Organisation der europäischen Wirtschaft über ihre nationalen Beschränkungen hinausging. Mit der Bewilligung von 3102 Millionen Dollar für das Auslandshilfeprogramm durch das amerikanische Repräsentantenhaus war ein Teil dieser Voraussetzungen gesichert. Aber mit der Hilfeleistung allein konnte die OEEC das Hauptproblem nicht lösen, das der Koordination der Investitionstätigkeit. Ohne eine Koordination der europäischen Investitionen war es fragwürdig, ob die westeuropäische Wirtschaft auf Dauer stabilisiert werden konnte. In seinem Bericht für das zweite Marshall-Planjahr schreibt das Sekretariat der OEEC im Februar 1950, daß gerade im Verlauf des Jahres 1949 sich gezeigt habe, wie stark die Dollareinnahmen Westeuropas vom Stand der amerikanischen Konjunktur abhängen würden. „Schon ein bescheidener Konjunkturrückschlag in den USA hat ausgereicht, um ansehnliche Einnahmenausfälle hervorzurufen." Aber die OEEC hebt hervor, daß selbst bei einer Stabilisierung der amerikanischen Konjunktur und bei Fortsetzung der Dollarhilfen das wirtschaftliche Ziel in Westeuropa nicht ohne weiteres erreicht werden kann, wenn nicht eine Umorganisierung der westeuropäischen Wirtschaft erfolge. Der Verwalter des Marshall-Plans, Paul G. Hoffmann, schlug deshalb in einer Rede an der Columbia-Universität am 17. Februar 1950 vor:

1. „Die Vereinigten Staaten müssen fortfahren, ihre Verbindungen mit allen freien Nationen durch Institutionen wie den Marshall-Plan zu verstärken.
2. Die europäischen Nationen müssen ihren Zusammenschluß aus Gründen der wirtschaftlichen Festigung und der Sicherheit beschleunigen.
3. Die amerikanischen privaten Kreise müssen ihre überseeischen Investitionen erweitern und eine starke Erhöhung der Importe aus fremden Ländern zulassen."

Am 28. März 1950 ging der französische Außenminister Robert Schuman in einer Rede vor dem Nationalausschuß des MRP auf das französisch-deutsche Verhältnis ein und erklärte zu Vorschlägen Adenauers über eine französisch-deutsche Wirtschaftsunion, daß dieser Vorschlag noch verfrüht sei. Er fuhr fort:

„Eine Wirtschaftsunion kann erst dann erreicht werden, wenn ein gewisser Grad politischer Verständigung vorhanden ist. Die französische Politik hat sich während der letzten 18 Monate gerade im Hinblick auf Deutschland in rascher Entwicklung befunden, und es kann bei der Anbahnung französisch-deutscher Beziehungen keine Stufe übersprungen werden."

Aus diesen Ausführungen des französischen Außenministers geht hervor, daß sich gerade der deutsche Bundeskanzler zum Vorkämpfer der amerikanischen Bestrebungen in Europa gemacht hat. Gleichzeitig aber kann aus diesen Ausführungen ersehen werden, daß noch Ende März 1950 die französische Regierung diesem Drängen der Amerikaner nur zögernd Folge leistete. Im Verlauf der nächsten Wochen jedoch hat die französische Regierung in den Fragen der deutsch-französischen Wirtschaftsunion ganz ohne Zweifel eine Schwenkung vorgenommen, die ihre Ursache in den wachsenden wirtschaftlichen und politischen Schwierigkeiten der Französischen Republik gehabt hat. Am 9. Mai 1950 gab Außenminister Schuman den Plan eines Pools der deutschen und französischen Kohle- und Stahlproduktion bekannt, der später unter der Bezeichnung „Schumanplan" lief. Das französische Kabinett nahm diesen Vorschlag des Außenministers einstimmig an und forderte dritte Mächte auf, diesem deutsch-französischen Kohle- und Stahlpool beizutreten.

Am 15. Mai 1950 schrieb die französische Zeitung *Le Monde* über die Zusammenhänge des Schumanplans mit der Deutschland-Erklärung der am gleichen Tage beendigten Londoner Drei-Mächte-Konferenz:

„Die Revision des Besatzungsstatuts für Deutschland wird Westdeutschland eine Freiheit zurückgeben, die beunruhigend sein könnte, wenn dieses Deutschland nicht durch die Bande einer realen Wirtschaftsunion an Europa attachiert wäre."

Die französische Politik sah sich also zu diesem Zeitpunkt vor die Alternative gestellt, die deutsche Wirtschaft aus der alliierten Kontrolle unmittelbar zu entlassen oder eine weiter entwickelte deutsche Wirtschaft unter ein System der internationalen Kontrolle zu stellen. Von der französischen Politik einer prinzipiellen Drosselung und Niederhaltung der deutschen Wirtschaft war zu diesem Zeitpunkt keine Rede mehr. Gemäß der Lage, in der sich die französische Regierung in dieser Zeit befand, blieb ihr nichts anderes übrig, als durch die Initiative des Schumanplans die Gestalt der zukünftigen internationalen Kontrolle über die deutsche Wirtschaft wesentlich zu beeinflussen. Die amerikanische Politik zog sich geschickt nach dieser französischen Initiative aus den Verhandlungen über die deutsch-französische Wirtschaftsvereinigung zurück und gab nur ihre allgemeine Zustimmung bekannt. Der Gedanke des Schumanplans muß jedoch von Sonderbevollmächtigten der amerikanischen Außenpolitik wie auch der Marshall-Plan-Behörden bereits vorbereitet gewesen sein, sonst wäre nicht zu erklären, warum schon 14 Tage nach der Initiative des französischen Außenministers Schuman eine in Düsseldorf tagende Konferenz von Vertretern der Gewerkschaften Frankreichs, Großbritanniens, Deutschlands, der USA, der Benelux-Länder und Schwedens einstimmig eine Resolution im Hinblick auf den Schumanplan billigte. Gleichzeitig sprach sich eine Studiengruppe der COMISCO für den Schumanplan aus. Der Bericht der COMISCO hebt jedoch hervor, daß die beiden wichtigsten Voraussetzungen seien, daß jedes Land seine Wirtschaftspolitik mit dem Ziele der Aufrechterhaltung der Vollbeschäftigung weiterführe und daß jedes Land die vollständige Kontrolle über seine Grundstoffindustrien beibehalte. Der propagandistische Siegeszug des Gedankens des Schumanplans fand jedoch eine jähe Unterbrechung in dem Memorandum der britischen Regierung vom 25. Mai, in dem diese zum Ausdruck bringt, daß die Teilnahme der britischen Regierung an den Verhandlungen über den Schumanplan nur ohne irgendwelche Vorausverpflichtungen über die Annahme dieses Plans erfolgen könne. Am 3. Juni 1950 erklären sich 5 Staaten, nämlich Westdeutschland, Belgien, Italien, Luxemburg, die Niederlande sowie Frankreich selbst bereit, die Einladungen zu Besprechungen über den Schumanplan anzunehmen. Gleichzeitig sprach sich eine Konferenz der Bergarbeitergewerkschaften der Bundesrepublik, Frankreichs und der Benelux-Länder für die Ziele des Schumanplans aus und forderte eine Beteiligung der Gewerkschaften an allen Besprechungen.

Zu dem Manifest der englischen Arbeiterpartei und zu den einschränkenden Erklärungen Attlees über den Schumanplan nahm am 14. Juni das französische Außenministerium Stellung:

„Es kann nur eine tiefe Kluft zwischen dem französischen und dem englischen Standpunkt festgestellt werden. Indessen ist zu hoffen, daß die britische Regierung sich die Ansicht der Labourparty nicht ganz zu eigen macht, wenn letztere die Befürchtung hegt, daß die britischen Löhne bei einem Anschluß an den Schumanplan ungünstig beeinflußt würden. Das britische Lebensniveau würde keineswegs bedroht. Gerade um diese Möglichkeit auszuschalten, ist die Schaffung eines Ausgleichsfonds vorgesehen."

Die Differenzen, die sich zwischen den Auffassungen der französischen Regierung und der Regierung Großbritanniens ergaben, sollten für den weiteren Inhalt des Schumanplans von ausschlaggebender Bedeutung sein. Nicht die Abstinenz Großbritanniens hat den Schumanplan zu einer rein kapitalistischen Organisation gemacht, sondern der kapitalistische Charakter des Schumanplans stand für seine Erfinder und Verteidiger von Anfang an fest. Die Konstruktion des Schumanplans verbot von vorneherein, daß eines der Länder nach planwirtschaftlichen Gesichtspunkten vorging. Die Regierung Großbritanniens war durch die amerikanisch-französische Initiative auf dem Gebiet des Schumanplans vor die Alternative gestellt, entweder ihre eigenen planwirtschaftlichen Experimente aufzugeben oder die amerikanisch-französische Initiative zu sabotieren. Indem sich Großbritannien von der Konstruktion des Schumanplans fernhielt, konnte es sein sozialistisches Experiment fortsetzen und brauchte gleichzeitig nicht den Zielen der amerikanischen Außenpolitik in Europa zu widersprechen.

Die Vertreter der westeuropäischen Arbeiterbewegung sahen entweder die antisozialistische Tendenz des Schumanplans nicht oder glaubten, sie im Hinblick auf die politische Entwicklung in ihren eigenen Ländern übersehen zu können. Die Sechs-Mächte-Konferenz über den Schumanplan, die am 20. Juni 1950 in Paris eröffnet wurde, sah auch eine deutsche Delegation, der auch ein Gewerkschaftsvertreter angehörte. Im Rahmen der Sechs-Mächte-Konferenz präzisierte Jean Monnet, der Verfasser des Planes und der technische Leiter der Konferenz, die französischen Vorschläge bezüglich der im Schumanplan vorgesehenen Behörde. Der Versuch der konservativen und liberalen Partei Großbritanniens, die Haltung der Regierung in der Frage der Einladung zum Schumanplan zu revidieren, wurde vom Unterhaus verworfen. Am gleichen Tage gab Jean Monnet der Presse den Inhalt des französischen Memorandums bekannt, das als Arbeitsgrundlage für die Verhandlungen über die Verwirklichung des Schumanplans dienen sollte. Es muß als symptomatisch bezeichnet werden, daß die Sechs-Mächte-Konferenz zu einem Zeitpunkt begann, als der Korea-Konflikt in voller Stärke ausbrach. Der Krieg in Korea, die

Stagnation der kapitalistischen Wirtschaft, die militärische Mobilisierung des Westens, die Einleitung des Wettrüstens und der Schumanplan müssen von jedem Betrachter der geschichtlichen Ereignisse im ersten Halbjahr 1950 in einem engen und unlöslichen Zusammenhang miteinander gesehen werden. Dieser unlösliche Zusammenhang wird in ganz besonderer Weise deutlich, wenn wir uns der politischen Entwicklung in Westdeutschland im gleichen Zeitraum zuwenden.

Die Innenpolitik in Westdeutschland wurde zu Beginn des Jahres 1950 durch eine Initiative der Bundesregierung auf dem Gebiet der europäischen Einigung eingeleitet. Bei dieser europäischen Initiative der Bundesregierung fällt auf, daß sie bestrebt ist, darauf hinzuweisen, daß diese europäische Initiative in keinem Widerspruch zu den deutsch-englischen Beziehungen steht bzw. stehen muß. Trotzdem ist offensichtlich, daß die Außenpolitik der Bundesregierung zu diesem Zeitpunkt vollkommen auf die außenpolitische Linie Bonn-Paris geschwenkt ist, die als die zentrale Achse der kleineuropäischen Vereinigungsbestrebungen aufgefaßt werden muß. Diese außenpolitische Grundformel Bonn-Paris hat ihren Ursprung aber nicht so sehr in den speziellen deutsch-französischen Interessen, sie steht in einem offensichtlichen Widerspruch zu den Zielsetzungen in der Deutschlandpolitik, wie sie die französische Regierung noch bis Ende des Jahres 1949 vertreten hat; und die Festigkeit dieser Achse Bonn-Paris wird noch geschwächt durch das Problem der Saar. Die politische Grundformel Bonn-Paris hat auch nicht, wie die sozialdemokratische Parteiführung lange Zeit annahm, ihren Ursprung in klerikal-politischen und ultramontanistischen Zielsetzungen der führenden Parteien der christlichen Demokratie in Frankreich und Deutschland, sondern sie ist die durch die amerikanische Europa-Politik erzwungene Linie. Die europäischen Einigungsbestrebungen haben ihren Ursprung in den wirtschaftspolitischen und außenpolitischen Interessen der Vereinigten Staaten. Diese Interessen kamen im Verlauf des Jahres 1949 in einen immer offeneren Widerspruch zu den Interessen Großbritanniens und des Empires. Insbesondere zeigten sich die englisch-amerikanischen Interessengegensätze auf dem Gebiet der Ostasien-Politik. Die Isolierung Großbritanniens lag aber nicht nur im Interesse der Vereinigten Staaten, sondern auch der Regierung Großbritanniens selbst. Indem Großbritannien sich nicht in die europäische Konzeption der Vereinigten Staaten einbeziehen ließ, verblieb es unter den Alliierten der USA die einzige Macht, die zu diesem Zeitpunkt nicht in ein politisches Satellitenverhältnis geraten war.

Die deutsch-französische Allianzpolitik des Jahres 1950 wurde durch den Besuch des französischen Außenministers Robert Schuman in Bonn eingeleitet. Anläßlich dieses Besuchs erklärte Schuman zum Sicherheitsproblem, daß eine Wiederbewaffnung Deutschlands selbstverständlich nicht beabsichtigt sei. Für die Sicherheit der Bundesrepublik seien die

Besatzungsmächte verantwortlich; die westlichen Alliierten würden sofort Maßnahmen ergreifen, wenn sie in Richtung der Sicherheit der Bundesrepublik Beunruhigendes feststellen würden. Diese Stellungnahme des französischen Außenministers zeigt, daß Frankreich zu diesem Zeitpunkt noch immer glaubte, die Folgen der amerikanischen Deutschland-Politik abschwächen zu können und dies insbesondere auf dem Gebiet der Wiederaufrüstung Westdeutschlands. Die Ausführungen des französischen Außenministers fanden jedoch kein Echo bei den Vertretern der amerikanischen Regierung in Westdeutschland. Wenige Tage darauf erklärte der amerikanische Hochkommissar in Deutschland, John J. McCloy, daß Schumans Erklärung ihn etwas in Verlegenheit gebracht habe. Er persönlich sei gegen jede militärische Garantie der westdeutschen Ländergrenzen eingestellt.

Die außenpolitische Formel der Bundesregierung litt von Anfang an an der Haltung Frankreichs in der Saar-Frage. Die Sozialdemokratische Partei Westdeutschlands glaubte, durch Ausnützung dieses Widerspruchs die außenpolitische Konzeption der Bundesregierung zu Fall bringen zu können. Mitte Januar erklärte Kurt Schumacher zum Saar-Problem:

> „Die eindrucksvollste Form des Protestes der Bundesregierung gegen eine französische Politik, die vor einem Friedensvertrag bestimmte faits accomplis schaffen will, würde die Weigerung sein, in den Europarat zu gehen, solange das Saargebiet als gleichberechtigtes, autonomes Mitglied aufgenommen ist."

Die Politik der Sozialdemokratischen Partei war zu diesem Zeitpunkt in einer politisch-strategischen Sackgasse angelangt. Die Sozialdemokratie hatte gegenüber der Formel Bonn-Paris keine Alternativ-Formel anzubieten. Die einzig mögliche Alternativ-Formel Bonn-London scheiterte an der Zielsetzung der britischen Labour-Regierung, sich unter allen Umständen aus allen amerikanisch geführten europäischen Einigungsbestrebungen herauszuhalten.

Die Regierung der britischen Labour-Party hat mit ihrer Politik in diesen Jahren die traditionelle britische Politik der „splendid isolation" fortgeführt. Durch diese Isolationspolitik wurde die Stellung Großbritanniens im Konzert der Großmächte zwar gestärkt, die deutsche Sozialdemokratie jedoch in eine politische Isolation getrieben, d.h. zu einer Alternative gezwungen, die ihrem Inhalt und ihrer Zielsetzung nach abstrakt war, nämlich zur Alternative einer aktiven Deutschland-Politik.

Ende Januar 1950 nahm der Bundestag das Marshall-Plan-Abkommen über die wirtschaftliche Zusammenarbeit mit den Vereinigten Staaten in zweiter und dritter Lesung gegen die Stimmen der KPD an und ratifizierte damit zum erstenmal nach Kriegsende einen internationalen Vertrag für Deutschland. Diese Ratifizierung des Marshall-Plan-Abkommens war die Voraussetzung für jegliche weitere Europa-Politik. Wenige Wochen darauf entwickelte der amerikanische Hochkommissar John McCloy in einer Rede in Stuttgart ein 9-Punkte-Programm der amerikanischen Politik in Deutschland. Dieses 9-Punkte-Programm muß als der Ausdruck der endgültig vollzogenen Schwenkung der amerikanischen Regierung in der Deutschland-Frage angesehen werden. In diesem Programm heißt es:

„Deutschland soll Mitglied eines freien Europa werden. (. . .) Sobald das deutsche Volk und seine Regierung ihre Bereitwilligkeit und ihr Verantwortungsbewußtsein bewiesen haben, soll Deutschland seinen vollen Anteil an der Wirtschaft des freien Europas haben und dementsprechend einen Teil der Verpflichtung übernehmen. (. . .) Deutschland darf nicht in die Lage kommen, andere Völker oder den Frieden der Welt politisch oder militärisch zu bedrohen, d.h. es gibt keine neue deutsche Armee oder Luftwaffe. Die Sicherheit Deutschlands wird am besten durch eine eng geschlossene Gemeinschaft der Völker Westeuropas gewährleistet."

Mit diesen Ausführungen gab der amerikanische Hochkommissar die Linie der zukünftigen amerikanischen Deutschland-Politik an. Die wirtschaftlichen, politischen, militärischen Beschränkungen des neuen westdeutschen Staates sollten insoweit fallen, als dieser neue westdeutsche Staat unter die unmittelbare Kontrolle einer europäischen Föderation bzw. anderer internationaler Konstellationen fiel. Von der Gewinnung einer nationalen Souveränität oder gar von der Wiedervereinigung Deutschlands konnte im Rahmen dieser amerikanischen Deutschland-Politik keine Rede sein.

Sowohl die französische als auch die amerikanische Regierung mußten jedoch, bevor sie reale Initiativen in der europäischen Vereinigung unternahmen, die Frage des Saargebietes zumindest formal und völkerrechtlich lösen. Am 3. März 1950 unterzeichneten Außenminister Schuman und der Ministerpräsident der Saar, Hoffmann, fünf staatsvertragsähnliche Abkommen, die auf eine völlige wirtschaftliche und politische Angliederung der Saar an die französische Wirtschaft und das französische Staatswesen hinausliefen. Die Sozialdemokratie glaubte, daß die französisch-saarländischen Abkommen das Mittel seien, um die europäische Politik der Bundesregierung endgültig zu torpedieren. Die Sozialdemokratische Partei forderte die Bundesregierung auf, unter diesen Umständen nicht nach Straßburg zu gehen. Selbst der Bundeskanzler nahm gegen die französisch-saarländischen Abkommen Stellung und erklärte, daß diese in Widerspruch zu allen Versicherungen stehen, die ihm sowohl von seiten der Regierung der USA als auch von der britischen und französischen Regierung in der Saarfrage abgegeben worden seien. Die Bundesregierung war jedoch nicht willens und aufgrund des amerikanischen Drucks wohl auch nicht in der Lage, ihre außenpolitische Linie zu revidieren. Der Bundeskanzler glaubte, durch eine Überflügelung der französischen Politik in der Europa-Frage das Problem der Saar in den Hintergrund rücken zu können. Am 8. März erklärte er in einem Interview mit dem englischen Journalisten Kingsbury Smith, daß die Bundesrepublik für eine vollständige Union zwischen Frankreich und Deutschland eintreten werde. Nach seiner Auffassung müßte die

Zahl der Vertreter in dem gemeinsamen Parlament für jedes Land gleich groß sein, und es wären von diesem neuen Parlament auch Großbritannien und die Benelux-Staaten nicht ausgeschlossen. Dieser Vorschlag des Bundeskanzlers Adenauer muß als eine rein propagandistische Formel aufgefaßt werden, denn es fehlten sowohl in den beiden Ländern, wie auch auf internationaler Ebene alle Voraussetzungen für eine effektive politische Einigung Westeuropas. Adenauer unterstützte seine propagandistische These mit dem Hinweis auf einen drohenden sowjetrussischen Angriff. Er führte im gleichen Interview darüber aus:

„Für Sowjetrußland lohnt sich jeder Krieg, der Europa in seine Hand spielen könnte. Wenn Westeuropa durch die Rote Armee besetzt würde, würden viele Millionen Menschen unter sowjetische Herrschaft geraten, besonders die europäische Intelligenz und die Arbeiterschaft würden der östlichen Sklaverei anheim fallen. . .".

Im gleichen Interview wird der propagandistische Trick dieser paneuropäischen Initiative des Bundeskanzlers deutlich, indem er behauptete: „Die Saarkonventionen geben ein Beispiel, auf welche Weise zwei Länder verschmolzen werden können." In der gleichen Zeit beschloß das Ministerkomitee des Europarates, Westdeutschland und das Saargebiet einzuladen, als assoziierte Mitglieder dem Europarat beizutreten. Adenauer glaubte, mit seiner paneuropäischen Initiative als der treueste Verbündete der amerikanischen Europa-Politik auftreten zu können. In einem Sonderinterview am 2. April beklagte er sich, daß die europäischen Länder zu keiner gemeinsamen Lösung gekommen seien und erklärte wörtlich:

„Ich stehe nicht an, zu erklären, daß die Vereinigten Staaten auf das seiner Einigung widerstrebende Europa einen stärkeren Druck ausüben sollen. Die Vereinigten Staaten sollten tatsächlich Europa zur Erhaltung und zu seinem Glück zwingen."

In diesem Zusammenhang unterstrich Adenauer bezüglich der Sicherheit noch einmal die Notwendigkeit einer Sicherheitsgarantie von seiten der Westmächte. Die Initiative Adenauers wurde durch den amerikanischen hohen Kommissar McCloy unterstützt, der hervorhob, daß Deutschland für die Vereinigten Staaten zur Zeit das wichtigste und entscheidendste Gebiet ihrer Außenpolitik sei. Er fuhr in der Rede vor dem Ausschuß des amerikanischen Kongresses in dieser Frage fort:

„Wir in Deutschland fühlen, daß wir einem kritischen Punkt in unserer Geschichte gegenüberstehen, und ich glaube, jedermann, der die heute in Europa wirkenden Kräfte kennt, kann nicht anders denken."

Die Initiative der Sozialdemokraten zur Wiederherstellung der deutschen Einheit durch gesamtdeutsche Wahlen war im Sog dieser außenpolitischen Entwicklungen nichts anderes als ein leerer Versuch des Widerstandes. Indem der Parteivorstand der Sozialdemokratischen Partei Mitte April 1950 den Beitritt Deutschlands zum Europarat unter den gegenwärtigen Umständen einstimmig ablehnte, setzte er sich in vollen Widerspruch zur amerikanischen Außenpolitik und war darüber hinaus gezwungen, politische Konsequenzen auf sich zu nehmen, die niemand in der Parteiführung – mit Ausnahme von Schumacher vielleicht – zu übernehmen willens war.

Die Initiative des Bundeskanzlers wie auch der amerikanische Druck führten dazu, daß die französische Regierung auf dem Gebiete der Deutschland-Politik selbst die Initiative ergriff. Am 9. Mai 1950 gab der französische Außenminister Schuman den Plan eines Pools der deutschen und französischen Stahlproduktion bekannt, der dritten Mächten zum Beitritt offen stehen sollte. Mit dieser Initiative der französischen Regierung wurde die Sozialdemokratische Partei in eine Rolle des vollkommenen Widerstandes gedrängt. Bundeskanzler Adenauer gab am gleichen Tage in einer Pressekonferenz bekannt, daß das Bundeskabinett beschlossen habe, dem Bundestag den Beitritt der Bundesrepublik zum Europarat zu empfehlen. Gleichzeitig berichtete der Bundeskanzler von dem französischen Vorschlag über die Zusammenfassung der Kohle- und Stahlproduktion Deutschlands und Frankreichs. Er bezeichnete beide Mitteilungen als von ganz außerordentlicher Bedeutung für Deutschland und Europa. Er schloß seine Ausführungen mit dem Hinweis, daß das Zusammentreffen dieser beiden Ereignisse rein zufällig sei.

Auf dem Parteitag der SPD in Neustadt a.d. Haardt erklärte Kurt Schumacher am 13. Mai zum Schumanplan, daß die Sozialdemokratie ihn unter allen Umständen ablehnen würde, weil er die deutsche Montanindustrie disqualifiziere und ihre Sozialisierung in Westdeutschland unmöglich mache. Zum gleichen Zeitpunkt verkündete die Alliierte Hochkommission das Gesetz zur Umgestaltung des deutschen Kohlebergbaus und der deutschen Stahl- und Eisenindustrie. In diesem Gesetz wurde darauf hingewiesen, daß die Entscheidung über die Eigentumsverhältnisse im Kohlebergbau sowie in der Eisen- und Stahlindustrie dem Willen der deutschen Regierung überlassen bleibe. Die Saar-Frage, Schumanplan, die Eigentumsfrage in der Montanindustrie und die Frage der Mitbestimmung müssen als Teile der Wirtschaftspolitik der amerikanischen Regierung in Deutschland angesehen werden. Den Zusammenhang erkannt und hervorgehoben zu haben, gebührt dem Vorsitzenden der Sozialdemokratischen Partei, Kurt Schumacher, aber gerade weil er diese Zusammenhänge verstand, konnte der Widerstand der Sozialdemokratie gegen diese Politik nur in den offensten und radikalsten Formen durchgeführt werden, wie es zum Beispiel in den gleichen Wochen ihre belgische Bruderpartei in der Königs-Frage getan hat. Indem die deutsche Sozialdemokratie jedoch auf die Form des außerparlamentarischen Kampfes gegen die politische Linie der Restauration zu diesem Zeitpunkt verzichtete, löste sich der Zusammenhang dieser Fragen sowohl zeitlich als auch inhaltlich im Modus der parlamentarischen Bearbeitung auf. Der Zeitpunkt, zu dem die Sozialdemokratische Partei einen nationalen Widerstand gegen die Politik der amerikanischen Regierung und Frankreichs sowie der Bundesregierung hätte mobilisieren und anführen können, war im Frühjahr des Jahres 1950 zum letzten Mal gegeben. Bei den verfassungsrechtlichen Konstruktionen, bei der Lage der kapitalistischen Wirtschaft in Westdeutschland wie auch in der Situation des Kalten Krieges war die Sozialdemokratische Partei aber nicht in der Lage und nicht willens, einen radikalen und umfassenden Kampf gegen die restaurativen Kräfte in der Bundesrepublik zu führen.

Am 23. Mai, am gleichen Tage, an dem sich die Delegierten des SPD-Parteitages gegen den Beitritt Deutschlands in den Europarat und gegen den Schumanplan aussprachen, gab die Alliierte Hochkommission der westdeutschen Regierung die Zustimmung, direkte Verhandlungen mit Frankreich über den Schumanplan zu führen. Zusammen mit wichtigen Vertretern der Bundesregierung, wie auch der Hohen Kommission, begrüßten in den folgenden Wochen die Vertreter der deutschen Wirtschaft den Schumanplan trotz einzelner Bedenken. Die Politik der europäischen Vereinigung wurde durch die Zustimmung des Bundestages zum Beitritt der Bundesrepublik zum Europarat vorangetrieben. Es waren somit alle innen- und außenpolitischen Voraussetzungen geschaffen, um dem außenpolitischen Ziel einer Vereinigung Westeuropas mit dem Zentrum Paris-Bonn näher zu kommen.

Die amerikanische Außenpolitik wie auch die wichtigsten Politiker der Bundesrepublik gingen in diesen Monaten von der Annahme einer drohenden militärischen Invasion von seiten der Sowjetunion aus. Indem die amerikanische Regierung es ablehnte, eine militärische Garantie in Bezug auf die westdeutschen Ländergrenzen zu übernehmen und grundsätzlich für eine westdeutsche Wiederaufrüstung eintrat, ergab sich nur noch die Frage, in welcher Form der militärische Beitrag des neuen westdeutschen Staates zur europäischen Verteidigung erfolgen sollte. Die Bundesregierung veröffentlichte am 28. Februar 1950 eine Erklärung, in welcher festgestellt wurde, daß im Zuge von Pressebesprechungen über die Aufstellung von mit leichten Waffen ausgerüsteten militärischen Formationen im November 1949 der General Hasso von Manteuffel an Adenauer eine Expertise über diese Frage gesandt und darin die technische Seite dieser Frage beleuchtet habe. Heute wissen wir, daß die Bundesregierung in Zusammenarbeit mit amerikanischen Dienststellen bereits zu diesem Zeitpunkt große Teile der ehemaligen deutschen Generalität zu Gutachterarbeit herangezogen hat, um zu jedem von der amerikanischen Regierung gewünschten Zeitpunkt an die Wiederaufrüstung herangehen zu können. Mit der Verschärfung des Kalten Krieges wurde Deutschland zwar nicht zum wichtigsten Gebiet der amerikanischen Außenpolitik, jedoch sehr wohl zu dem Gebiet innerhalb Europas, von dem aus eine politische und militärische Offensive des Westens gegenüber der Sowjetunion und ihren Satelliten möglich war. Das Tempo der Wiederaufrüstung wurde noch dadurch beschleunigt, daß die führenden Vertreter der Sozialdemokratie die Formel der militärischen Bedrohung aus dem Osten und der umfassenden Wiederaufrüstung in der Ostzone ebenfalls akzeptierten. Am 15. Mai hielt Kurt Schumacher im Sender *RIAS-Berlin* eine Rede über den Umfang und die Bedrohlichkeit der militärischen Vorbereitungen Ostdeutschlands.

Daß die europäischen Vereinigungsbestrebungen nicht nur wirtschaftliche Zielsetzungen hatten, sondern als Grundlage einer Politik der Stärke gedacht waren, zeigen die Ausführungen Bundeskanzler Adenauers auf einer CDU-Kundgebung am 21. Mai, als er nachdrücklich dafür eintrat, die Vereinigten Staaten von Europa und damit „eine dritte Macht" zu schaffen. Wie sehr sich das innenpolitische Klima in der Frage der westdeutschen Wiederaufrüstung zu diesem Zeitpunkt verändert hatte, zeigt die Forderung des Bundesministers Hellwege auf dem Parteitag der Deutschen Partei, die Beendigung der Entnazifizierung und die Beendigung der Diffamierung des deutschen Soldatenstandes herbeizuführen. Der Ausbruch des Kalten Krieges hat also keineswegs die Frage der Wiederaufrüstung des neuen westdeutschen Staates aufgeworfen, sondern nur das Tempo der Wiederaufrüstungsverhandlungen, die zu diesem Zeitpunkt bereits im Geheimen zwischen allen Beteiligten geführt wurden, wie auch den Umfang der Vorbereitungsarbeiten der Bundesregierung selbst beschleunigt.

In welcher wirtschaftlichen Lage sich zu diesem Zeitpunkt die Bundesrepublik befand, mögen einige Zahlen demonstrieren:

Im Laufe des Jahres 1949 wuchs die Arbeitslosigkeit von 759.600 auf 1.489.000 an.

Die Eisen- und Stahlproduktion stieg im gleichen Jahr von 665.000 t im Januar auf 802.000 t im Dezember 1949.

Im Rahmen der Marshallplan-Hilfe waren bis zum 1. Dezember 1949 rd. 533 Millionen Dollar Waren und Dienstleistungen nach Westdeutschland eingeströmt.

Am 16. Januar 1950 konnte die Bundesregierung die Rationierung aller Güter mit Ausnahme des Zuckers ab 1. März aufheben. Wenige Tage später widersetzte sich der amerikanische Hochkommissar einer Aufhebung der Benzinbewirtschaftung und der Preisbildung für Treibstoffe ab 1. Februar 1950.

Über die Hauptprobleme der westdeutschen Wirtschaft zu Anfang des Jahres 1950 gibt ein Bericht des Bundesministeriums für den Marshall-Plan Auskunft. Darin heißt es:

1. „Die Arbeitslosigkeit muß bekämpft werden und für 1,5 Millionen Arbeitslose Arbeit gefunden werden.
2. Der Zustrom von Ostflüchtlingen nach Westdeutschland ist so stark, daß die

Bevölkerungsdichte von 184 Einwohnern pro Quadratkilometer vor dem Kriege auf 351 heute angestiegen ist.

3. Daraus ergibt sich, daß im Moment, wo Westdeutschland seine volle Vorkriegsproduktionskapazität wieder erreichen wird, 45 % der gebräuchlichen Konsumgüter eingeführt werden müssen, um dem Bedarf einer auf diese Weise angestiegenen Bevölkerung zu genügen."

Die Lage der westdeutschen Wirtschaft wurde in einem am 19. Februar 1950 der Bundesregierung überreichten Memorandum der OEEC dargestellt. Darin wird hervorgehoben, daß eines der augenscheinlichsten und schwierigsten Probleme, denen die Bundesrepublik heute gegenüberstehe, die Arbeitslosigkeit sei. Sie dürfe nicht nur als ein wirtschaftliches Unglück, sondern auch als ein explosiver Faktor angesehen werden. Das OEEC-Memorandum sieht in der heute in Deutschland herrschenden Arbeitslosigkeit einen wirtschaftlichen Widersinn. Die Arbeitsaufgaben lägen in so großem Umfange vor, daß jedermann beschäftigt werden könne, der arbeiten wolle. Die Stellungnahme der Bundesregierung zu diesem Problem könne nur als das Eingeständnis eines völligen Fehlschlages der eingeschlagenen Wirtschaftspolitik angesehen werden. Die Wirtschaftsberater der OEEC sind in ihrem Memorandum der Auffassung, daß das Problem genügender Investitionen ebenso wie die Frage der Arbeitsbeschaffung nicht mit dem Eingeständnis eines totalen Mißerfolgs fallen gelassen werden kann. Aus diesem Memorandum geht sowohl die Bedenklichkeit der wirtschaftlichen Lage der Bundesrepublik hervor, wie auch die Tatsache, daß sich in der liberalistischen Wirtschaftspolitik der Bundesregierung eine offene Krise abzeichnete. Die Bundesregierung hat auf dieses Memorandum in dem Sinne geantwortet, daß sie die große Arbeitslosigkeit keineswegs als eine unabwendbare Erscheinung hinnehme, daß jedoch durch innerdeutsche monitäre Maßnahmen allein diese Arbeitslosigkeit wegen ihres strukturellen Charakters nicht behoben werden könne. Die Bundesregierung weist in diesem Zusammenhang auf die großen sozialen Belastungen des Bundeshaushalts hin und hofft, daß die Frage der Arbeitslosigkeit durch eine Förderung des Wohnungsbaus wie auch durch eine Ausweitung des Exports entschärft werden könne. In einer Rede am 20. März führte der Bundeswirtschaftsminister Professor Erhard aus, daß eine Vollbeschäftigung zwar durch Kredite der Bank deutscher Länder verwirklicht werden könne, aber ein Spiel mit Dynamit darstelle. Es sei durchaus möglich, die Arbeitslosen von heute auf morgen von der Straße wegzubringen, dafür müsse das deutsche Volk aber den Kaufpreis in Form einer neuen Inflation zahlen. Diese Ausführungen zeigen die wirtschaftspolitischen Maßstäbe der Bundesregierung, die bewußt die Arbeitslosigkeit in diesem Umfange aufrecht erhalten hat, um ihre wirtschaftspolitische Linie nicht aufzugeben. Trotzdem zeigt sich in den folgenden Monaten, daß diese starre Aufrechterhaltung der Wirtschaftspolitik der Bundesregierung immer fragwürdiger wird, indem ein Ausgleich des Staatshaushaltes bei Beibehaltung dieser wirtschaftspolitischen Linie nicht mehr möglich erschien. Am 14. Mai 1950 wurde vom Bundesfinanzministerium bekanntgegeben, daß in dem am 1. April begonnenen Finanzjahr 1950/51 Einnahmen von 11.2 und Ausgaben von 12.7 Milliarden DM erwartet werden, was ein Defizit von 1.5 Milliarden DM bedeutete. In welcher Weise die Wirtschaftspolitik der Bundesregierung aus diesem Dilemma erlöst wurde, werden wir im einzelnen in einem späteren Kapitel aufzeigen. Es soll hier nur im allgemeinen hervorgehoben werden, daß sich das kapitalistische Wirtschaftssystem und die Wirtschaftspolitik der Bundesregierung vor dem Ausbruch des Korea-Krieges zumindest in einer politischen Krise befanden.

Vom Ausbruch des Korea-Krieges bis zur militärischen Krise in Korea im Dezember 1950.

Der Angriff nordkoreanischer Truppen auf Südkorea führte unmittelbar zur bewaffneten Intervention der Vereinigten Staaten. Gleichzeitig mobilisierte der Korea-Krieg die amerikanischen Verbündeten. Die britische Labour-Regierung erklärte sich bereit, im Sicherheitsrat jeder Resolution zuzustimmen, in der die Vereinten Nationen zur Hilfeleistung an die Republik Korea aufgefordert werden, um den bewaffneten Angriff abzuwehren. Trotzdem weigerte sich die amerikanische Regierung, den Zustand in Korea im völkerrechtlichen Sinne als Krieg anzuerkennen. Am 30. Juni 1950 erklärte Präsident Truman, daß die Vereinigten Staaten lediglich die UNO bei einer Polizeiaktion gegen Banditen in Nordkorea unterstützen. Die antikommunistische Welle fand ihren Höhepunkt und ergriff insbesondere die Arbeiterbewegung. Der IBFG rief seine Mitglieder in 52 Ländern auf, die Aktion des Sicherheitsrates der UNO gegen Nordkorea zu unterstützen. Der militärische Zusammenbruch der südkoreanischen Republik schien der Beginn für einen ostasiatischen Krieg und darüber hinaus für einen dritten Weltkrieg zu sein. Die nationalchinesische Regierung auf Formosa richtete wenige Tage nach Ausbruch des Krieges an General MacArthur das Anerbieten, 30 000 ihrer am besten ausgerüsteten Truppen Südkorea zur Verfügung zu stellen. Daß die amerikanische Regierung in Washington nicht eine Ausdehnung des Konflikts wünschte, zeigt ihre Ablehnung dieses Angebots. Darüber hinaus ist es jedoch bezeichnend, daß die nationalchinesische Regierung ihr Angebot nicht an die Regierung in Washington richtete, sondern an den Oberkommandierenden der amerikanischen Streitkräfte im Fernen Osten. Den militärischen Führern im Fernen Osten gelang jedoch bereits zu diesem Zeitpunkt eine bestimmte und äußerst gefährliche Ausdehnung des Konflikts dadurch, daß sich die angeordnete Blockade Koreas auch auf die Schiffe der Sowjetunion, der Volksrepublik China und der übrigen Staaten erstreckte, die sich geweigert hatten, die Aktion der UNO zu unterstützen. Am 20. Juli griffen erstmalig amerikanische Panzer in die Kämpfe in Korea ein.

Die Lage in Korea führte gleichzeitig zu einer Verschärfung der militärischen Situation in Europa. Nach Angaben zuständiger Stellen der amerikanischen Luftwaffe waren am 30. Juli 1950 rund 1600 Düsenjäger in Europa stationiert. Seit Beginn des Krieges in Korea hatten die Vereinigten Staaten ihre in England stationierten Bomberverbände verdreifacht. Wie weit die amerikanische militärische Planung tatsächlich davon überzeugt war, daß der Krieg in Korea der Beginn einer umfassenden militärischen Auseinandersetzung im Weltmaßstab werden würde, kann bis heute noch nicht festgestellt werden. Es scheint jedoch eher die Vermutung nahezuliegen, daß die amerikanische Politik den Zwischenfall in Korea ausnützte, um die endgültige Führung innerhalb der atlantischen Allianz zu gewinnen, neutralistische Tendenzen außerhalb des Ostblocks endgültig zu beseitigen und die politische Offensive in Europa vorwärts zu treiben. Der Krieg in Korea konnte sich an einem Punkte des Fernen Ostens zu einem Weltkrieg ausdehnen: in Formosa. Die britische Regierung befürchtete bereits in den ersten Wochen, daß die Einbeziehung Formosas in das amerikanische Militärsystem zu einem chinesisch-amerikanischen Krieg führen könne. Der amerikanische Botschafter in London hatte am 14. August eine Unterredung mit Premierminister Attlee und Außenminister Bevin, in der die britische Regierung diese Bedenken vortrug.

Am 12. September begann in New York die Konferenz der Außenminister der drei Westmächte. Die wichtigsten Themen, die von der Konferenz behandelt wurden, waren:

1. die Verteidigung des Westens;
2. die Wiederaufrüstung Deutschlands; und
3. Korea und die Frage der Anerkennung der Chinesischen Volksrepublik.

Kein Dokument zeigt deutlicher die enge Beziehung der ostasiatischen Vorgänge zu der innerdeutschen Politik, wie zum andern auch die Zusammenhänge zwischen Wiederaufrüstung im allgemeinen und den ökonomischen Vorbedingungen einer effektiven Verteidigung des Westens. Es muß als ein amerikanischer Erfolg gewertet werden, daß sich die am Korea-Konflikt beteiligten Mächte bereit erklärten, einem umfassenden Waren-Embargo gegenüber der Sowjetunion und ihren Satelliten zuzustimmen.

In Korea setzten die amerikanischen Streitkräfte ihre Gegenoffensive fort und nahmen am 26. September die Hauptstadt Seoul wiederum ein. Mit dem Vormarsch der amerikanischen Truppen erhob sich die Frage, ob diese den 38. Breitengrad – die Grenze zwischen Süd- und Nordkorea überschreiten sollten oder nicht. Der indische Premierminister Nehru nahm in einer Pressekonferenz zur Frage der Überschreitung des 38.

Breitengrades Stellung und wies darauf hin, daß die Überschreitung dieser Grenze notwendigerweise eine Ausdehnung des Krieges zur Folge haben müßte. Trotzdem nahm die Vollversammlung der UNO am 7. Oktober eine Resolution über Korea an, die von Großbritannien und sieben anderen Ländern beantragt worden war. Diese Resolution erteilt den UNO-Streitkräften indirekt die Vollmacht zur Überschreitung des 38. Breitengrades und zum Einmarsch in Nordkorea. Durch diese Entscheidung wurde die Polizeiaktion in Korea de facto zu einem Krieg, und darüber hinaus die politische Entscheidung über eine weitere Ausdehnung dieses Krieges auf China und die Sowjetunion dem militärischen und strategischen Ermessen des amerikanischen Generalstabs bzw. des Oberkommandierenden der UNO-Streitkräfte in Korea, General Mac Arthur, überlassen. Daß dieser entschlossen war, im schnellen Tempo auf den Jalu, den Grenzfluß zwischen der Mandschurei und Korea, vorzustoßen und diesen zu überschreiten, d.h. den Korea-Krieg zu einem China-Krieg auszuweiten, wissen wir aus den später veröffentlichten Aussagen des Generals vor einer Kommission des amerikanischen Senats, sowie aus den veröffentlichten Berichten der Zusammenkunft des Präsidenten Truman und des Generals Mac Arthur auf der Insel Wake am 15. Oktober. In dieser Auseinandersetzung zwischen Präsident Truman und General Mac Arthur wurden die Widersprüche der amerikanischen Ostasien-Politik deutlich, die nur in besonders scharfer Weise die Widersprüche der Außenpolitik der amerikanischen Regierung aufzeigten. Der Widerspruch besteht darin, daß sich die amerikanische Regierung zwar zu einem umfassenden Wettrüsten entschlossen hatte und darüber hinaus zu einer weltweiten politischen Offensive gegen die Ostblock-Staaten, jedoch nicht willens war, zum gegebenen Zeitpunkt einen Krieg gegen den Ostblock auszulösen. Von militärischer Seite wies der Oberkommandierende im Fernen Osten, General Mac Arthur, darauf hin, daß das zu diesem Zeitpunkt noch bestehende militärische Übergewicht der Vereinigten Staaten gegenüber Rußland so schnell wie nur möglich ausgenützt werden müsse.

Die Frage eines China-Krieges spitzte sich auch deshalb zu diesem Zeitpunkt zu, da die französischen Streitkräfte in Indochina in große Schwierigkeiten gerieten. Am 10. Oktober 1950 veröffentlichte der französische Generalstab ein Kommunique über die Dezimierung einer Kampfgruppe von 5 1/2 Battaillonen französischer Truppen durch den Vietminh, die sich anläßlich der Preisgabe des Grenzpostens Caobang zutrug. In diesem Kommunique wurde darauf verwiesen, daß die Art der Operation und die Ausrüstung der Vietminh-Truppen beweise, daß sich ein Übergang vom Guerillakrieg zu einem tatsächlichen Krieg in Indochina vollzogen habe. Dem französischen Verteidigungsminister Jules Moch wurde am 15. Oktober von der amerikanischen Seite die Zusicherung gegeben, die Lieferung von Kriegsmaterial nach Indochina zu beschleunigen. Sowohl die Umstellung der französischen Truppen in Indochina, als auch die Waffenlieferungen der Vereinigten Staaten brauchten solange Zeit, daß die bestehende Front in Indochina durch die französischen Truppen nicht mehr gehalten werden konnte. Am 3. November 1950 gab der französische Generalstab bekannt, daß die Festung Laokay im Nordwesten von Vietnam, deren Zivilbevölkerung kürzlich evakuiert wurde, von den französischen Truppen geräumt werden mußte.

Durch eine Ausdehnung des Korea-Krieges auf die Mandschurei und China wäre ganz ohne Zweifel auch eine militärische Bereinigung des Indochina-Krieges möglich gewesen. Die Interessen der amerikanischen und französischen Generalstäbler trafen sich zu diesem Zeitpunkt in dem Gedanken der Ausdehnung des Korea-Konflikts. Inwieweit sich die französische Regierung solchen militärischen Plänen angeschlossen hat oder nicht, kann heute noch nicht quellenmäßig belegt werden. Ganz ohne Zweifel jedoch hat die Krise in Indochina, wie wir später sehen werden, dazu beigetragen, den Widerstand Frankreichs gegen eine Wiederaufrüstung Westdeutschlands zu brechen.

Am 26. Oktober 1950 erreichte die amerikanische 8. Armee bei Chosan die mandschurische Grenze. General Mac Arthur wie insbesondere auch die Kommandeure der amerikanischen Marine und Luftstreitkräfte machten sich bereit, ihre Operationen auf das mandschurische Gebiet auszudehnen. Diesen Versuchen trat die Volksrepublik China mit einer Offensive von 40 000 Mann am 8. November entgegen. Die chinesischen Streitkräfte griffen in den Kampf um die elektrischen Kraftwerke am Jalu-Fluß ein, die zum großen Teil auch die Mandschurei mit Strom versorgten. Die chinesische Intervention muß heute als militärischer Präventivakt gegenüber einer drohenden amerikanischen Offensive in die Mandschurei aufgefaßt werden. Trotz dieser offenkundlichen Sachlage stellte sich die öffentliche Meinung im Westen auf seiten der amerikanischen Version der Vorgänge, die in der Intervention chinesischer Truppen eine Verletzung des Völkerrechts sah. Der Angriff chinesischer Truppen über den Jalu-Fluß führte zum Zusammenbruch der Front der UNO-Truppen, die General Mac Arthur im Hinblick auf große Bombardements in der Mandschurei und umfassende Landungen an der mandschurischen Küste zu weit vorgetrieben hatte.

Dieser Zusammenbruch der Front in Korea ließ in den Vereinigten Staaten immer stärker Stimmen laut werden, daß zur Lösung der militärischen Lage in Korea die Atombombe abgeworfen werden sollte. Es besteht kein Zweifel, daß mit dem Abwurf einer amerikanischen Atombombe in Korea ein dritter Weltkrieg ausgelöst worden wäre. Um den Ausbruch eines Weltkrieges zu verhindern, flog der britische Premierminister Attlee am 30. November 1950 nach Washington, um Besprechungen über die Frage der Anwendung der Atombombe mit dem amerikanischen Präsidenten Truman zu führen. In diesen Besprechungen machte der britische Premierminister dem amerikanischen Präsidenten klar, daß sowohl bei der Ausdehnung des Korea-Krieges auf China, wie auch bei dem Auslösen eines dritten Weltkrieges durch den Abwurf einer amerikanischen Atombombe, die Vereinigten Staaten nicht mit der Bündnistreue Großbritanniens rechnen könnten. Die Besprechungen, die zuerst auf ein Wochenende angesetzt waren, setzten sich bis zum 5. Dezember fort. Durch die britische Intervention zu diesem Zeitpunkt wurde der Ausbruch des dritten Weltkrieges verhindert. Es ist fragwürdig, ob die amerikanische Regierung in Washington ihren Widerstand gegen die militärischen Ausdehnungspläne Mac Arthurs fortgesetzt hätte, wenn sich durch militärische Zwangslagen in Korea die Notwendigkeit einer Ausdehnung des Krieges bzw. des Abwurfs einer Atombombe ergeben hätte.

Die militärische Krise in Korea trieb im Dezember des Jahres 1950 ihrem Höhepunkt entgegen. Am 12. Dezember erklärte General Mac Arthur, daß der Status eines unerklärten Krieges zwischen dem kommunistischen China und den Streitkräften der Vereinten Nationen besteht. Wenige Tage später stellte der Vorsitzende des Vereinten Generalstabs, General Omar Bradley, vor dem Auswärtigen Komitee des Senats fest, daß die amerikanischen Truppen in einer Lage seien, die eine Evakuierung – wenn dies erforderlich werde – möglich mache. Es bestehe jedoch Hoffnung, daß ein zweites Dünkirchen vermieden werde.

Der Vormarsch der chinesischen Truppen dauerte im Laufe des Dezembers an. Die UNO-Truppen setzten ihren Rückzug auf den 38. Breitengrad fort, wobei die britische 29. Commonwealth-Brigade die Nachhut bildete. 13 asiatische und Nahost-Staaten unter Führung Indiens richteten im Dezember einen Appell an die Chinesische Volksrepublik, den 38. Breitengrad in Korea nicht zu überschreiten. Die militärisch-politische Situation, zu der die Politik Mac Arthurs in Korea geführt hatte, verschärfte sich so, daß der amerikanische Präsident gezwungen war, den nationalen Notstand zu proklamieren. Am 31. Dezember 1950 erreichten chinesische Truppen die Stadt Kaesong, etwa 3 km südlich des 38. Breitengrades, und setzten ihren Vormarsch auf die koreanische Hauptstadt Seoul fort.

Der Korea-Konflikt hat in diesen Monaten die Welt an den Rand eines dritten Weltkrieges geführt, der nur durch die diplomatische Intervention der britischen Regierung verhindert werden konnte. Gleichzeitig aber hat er zur Mobilisierung der öffentlichen Meinung im Westen wie auch insbesondere zur Beschleunigung des Tempos der Wiederaufrüstung Westdeutschlands beigetragen. Stand die Wiederaufrüstung Westdeutschlands im allgemeinen bereits vor Ausbruch des Korea-Konflikts fest, so hat doch der Korea-Konflikt das Tempo der westdeutschen Wiederaufrüstung beschleunigt, die der Wiederaufrüstung widerstrebenden Kräfte in Westdeutschland und in Europa in eine politisch unmögliche

Position gedrängt und insbesondere die Formen der westdeutschen Wiederaufrüstung bestimmt. Am 27. November 1950 gab das amerikanische Außenministerium bekannt, die amerikanische Regierung prüfe zur Zeit die legalen Möglichkeiten der Eingliederung Westdeutschlands in das westliche Verteidigungssystem. Die Bonner Regierung soll im Rahmen dieser Pläne von den Vereinigten Staaten finanziell unterstützt werden, damit sie einen Teil ihrer industriellen Produktion der westlichen Verteidigung zur Verfügung stellen könne.

Wie stark die Ereignisse in Korea auch den Widerstand der Sozialdemokratie gegen eine Wiederaufrüstung Westdeutschlands geschwächt haben, zeigt eine Stellungnahme von Carlo Schmid am 16. August, in der er ausführte, daß die deutschen Sozialisten nur dann zu einer aktiven Beteiligung an der europäischen Verteidigung bereit seien, wenn sofort eine übernationale europäische Regierung geschaffen würde, unter der eine europäische Armee aufgestellt werden könne. Auf der Tagung der Konsultativ-Versammlung des Europarates, auf der Carlo Schmid diese Ausführungen machte, legte der britische Delegierte Winston Churchill einen Antrag zur Schaffung einer europäischen Armee vor. Bei der Abstimmung über dieses Projekt einer Europaarmee enthielten sich die deutschen Sozialdemokraten der Stimme. Der deutsche Delegierte Ollenhauer stellte fest, diese Tatsache bedeute, daß die SPD unter den gegenwärtigen Umständen jede Wiederaufrüstung Westdeutschlands ablehne. Der Widerstand der Sozialdemokratie auf nationaler und internationaler Ebene gegen eine westdeutsche Wiederaufrüstung war also nicht prinzipieller Natur, sondern betraf nur den Zeitpunkt und die Formen einer deutschen Wiederaufrüstung. Der Vertreter der CDU im Europarat, Dr. Hermann Pünder, erklärte, daß die Deutsche Bundesrepublik eine Remilitarisierung im Sinne einer deutschen Nationalarmee ablehne, sie sei jedoch bereit, ihren Beitrag zu einer europäischen Armee innerhalb der europäischen Verteidigung zu leisten. Die deutsche Bundesregierung könne aber einem solchen Verteidigungssystem nur unter voller Gleichberechtigung mit den anderen freien Nationen beitreten.

Der Führer der Opposition, Winston Churchill, faßte die Ereignisse in Straßburg einige Tage darauf in einer Rundfunkrede zusammen. Er führte darin aus:

> „In Straßburg ereigneten sich zwei sehr bemerkenswerte Dinge: Die Deutschen erklärten, daß sie nicht den Wunsch haben, eine nationale deutsche Armee zu schaffen, aber gewillt sind, in einer europäischen Verteidigungsstreitmacht zu dienen. Zweitens begrüßte Frankreich in einer noblen Geste die Idee, daß französische und deutsche Soldaten Seite an Seite für die Verteidigung der Freiheit einstehen. Das ist ein großes Ereignis in der Geschichte Europas, und ich bin stolz, damit etwas zu tun gehabt zu haben."

Durch diese Ausführungen bestätigte Winston Churchill, daß die französische Regierung ihren prinzipiellen Widerstand gegen eine Wiederaufrüstung Westdeutschlands bereits aufgegeben hatte. Am 14. September 1950 beschloß die Außenminister-Konferenz der drei Westmächte:

1. Die Bildung einheitlicher Streitkräfte zur Verteidigung Westeuropas;
2. die sofortige Verstärkung der Streitkräfte zur Verteidigung Westeuropas;
3. Maßnahmen zur Beschleunigung und Erweiterung der für diese Verteidigungsbemühungen notwendigen Produktion an Ausrüstungs- und Versorgungsgütern sowie Maßnahmen zur Finanzierung dieser Bemühungen;
4. Einbeziehung Westdeutschlands in diese Bemühungen;
5. die erforderlichen Schritte zur Gewährleistung der internationalen Sicherheit in Westdeutschland und Berlin;
6. Geeignete Maßnahmen, wie z.B. die Beendigung des Kriegszustandes und eine weitere Lockerung der Besatzungskontrollen, um die Wiederherstellung der Position Westdeutschlands als Mitglied in der Familie freier Nationen zu beschleunigen.

Wenige Tage später fand eine Tagung des Atlantik-Rates statt, die sich mit der Schaffung einer einheitlichen militärischen Streitmacht in der kürzesten Zeit, die der Verteidigung Europas angemessen ist, beschäftigte. In der Debatte erklärte der amerikanische Außenminister Dean Acheson, daß die Integration westdeutscher Einheiten bedeuten würde, daß ein größeres Gebiet in den strategischen Verteidigungsplan einbezogen werden könne. Der deutsche Beitrag würde auch die von den übrigen Atlantik-Staaten zu bringenden Opfer vermindern. Es werde jedoch keine separate deutsche Armee geben.

Wenn man das Gebilde eines westdeutschen Staates als die Frucht des Kalten Krieges auffassen muß, so zeigen diese Ereignisse nach Ausbruch des Korea-Konflikts, daß jede Verschärfung der Ost-West-Beziehungen die Rolle Westdeutschlands in der Mitte Europas und innerhalb des Westblocks beinahe wie von selbst verstärken mußte. Darüber hinaus aber wird an dieser Tatsache deutlich, daß diese Ereignisse nur zugunsten der konservativ-restaurativen Kräfte in Deutschland verlaufen konnten. Die westlichen Alliierten wie auch die Bundesregierung wünschten zu diesem Zeitpunkt zwar keine Nationalarmee, aber die Entscheidung für eine Wiederaufrüstung Westdeutschlands war endgültig und unwiderruflich gefallen. Jeder Widerstand der Sozialdemokratie in der Bundesrepublik gegen eine westdeutsche Wiederaufrüstung mußte an der internationalen Konstellation der reaktionären und konservativen Kräfte scheitern. Gegenüber dieser entschiedenen Politik befand sich die internationale Arbeiterbewegung im Westen in einer äußerst schwankenden Position, die nur zu einer Kapitulation in der Frage der westdeutschen Wiederaufrüstung von Fall zu Fall führen konnte.

Die Politik der Einbeziehung westdeutscher Einheiten in das europäische Verteidigungssystem wurde mit großer Energie vorwärtsgetrieben. Am 26. Oktober 1950 stimmte die Französische Nationalversammlung einem Regierungsplan zu, der die Schaffung einer europäischen Armee unter einem europäischen Verteidigungsminister vorsah, der einer europäischen Versammlung verantwortlich sein sollte. In diese Armee sollten deutsche Kontingente eingegliedert werden, nachdem der Schumanplan unterzeichnet war. Westdeutsche Wiederaufrüstung und Schumanplan wurden so von der französischen Regierung in einen unmittelbaren und sogar zeitlichen Zusammenhang gestellt. Der Plan einer europäischen Armee wurde nach seinem Verfasser Pleven-Plan bezeichnet. Dieser Pleven-Plan wurde dem Verteidigungs-Komitee des Atlantik-Pakts vorgelegt; es konnte jedoch über ihn keine Einigung erzielt werden. Der Pleven-Plan sah vor, daß in die Europa-Armee deutsche Einheiten nur bis zur Bataillonsstärke eingegliedert werden sollten.

Am 14. Dezember 1950 befaßte sich das Militärkomitee der NATO mit einem amerikanisch-französischen Kompromiß über die Beteiligung westdeutscher Kontingente an der Verteidigung Westeuropas. Das Militärkomitee gab folgende Empfehlungen für die Aufstellung einer Atlantik-Armee unter Einschluß deutscher Kontingente heraus:

1. Die sofortige Ernennung General Eisenhowers zum Oberkommandierenden der Nordatlantikpakt-Armee und die praktische Aufstellung dieser gemeinsamen Armee im Monat Januar.
2. Aushebung deutscher Truppen bis zu 150 000 Mann, gegliedert in Regimentsgruppen von nicht mehr als 6000 Mann.
3. Die deutschen Kontingente sollen 1/5 des totalen Effektivbestandes der Atlantikpakt-Armee in Westdeutschland nicht übersteigen.

Trotzdem war Ende des Jahres 1950 die westdeutsche Wiederaufrüstung nicht nur im Prinzip beschlossen, sondern auch in ihren Formen und in ihrem Zeitplan festgelegt.

Die Bundesregierung war bestrebt, den militärischen Zwischenfall in Korea zugunsten ihrer innenpolitischen und militärpolitischen Absichten auszunutzen. Sie wiederholte am 4. Juli in einer Note an die Alliierte Hochkommission die Frage der Sicherheitsgarantie für Westdeutschland. Wie sehr selbst in der amerikanischen Regierung die Ansichten über die Formen eines westdeutschen Verteidigungsbeitrags für die Verteidigung Europas auseinandergingen, das zeigt die Antwort des amerikanischen Hochkommissars McCloy auf die Frage eines deutschen Journalisten, ob die amerikanischen Truppen Westdeutschland ohne die Hilfe westdeutscher Militärkontingente gegen einen etwaigen Angriff verteidigen könnten. Der amerikanische Hochkommissar führte dazu aus:

„Es gibt hier keine deutschen Militärkontingente, und wir werden keine schaffen. Ich spreche jetzt nicht über die Wiederaufrüstung Westdeutschlands oder irgendeine Art von Gegenstück zu der von den Kommunisten inspirierten Volkspolizei der Ostzone. Ich bin nach wie vor gegen den Wiederaufbau einer deutschen Armee. Aber im Falle eines Angriffs wie auf Korea würde ich es für sehr schwer halten, den Deutschen das Recht und die Mittel zur Verteidigung ihres Grund und Bodens zu versagen."

Es besteht kein Zweifel, daß es im Sinne der amerikanischen Propaganda war, den Aufbau einer Volkspolizei in der Ostzone in einen unmittelbaren Zusammenhang zu den militärischen Auseinandersetzungen in Korea zu bringen und vielleicht sogar eine unmittelbare Invasion der Volkspolizei nach Westdeutschland als wahrscheinlich darzustellen, um den psychologischen Widerstand in Westeuropa gegen eine Wiederaufrüstung des neuen westdeutschen Staates zu brechen. Im Verlaufe des Monats August 1950 wurden bereits die organisatorischen Grundlagen für einen militärischen Beitrag Westdeutschlands zur Verteidigung Westeuropas gelegt. Am 17. August hatte der deutsche Bundeskanzler eine dreistündige Unterredung mit den Hochkommissaren auf dem Petersberg, deren Gegenstand die Frage der Sicherheit Westdeutschlands war. Am folgenden Tage sprach sich Bundeskanzler Adenauer in einem Interview dafür aus, eine westdeutsche Verteidigungstruppe zu schaffen, die in ihrer Größe und Stärke der Volkspolizei der Ostzone entsprechen sollte. Daß als Auftakt für eine westdeutsche Armee der Aufbau deutscher Polizeieinheiten dienen sollte, zeigten die Ausführungen des Bundeskanzlers wenige Tage später. Im Zusammenhang mit einer deutschen Armee erklärte er, daß er in der gegenwärtigen weltpolitischen Lage eine westeuropäische Armee für erforderlich halte.

Am gleichen Tage äußerte sich auch der Vorsitzende der Sozialdemokratischen Partei, Kurt Schumacher, zur Sicherheitsfrage. Er betonte, daß nur eine Zusammenfassung der Kräfte aller demokratischen Nationen für eine Verteidigung Europas sinnvoll wäre. Eine europäische Armee ohne Beteiligung der USA wäre ebenso sinnlos wie eine deutsche Nationalarmee. Europa sei eine fulminante Versammlung von Nicht-Garantien, daher müsse die Weltdemokratie, vor allem die Vereinigten Staaten, eingreifen. Das sei die erste und einzige Voraussetzung für das Ja oder Nein zur deutschen Aufrüstung. Die westliche Kräftekonzentration müsse so stark sein, daß sie effektiv jenseits der ehemaligen deutschen Ostgrenzen, d.h. jenseits der Weichsel, wirken könne. Diese Stellungnahme der Sozialdemokratie zeigt die strategische und taktische Situation der SPD in Deutschland auf. In jeder Frage war die Sozialdemokratie gezwungen, für ihre Zustimmung noch größere Forderungen zu stellen, als sie die Westmächte zu geben willens und in der Lage waren. Diese Taktik des ständigen Überdrehens der Forderungen von seiten der Sozialdemokratie mußte in dem Augenblick zu einem Umschlag führen, als die Westmächte sich zur Erfüllung dieser Forderungen zumindest ihrem allgemeinen Inhalte nach bereit erklärten. Daß die Verteidigungspläne der Vereinigten Staaten selbstverständlich die Beteiligung amerikanischer Truppen in der westeuropäischen Armee voraussetzten, verstand sich angesichts der Lage in Korea beinahe von selbst. Die sozialdemokratische Opposition gegen die Wiederaufrüstung Westdeutschlands war also bereits zu diesem Zeitpunkt auf eine rein propagandistische Formel zusammengeschrumpft. Die Sozialdemokratie war in den wichtigsten Fragen der Kritik an dem neuen westdeutschen Staat bereits im August 1950 ausmanövriert. Wir haben schon darauf hingewiesen, daß die Sozialdemokratie der Bundesregierung keine wesentliche Pakt-Alternative und deshalb auch keine allgemeine Alternative in der Außenpolitik gegenüberstellen konnte. Ihr Bestehen auf einer Initiative in der Deutschlandfrage von seiten der Bundesregierung und der Westmächte war nichts anderes als die Flucht in eine Sackgasse, an deren Ende die Bereitwilligkeit oder der Widerstand der Sowjetunion stand, die deutsche Frage tatsächlich zu lösen. Nicht zuletzt zeigte es sich, daß die Sozialdemokratie in der Frage einer westdeutschen Wiederaufrüstung auch innerhalb der internationalen Arbeiterbewegung mehr oder weniger isoliert war.

Die Kräfte des Widerstandes gegen die Remilitarisierung zeigten sich aber nicht nur in der Sozialdemokratischen Partei, sondern auch im bürgerlichen Lager bis weit nach rechts hinein. Der Rat der Evangelischen Kirche Deutschlands faßte Ende August 1950 auf dem Kirchentag in Essen eine Resolution, in der er sich gegen eine Remilitarisierung Deutschlands aussprach. Der Widerstand in den evangelischen Kreisen rührte aber nicht so sehr von politischen Motiven her, sondern war durch weltanschauliche und pazifistische Gründe oder auch von Gedanken konservativ-nationalistischer Natur mehr oder weniger bestimmt.

Am 30. August 1950 überreichte der Bundeskanzler der Allierten Hochkommission zwei Denkschriften zur Frage der inneren und äußeren Sicherheit der Bundesrepublik sowie zur Frage der Revision des Besatzungsstatuts. Das Junktim zwischen Wehrbeitrag und nationaler Souveränität war für die Besatzungsmächte wie auch für die Bundesregierung selbstverständlich. Daß damit aber der Gedanke der nationalen Souveränität selbst beeinträchtigt wurde, war den Verteidigern einer Politik der Wiederaufrüstung mehr oder weniger gleichgültig. Wie weit im letzten Viertel des Jahres 1950 die Frage der Wiederaufrüstung bereits vorangetrieben war, das zeigt die Erklärung des amerikanischen Hochkommissars McCloy vom 5. September, die zum Inhalt hatte, daß es den Deutschen ermöglicht werden sollte, ihr eigenes Land zu verteidigen. Am gleichen Tage forderte Generaloberst a.D. Guderian in einem Interview die Errichtung einer deutschen Wehrmacht von mindestens 25 bis 30 Divisionen, die unter deutschem Kommando, und zwar womöglich unter dem des ehemaligen Generalfeldmarschalls von Manstein, sowie unter alliiertem Oberbefehl operieren sollten. Die Art und Weise, wie der Bundeskanzler in Geheimbesprechungen und durch geheime Zusagen an die Hohe Kommission die Politik der Wiederaufrüstung in Westdeutschland betrieb, führte im September 1950 zu einem Konflikt zwischen Adenauer und Bundesinnenminister Heinemann. Heinemann war der Ansicht, daß er als der für die innere Sicherheit zuständige Ressortminister zuerst von den Fragen der Wiederaufrüstung berührt sei und deshalb verlangen konnte, daß alle Fragen der Sicherheit zuerst zwischen ihm und dem Bundeskanzler besprochen werden müßten. Der Bundeskanzler hatte jedoch den Inhalt des Memorandums vom 30. August über die Fragen der deutschen Sicherheit erst nach Absendung Bundesminister Heinemann mitgeteilt.

Die von uns dargestellten kanzlerdemokratischen Tendenzen traten also in ihrer ganzen Schärfe bereits ein Jahr nach Bestehen der Bundesrepublik hervor, und sie wurden durch die Frage der Wiederaufrüstung ganz erheblich verstärkt. Der Bundeskanzler betrieb in der Zwischenzeit ohne Wissen des Kabinetts und selbstverständlich ohne Informierung des Parlaments seine vorbereitenden Arbeiten zu einer Wiederaufrüstung Westdeutschlands. Am 12. September berichtete *Die Welt* von einer Fühlungnahme des Bundeskanzlers und einzelner Minister mit Generälen der früheren Wehrmacht. In dieser Nachricht der *Welt* heißt es:

„Der ehemalige Stabschef Rommels, General Dr. phil. Speidel, ist bisher nicht vom Bundeskanzler empfangen worden. Er gehört jedoch zu denjenigen hohen Offizieren der früheren Wehrmacht, die vielleicht für spätere Aufgaben Berücksichtigung finden können. Zu General Hossbach sind von Regierungsseite bisher keine Beziehungen aufgenommen worden. Graf Gerhard Schwerin wurde als Fachmann in Sicherheitsfragen zu Rate gezogen. Mit General Hasso von Manteuffel besteht seitens der Bundesregierung keine Fühlung."

Gegenüber dieser massiven Vorbereitung der deutschen Wiederaufrüstung hielt die Sozialdemokratische Partei an ihrer Ablehnung unter den gegenwärtigen militärischen Bedingungen fest. Die These der Sozialdemokratie, die der SPD-Vorsitzende Schumacher noch am 17. November vortrug, daß die Deutschen sich erst dann an der Verteidigung Westeuropas beteiligen, wenn sich die Westmächte entschließen, stark genug in Europa zu sein, um einen Angriff aus dem Osten zurückzuweisen und von Anfang an den Krieg durch einen mächtigen Gegenangriff nach Osten zu tragen, hätte in der Konsequenz nicht nur zur Beschleunigung des Wettrüstens, der Wiederaufrüstung Westdeutschlands, der Mobilisierung der militärischen Kräfte Westeuropas und zur Massierung amerikanischer Truppen in Westdeutschland geführt, sondern hätte wohl auch die Gefahr eines Krieges bis in greifbare Nähe gerückt. Zu keinem Zeitpunkt nach 1945 hat ein westdeutscher Politiker eine entschiedenere Politik der Stärke gegenüber der Sowjetunion vertreten als Kurt Schumacher in der Frage der westdeutschen Wiederaufrüstung im September 1950.

Am 23. September führte Bundeskanzler Adenauer auf dem Petersberg eine ausführliche Besprechung mit den drei Hochkommissaren über die New Yorker Konferenz, die – wie wir bereits dargestellt haben – auch die Frage der westdeutschen Wiederaufrüstung zum Gegenstand gehabt hatte. Am 7. Oktober forderte der zweite Vorsitzende der Sozialdemokratischen Partei, Erich Ollenhauer, in Zusammenhang mit der westdeutschen Wiederaufrüstung Neuwahlen für den Bundestag, da anläßlich der letzten Wahlen dieses Problem nicht zur Debatte gestanden habe und somit der Bundestag kein Mandat besitze, darüber zu entscheiden. Auch die These Schumachers, daß die Frage der Wiederaufrüstung eine Verfassungsfrage sei und deshalb im Rahmen der gegebenen Verfassungswirklichkeit nicht behandelt werden könne, beweist, daß ein Jahr nach dem Inkrafttreten der westdeutschen Verfassung, mit ihren von den beiden großen Parteien niedergelegten Artikeln der Kanzlerdemokratie und der antiplebiszitären Demokratie, die Sozialdemokratische Partei zum Opfer ihrer eigenen verfassungspolitischen Konzeption geworden war. Der Bundeskanzler antwortete auf diese Initiative der Sozialdemokraten, daß das Grundgesetz keine Volksbefragung kenne und auch keine Auflösung des Bundestages. Es könne deshalb nicht die Rede davon sein, daß in den Fragen der Wiederaufrüstung Westdeutschlands eine Volksabstimmung stattfinden müsse. In der gleichen Rede wandte sich der Bundeskanzler gegen den Vorwurf des am 9. Oktober von seinem Amt zurückgetretenen Bundesminister Heinemann, daß der Bundeskanzler in den Fragen der Wiederaufrüstung Westdeutschlands bindenden Zusagen gemacht habe, und sagte wörtlich:

> „Gegen alle hier und dort ausgesprochenen Behauptungen, daß irgendwelche Verpflichtungen der Bundesrepublik Deutschland hinsichtlich der Aufstellung deutscher Divisionen und dergleichen vorliegen, erkläre ich ausdrücklich: solche Verpflichtungen liegen nicht vor."

Welche Bedeutung der Korea-Konflikt auf die öffentliche Meinung in Westdeutschland im Jahre 1950 gehabt hat, das hob der amerikanische Hochkommissar McCloy am 13. Oktober 1950 hervor, indem er feststellte, daß der Krieg in Korea den Deutschen die Notwendigkeit der Anwesenheit der Besatzungsstreitkräfte grundsätzlich klar gemacht habe. Es seien dadurch auch jene Stimmen zum Schweigen gekommen, die sich für eine Neutralisierung Deutschlands oder für die Hoffnung einer neutralen dritten Kraft in Europa eingesetzt hatten. Gegen den immer schärfer werdenden propagandistischen Widerstand der Sozialdemokratie fuhr die Bundesregierung fort, das Geschäft der Wiederaufrüstung zu betreiben. Am 26. Oktober ernannte der Bundeskanzler in völliger Übergehung des Parlaments – aber nicht in Verletzung der Buchstaben und des Inhalts der Verfassung – den CDU-Abgeordneten Theodor Blank zum Beauftragten der Bundesregierung für alle Fragen, die mit der Verstärkung der alliierten Besatzungstruppen zusammenhängen. Daß die Bundesregierung zu diesem Zeitpunkt bereits in der Größenordnung deutscher Divisionen gedacht hat, das beweist die Stellungnahme des Bundeskanzlers zum Pleven-Plan vom 30. Oktober 1950. In dieser Stellungnahme führte er aus, daß die Bundesrepublik nur dann bereit sei, deutsche Kontingente für eine gemeinsame Armee zu stellen, wenn diese mit allen anderen Kontingenten vollständig gleichberechtigt seien. Adenauer bedauerte, daß diese Frage in dem französischen Vorschlag mit dem Schumanplan verkoppelt worden sei. Dadurch erwecke man bei den Deutschen den Eindruck, daß man Druck ausüben wolle. Der Plan einer europäischen Armee wie auch der Schumanplan waren aber von Frankreich als die organisatorischen Instrumente gedacht, mit denen man ein wiedererstehendes ökonomisch und militärisch starkes Deutschland zu kontrollieren gedachte. Entgegen den Anschauungen der Sozialdemokratie waren Pleven-Plan und Schumanplan keine Vorschläge, die aus einem französischen Vormachtstreben hervorgingen, sondern die verzweifelten Versuche des schwächsten Siegers unter den Alliierten, das Wiedererstarken Deutschlands in Mitteleuropa wenn nicht zu verhindern, so doch unter eine ständige Kontrolle zu bringen.

Gegenüber dem entschiedenen Willen der Bundesregierung und insbesondere gegenüber den Verpflichtungen des Bundeskanzlers gegenüber den Westmächten in den Fragen der Wiederaufrüstung erscheint die Forderung der sozialdemokratischen Bundestagsfraktion vom 1. November 1950, daß jede Entscheidung über die deutsche Beteiligung an der Verteidigung Europas eine Revision der Bundesverfassung, die Auflösung des gegenwärtigen Bundestages sowie die Abhaltung von Neuwahlen erfordere, wie eine moralische Proklamation. Es war offensichtlich, daß die Sozialdemokratische Partei zu dieser Zeit nicht bereit war – und in der bestehenden weltpolitischen Konstellation wohl auch kaum in der Lage gewesen wäre – einen radikalen außerparlamentarischen Angriff auf die restaurativen Kräfte der Bundesregierung und des Parlaments anzutreten, um eine Revision der Bundesverfassung, die Auflösung des gegenwärtigen Bundestages sowie die Abhaltung von Neuwahlen zu erzwingen. Die sozialdemokratische Bundestagsfraktion hat mit Recht dargestellt, daß die Wiederaufrüstung eine Verfassungsfrage sei. Sie hat aber übersehen, daß sie selbst der Reaktion die verfassungspolitischen Mittel in die Hand gegeben hat, um auch neue politische Fragen, die Verfassungsfragen sind, ohne eine Revision der Bundesverfassung, ja selbst ohne eine Änderung der Bundesregierung, in Angriff nehmen zu können.

Trotz seiner vorhergehenden Einwände gegen den Pleven-Plan und trotz der amerikanischen Kritik an dem Inhalt des Pleven-Plans – insbesondere, was die Größe der deutschen Einheiten in der europäischen Armee betrifft – begrüßte der Bundeskanzler am 8. November 1950 den Pleven-Plan als einen wertvollen Beitrag zur Integration Europas. In der gleichen Rede proklamierte Adenauer das Prinzip, auf dem die

Politik Westdeutschlands gegenüber der Sowjetunion und dem Ostblock seit dieser Zeit steht, das Prinzip der Stärke. Zu diesem Zeitpunkt waren sich die beiden großen Parteien der Bundesrepublik in diesem Prinzip der Politik der Stärke gegenüber Sowjetrußland einig. Die Sozialdemokratie hat im Jahre 1950 noch nicht gegenüber der Politik der Stärke das Prinzip der Politik der Verhandlungen und der Entspannung aufgenommen.

Die Landtagswahlen, die am 19. November 1950 in Hessen und Württemberg-Baden stattfanden, brachten Wahlerfolge für die Sozialdemokratische Partei. Kurt Schumacher erklärte dazu, daß diese Wahlerfolge seiner Partei als Stimmungsausdruck des deutschen Volkes zu werten seien, das mit der SPD in der Remilitarisierungsfrage einig sei. Die Bundesregierung müsse aus diesem Stimmungsumschwung der Wähler nicht nur in den Fragen der Remilitarisierung politische Konsequenzen ziehen. Mit dem Versuch, die Veränderung der parlamentarischen Mehrheiten als Mittel der Revision der Politik der Bundesregierung oder gar als ein Instrument des Druckes auf die Bundesregierung zu ihrer Demission zu betrachten, hat der Vorsitzende der Sozialdemokratischen Partei zu diesem Zeitpunkt faktisch das Prinzip des Föderalismus in politischen Fragen Westdeutschlands verlassen. Das Prinzip des Föderalismus besteht nach der Verfassung ja gerade darin, in den Ländern eine korrigierende Kraft gegenüber den natürlich-zentralistischen Tendenzen der Bundesexekutive und zum Teil auch des Bundesparlaments zu schaffen. Immer deutlicher stellte es sich in diesen letzten Wochen des Jahres 1950 heraus, daß die Bundesregierung und die Besatzungsmächte willens waren, die Wiederaufrüstung des neuen westdeutschen Staates auch gegen die öffentliche Meinung und vielleicht sogar den Mehrheitswillen des deutschen Volkes – selbst auf Kosten der Wiedervereinigung der Nation – durchzuführen. Daß gegenüber einem so starken autoritären Willen die spärlichen Rechte des Parlamentarismus in Westdeutschland nur unzureichend sein mußten, versteht sich aus der Natur der im Spiele stehende Kräfte. Daß der Widerstand in Westdeutschland letzten Endes nicht durch die widersprüchliche Position der Sozialdemokratie mobilisiert werden konnte, hat auch der Gegner begriffen. Am 22. November äußerte sich der amerikanische Außenminister in einer Pressekonferenz zu dem Ergebnis der Wahlen in Württemberg-Baden und Hessen. Er führte dabei aus, daß der sozialdemokratische Wahlsieg die Verwirklichung der westlichen Pläne zur Einbeziehung deutscher Einheiten in eine Europaarmee kaum hinauszögern würde. Der Sieg der SPD sei weniger auf ihre Ablehnung der Wiederaufrüstung als auf innerdeutsche Probleme – wie beispielsweise die steigenden deutschen Lebenshaltungskosten – zurückzuführen. Die deutschen Sozialdemokraten lehnten, wenngleich während des Wahlkampfes viel von der Wiederbewaffnung die Rede gewesen sei, diese im Grunde gar nicht ab, sondern stellten nur bestimmte

Bedingungen. Der Widerstand gegen die Remilitarisierung wurde darüber hinaus noch dadurch geschwächt, daß es der Arbeiterbewegung in Westdeutschland nicht gelang, eine einheitliche ablehnende Position gegenüber der Wiederaufrüstung zu finden. Am 22. November 1950 veröffentlichte der Bundesvorstand des DGB zur deutschen Wiederaufrüstung eine Erklärung, in der es u.a. heißt:

„Dabei (bei der Wiederaufrüstung) müsse die demokratische Kontrolle aller militärischen Formationen und besonders ihres Führerkorps gesichert sein. Diese Voraussetzungen sind zur Zeit nicht gegeben. Im Hinblick auf die geschichtlichen Erfahrungen und die gegenwärtige besondere deutsche Situation spricht sich der Bundesvorstand des DGB gegen die Wiedererrichtung einer selbständigen deutschen Armee aus. Die deutschen Gewerkschaften sind sich klar darüber, daß eine Verteidigung der westlichen Kultur und der persönlichen Freiheit auch an Deutschland Anforderungen stelle, denen sich das deutsche Volk nicht verschließen könne."

Aus dieser Erklärung geht hervor, daß der Vorstand des DGB zu diesem Zeitpunkt im Prinzip eine Wiederaufrüstung Westdeutschlands bejahte, daß er entschlossen nur eine Nationalarmee ablehnte, aber darüber hinaus sich der Notwendigkeit eines militärischen Beitrags der Bundesrepublik zur Verteidigung Westeuropas nicht verschloß.

Ebenso wie in Hessen und Württemberg-Baden führten die Wahlen zum bayerischen Landtag am 26. November 1950 zu einem Erfolg der Sozialdemokratischen Partei. Die Sozialdemokratie erhob aufgrund dieser Veränderungen erneut ihre Forderung nach Neuwahlen zum Bundestag. Mit dieser Forderung hat die Sozialdemokratie den demokratischen Willen des Bundeskanzlers wie auch der CDU bei weitem überfordert. Wie stark antipopulistisch das Klima in der Bundesrepublik innerhalb eines Jahres geworden war, das läßt sich an dieser unverrückbaren Haltung der Bundesregierung in den Fragen der Wiederaufrüstung ablesen. Nicht zuletzt wurde diese autoritäre Haltung der Bundesregierung noch gestärkt durch die politischen Zielsetzungen der Besatzungsmächte und insbesondere der amerikanischen Regierung, gegenüber allen widerstrebenden Kräften eine Wiederaufrüstung Westdeutschlands – gleich in welchen Formen! – durchzuführen. Die Position der Sozialdemokratischen Partei erlitt eine Schwächung durch die Niederlage in den Berliner Wahlen. Die Bundesregierung konnte nun mit Recht darauf hinweisen, daß die Wahlen in den anderen Bundesländern keineswegs als Ausdruck eines Widerstandes gegen die Remilitarisierung Westdeutschlands gewertet werden könnten.

Zu Beginn des Monats Dezember 1950 kam es zu dem bereits dargestellten Kompromiß zwischen den Vereinigten Staaten und Frankreich im Rahmen des Pleven-Plans über die Größe der westdeutschen Kontingente. Die Gesamtzahl der westdeutschen Kontingente innerhalb einer Europaarmee sollte demnach 150 000 deutsche Soldaten betragen. Der Vorsitzende der SPD erklärte zu dem französisch-amerikanischen Kompromiß, daß die Amerikaner damit das Versprechen gebrochen hätten, den Deutschen volle Gleichberechtigung im Falle ihrer Beteiligung an der Atlantikpakt-Armee zu gewähren. Um die französische Zusicherung zu erhalten, seien Beschränkungen der zahlenmäßigen Stärke und der Waffenausrüstung vorgenommen worden. Wie sehr der Vorsitzende der Sozialdemokratischen Partei die Macht der restaurativen Kräfte und insbesondere ihre Bündnisstärke in dieser Frage unterschätzte, das wird darin deutlich, daß er seine Ausführungen mit dem Satz schloß: „Die Haltung der Bundesregierung ist unerheblich, weil die Opposition in dieser Frage bei der öffentlichen Meinung so starke Unterstützung hat, daß keine deutsche Regierung dem Plan zustimmen könne." Die Position der Sozialdemokratie hatte sich also im Verlaufe eines Halbjahres wesentlich verändert. Sie reichte von einer glatten Ablehnung der Wiederaufrüstung zu einer Ablehnung einer National-Armee und zu einer Bejahung eines westdeutschen militärischen Beitrags in einer Europa-Armee, wenn innerhalb dieser Europa-Armee eine völlige Gleichberechtigung der einzelnen Staaten gegeben wäre.

Ende des Jahres nahm eine deutsche Sachverständigen-Kommission an der Brüsseler Konferenz der drei Westmächte über militärisch-technische Besprechungen für einen westdeutschen Verteidigungsbeitrag teil. Leiter der deutschen Delegation war der CDU-Abgeordnete Theodor Blank; ferner gehörten ihr die ehemaligen deutschen Generale Adolf Heusinger und Hans Speidel an. Die Grundlage der Brüsseler Konferenz bildete der sogenannte „Spoffort-Plan", der eine Zulassung deutscher Kampfeinheiten im Rahmen einer internationalen Armee vorsah.

Das Jahr 1950 endete in den Fragen der westdeutschen Wiederaufrüstung mit einem glatten Sieg der restaurativen Kräfte; nicht nur, was das Prinzip einer Wiederaufrüstung Westdeutschlands, sondern auch, was ihre Form betraf. Es kann angenommen werden, daß sich in den militärpolitischen Konzeptionen der Bundesregierung auch bereits Tendenzen zeigten, die über eine internationale Beschränkung der westdeutschen Wiederaufrüstung hinausstrebten. Der Zeitpunkt einer westdeutschen Remilitarisierung hing davon ab, wie schnell die militärischen Auseinandersetzungen in Korea ihr Ende finden würden.

Der Korea-Krieg sollte für die Konjunkturlage des kapitalistischen Systems in Westdeutschland von ausschlaggebender Bedeutung sein. Bei der Darstellung der wirtschaftlichen Lage der Bundesrepublik vor Ausbruch des Korea-Konflikts haben wir gesehen, daß sich zwei Probleme zeigten, welche die Bundesregierung auf Gefahr des Scheiterns ihrer wirtschaftspolitischen Konzeption unter allen Umständen lösen mußte: Einmal das Problem der Arbeitslosigkeit und zum anderen das Problem eines drohenden Haushaltsdefizits. Zwar hatte bereits vor dem Korea-Krieg die abgleitende Konjunktur einen bescheidenen neuen Auftrieb erhalten, aber ihren stärksten Impetus bekam sie von den Folgen der

Militarisierung der Wirtschaft in den Vereinigten Staaten und den sich daraus ergebenden konjunkturellen Veränderungen. Bereits am 5. Juli 1950 konnte das Arbeitsministerium melden, daß sich die Zahl der Arbeitslosen im Juni auf 1 538 000 vermindert habe. Der Rückgang der Arbeitslosigkeit betrug nach dieser Meldung seit Ende März 1950 etwa 315 000. In der gleichen Zeit nahm die Zahl der Beschäftigten um 500 000 zu. Die Stabilisierung der Konjunktur wurde jedoch nicht nur durch die allgemeinen Auftriebstendenzen bedingt, sondern auch durch die Verstärkung unmittelbarer staatlicher Ausgaben, wie insbesondere die Ausgaben zur Förderung des sozialen Wohnungsbaus, die im Bundeshaushalt 1950/51 mit rd. 350 Millionen DM veranschlagt waren, und die laufenden Hilfen des Bundes für Flüchtlinge. Am 31. Juli gab Bundesfinanzminister Schäffer dem Kabinett bekannt, daß der Bundeshaushalt für das Jahr 1950/51 mit je 11 Milliarden DM unter der Voraussetzung ausgeglichen sei, daß die Schätzung des Steuereinkommens sich bewahrheitet. Wenige Wochen nach dem Beginn des Korea-Krieges zeigten sich also bereits die Erscheinungen einer endgültigen Festigung des kapitalistischen Systems in Westdeutschland. Welche Ausmaße der Korea-Boom im Verlaufe der nächsten Jahre annahm, geht aus den großen Erfolgen der Frankfurter Herbstmesse hervor, auf der das Inlandsgeschäft 180 Millionen DM Umsätze erzielte und Exportaufträge im Wert von 49 Millionen DM entgegengenommen werden konnten. Auf der Frankfurter Herbstmesse wurden 234 000 Besucher, davon 15 000 Ausländer aus 24 europäischen und 23 überseeischen Ländern gezählt. Damit war die Bedeutung der Exportwirtschaft für die weitere Entwicklung der westdeutschen Wirtschaft eindeutig bewiesen.

Gleichzeitig wurde in diesen Monaten der Stopp der Demontagen durch die Besatzungsmächte beschlossen, wie auch die Mobilisierung gedrosselter Kapazitäten, wie zum Beispiel der August-Thyssen-Hütte in Hamborn, die jährlich 600 000 t Roheisen und 117 000 t Siemens-Martinstahl produzieren sollte. Die Kredite für diese Ingangsetzung der August-Thyssen-Hütte wurden vom Land Nordrhein-Westfalen und vom Bund getragen. Die Vermittler dieser Kredite waren der 1. Vorsitzende des Aufsichtsrates der August-Thyssen-Hütte, Pferdmenges, und der 2. Vorsitzende des Aufsichtsrates, Viktor Agartz. Gerade an dieser Zusammenarbeit wird die Gleichheit der grundlegenden Anschauungen in Fragen der Grundstoffindustrie zwischen Unternehmern und Gewerkschaften deutlich. Die Versuche der Gewerkschaften, eine umfassende Kritik an der wirtschaftlichen Entwicklung insbesondere seit dem Korea-Krieg vorzutragen, standen bereits hier in einem peinlichen Widerspruch zu ihrer wirtschaftspolitischen Praxis.

Wenn auch die westdeutsche Wirtschaft in den Monaten nach dem Korea-Boom die beiden großen Probleme Arbeitslosigkeit und Haushaltsdefizit zwar nicht beseitigen, so doch wesentlich einschränken konnte, so ergab sich ein neues Problem durch den wachsenden Rohstoffmangel und die steigenden Rohstoffpreise auf dem Weltmarkt. Darüber hinaus erhob sich die Frage, ob der Boom nicht bereits das wirtschaftliche Gleichgewicht gestört habe. Die Bundesregierung sah sich genötigt, auf einer Reihe von Gebieten Beratungsorgane und Wirtschaftskommissare einzusetzen, um dem Problem der mangelnden Rohstoffe gerecht zu werden. Zur Drosselung des Konjunkturtempos benützte sie das Mittel des Anhebens des Diskontsatzes von 4 auf 6 %. Das aktuelle Problem in den letzten Monaten des Jahres 1950 war jedoch die wachsende Verschuldung der Bundesrepublik in der Europäischen Zahlungsunion. Diese Verschuldung ging u.a. auf mangelhafte Berechnungen im Einzahlungs- bzw. Abhebungsmodus der Europäischen Zahlungsunion zurück, aber sie war auch Ausdruck des Problems, mit dem die westdeutsche Wirtschaft – auch unter Bruch ihrer proklamierten liberalistischen Grundprinzipien – fertig werden mußte: die unausgeglichene Handelsbilanz. Die Bundesregierung beschränkte in diesen Monaten den Import ganz erheblich, um in der Frage ausländischer Valuta zu einer allmählichen Sanierung zu kommen. Weiter gelang es ihr, zur Bereinigung ihrer Verschuldung in der Europäischen Zahlungsunion einen Sonderkredit zu erhalten.

Das Schwanken in der wirtschaftspolitischen Linie der Bundesregierung in diesen Monaten darf keineswegs als eine unmittelbare Krise aufgefaßt werden. Der Wechsel der wirtschaftspolitischen Praktiken war nur ein Beweis dafür, wie schnell das kapitalistische Wirtschaftssystem seine liberalistischen Prinzipien aufgeben kann, wenn es sich darum dreht, das Grundprinzip des kapitalistischen Wirtschaftens aufrechtzuerhalten. Daß mit dem Schwanken der wirtschaftspolitischen Linie das kapitalistische Grundprinzip nicht angegriffen werden sollte, das zeigt der Inhalt des Gesetzes zum Lastenausgleich vom 8. Dezember 1950. Dieses Gesetz ließ von vorneherein eine Abwälzung des Lastenausgleichs von den Unternehmen auf die breite Masse der Steuerzahler auf dem Wege der Ausnützung der steuerlichen Sonderbestimmungen zu. Ende des Jahres 1950 war das kapitalistische System in Westdeutschland so stark gefestigt, daß nur eine Wirtschaftskrise, gefolgt von einer politischen Krise, es zu verändern oder zu ersetzen vermochte. Aus dem Jahresbericht der Bank Deutscher Länder vom 29. Dezember 1950 wird die Sanierung besonders deutlich. Nach diesem Bericht hatte sich der Passiv-Saldo des deutschen Außenhandels im November 1950 auf insgesamt 230 Millionen DM gegenüber 411 Millionen DM im Oktober und 307 Millionen DM im September verringert. Das Zahlungsdefizit, das im Oktober noch rd. 98 Millionen Dollar betragen hatte, war nach dem Bericht im November auf 41 Millionen Dollar zurückgegangen. Das Defizit gegenüber den Ländern der Europäischen Zahlungsunion sank von 113 Millionen Dollar auf 42.5 Millionen Dollar im November. Die Sanierung der Zahlungsbilanz war so weit fortgeschritten, daß die Bundesregierung den 120 Millionen-Sonderkredit der Europäischen Zahlungsunion zu diesem Zeitpunkt noch nicht in Anspruch zu nehmen brauchte.

Zusammen mit der militärpolitischen und wirtschaftspolitischen Entwicklung lief im zweiten Halbjahr 1950 die Frage des Schumanplans, der Neuordnung der Grundstoffindustrie sowie die Frage der Mitbestimmung. Am 27. Juli befaßte sich der Bundestag mit den fünf vorliegenden Entwürfen für die Mitbestimmung der Arbeitnehmer. Dieser Debatte war am 7. Juli in Maria Laach eine Konferenz der Unternehmer und der Vertreter der Gewerkschaften unter Vorsitz des Bundesarbeitsministers über das Mitbestimmungsrecht der Arbeitnehmer vorausgegangen. Die Frage der Mitbestimmung muß in einem engen Zusammenhang gesehen werden mit der Politik der Entflechtung bzw. Neuordnung der Monopolindustrie sowie mit den antikartellistischen Praktiken der westlichen Besatzungsmächte. Zu diesem Zeitpunkt hatten die Wirtschaftsspezialisten der Hohen Kommission noch die Vorstellung, die wirtschaftlichen Kräfte Westdeutschlands innerhalb einer Rüstungswirtschaft im großen Umfange auch dann mobilisieren zu können, wenn die alte monopolistische und kartellistische Struktur der westdeutschen Wirtschaft zerschlagen werde.

Am 28. August 1950 veröffentlichte die Alliierte Hochkommission das Gesetz Nr. 35 über die Aufspaltung des Vermögens der IG-Farben Industrie. Einen Monat später wurden von der Alliierten Hochkommission die Durchführungsbestimmungen zum Gesetz Nr. 26 erlassen, wonach 6 Unternehmungen der Montanindustrie nach dem 30. 9. 1950 aufgelöst werden mußten. Diese 6 Unternehmen waren: die Vereinigten Stahlwerke AG, die Friedrich-Krupp AG, die Mannesmann-Röhrenwerke, die Klöckner Werke AG, die Hoesch-Werke AG, die Gute Hoffungshütte AG. Daß sich jedoch zu diesem Zeitpunkt die alten monopolistischen Kräfte insbesondere in der Montanindustrie wieder gefangen hatten, kann aus der Stellungnahme des Generaldirektors der Gute Hoffnungshütte AG, Hermann Reusch, ersehen werden, der sich weigerte, weiter im Sachverständigenausschuß des Schumanplans mitzuarbeiten, wenn die Alliierte Hochkommission auf ihrer erlassenen Verordnung über die Montanentflechtung bestehen würde.

In der Frage der Entflechtung wie der Kartellisierung griff die Bundesregierung mit einem Memorandum an die Hohe Kommission über die Dekartellisierung des Kohlenbergbaus, der Eisen- und Stahlindustrie und der IG-Farben-Industrie sowie der ehemals reichseigenen Filmvermögen (Ufa) ein. Dieses Memorandum fußt zwar noch auf antimonopolistischen Ansichten, es besteht aber kein Zweifel, daß die Bundesregierung mit dieser ihrer Intervention nur eine schnelle Dekartellisierung durch die Alliierte Hochkommission verhindern wollte, um für eine Neuordnung bzw. für eine Rekonzentration Zeit zu gewinnen. Im Zusammenhang mit dieser Intervention der Bundesregierung stand auch die Frage der Entschädigung der Altbesitzer bzw. der Aktionäre. Wie wenig die Bundesregierung daran dachte, ihre grundsätzlichen kapitalistischen Ansichten zu revidieren, geht daraus hervor, daß sie in der Frage der Entschädigung auf den Prinzipien des privaten Eigentumsrechts beharrte und sich deshalb für den unmittelbaren Aktienumtausch in der Montanindustrie einsetzte.

Die Debatte um die Mitbestimmung entwickelte sich zu diesem Zeitpunkt in einem Sinne, der den Bestrebungen der Gewerkschaften entgegenlief. Bei dieser Auseinandersetzung um die Mitbestimmung in der Montanindustrie muß daran erinnert werden, daß die Gewerkschaften keineswegs neues Recht wünschten, sondern bereits seit 1947 praktiziertes Recht durch den Bundestag fixiert wissen wollten. Der Kampf um die Mitbestimmung darf also nicht als ein Angriff der Gewerkschaften auf die privat-kapitalistische Ordnung in den Grundstoffindustrien gesehen werden, sondern als ein Akt der Verteidigung. Daß die Unternehmer mit allen Mitteln versuchten, die de facto Mitbestimmung in der Montanindustrie zu Fall zu bringen bzw. zu schwächen, wurde in den Auseinandersetzungen um das Mitbestimmungsrecht bzw. das Betriebsverfassungsgesetz in den letzten Monaten des Jahres 1950 deutlich. Die Gewerkschaften sahen sich deshalb gezwungen, Urabstimmungen über die Verteidigung dieses Rechts insbesondere in der Eisen- und Stahlindustrie durchzuführen. Bei der Abstimmung unter den Betriebsangehörigen der westdeutschen Eisen- und Stahlwerke am 2. Dezember 1950 sprachen sich 210 000 Wähler, das sind 95.8 % der Abstimmenden, für die Mitbestimmung aus und gaben damit dem Vorstand der IG Metall die Vollmacht, einen Streik auszurufen, sobald er der Überzeugung sei, daß die Anwendung dieses gewerkschaftlichen Kampfmittels die letzte Möglichkeit ist, das Recht der Arbeitnehmer zu wahren. Bundeskanzler Adenauer übermittelte am 27. November dem Vorsitzenden des DGB, Hans Böckler, ein Schreiben über die Frage der Mitbestimmung. In dem Schreiben, das sich mit wirtschaftspolitischen Problemen und den entsprechenden Anregungen der Gewerkschaften befaßte, erklärte Adenauer, daß die Bundesregierung an der Herbeiführung einer baldigen Neuordnung der Grundstoffindustrie stärkstens interessiert sei. Die Auffassung des DGB solle hierbei mit dem ihr zukommenden Gewicht gewürdigt werden. Die Entscheidung über das Mitbestimmungsrecht bleibe jedoch dem Bundestag vorbehalten, in dessen zuständigen Ausschüssen gegenwärtig ein Initiativentwurf der CDU und ein SPD-Entwurf beraten werde, der den gewerkschaftlichen Forderungen im vollen Umfange Rechnung trage. Im Zusammenhang mit den Auseinandersetzungen um die Mitbestimmung ergab sich zum ersten Mal eine bewußte Demonstration der Souveränität des Parlaments durch die Bundesregierung gegenüber den Forderungen der Gewerkschaften. Die Gewerkschaften sahen sich durch diese Praxis in die Lage gedrängt, ihre Forderungen unmittelbar gegen das Parlament vorzutragen. Daß damit ebenfalls eine Verfassungsfrage erster Ordnung sichtbar wurde, welche die Väter des Bonner Grundgesetzes bewußt ausgeklammert hatten, sei hier nur am Rande vermerkt.

Es konnte also Ende des Jahres 1950 keine politische Initiative erwartet werden, welche auf eine Neuordnung zumindest der Montanwirtschaft in der Bundesrepublik hinauslief. Mit der politischen und wirtschaftlichen Festigung des kapitalistischen Systems waren solche Aktionen der Gewerkschaften wie auch einiger radikal-demokratischer, antikartellistischer Spezialisten der westlichen Besatzungsmächte von vornherein zum Scheitern verurteilt. Die Dekartellisierung der Wirtschaft war eine Forderung gegen die Entwicklung des restaurativen Systems; sie konnte nur gegen das System insgesamt durchgesetzt werden und nicht mit den sozial und politisch führenden Kräften dieses Systems.

Das politische Klima in Westdeutschland hatte sich während des zweiten Halbjahres 1950 wesentlich im Sinne eines Antikommunismus und letzten Endes auch Antisozialismus verschärft. Es muß dabei hervorgehoben werden, daß diese Verschärfung des Antikommunismus in der offiziellen und öffentlichen Meinung in Westdeutschland durch die Haltung und Propaganda der Arbeiterbewegung, d.h. der SPD wie des DGB, noch wesentlich gefördert wurde. Das restaurative System versah sich in diesem Halbjahr mit allen Institutionen des Verfassungsschutzes, die ihm nach dem Grundgesetz zustanden. Am 3. August verabschiedete der Bundestag ein Gesetz über die Einrichtung eines Bundesamtes für Verfassungsschutz. Dieses Bundesamt für Verfassungsschutz war jedoch nur eine Stelle der Einrichtungen und Organisationen, die sich mit der Abwehr kommunistischer oder als verfassungsfeindlich definierter Kräfte beschäftigte. Es wäre falsch, in der Konstituierung des Verfassungsschutzamtes nur einen Akt der Komplettierung der Einrichtungen eines modernen Staates zu sehen. Das Amt selbst war nur ein Glied innerhalb einer umfassenden Abwehr- und Spionage-Organisation, die von den westlichen Besatzungsmächten in der Bundesrepublik nach 1945 aufgebaut worden war. Heute wissen wir, daß zu diesem Zeitpunkt die westlichen Besatzungsmächte wie auch die Bundesregierung bereits mit der Ostabteilung der nationalsozialistischen Spionageabwehr – der Gehlen-Organisation – zusammengearbeitet haben. Die Infiltrierung der Parteien, Organisationen und Gewerkschaften durch Vertrauensmänner und Agenten der Abwehrorganisationen hatte zu diesem Zeitpunkt bereits das Klima in den politischen Einrichtungen der Bundesrepublik vergiftet. Dieser Vergiftung des politischen Klimas im Sinne eines Antikommunismus stand eine Veränderung des Verhaltens der offiziellen Stellen und der öffentlichen Meinung in Westdeutschland in Bezug auf Militarismus und Monopolkapitalismus gegenüber. Von der Zusammenarbeit der

Bundesregierung wie der alliierten Dienststellen mit ehemaligen deutschen Generalen und Generalstäblern haben wir bereits im Zusammenhang mit der Frage der Remilitarisierung Westdeutschlands gesprochen. Insbesondere seit Ausbruch des Korea-Konflikts häuften sich die Pardonverfahren der alliierten Mächte gegenüber als Kriegsverbrecher verurteilten Personen. Am 16. August gab das amerikanische Hochkommissariat bekannt, daß acht in Nürnberg verurteilte Kriegsverbrecher wegen guter Führung aus dem Landsberger Gefängnis entlassen worden seien. Am 13. September stufte der Entnazifizierungsausschuß in Lüneburg den ehemaligen Reichsbankpräsidenten und Reichswirtschaftsminister Schacht als Entlasteten in die Kategorie V des Säuberungsgesetzes ein. Am 30. Dezember entließ der amerikanische Hochkommissar McCloy vier wegen Kriegsverbrechen Verurteilte aufgrund ihres schlechten Gesundheitszustandes vorzeitig aus dem Gefängnis Landsberg: Franz Schlegelberger, früherer Verwaltungssekretär im ehem. Reichsjustizministerium; Wilhelm Keppler, Wirtschaftsberater Hitlers und ehem. deutscher Gesandter in Prag; Eduard Houdremont und Max Ihn, Angestellte der Krupp-Werke.

Der scharfe antikommunistische Trend führte zu Praktiken gegenüber der Kommunistischen Partei, die in der weiteren Entwicklung in der Bundesrepublik nur verderbliche Ergebnisse zeitigen konnten. Am 19. September 1950 beschloß die Bundesregierung in einer außerordentlichen Kabinettssitzung Maßnahmen, gemäß denen alle Anhänger kommunistischer oder rechtsradikaler staatsfeindlicher Organisationen aus dem Bundesdienst zu entlassen seien. Am 26. September ließ der britische Landeskommissar für Nordrhein-Westfalen, Willam Bishop, das gerade fertiggestellte Parteihaus der KPD in Düsseldorf mit der Begrüngung beschlagnahmen, daß es für eine neue britische Militäreinheit, die aus England eintreffe, dringend benötigt werde. Am 28. September beschloß der Landtag von Nordrhein-Westfalen auf Antrag der CDU, der FDP und des Zentrums, den 12 Abgeordneten der KPD die Anerkennung als Fraktion abzusprechen, wodurch sie von der Mitarbeit in den Ausschüssen des Landtags ausgeschlossen wurden. Der Beschluß wurde damit begründet, daß die Tätigkeit der KPD in der Bundesrepublik, insbesondere aber in Nordrhein-Westfalen, die verfassungsmäßige Ordnung störe. Am gleichen Tage beschloß der Ältesten-Rat des Bundestages, Anträge der Fraktion der KPD an den Bundestag nicht mehr entgegenzunehmen. Der Vizepräsident des Bundestages, Professor Carlo Schmid, erklärte dazu, daß die KPD mit nur noch 9 Abgeordneten gemäß der Geschäftsordnung (die mindestens 10 vorsieht) keine Fraktionsstärke mehr besitze und daher nicht berechtigt sei, Anträge einzureichen.

Diese scharfen antikommunistischen Maßnahmen, die aus der Verschärfung der Weltlage des Korea-Konflikts entsprangen, mußten für die weitere Entwicklung der Bundesrepublik insbesondere deshalb gefährlich werden, weil die konservativ-restaurativen Kräfte nicht willens und nicht fähig waren, eine Unterscheidung von Stalinismus und Sozialismus vorzunehmen. Die scharfen Maßnahmen schwächten darüber hinaus die schwachen Formen der Rechtsstaatlichkeit in der Bundesrepublik zu diesem Zeitpunkt, wie auch die schwachen Einrichtungen des jungen deutschen Parlamentarismus. Insbesondere mußten die Formen des antikommunistischen Kampfes zu diesem Zeitpunkt auf die Gewerkschaften zurückschlagen, solange diese in ihrer Organisation kommunistische Mitglieder und Funktionäre duldeten.

Vom Januar 1951 bis zum Sturz Mac Arthurs

Das Jahr 1950 endete mit der Erklärung des nationalen Notstandes durch den Präsidenten der Vereinigten Staaten. Die militärische Krise in Korea hatte jedoch noch nicht ihren Höhepunkt erreicht. Anfang Januar 1951 traten starke Einheiten nordkoreanischer und chinesischer kommunistischer Streitkräfte südlich des 38. Breitengrades zu einer Offensive nach dem Süden an, durchbrachen die Frontlinie der UNO-Truppen und zwangen diese zur Räumung der Hauptstadt Seoul und zur Bildung eines Brückenkopfes um den Hafen Inchon. Gleichzeitig setzten die Vietminh-Streitkräfte in Indochina mit einer Streitmacht von 40 000 Mann zu einer Offensive an, welche die französischen Truppen von Hanoi zurückdrängte. Die Gegenstöße der 8. amerikanischen Armee in Korea konnten die militärische Lage im Augenblick bereinigen, die Krise selbst jedoch nicht lösen. Der Generalstabschef der amerikanischen Armee, Collins, erklärte am 25. Februar vor Pressevertretern, daß die US-Luftwaffe die Mandschurei und auch China schwer bombardieren würde, falls die kommunistischen Streitkräfte größere Angriffe zur See und in der Luft gegen die Streitkräfte der UNO auslösen sollten. Mit dieser Bombardements-Drohung entstand erneut die Gefahr der Ausweitung des Korea-Krieges, und sie zeigt ferner, daß unter den führenden Militärs der amerikanischen Streitkräfte immer noch die Auffassung Mac Arthurs von Einfluß war, die die Auslösung eines dritten Weltkrieges zum Ziele hatte. Die amerikanische Regierung mußte im Verlauf der militärischen Erfolge der amerikanischen Truppen im Februar und März 1951 in Korea mit Rücksicht auf die Stellungnahme ihres Verbündeten Großbritannien und auf die Haltung des asiatischen Blocks in der UNO Unternehmen dieser Art mit allen Mitteln verhindern. Am 26. März ersuchte das Außen- und das Kriegsministerium der Vereinigten Staaten den Präsidenten, die Wirksamkeit von General Mac Arthur auf politischem Gebiete unter allen Umständen zu unterbinden. Die Gefahr, daß der Oberkommandierende der UNO-Streitkräfte in Korea auch nach dem Überschreiten des 38. Breitengrades Ende März seine militärischen Aktionen auf mandschurisches Gebiet ausdehnen würde, bannte Präsident Truman mit der Entlassung des Generals als Oberkommandierenden in Korea am 11. April. Durch diese Aktion war der Korea-Konflikt endgültig beschränkt; die Gefahr eines dritten Weltkrieges wenn auch nicht beseitigt, so doch wesentlich abgeschwächt. Trotz dieser Eindämmung des koreanischen Brandherdes gingen seine politischen Auswirkungen auf die Weltpolitik immer noch weiter.

Insbesondere wurde durch die Krise in Korea im Dezember 1950 und Januar 1951 die Aufrüstung des Westens beschleunigt. Die amerikanischen Atomspezialisten arbeiteten mit größter Beschleunigung an der Herstellung der Wasserstoffbombe. Die Herstellung der Wasserstoffbombe war, zusammen mit der Organisierung der militärischen Kräfte Westeuropas und damit auch der Aufrüstung Westdeutschlands, die wichtigste militärpolitische Aufgabe, die sich die Vereinigten Staaten zu Beginn des Jahres 1951 gestellt hatten. Gleichzeitig wurde die Produktion normaler Atombomben von beiden Seiten vorwärts getrieben und die ersten amerikanischen Versuchsreihen nordwestlich von Las Vegas vorgenommen.

Am 31. Januar 1951 hatte der Ministerpräsident Rene Pleven in Washington mit dem Präsidenten Truman eine Unterredung. Im Verlauf dieser Konferenz wurden hauptsächlich zwei Themen besprochen: Indochina und Deutschland. Bezüglich Indochina legte der französische Ministerpräsident die von Frankreich übernommene schwere Verantwortung dar und erwähnte den hohen Preis sowohl an Menschenleben wie an Geld, den es bei seiner Abwehr gegen die kommunistischen Angriffe bezahlt habe, um die Sicherheit und Unabhängigkeit der assoziierten Staaten von Kambodscha, Laos und Vietnam aufrechtzuhalten. Im Hinblick auf einen Beitrag Westdeutschlands zu den gemeinsamen Verteidigungsanstrengungen im Rahmen des Pleven-Plans bzw. des Spofford-Kompromisses wurde festgestellt, daß dadurch in keiner Weise der rein defensive Charakter der Organisation des Nordatlantik-Paktes verändert würde. Die militärische Krise der französischen Armee in Indochina und die politischen und wirtschaftlichen Rückwirkungen dieses Krieges auf das Mutterland haben die französische Regierung dazu gezwungen, sich den amerikanischen Wünschen in der Frage der westdeutschen Wiederaufrüstung endgültig zu beugen. Daß die amerikanische Regierung einen militärischen Beitrag Westdeutschlands unter allen Umständen, d.h. auch in der Form einer deutschen Nationalarmee, zu diesem Zeitpunkt bereits zum Ziele hatte, muß aus der engen Zusammenarbeit der ehemaligen deutschen Generale mit den Militärspezialisten der Vereinigten Staaten gefolgert werden. Am 15. Februar 1951 trat die Konferenz zur Erörterung des Pleven-Plans in Paris zusammen. Gleichzeitig trieben die anderen westeuropäischen Staaten ihre Wiederaufrüstung voran.

Für die Veränderung der Stimmung innerhalb der Arbeiterbewegung des Westens mögen die Beschlüsse der ersten Konferenz der Sozialistischen Internationale zeugen. In einer Diskussion über kollektive Verteidigung kam dabei zum Ausdruck, daß alle Parteien, mit Ausnahme der Schweizer Sozialdemokraten, einem deutschen Beitrag zustimmten, sofern keine nationale Wiederaufrüstung, sondern eben nur ein Beitrag zu Kollektivstreitkräften erfolge. Durch diese Stellungnahme der Sozialistischen Internationale wurde die deutsche Sozialdemokratie gezwungen – wenn sie nicht Gefahr laufen wollte, in eine vollkommene Isolierung zu gelangen – ihre Stellungnahme zu einer Wiederaufrüstung Westdeutschlands in bestimmter Weise zu revidieren.

Die amerikanische Regierung und die Marshall-Plan-Organisation in Europa stellten sich die Aufgabe, in Europa wirtschaftspolitisch das doppelte Ziel zu erreichen, nämlich dem Kontinent „Brot und Kanonen" zu geben. Der Rüstungsboom im Gefolge des Korea-Konflikts führte zu einer Stabilisierung der kapitalistischen Wirtschaft im Weltmaßstab, wie auch zu einer Überwindung der Probleme in den einzelnen Nationalwirtschaften. Es ergab sich aber durch die strategischen Ankäufe der amerikanischen Regierung das Problem des Rohstoffmangels bzw. der steigenden Preise der wichtigsten Rohstoffe auf dem Weltmarkt. Der amerikanische Präsident stellte in seiner jährlichen Botschaft über die Lage der Vereinigten Staaten folgende wirtschaftspolitischen Probleme heraus, die von den Vereinigten Staaten und damit auch den einzelnen Nationalwirtschaften innerhalb der westlichen Allianz in absehbarer Zukunft gelöst werden mußten:

1. Die Rückwirkungen der Aufrüstung auf die Industrie;
2. die steigenden Importpreise;
3. die Knappheit der Rohstoffe.

Um dieser Probleme Herr zu werden, war die amerikanische Regierung wie die Regierungen anderer westlicher Länder gezwungen, dirigistische Maßnahmen zu ergreifen.

Zu Beginn des Jahres 1951 hatte das kapitalistische System die Züge angenommen, die seinen wirtschaftlichen Ablauf in den nächsten Jahren beherrschen sollten. Man kann diese Form der kapitalistischen Wirtschaft, in der die militaristischen Ausgaben der Staatsregierungen die wesentlichste Rolle spielen, eine kapitalistische Wirtschaft zwischen Frieden und Krieg nennen. Dem Inhalt dieser Erscheinung der kapitalistischen Wirtschaft wird man am ehesten noch mit dem Begriff militarisierter Kapitalismus gerecht. Wie die Veränderung des amerikanischen Wirtschaftssystems zu einem militarisierten Kapitalismus auch auf eine Veränderung der nationalen Wirtschaftssysteme hindrängte, so ergaben sich aus den dirigistischen Praktiken dieses militarisierten Kapitalismus auch bestimmte internationale dirigistische Konsequenzen, insbesondere auf dem Gebiet der Regulierung der Rohstoffversorgung und der Vereinheitlichung in der Organisation der westeuropäischen Montanindustrie als Grundlage einer westeuropäischen Verteidigung. Unter diesen Einflüssen tagte in den ersten Monaten des Jahres 1951 die Expertenkommission zur Errichtung des Schumanplans.

Fassen wir die wichtigsten Merkmale der Entwicklung vom Januar 1951 bis zum Frühjahr 1951 zusammen:

1. Die militärischen Blockbildungen gehen ihrer organisatorischen Vollendung zu, einschließlich einer Wiederaufrüstung Westdeutschlands.
2. Die Blöcke sind in ein umfassendes militärisches Wettrüsten einschließlich der Stapelung und Erprobung von Atombomben sowie der Erzeugung von Wasserstoffbomben eingetreten.
3. Die Veränderungen der kapitalistischen Wirtschaft nehmen immer stärker militaristische und dirigistische Züge an, so daß die Form eines militarisierten Kapitalismus vorliegt. Diese neue Form des militarisierten Kapitalismus zeitigt einen unterwartet hohen Grad von wirtschaftlicher Stabilität in den einzelnen kapitalistischen Ländern sowie im Kapitalismus im Weltmaßstab.
4. Die Arbeiterbewegung befindet sich im Westen in einem politisch beinahe unlösbaren Dilemma. Die Periode des Aufstiegs der Arbeiterbewegung nach 1945 muß im Frühjahr 1951 als beendet betrachtet werden.

In der Bundesrepublik nehmen zu Beginn des Jahres 1951 die Bundesregierung wie die Hohe Kommission ihre Initiativen auf dem Gebiet eines westdeutschen militärischen Beitrags mit voller Kraft auf. Am 9. Januar werden auf dem Petersberg zwischen deutschen und westalliierten Delegierten Besprechungen über die technischen Möglichkeiten eines deutschen Verteidigungsbeitrags innerhalb einer atlantischen Streitmacht fortgesetzt. Am 23. Januar führt der Oberbefehlshaber der atlantischen Streitkräfte, General Eisenhower, eine einstündige Unterredung mit Bundeskanzler Adenauer in der amerikanischen Hochkommission. Anschließend führte er Besprechungen mit dem 2. Vorsitzenden der SPD, Ollenhauer, sowie mit den beiden Mitgliedern des Expertenausschusses für die Unterstützung der westlichen Verteidigung, den ehemaligen deutschen Generalen Speidel und Heusinger. Die Hohe Kommission versuchte, durch Erklärungen der Kommissare wie durch Erklärungen des Oberkommandierenden der Atlantikstreitkräfte die öffentliche Meinung in Westdeutschland zu beeinflussen. Am 12. Januar richtete der britische Hochkommissar vor den Mitgliedern des Überseeclubs in Hamburg eine eindringliche Mahnung an das deutsche Volk, nicht zwischen berechnendem Neutralismus und defaitistischer Resignation zu schwanken, sondern sich seiner Verpflichtungen innerhalb der abendländischen Kulturgemeinschaft bewußt zu werden. Die Lage der Remilitarisierung Westdeutschlands faßte Bundeskanzler Adenauer Mitte Januar vor dem Landesparteitag der westfälischen CDU in einer Rede zusammen, in der er unter Bezugnahme auf die Ausführungen des britischen Hochkommissars betonte, daß das deutsche Volk im Lager des Westens stehe, wobei er fünf Voraussetzungen für ein erfolgreiches Zusammengehen nannte:

1. „Alle freiheitlichen Völker müssen ihre gesamte politische und militärische Kraft unverzüglich in den Dienst zur Sicherung ihrer Freiheit stellen.
2. Das Besatzungsrecht muß durch ein Vertragsrecht ersetzt und die Alliierte Hochkommission in eine Botschafterkonferenz umgewandelt werden.
3. Das deutsche Verteidigungskontingent muß dem der anderen Partner absolut gleichberechtigt sein.
4. Neben eigenen Leistungen muß die Bundesrepublik beim Aufbau ihrer Verteidigungsbereitschaft finanzielle Unterstützung von den Alliierten erhalten, um damit auch ihren außerordentlich hohen sozialen Verpflichtungen gerecht werden zu können.
5. Eine Viererkonferenz mit der Sowjetunion darf nicht zum Schaden Deutschlands enden."

Mit diesen 5 Bedingungen hatte der Bundeskanzler gleichzeitig das System seiner Außenpolitik angegeben, das auf einen Verzicht der Wiedervereinigung zugunsten einer westeuropäischen Einigung hinauslief und in dem der militärische Beitrag Westdeutschlands mit dem Abbau des Besatzungsregimes gekoppelt werden sollte. Daß, wie wir bereits dargestellt haben, die militär-politischen Ziele der Bundesregierung über die französischen Kontrollinitiativen zu diesem Zeitpunkt hinausgingen, wird aus einer Rede Adenauers vom 10. Februar an der Universität Bonn deutlich. In dieser Rede äußerte er sich zur Frage der Wiederaufrüstung:

„Von Frankreich ist uns ein neuer Gedanke nahe gebracht worden. Der Gedanke des Aufbaus einer Europa-Armee. Sie wissen, daß schon am 6. Februar die erste Besprechung sein sollte, sie ist vertagt worden und wird demnächst beginnen. Zu dieser Frage, Europa-Armee, möchte ich Ihnen einige Worte sagen. Ich bejahe den Plan. Ich bejahe den Gedanken allerdings nicht in dem Sinne, daß der Aufbau einer Europa-Armee uns vor der jetzt vom Osten her drohenden Gefahr schützen könnte, denn der Aufbau einer Europa-Armee wird lange Zeit erfordern." (!)

Zu Beginn des Jahres 1951 schienen sich die Stellungnahmen der Bundesregierung wie der Opposition in den Fragen der Wiederaufrüstung Westdeutschlands näher gekommen zu sein. Am 20. Februar fand eine Unterredung zwischen Bundeskanzler Adenauer und dem SPD-Vorsitzenden Schumacher statt. Welche Gründe zum Scheitern dieser Besprechung geführt haben, kann aus den geschichtlichen Quellen bis heute noch nicht schlüssig festgestellt werden; daß jedoch überhaupt eine Besprechung dieser Art zwischen den beiden Opponenten stattfinden konnte, mag als Beweis für die Annäherung der militärpolitischen Positionen von Bundesregierung und Opposition gelten.

Die Tendenzen des Booms im Gefolge des Korea-Krieges setzten sich auch zu Beginn des Jahres 1951 in der westdeutschen Wirtschaft fort. Die Entwicklung des Außenhandels gestaltete sich im Verlauf des Jahres 1950 äußerst günstig. Zwar mußte die Bundesregierung ihre liberalistischen Wirtschaftspraktiken auf dem Gebiete der Außenhandelswirtschaft weiterhin einschränken, aber diese beschränkte Aufgebung der Liberalisierung konnte nur als eine zeitweilige Revision der wirtschaftspolitischen Linie gelten. Es war der Zeitpunkt abzusehen, wo die deutsche Außenhandelswirtschaft mit einer ausgeglichenen Handelsbilanz abschließen konnte. Mit Erreichung dieses Zieles wiederum wurden die dirigistischen und stark bilateralen Handelspraktiken der Bundesregierung hinfällig. Wesentlich für die weitere Entwicklung nicht nur der Wirtschaft, sondern auch der Innen- und Sozialpolitik war es, daß sich zu Beginn des Jahres 1951 wirtschaftliche Engpässe in der Montanwirtschaft zeigten. Die Bedeutung der Montanwirtschaft wurde so in das Blickfeld der politischen Kräfte in Westdeutschland gerückt.

Die Bundesregierung verabschiedete unter diesen allgemeinen wirtschaftlichen Bedingungen am 11. April ein neues Wirtschaftsprogramm, das die Stabilisierung der Lebensmittelpreise, einen sozialen Ausgleich bei Preiserhöhungen, die Erhöhung der Umsatzsteuer für gehobenen Lebensaufwand, die Beseitigung der Engpässe bei Kohle, Eisen und Energie und schließlich die Ausweitung der Investitionen in diesen Engpässen als wirtschaftspolitische Ziele darstellte. Welchen Umfang bereits die kapitalistische Akkumulation angenommen hatte, geht aus einer Veröffentlichung des Wirtschaftswissenschaftlichen Institus der Gewerkschaften hervor, wonach seit der Währungsreform bis Ende 1950 rd. 24 Milliarden DM in der Bundesrepublik neu investiert worden sind. Die westdeutsche Wirtschaft und die kapitalistischen Kräfte haben sich also im Verlaufe jener Jahre im großen Umfange zu stabilisieren vermocht.

In diesem wirtschaftlichen und politischen Klima wurde der Kampf um die Betriebsverfassung in der Montanindustrie fortgesetzt. Am 3. Januar 1951 beschloß der Vorstand der IG Metall, Arbeiter und Angestellte der eisenschaffenden Industrie zur Arbeitsniederlegung am 1. Februar aufzufordern, falls nicht bis dahin eine Regelung des Mitbestimmungsrechtes im Sinne der gewerkschaftlichen Forderungen erfolgt sei. Aufgrund dieses gewerkschaftlichen Druckes entschloß sich Bundeskanzler Adenauer, mit dem Vorsitzenden des DGB, Dr. Hans Böckler, in Bonn zu einem Gespräch über die Mitbestimmungsfrageund die Streikankündigung in der Grundstoffindustrie zusammenzukommen. In diesem Gespräch stellte der Bundeskanzler die Bereitwilligkeit seiner Regierung dar, sich in der Mitbestimmungsfrage in Grenzen den gewerkschaftlichen Forderungen zu nähern. Er ließ jedoch darüber hinaus keinen Zweifel, daß die Streikankündigung als ein unzulässiges Mittel angesehen werde. Am 14. Januar wies der Vorsitzende der IG Metall, Walter Freitag, in einem Brief an Bundeswirtschaftsminister Erhard darauf hin, daß die Arbeiter und Angestellten der Überzeugung seien, daß ihnen das von den Engländern gewährte Mitbestimmungsrecht von der deutschen Regierung durch ein kommendes deutsches Gesetz wieder genommen werden solle. Auf diesen Brief antwortete der Wirtschaftsminister, daß die zum Ausdruck gebrachte Ansicht durch das Verhalten und die Verlautbarungen der Bundesregierung nicht gerechtfertigt sei. Die Bundesregierung sah sich gleichzeitig auch der Frage der Neuordnung der Montanindustrie an der Ruhr gegenüber. Sie überreichte am 17. Januar der Alliierten Hochkommission ein Memorandum zur Montan-Neuordnung. In einem beigefügten Memorandum zur Frage der Verbundwirtschaft zwischen Kohle und Eisen sprach sich die Bundesregierung nachdrücklich für die Aufrechterhaltung einer gesunden Verbundwirtschaft zwischen Kohle- und Eisenindustrie aus. Die Frage der Mitbestimmung muß in einem engen Zusammenhang mit der Stellungnahme der Bundesregierung zur Neuordnung gesehen werden. Die politische Zielsetzung in der Frage der Neuordnung war für die Bundesregierung, gegenüber den Dekartellisierungsbestrebungen der Hohen Kommission Zeit zu gewinnen. Sie hatte die Aufrechterhaltung sowohl einer Verbundwirtschaft wie auch der Organisierung großer Gebilde bereits zu diesem Zeitpunkt bei einer günstigeren weltpolitischen Lage im Auge. Auf dem Gebiete der Mitbestimmung jedoch ließ sie die Gewerkschaftsvertreter in dem Glauben, daß sie entschlossen sei, die antikartellistische und antimonopolistische Politik der Besatzungsmächte fortzusetzen. Diese Strategie sollte die Gewerkschaften auf dem Gebiet der Mitbestimmung im Verlauf der nächsten Jahre in eine schwierige Position bringen. Am 20. Januar sprachen sich die gewerkschaftlich organisierten Bergarbeiter im Bundesgebiet über die Frage, das Mitbestimmungsrecht notfalls durch Streik zu erzwingen, mit 98,2 % der abgegebenen Stimmen positiv aus. Der Bundeskanzler sah sich durch diesen wachsenden Druck der Gewerkschaften gezwungen, in der Frage des Mitbestimmungsrechtes Verhandlungen mit den Arbeitgebern und Arbeitnehmern zu führen und eine gemeinsame Konferenz zwischen Arbeitgebern und Gewerkschaften herbeizuführen. Diese Konferenz fand am 25. Januar 1951 unter Vorsitz Bundeskanzler Adenauers statt; es konnte eine Einigung über die wesentlichsten Punkte des zukünftigen Mitbestimmungsgesetzes erzielt werden. Die Gewerkschaften erklärten sich dabei zu einem Kompromiß bereit, der tatsächlich eine Einschränkung der Mitbestimmung nach der seit 1947 geübten Praxis darstellte. Am 14. Februar wurde der Regierungsentwurf des Gesetzes über die Mitbestimmung in der Kohle- und Eisenindustrie von Bundeskanzler Adenauer im Bundestag eingebracht und dem Rechts- und Verfassungsausschuß überwiesen. Der Regierungsentwurf entsprach inhaltlich dem Kompromiß zwischen den beiden Sozialpartnern. Für die weitere Entwicklung der Mitbestimmung war dabei entscheidend, daß die Vertreter der öffentlichen Hand in den Aufsichtsräten der großen Gesellschaften nicht mehr vertreten waren sowie, daß ein Unterschied zwischen den Delegationsrechten der Belegschaft und der Gewerkschaften im Gesetz gemacht wurde. Das Gesetz über die Mitbestimmung wurde am 4. April vom Bundestag in zweiter Lesung und am 11. April in dritter Lesung angenommen.

Gleichzeitig liefen die Verhandlungen über die Frage des Schumanplans. Teile der westdeutschen Industrie wie auch der Vertreter der Arbeitgeber in den anderen Schumanplan-Ländern versuchten, ein Junktim zwischen der Zustimmung zum Schumanplan und der Ablehnung des Mitbestimmungsgesetzes herbeizuführen. Amerikanische offizielle Kräfte unterstützten dabei diese Initiativen der Arbeitgeber. Durch den Druck der Gewerkschaften wurde dieser Versuch jedoch hinfällig. Die Bundesregierung stellte aber in ihrer Note vom 14. März an die Alliierte Hochkommission ein Junktim zwischen der Entflechtung der deutschen Industriekonzerne und dem Schumanplan her. Es schien so, als sollten die antikartellistischen Ergebnisse der Besatzungspolitik durch die monopolistischen Tendenzen des Schumanplans aufgehoben werden. Zum Schumanplan nahm der Vorstand der Sozialdemokratischen Partei am 1. April 1951 einen Bericht Schumachers an, in dem empfohlen wurde, daß die Sozialdemokratische Fraktion des Bundestages gegen den Schumanplan stimmen und daß im Lande eine Kampagne gegen die Durchführung dieses Plans unternommen werden soll. Schumacher erklärte dazu, daß alle Volkskräfte gegen die antidemokratische Diktatur dieses Plans mobilisiert werden müßten und bezeichnete als Ziele des Schumanplans: die Schwächung der industriellen Produktion des ganzen Ruhrreviers; die Konsolidierung der ausländischen Befugnisse im Ruhrgebiet und die freiwillige Zustimmung zur Einführung von Teilen des Besatzungsregimes für mindestens 50 Jahre in das deutsche Recht. Am 9. April, anläßlich der Paraphierung des Schumanplans durch die Außenminister der 6 Mächte, führte der Vorsitzende der Sozialdemokratischen Partei die Gründe auf, die der Opposition die Annahme des Schumanplans unmöglich machen würden. Er kennzeichnete den Schumanplan als kapitalistisch, kartellistisch, konservativ und klerikal. Die radikalen Äußerungen des Vorsitzenden der Sozialdemokratischen Partei waren die letzten Versuche, auf der Ebene der nationalpolitischen Interessen Widerstand gegen die Politik der Bundesregierung und der Westmächte zu mobilisieren. Die Einschätzung des Schumanplans durch die Sozialdemokratische Partei war ihrem Inhalt nach unrealistisch und widersprüchlich und ihrer politischen Konsequenzen nach rein propagandistisch. Die Sozialdemokratische Partei wußte bereits zu diesem Zeitpunkt, daß sich die Vertreter des Deutschen Gewerkschaftsbundes in der Spezialisten-Kommission des Schumanplans den Zielsetzungen Mollets unterworfen hatten. Eine außerparlamentarische Aktion ohne die Unterstützung der Gewerkschaften war aber von vorneherein unmöglich.

Bei der Paraphierung des Schumanplans in Paris wurde der deutsche Bundeskanzler und gleichzeitige Außenminister gefragt, ob er sich einer Verabschiedung des Schumanplans im deutschen Bundestag auch gegen den Widerstand der Sozialdemokratie sicher sei. Der Bundeskanzler beantwortete diese Frage im positiven Sinne.

Die Jahre 1950 und 1951 bedeuten damit die endgültige Festigung des kapitalistischen Wirtschaftssystems in Westdeutschland.. Durch die weltpolitischen Ereignisse wird die außenpolitische Konzeption des neuen westdeutschen Staates unabweisbar nach Westen orientiert. Eine Wiedervereinigung Deutschlands liegt bei relativ gleichbleibender internationaler Situation außerhalb aller politischen Möglichkeiten. Der Korea-Krieg brachte die Entscheidung für die Wiederaufrüstung der Bundesrepublik. Schon zeichneten sich die Tendenzen eines engen Partnerschaftsverhältnisses in der Europa-Politik zwischen den Vereinigten Staaten und der Bundesrepublik ab; weiter bildeten sich die formalen Elemente der Kanzler-Demokratie in der Verfassung des neuen westdeutschen Staates heraus. Sie wurden verstärkt durch die Restauration des alten Staatsapparates und der alten Wirtschaftsbürokratie. Der westdeutsche Kapitalismus wurde durch den Korea-Boom in ungeahnter Weise stabilisiert und seine Expansion beschleunigt. Die „sozialdemokratischen" Kräfte, das heißt SPD und DGB, wurden in diesen beiden Jahren endgültig in eine Position des Widerstandes gedrängt; ihre wirtschaftsdemokratischen Auffassungen vermochten die restaurative Entwicklung nicht zu hemmen. Schon zeichneten sich die drei wichtigsten Fragen der politischen Entwicklung in Westdeutschland in den nächsten Jahren ab: der Kampf um die Betriebsverfassung; der Kampf um die Remilitarisierung der Bundesrepublik; die Wiederherstellung der alten Konzerne und Monopole. Mitte des Jahres 1951 befindet sich die Restauration in Westdeutschland im vollen Angriff gegen die sozialdemokratischen Kräfte. Die weitere Entwicklung ist nur zu verstehen, wenn man den offensiven Charakter der Restauration bereits zu diesem Zeitpunkt erkennt.

14. Kapitel
Die Stabilisierung des westdeutschen Kapitalismus

I. Die Triebkräfte des Wiederaufstiegs des Kapitalismus in Westdeutschland

Der Wiederaufstieg des kapitalistischen Systems in Westdeutschland wird von drei historisch-politischen Faktoren bestimmt: dem West-Ost-Konflikt; der Wirtschafts- und Bevölkerungsstruktur Westdeutschlands; der deutschen Wirtschaftspolitik.

Als wichtigster Ausfluß des Ost-West-Konflikts sind die westlichen Wirtschaftshilfen für das geschlagene Deutschland zu bewerten. Diese Hilfe, die insgesamt ungefähr 4,5 Milliarden Dollar umfaßte, darf zwar nicht als eine unmittelbar positive Größe in die Gesamtwirtschaftsbilanz eingefügt werden, denn der Hilfe standen gleichzeitig die Politik der Reparationen, der Demontagen, der Restitutionen, des erzwungenen Kohleexports, der Abschreibung der ausländischen Schulden sowie die Patentverluste gegenüber. Trotzdem ist die antreibende Funktion der westlichen Hilfe in den verschiedenen Sektoren der westdeutschen Wirtschaft nicht zu unterschätzen, geschweige denn ihre politischen Konsequenzen.

Der Ost-West-Konflikt zusammen mit der westlichen Wirtschaftshilfe zeigten ihre positiven Auswirkungen am deutlichsten in der Korea-Hausse. Die weltwirtschaftliche Lage im Augenblick des Korea-Krieges gestattete es der neu ausgerüsteten und zum Teil sehr modernisierten deutschen Wirtschaft, die Importwünsche des kapitalistischen Weltmarktes zu erfüllen. Die westdeutsche Wirtschaft war auf Maschinen-Export spezialisiert und – insbesondere aufgrund der überschüssigen Kapazitäten – in der Lage, die Lieferungen schneller und mit einem besseren Service durchzuführen als die ausländische Maschinenindustrie. Die ausländischen Firmen waren darüber hinaus noch durch die laufenden Staatsaufträge im Zusammenhang mit der Wiederaufrüstung des Westens gebunden und unmittelbar nicht in der Lage, dem deutschen Exportdruck entgegenzutreten.

Die Politik der Westmächte in Westdeutschland hat außerdem – gerade im Hinblick auf die Notwendigkeiten des Ost-West-Konflikts – nicht nur zu einer politischen Stabilität in Westdeutschland geführt, sondern auch zu der in Europa seltenen Erscheinung der Stabilität einer konservativen Regierung. Wirtschaftliche Expansion, Exportorientiertheit und die Stabilität eines konservativen Regierungssystems sind die drei hauptsächlichen Elemente, die zu dem schnellen Wiederaufstieg des westdeutschen Kapitalismus führten.

Nach dem Zusammenbruch des Faschismus wurde von den in- und ausländischen Beobachtern mit besonderer Vorliebe auf die negativen Voraussetzungen der Wirtschafts-und Bevölkerungsstruktur Westdeutschlands hingewiesen. Insbesondere wurde der Verlust der Ernährungsbasis der westdeutschen Wirtschaft als eines der größten strukturellen Hindernisse zu einer schnellen Gesundung der Wirtschaft gewertet. Diese Einschätzung des Verlustes der Ernährungsbasis hat sich im Verlaufe der weiteren wirtschaftlichen Entwicklung als eine falsche Annahme erwiesen. Der Grund für diese falsche Annahme mag darin zu suchen sein, daß einmal die Wirtschaftsexperten noch in einem autarkistischen Denken befangen waren oder daß sie durch die Dramatisierung dieses Strukturproblems die Westmächte sozusagen moralisch zu einer Erhöhung der Nahrungsmittelhilfen zwingen wollten. In der weiteren Entwicklung der westdeutschen Wirtschaft hat der Verlust der Ernährungsbasis dazu geführt, daß der industrielle Westen Deutschlands zum ersten Mal in seiner Geschichte nicht unmittelbar die Mittel zu einer protektionistischen Agrarpolitik von seinen Gewinnen abziehen mußte, sondern Nahrungsmittel zu billigsten Preisen bzw. zu regulären Weltmarktpreisen für die Ernährung der Industriearbeiterschaft zu importieren vermochte.

Die Spaltung Deutschlands konnte vom Standpunkt des hochindustrialisierten Westens her kaum besser vor sich gehen. Westdeutschland nahm durch diese Spaltung den Charakter eines reinen Industriestaates an, der durch keine mehr oder weniger zurückgebliebenen Agrargebiete und die sich daraus ergebenden wirtschaftspolitischen Probleme in seiner Wirtschaftspolitik gehemmt wurde. Der Industriestaat Westdeutschland konnte zum ersten Mal in seiner Geschichte eine reine industrieorientierte Wirtschaftspolitik betreiben.

In einem vorhergehenden Kapitel haben wir bereits darauf hingewiesen, daß von den deutschen und ausländischen Spezialisten das Ausmaß der Kriegsschäden nach 1945 bei weitem überschätzt worden ist. Ebenso wurde die Wirkung der Demontagen dramatisiert. Doch auf dem Gebiete der Demontagen hat eine Reihe von Wirtschaftspublizisten und -theoretikern darauf hingewiesen, daß die Politik der Demontagen durch die Besatzungsmächte die westdeutsche Wirtschaft notwendigerweise zu einer Ersetzung altmodischer Anlagen durch moderne führen würde und demgemäß die Wettbewerbskraft der westdeutschen Wirtschaft steigern müsse. Durch die Teilung Deutschlands wurde darüber hinaus die Wirtschaft Westdeutschlands gezwungen, ihr Hauptaugenmerk auf die Stärkung der Kapitalgüterindustrie zu legen. Die Teilung wie die Demontagen müssen als die beiden wichtigsten Faktoren in der Modernisierung der westdeutschen Wirtschaft angesehen werden. Diese erzwungenen wirtschaftspolitischen Tendenzen waren jedoch auf die Nachkriegsverhältnisse des kapitalistischen Westens insgesamt zugeschnitten. Produktionsgüter wurden in allen Teilen der Welt nach dem Kriege dringend benötigt. Anderen kapitalistischen Ländern war es aufgrund der innenpolitischen Lage nicht erlaubt, ihre Wirtschaft so ausschließlich auf die Produktionsgüterindustrie und damit die Exportgüterindustrie zu konzentrieren; sie mußten den Konsumforderungen der breiten Massen in einem größeren Ausmaße Rechnung tragen als der westdeutsche Kapitalismus. Der westdeutsche Kapitalismus trat nach 1948 mit einem bemerkenswerten Exportpotential in die Konkurrenz des kapitalistischen Weltmarktes ein. So sehr die Importe in den Jahren nach 1945 die wirtschaftspolitische Lage Westdeutschlands beherrschten, so war doch nicht daran zu zweifeln, daß sich das Verhältnis von Exporten und Importen immer mehr zugunsten der ersteren verlagern würde. Wie stark die Exportorientiertheit der westdeutschen Wirtschaft nach 1948 tatsächlich wurde, zeigt ein Vergleich des Anteils der Importe am Volkseinkommen zwischen dem Deutschen Reich in den 20er Jahren und der Bundesrepublik im Jahre 1952. Im Deutschen Reich wurden zu dem angegebenen Zeitpunkt 20 % des Volkseinkommens für Importe ausgegeben; die Bundesrepublik gab 1952 nur noch 16 % ihres Volkseinkommens für Importe aus.

Als eine der hemmendsten Erscheinungen aus der Niederlage des Deutschen Reichs wurde das Einströmen von Ostflüchtlingen in den westdeutschen Wirtschaftsraum gewertet. Im Jahre 1947 belief sich die Zahl der Flüchtlinge bereits auf 8,5 Millionen, im Jahre 1953 auf 10 Millionen. Diese einströmenden Flüchtlingsmassen erwiesen sich jedoch im Verlaufe der weiteren Entwicklung als eine klassische Form der industriellen Reservearmee, die nicht nur auf den Wert der Arbeitskraft drückten, sondern darüber hinaus die Organisierung der Arbeitskraft bedeutend erschwerten. Die Millionen von Flüchtlingen vermehrten nicht zuletzt auch die Größe des inneren Bedarfs und damit die internen Expansionsmöglichkeiten eines kapitalistischen Wirtschaftssystems in der Hochkonjunktur.

Sehr viel wurde nach 1945 auch über die biologische Zerstörung im Gefolge der militärischen Niederlage geschrieben. Die Auswirkungen dieser biologischen Zerstörung, d.h. der männlichen Jahrgänge der aktiven Bevölkerung, zeigten sich jedoch im allgemeinen überhaupt nicht, nur in den besonderen Fällen der Facharbeiter und bestimmter leistungsintensiver Branchen. Der Ausfall der Arbeitsleistung durch „biologische Zerstörung" wurde in den Jahren nach 1945 und insbesondere nach 1948 durch eine Zunahme der Frauenarbeit, durch eine Verlängerung der Arbeitszeiten und insbesondere durch die Intensivierung der Arbeit im Zuge der industriellen Aufrüstung kompensiert. Die Arbeitsleistung wurde insbesondere durch Überstunden und durch zusätzliche Aufbauarbeit nach der Berufsarbeit gesteigert. Nicht zuletzt ging nach 1948 der

Druck zu einer gesteigerten Arbeitsleistung der Arbeitnehmer von der Armee der 2 Millionen Arbeitslosen aus. Die Beseitigung der Arbeitslosigkeit stand von 1948 bis 1951 jenseits aller aktiven Überlegungen der westdeutschen Wirtschaftspolitik. Wollte das kapitalistische System in Westdeutschland das Problem der Zahlungsbilanz sowie die Frage einer stabilen Währung lösen und gleichzeitig Leistungssteigerungen in der Wirtschaft herbeiführen, so konnte von einer schnellen Beseitigung der Arbeitslosigkeit keine Rede sein.

Die Jahre 1948 bis 1951 zeichnen sich in Westdeutschland durch die Erscheinungen niedriger Löhne bei hoher Arbeitsdisziplin aus. Diese Erscheinungen müssen als die wichtigsten Voraussetzungen für die Stabilisierung des westdeutschen Kapitalismus angesehen werden. Die Rolle der Gewerkschaften in diesen Jahren kann als der wichtigste politische Schlüssel gewertet werden. Die Gewerkschaften übten zu diesem Zeitpunkt eine doppelt disziplinierende Funktion aus. Diese doppelte Disziplin bestand in der Nichtausnutzung ihrer politischen Stärke als auch in ihrer gemäßigten Lohn- und Tarifpolitik. Die Gewerkschaften waren zu dieser Politik durch eine wirtschaftspolitische Einschätzung gekommen, die sich von der der Arbeitgeber bzw. der Repräsentanten des Staates nicht oder doch nur kaum unterschied. Sie gaben, wie die unmittelbaren Vertreter des kapitalistischen Systems in Westdeutschland, dem Wiederaufbau der westdeutschen Wirtschaft den wirtschaftspolitischen Vorrang. Das Fehlen großer materieller Mittel zur Durchführung von Kämpfen hat die Gewerkschaften wohl ebenfalls zum Maßhalten auf dem Gebiete der Lohn- und Tarifpolitik gezwungen. Nicht zuletzt hoffte die Führung der Gewerkschaften jedoch, durch diese disziplinierte Politik in den Jahren 1948 bis 1951 von den Unternehmen, Managern und der Staatsbürokratie die zugesicherten Formen der Mitbestimmung in den wichtigsten Industriezweigen und den größten Unternehmen der westdeutschen Wirtschaft erhalten zu können. Die gewerkschaftlichen Ansichten widersprachen jedoch sowohl dem inneren Mechanismus der kapitalistischen Wirtschaft, nach dem eine bestimmte Form der Verteilung auch bestimmte Formen der Produktion und damit des Eigentums notwendig zur Folge hat, wie auch den allgemeinen geschichtlichen Tendenzen, wie wir sie im vorhergehenden Kapitel dargestellt haben, die einem „Sozialdemokratismus", ganz gleich, welcher Art, strikte entgegen liefen. Sehr frühzeitig schon war das Verhalten der Gewerkschaften durch das bestimmt, was man „historische Verärgerung" nennen kann.

Als einer der Hauptgründe des Wiedererstehens des westdeutschen Kapitalismus und der Erscheinungen dessen, was man Wirtschaftswunder nennt, wird im allgemeinen die liberalistische Wirtschaftspolitik angesehen. Im Rahmen der bürgerlichen wirtschaftspolitischen Lehrmeinungen gab es nach 1945/48 zwei Alternativen: eine produktions- oder eine konsumtionsorientierte Wirtschaftspolitik zu betreiben. Innerhalb der theoretischen Auseinandersetzungen nach 1945 standen sich diese beiden prinzipiellen wirtschaftstheoretischen Ansichten in Gestalt des Keynesianismus und des Liberalismus gegenüber. Daß zumindest nach außen hin die westdeutsche Wirtschaftspolitik liberalistisch wurde, muß als ein Gegenschlag gegenüber dem extremen Keynesianismus der 30er Jahre in Form der faschistischen Wirtschaftspolitik gewertet werden, der durch großzügige Formen des „deficit spending" und der bürokratisch gelenkten Wirtschaft gekennzeichnet war. Wie wir in dem Kapitel über die Währungsreform gesehen haben, legten die westlichen Besatzungsmächte und insbesondere die amerikanischen Besatzungsbehörden den Schwerpunkt auf eine Politik der gesunden Währung. Eine Politik der gesunden Währung war jedoch unter keinen Umständen in Einklang zu bringen mit dem Instrument des „deficit spending". Darüber hinaus hat das amerikanische Veto das „deficit spending" zumindest für den Bund verfassungsmäßig blockiert. Eine keynesianische Wirtschaftspolitik hätte sich sehr bald an den harten Wirklichkeiten des Willens der Besatzungsmächte wie auch an den stählernen Stäben des Korsetts der Verfassung gestoßen. So absurd es erscheinen mag, aber es bleibt die Erkenntnis, daß nach 1948 in Westdeutschland selbst eine gemäßigte Wirtschaftspolitik politisch nur auf revolutionärem Wege hätte durchgesetzt werden können bzw. auch heute nur noch durchgesetzt werden kann. Die Hervorhebung der Bedeutung einer gesunden Währung entsprach auch den allgemeinen wirtschaftlichen Anschauungen der Bevölkerung Westdeutschlands in allen ihren Kreisen, die eine „mimosenhafte Empfindlichkeit gegen inflationäre Erscheinungen" zeigt. Es ist übrigens hervorzuheben, daß die Spezialisten der internationalen Organisationen die Liberalisierungspolitik der Bundesregierung nach 1948 in ihrem Umfang und Tempo stets gerügt haben. Erst nach der Korea-Hausse ist die Form der deutschen Wirtschaftspolitik allgemein als erfolgreich anerkannt worden. Daß die liberalistische Wirtschaftspolitik jedoch durch antiliberalistische Tendenzen innerhalb des Weltkapitalismus gerettet worden ist, das werden wir im folgenden darstellen.

Eine Politik der gesunden Währung hat das Prinzip des ausgeglichenen Haushalts zu ihrer Grundlage. Die deutsche Wirtschaftspolitik hatte so keine anderen Probleme zu lösen als die anderen westeuropäischen Länder. Auch in diesen Ländern ging es um eine Steigerung der Investitionen und damit um eine Vermehrung der Produktion sowie um den Ausgleich der Zahlungsbilanzen. Was die wirtschaftliche Situation Westdeutschlands nach 1948 von den übrigen westeuropäischen Ländern unterschied, war ihr tieferer Ausgangspunkt, der größere Umfang der Arbeitslosigkeit und der Wohnungsnot. Dieser tiefere Ausgangspunkt im Hinblick auf die allgemeinen wirtschaftlichen Probleme wie auch im Hinblick auf die gesamtpolitische Situation in Westdeutschland hat jedoch, wie wir bereits gezeigt haben, eine Geldreform möglich gemacht, wie sie sich nach 1945 kein anderes westeuropäisches demokratisches Land hätte erlauben können. Die Politik der Sicherung der Währung bedeutete den Vorrang der Geldstabilität vor der inländischen Wirtschaftsexpansion und insbesondere vor der Vollbeschäftigung. In welchem unmittelbaren personellen und gruppenmäßigen Zusammenhang bestimmte Kreise der amerikanischen Besatzungsmacht, insbesondere die Gruppen um General Clay in Westdeutschland und Amerika, zu den extremen Vertretern des Liberalismus in der westdeutschen Wirtschaftspolitik nach 1945 standen, muß einer späteren Geschichtsschreibung überlassen werden. Es bleibt der Widerspruch, daß die liberalistische Wirtschaftspolitik Erhards nach 1945 keine formale Zustimmung der Besatzungsmächte insgesamt fand, jedoch eine unmittelbare und persönliche Bewilligung des amerikanischen Generals Clay.

Aus dem Prinzip der Währungssicherung und der Geldstabilität ergab sich notwendigerweise der Zwang einer Politik des teuren Geldes. Diese Politik des teuren Geldes hätte zu einer Drosselung der inneren wirtschaftlichen Expansion führen können, wenn nicht gleichzeitig die besondere Form der Währungsreform und der stetige Abbau der Bewirtschaftung mit der drohenden Erhöhung der Preise und den damit wachsenden Gewinnmargen diese währungspolitischen Dämpfer überkompensiert hätte. Die Wirtschaftspolitik nach 1948 war steuerpolitisch darüber hinaus gekennzeichnet durch Einkommenssteuersätze, die im Vergleich mit anderen kapitalistischen Ländern astronomisch erschienen. Die Erhöhung der Einkommenssteuer sollte die Sparer und Investierer anreizen. Dieser Steuerpolitik der Erhöhung der Einkommenssteuer stand jedoch die Praxis großzügiger Steuerermäßigungen gegenüber. Die komplizierte Materie des Steuerrechts erlaubte es jedem Kenner, d.h. den Unternehmungen in allen ihren Größen, die Steuerlast mehr als erträglich zu gestalten. Obwohl der Wertpapiermarkt nach 1948 vollständig verödet und der Bankkredit knapp war, nahmen die Investitionen nach der Währungsreform sprunghaft zu. Beobachter des deutschen Wirtschaftswunders, die so lobend auf den liberalistischen Geist der westdeutschen Wirtschaftspolitik verweisen, unterschlagen nebenbei die große Bedeutung der Investitionen der öffentlichen Hand in der Periode von 1948 bis 1951.

Die westdeutsche Wirtschaft mußte, wie die anderen westeuropäischen Länder, zu einem Ausgleich ihrer Zahlungsbilanz kommen. Die orthodoxe Finanzpolitik führte dazu, daß sich das Prinzip des Käufermarktes nur sehr schwer durchzusetzen vermochte. Die Wirtschaft war so gezwungen, sich im größten Umfange zum Export zu orientieren. Diese Exportorientierung, auf deren andere Gründe wir ebenfalls bereits hingewiesen haben, traf zusammen mit einer Politik der Liberalisierung des Welthandels. Trotzdem muß darauf hingewiesen werden, daß die westdeutsche Wirtschaftspolitik auf diesem Gebiet keineswegs durch einen umfassenden Liberalismus gekennzeichnet ist, sondern durch äußerst antiliberale Praktiken, wie z.B. der Einführung des Zollschutzes und der Subventionen gegenüber landwirtschaftlichen Produkten des Inlandes, weiter durch bilaterale Abmachungen mit einer Reihe von Handelspartnern und nicht zuletzt durch die Subventionierung von Exportkrediten und die Genehmigung von Steuerkonzessionen für Ausfuhrleistungen. Die Wirtschaftspolitik zeichnete sich von 1948 bis 1951 durch eine sonderbare Mischung von Freizügigkeit und Intervention aus.

Es ergeben sich so eine Reihe von Schlußfolgerungen: Die Wirtschaftsstruktur, die tendenzielle Entwicklung der Wirtschaft wie auch die Wirtschaftspolitik hatten einen kollektiven Zwang zur Leistung zur Folge. Sie lieferten Anreize zur Überleistung und führten notwendigerweise zu einer Differenzierung des Einkommens zum Teil auf Kosten der Arbeitnehmer und Sozialrentner. Die Politik hoher Investitionen hatte die Möglichkeiten hoher Ersparnisse bzw. hoher Gewinne zur Voraussetzung und damit eine Konzentration des Einkommens in den Händen der Produktionsmittelbesitzer. In einem Satz kann man sagen, die wichtigste Triebkraft des Wiederaufstiegs des Kapitalismus in Westdeutschland war, daß er ein System darstellte, das offen und radikal auf die Interessen der Produktionsmittelbesitzer hin orientiert war.

Wirtschaftstheoretisch erhebt sich bei der Erscheinung des Wiederaufstiegs des westdeutschen Kapitalismus die Frage, ob es sich bei diesem Prozeß um eine Wiederherstellung oder um reine Wachstumserscheinungen handelt. Bei Betrachtung des vorliegenden Materials ist man gezwungen, mehr auf Wiederherstellung des kapitalistischen Wirtschaftssystems zu schließen als auf Erscheinungen des reinen Wachstums. Die Wiederherstellung des kapitalistischen Systems trägt in sich eine Reihe positiver Elemente, von denen wir das wichtigste, nämlich die Veränderung des Produktionspotentials, d.h. die Spezialisierung des deutschen Kapitalismus auf eine rein industrielle Ordnung, bereits hervorgehoben haben. Innerhalb dieser Wiederherstellung nimmt die Schaffung neuer Erzeugnisse und neuer Produktionsmethoden nur einen überraschend geringen Raum ein. Es sei in diesem Zusammenhang nur auf die Drosselung der chemischen Industrie und ihrer Entwicklungsmöglichkeiten verwiesen. Der Prozeß des Wiedererstehens des deutschen Kapitalismus kann bis 1951 als ein Prozeß der reinen Wiederherstellung bewertet werden. Die bis zu diesem Zeitpunkt hohen Zuwachsraten des Sozialprodukts von 13 bis 21 %, sowie die Höhe des Produktionsquotienten (Zuwachs an Kapital in Verhältnis gesetzt zum Zuwachs des Sozialprodukts), der sich in den Jahren bis 1951 zwischen 1,5:1 und 2:1 bewegte, können zumindest als zureichender statistischer Beweis für diese Bewertung genommen werden. In den Jahren 1952 bis 1954 bewegen sich die Zuwachsraten des Sozialprodukts zwischen 6-8 %, und der Produktionsquotient nimmt ein Verhältnis von 3-3,5:1 an. Dieser Produktionsquotient liegt zwar immer noch über dem europäischen Durchschnitt, er bewegt sich aber in Formen, die den allgemeinen Erscheinungen eines Wachstums der kapitalistischen Wirtschaft entsprechen. Ebenso spricht man dann von Wachstumserscheinungen der kapitalistischen Wirtschaft, wenn die Zuwachsrate des Sozialprodukts durchschnittlich 5-8 % beträgt.

Betrachtet man die wirtschaftliche Entwicklung von 1945 bis 1951 in Westdeutschland als eine Wiederherstellung des kapitalistischen Systems, so ergeben sich überraschende historische Parallelen zu der Einführungsperiode des industriellen Kapitalismus im 19. Jahrhundert. Der Industriekapitalismus im 19. Jahrhundert ist in Europa dadurch gekennzeichnet, daß der Mittelpunkt des Wirtschaftens in der Klasse der Unternehmer liegt und die Wirtschaft insgesamt radikal auf maximalen Gewinn ausgerichtet ist. Diese maximalen Gewinne werden einerseits zur weiteren wirtschaftlichen Expansion benutzt, andererseits zur Förderung des persönlichen Wohlstandes der Unternehmerklasse. Wesentlich bleibt dabei, daß die Wirtschaft produktionsorientiert ist und auf Vermehrung der Industriekapazitäten hindrängt und nicht so sehr auf eine Vermehrung des allgemeinen Wohlstandes. Der Industrialisierungsprozeß im 19. Jahrhundert unterscheidet sich vollkommen von dem Industrialisierungsprozeß, wie er im 20. Jahrhundert in den unterentwickelten Ländern vorliegt. Der Industrialisierungsprozeß der unterentwickelten Länder (mit Ausnahme Rußlands) geht primär von dem Gedanken der Hebung des allgemeinen Konsum- und Zivilisationsniveaus aus. Die industriellen Investitionen haben nicht so sehr die Aufgabe der Steigerung der industriellen Kapazitäten, sondern sind oft mehr auf nationale Demonstrationseffekte berechnet.

In der Erscheinung des Wohlfahrtsstaates des 20. Jahrhunderts liegen ähnliche Formen vor. Auch hier liegt der Schwerpunkt nicht auf einer breiten Investitionspolitik zugunsten der unmittelbaren Hebung der industriellen Kapazitäten, sondern auf einer allgemeinen Hebung bzw. Sicherung des Konsum- und Zivilisationsniveaus der breiten Massen. Der Grund für diese Formen der Wirtschaftspolitik liegt in den unterentwickelten Ländern wie auch in den demokratischen Wohlfahrtsstaaten darin, daß die führenden Kräfte – sei es unter dem Vorzeichen der nationalen Revolution oder der Erscheinung der Demokratie – sich eine rigoros klassenorientierte Politik nicht erlauben können. Die Wirtschaftspolitik hängt in ihren Zielen und Methoden von dem Konsens der zur nationalen Revolution oder zur demokratischen Mitbestimmung aufgerufenen Massen ab. Den einzelnen Unternehmungen kann so nicht ein Wirtschaften erlaubt werden, das auf maximale Profite allein hinzielt; und ebenfalls kann den Repräsentanten der Unternehmerklasse in allen ihren Formen nicht der Luxus gewährt werden, wie er der Bourgeoisie des

19. Jahrhunderts im Industriekapitalismus sicher war. Die Regenerierung des deutschen Kapitalismus kann in einem Punkte mit der wirtschaftspolitischen Lage in den unterentwickelten Ländern oder in einem Wohlfahrtsstaate nicht verglichen werden, nämlich in dem des Konsens der Massen.

Nach dem Konsens breiter Massen wird in der Regeneration des deutschen Kapitalismus nach 1945 nicht gefragt, und es braucht nicht nach ihrem Willen gefragt werden, weil sie unter unmittelbarer Militärdiktatur standen bzw. unter unmittelbarem Druck der Regenerierung ihres gewohnten Konsum- und Zivilisationsniveaus. Die Wirtschaftspolitik nach 1948 konnte – im modernen Kapitalismus ein Einzelfall – den Unternehmen bzw. der Klasse der Unternehmer Profitchancen gewähren und einen Luxuskonsum zugestehen, wie ihn die Klasse der Unternehmer nur in der Periode der Entstehung des Industriekapitalismus im 19. Jahrhundert gekannt hat. Es ist jedoch dabei die Rolle hervorzuheben, die die klassische Sozialpolitik innerhalb dieses unternehmerkapitalistischen Systems in diesen Jahren gespielt hat. Die klassische Sozialpolitik hat in diesen Jahren nicht – wie im demokratischen Wohlfahrtsstaat – zum Ziele gehabt, das allgemeine Konsum- und Zivilisationsniveau der breiten Massen zu heben, sondern vielmehr den massivsten Formen der Verelendung der breiten Massen – im Sinne der Zugestehung eines Existenzminimums – entgegenzutreten. Diese sozialpolitische Zielsetzung hat darüber hinaus in den Arbeitnehmern das Gefühl erweckt, ein Minimum an sozialer Sicherheit zu besitzen. Die klassische Ausbeutungspolitik des Unternehmer-Kapitalismus war so zwar nicht nach oben hin begrenzt, wie in der Wirtschaftspolitik der unterentwickelten Länder und des demokratischen Wohlfahrtsstaates, jedoch sehr wohl nach unten hin, was die Erscheinung der klassischen Formen der Massenausbeutung betrifft. Die Akkumulation des Kapitals mußte innerhalb dieses wirtschaftspolitischen Schemas in anderen, d.h. in komplizierteren Formen vor sich gehen, als in der Periode des 19. Jahrhunderts. Der Staat, seine Steuer- und Sozialpolitik, spielten dabei eine bedeutende Rolle, wie wir im folgenden sehen werden. Trotzdem muß unterstrichen werden, daß auch in der Entstehung des Industriekapitalismus in Deutschland im 19. Jahrhundert der Staat eine vollkommen andere Funktion hatte als z.B. in den klassischen liberalistischen Ländern England und Frankreich. Darüber hinaus ist darauf hinzuweisen, daß sich der deutsche Unternehmer-Kapitalismus nach 1945/48 die Organisationen seiner Klassenrepräsentation nicht erst zu schaffen brauchte, sondern sie in ihrer reifsten und effektivsten Form in Gestalt der faschistischen Wirtschaftsverbände, der Großunternehmen und der staatlichen Wirtschaftsbürokratie bereits vorlagen.

Fassen wir die wichtigsten Merkmale der Wiederherstellung des deutschen Kapitalismus nach 1950 zusammen, so ergibt sich folgende Reihe:

1. Die Unternehmer waren wirtschaftlich und politisch aktiv und einflußreich. In ihren wirtschaftlichen und politischen Entscheidungen brauchten sie nur ein Minimum an sozialen Rücksichten walten zu lassen. Dem Kapitalismus insgesamt wie dem einzelnen Unternehmer standen starke Anreiz- und Zwangsmittel zur Steigerung der Leistung zu Gebote.
2. Durch die konservativ-reaktionäre Regierung wurden die vorliegenden Antriebskräfte noch intensiviert. Die wichtigsten wirtschaftspolitischen Grundsätze dabei waren die des knappen Geldes und des konservativen Haushalts. Sie verhinderten zwar nicht inflationistische Erscheinungen, aber verboten die Anwendung der Inflation als wirtschaftspolitisches Mittel. Nach 1948 wurden im Rahmen dieser Bedingungen die westdeutschen Unternehmen zu einer Verschärfung der Konkurrenz gezwungen. Diese Verschärfung der Konkurrenz fand jedoch unter typisch deutschen Formen statt, d.h. unter Begrenzung durch die verbandliche unternehmerische Organisation. Gleichzeitig fand diese Konkurrenz in einer Periode steigender Preise statt.
3. Die wirtschaftliche Ausgangssituation wie die wirtschaftspolitischen Entscheidungen förderten bei den Unternehmungen den Drang zur Selbstfinanzierung, wie sie auch den Druck auf eine stärkere Exportorientiertheit der deutschen Wirtschaft verstärkten.
4. Unternehmer und Gewerkschaften waren in den Jahren 1948 und später grundsätzlich produktionsorientiert; und so sehr sie sich auch in ihren wirtschaftspolitischen und sozialpolitischen Proklamationen zu unterscheiden schienen, herrschte tatsächlich ein Klima des Burgfriedens und der Zusammenarbeit vor.

Das gesamte System entging einer radikalen inflationistischen Entwicklung nur durch die Wirtschaftspolitik der Regierung und die Lohnpolitik der Gewerkschaften. Die Löhne wurden niedergehalten, Sozialversicherungsleistungen und Entschädigungen für Kriegsverluste auf ein Minimum beschränkt, die Währungs- und Steuerpolitik blieb straff. Diese Politik war nur möglich unter Beibehaltung eines bestimmten Prozentsatzes an Erwerbslosigkeit innerhalb des Wirtschaftssystems. Diese Entscheidung für eine antiinflationistische Wirtschaftspolitik unter Beibehaltung eines bestimmten Prozentsatzes von Erwerbslosigkeit bildete die Voraussetzung, daß die wichtigsten wirtschaftlichen Antriebsmittel innerhalb des deutschen Kapitalismus nach der Währungsreform von 1948 erhalten blieben und in ihren Auswirkungen nicht abgeschwächt wurden.

Welche Entwicklung der westdeutsche Kapitalismus nach 1948 genommen hat, zeigt ein Vergleich des Anstiegs der Produktion und des Volkseinkommens. Es liegen hierfür zwei Maßstäbe vor: der Index der Industrieproduktion und die Größe bzw. prozentuelle Zunahme des Bruttosozialprodukts. Aus dem Index der Industrieproduktion kann von Jahr zu Jahr die Wachstumsrate errechnet werden. Setzt man die Industrieproduktion des Jahres 1938 (für Westdeutschland bereinigt) mit 100, so ergibt sich ein Anwachsen der Industrieproduktion vom Jahr 1946 bis 1954 in folgender Weise:

1946	34
1947	40
1948	63
1949	90
1950	114
1951	136
1952	145
1953	158
1954	176

Beim Vergleich des Index der Industrieproduktion muß insbesondere auf den schnellen Anstieg zwischen 1948 und 1949 (+ 27) und zwischen 1950 und 1951 (+ 22) hingewiesen werden.

Das Bruttosozialprodukt in Preisen von 1936 vermehrte sich von 1948 bis 1954 von Halbjahr zu Halbjahr in folgender Weise:

1936	48.0	
1948	41.7	
1949		
1. Halbjahr	44.5	
2. Halbjahr	49.5	+ 18.7 %
1950		
1. Halbjahr	50.5	+ 13.5 %
2. Halbjahr	59.2	+ 19.6 %
1951		
1. Halbjahr	60.7	+ 20.2 %
2. Halbjahr	64.8	+ 9.5 %
1952		
1. Halbjahr	64.3	+ 6.0 %
2. Halbjahr	69.0	+ 6.5 %
1953		
1. Halbjahr	67.4	+ 5.6 %
2. Halbjahr	75.2	+ 9.0 %
1954		
1. Halbjahr	73.4	+ 8.1 %

Aus der Betrachtung des Anstiegs des Bruttosozialprodukts von Halbjahr zu Halbjahr ergibt sich die Wichtigkeit der Jahre 1950 und 1951 in ganz offensichtlicher Weise. Die außergewöhnliche Zunahme des Bruttosozialprodukts im ersten Halbjahr 1951 um 20.2 % entspricht der Zunahme der Industrieproduktion im Jahre 1951 um 22 Punkte. Diese beiden Wachstumszahlen beweisen die Bedeutung des Korea-Booms für die Stabilisierung des westdeutschen Kapitalismus.

Bis zum Jahre 1949 hat das Sozialprodukt das Niveau in konstanten Preisen von 1936 bereits erreicht, jedoch nur 80 % pro Kopf der Bevölkerung Westdeutschlands. Die Disproportion zwischen der Zunahme der Industrieproduktion und des Sozialproduktes verschärft sich also noch bedeutend, wenn wir es auf den Kopf der Bevölkerung umrechnen. Erst die Umrechnung der Zunahmen auf den Kopf der Bevölkerung kann als Maßstab für den Grad der Verbesserung der sozialen Lage der breiten Massen bzw. als Grad ihrer Ausbeutung genommen werden. Die Entwicklung nach 1948 ist insbesondere durch eine Verschärfung der Ungleichheit der Einkommen gekennzeichnet. Das gesamte Volkseinkommen nahm in den Jahren nach 1948 zwar zu, der Wohlstand der Bevölkerung jedoch nicht entsprechend.

Für die Lage des deutschen Kapitalismus ist kennzeichnend, daß innerhalb des Volkseinkommens die Haupteinkommensquelle aus der industriellen Produktion fließt. 1953/54 nimmt das Einkommen aus der industriellen Produktion 34 % des Sozialprodukts ein. Der Agraranteil am Sozialprodukt bzw. am Volkseinkommen unterliegt seit 1948 einer ständigen Schrumpfung, wie auch der Anteil der Dienstleistungen am Sozialprodukt nach 1948 fortwährend sinkt.

Unter diesen allgemeinen Voraussetzungen nimmt die Einkommensverteilung von selbst eine Form an, die innerhalb der Geschichte des kapitalistischen Systems als einmalig bezeichnet werden muß. Der Prozentsatz des privaten Verbrauchs ist im Vergleich zu den anderen westeuropäischen Ländern und den Vereinigten Staaten relativ niedrig, während der Anteil der Investitionen bedeutend höher ist als in den westeuropäischen kapitalistischen Ländern. Von der Währungsreform bis 1951 erhöhten die Investitionen sowohl absolut als auch relativ ihren Anteil am Sozialprodukt. Dabei sind bei der Bewertung der Investitionen nicht so sehr die Nettoinvestitionen zu berücksichtigen, sondern die Bruttoinvestitionen, da die gesetzlich erlaubten Abschreibungen eher auf dem Papier stehen und tatsächlich zum größten Teil als Neuinvestitionen gewertet werden können. Auf die Rolle der Abschreibungen innerhalb der Investitionspolitik des westdeutschen Kapitalismus nach 1948 werden wir später noch eingehen. Diese ungeheuren Investitionsleistungen des westdeutschen Kapitalismus nach 1948 waren nur möglich durch einen kollektiven Konsumverzicht. Der kollektive Konsumverzicht, die Disziplin der Gewerkschaften in Lohn- und Sozialpolitik wie die besonderen Formen der Investitionspolitik erlaubten es den westdeutschen Unternehmern, diesen hohen Grad von Investitionen zu erreichen. Gleichzeitig führte die Praxis dieser Investitionspolitik zu einer verhältnismäßig ungleichen Verteilung des Einkommens.

Zur Analyse der Einkommensverteilung liegt eine Erhebung für das Jahr 1950 vor. Aus dieser Erhebung ergibt sich eine radikale Ungleichheit des Einkommens. Diese Ungleichheit des Einkommens muß als die wesentlichste Voraussetzung des schnellen Wiederaufstiegs des deutschen Kapitalismus nach 1948 gewertet werden. Ohne die Ungleichheit des Einkommens wären Ersparnisse und Investitionen bedeutend niedriger gewesen und damit die Wachstumsrate der gesamten Volkswirtschaft. Daß sich gleichzeitig jedoch mit der Ungleichheit des Einkommens und der daraus resultierenden Investitionspolitik im Zusammenspiel mit der offiziellen Wirtschaftspolitik des Staates die politische Macht der konservativ-restaurativen Kräfte stärken mußte, versteht sich von selbst. Die Ungleichheit der Einkommensverteilung ist nach der Erhebung des Jahres 1950 erheblich stärker ausgeprägt als z.B. in der Mehrzahl der angelsächsischen Länder. Besonders aufschlußreich ist ein Vergleich der Verteilung des Einkommens innerhalb des deutschen Kapitalismus der Jahre 1913, 1928 und 1950.

Prozent der Empfänger	1913	1928	1950
	in % des Volkseinkommens		
0 - 50	24.5	23.2	16.0
50 - 90	34.8	39.6	48.3
90 - 95	9.3	10.6	8.7
95 - 98	8.4	9.5	9.2
98 - 99	4.3	4.8	3.2
99 - 100	18.7	12.9	14.6

Untersucht man die Einkommensverteilung des Jahres 1950, so ergibt sich, daß 50 % der Empfänger innerhalb der westdeutschen Wirtschaft über 16 % des Gesamteinkommens der Volkswirtschaft verfügten, während demgegenüber 5 % der Empfänger über 27 % des Gesamteinkommens verfügen konnten. Dabei wird als das höchste Jahreseinkommen bei den unteren Gruppen DM 2000.- genommen, während bei der obersten Gruppe der Empfänger als unterste Basis DM 5000.- gesetzt wurde. Im Jahre 1950 lag der Durchschnitt des Monatseinkommens der westdeutschen Bevölkerung (einschließlich der Spitzengruppen) bei rd. 200 DM. Dabei ist noch zu berücksichtigen, daß die Sozialrentner und Arbeitslosen in dieser Einkommensberechnung des Jahres 1950 nicht einbezogen sind. Darüber hinaus konnten die realen Einkommen der Spitzengruppe durch die Erhebung nicht voll erfaßt werden. Die in den Steuerstatistiken festgestellten Einkommen des Jahres 1950 liegen um fast 30 % unter dem gesamten Volkseinkommen. Das beweist, in welch großem Ausmaße die Unternehmungen und obersten Gruppen der Einkommensempfänger in diesen Jahren die Praxis der Steuerhinterziehung geübt haben. Alle Verzerrungen dieser Erhebung mit berücksichtigt, muß sie als ein Minimalabbild der Einkommensverteilung in Westdeutschland genommen werden.

Vergleich man die Einkommenspyramide der Jahre 1913 und 1928 miteinander, so ergibt sich dabei eine Vergrößerung des Grades der Ungleichheit. Für die veränderte Differenzierung mag jedoch die Zunahme der Mittelgruppe bezeichnend sein, was vielleicht auf die zunehmende Bedeutung der Fach- und Spezialarbeiter in der Rationalisierungsperiode des deutschen Kapitalismus nach 1923 zurückgeführt werden kann.

Vergleicht man die Einkommenspyramide der Jahre 1913 und 1950 miteinander, so sieht man, daß die unterste Gruppe sich bedeutend schlechter stellt, die Mittelgruppe eine bestimmte Verbesserung gegenüber 1913 (jedoch nicht gegenüber 1928) erfahren hat und die Spitzengruppe eine bestimmte Verschlechterung zeigt. Diese Verschlechterung der Spitzengruppe ist jedoch, wie wir bereits oben angeführt haben, nur scheinbar.

Insgesamt kann man sagen, daß die unterste Schicht (Arbeitslose und Sozialrentner nicht berücksichtigt) innerhalb der deutschen Sozialgeschichte wohl niemals schlechter gestellt war als im Jahre 1950. Hier sei darauf hingewiesen, daß bei dieser Lage die lohn- und sozialpolitische Disziplin der Gewerkschaften nur aus ihren allgemeinen politischen Anschauungen heraus erklärt werden kann und insbesondere aus der Tatsache, daß sich die Gewerkschaften nicht als Interessenvertreter der untersten Schichten der Einkommensträger fühlten, sondern als die Interessenvertreter hauptsächlich der städtischen Industriearbeiterschaft mit ihrem Fach- und Spezialarbeiterkern. Es muß natürlich noch das Maß der Umverteilung durch die Steuerpolitik berücksichtig werden. In den Jahren 1948 bis 1951 betrugen die Leistungen an die Rentner-Schichten ungefähr 16-17 % des Volkseinkommens. Dies erscheint als eine ansehnliche Umverteilung, die vielleicht sogar in der Lage wäre, die scharfen Differenzen der Einkommensverteilung zwischen den obersten und untersten Schichten wiederum aufzuheben. Bei einer näheren Betrachtung der Technik der Umverteilung durch die Steuerpolitik ergibt sich jedoch, daß die Hauptlast dieser Umverteilung die unteren und mittleren Einkommensgruppen tragen. Die Umverteilung von den Spitzengruppen zu den untersten Schichten in den Jahren 1948 bis 1951 ist minimal gewesen. Auf die Steuerpraxis der obersten Einkommensschichten haben wir bereits hingewiesen. So betrug die Einkommenssteuerbelastung auf Einkommen von 250 000 DM 1950 nur 55 % des steuerpflichtigen Einkommens. Das steuerpflichtige Einkommen liegt aber, wenn man die steuerlich zulässigen Absetzungen in Betracht zieht, bedeutend unter dem realen wirtschaftlichen Einkommen, so daß die tatsächliche Belastung weit unter 50 % in diesen Jahren gelegen hat. Diese geringe Belastung der hohen Einkommen steht in einem eklatanten Widerspruch zu den nur propagandistisch hohen Einkommenssteuersätzen in den Jahren 1948 bis 1951. Der Fiskus hat in diesen Jahren insbesondere die großen Ersparnisse der oberen Einkommensgruppen äußerst milde, wenn nicht gar bevorzugt behandelt. In diesem Zusammenhang wird deutlich, wie weitgehend die Last der staatlichen Sozialpolitik, die Unternehmer wie auch der konservativ-restaurative Staat als Leistungen des kapitalistischen Wirtschaftssystems ausgeben, im Grunde genommen auf den breiten Massen der Lohn- und Gehaltsempfänger liegt. Die Sozialpolitik innerhalb der kapitalistischen Wirtschaft und des bürgerlichen Staates stellt also nur eine Selbstversicherung der breiten Massen der Lohn- und Gehaltsempfänger dar. Diese Selbstversicherung kann nur durch einen Lohn- und Gehaltsverzicht, d.h. Konsumverzicht, d.h. durch eine Form des staatlichen Zwangssparens, von den breiten Massen getragen werden.

Diese Funktion der kapitalistischen Sozialpolitik muß, wie wir bereits hervorgehoben haben, als einer der bedeutendsten Träger der Wiederherstellung des kapitalistischen Systems und seiner weiteren Ausdehnung gewertet werden. Die sonderbare Mischung von Unternehmerwirtschaft und Staatsintervention ist nur aufgrund der 1948 bis 1951 später getätigten Steuer- und Sozialpolitik möglich gewesen. Indem die Gewerkschaften de facto dieser Steuer- und Sozialpolitik zustimmten und lohnpolitisch Disziplin übten, haben sie die Voraussetzungen für die Wiederherstellung des deutschen Kapitalismus geschaffen. Wie die politische Verfassung des neuen westdeutschen Staates alle sozialdemokratischen Bestrebungen beschränkt hat, so hat die entstehende Wirtschaftsverfassung die Aktionen der Arbeiterbewegung in Westdeutschland von vorneherein zum Scheitern verurteilt. Die radikalen „sozialdemokratischen" Proklamationen der Sozialdemokratischen Partei und insbesondere der deutschen Gewerkschaften stehen in einem krassen und unübersehbaren Widerspruch zur politischen Verfassung und zur Wirtschaftsverfassung des neuen deutschen Kapitalismus.

II. Die Konjunktur des kapitalistischen Systems in Westdeutschland

Nach der Währungsreform vom Juni 1948 ist das wirtschaftliche Klima durch einen starken Preisauftrieb bestimmt, der zu einer günstigen Ertragslage der Unternehmungen führte. Die Währungsreform hat reichliche Geldmittel in die Hände der Verbraucher gegeben, deren Umfang im Widerspruch zu dem Grad der möglichen oder gewollten Güterversorgung durch die Wirtschaft stand. Die kritische Position der kapitalistischen Wirtschaftspolitik in Westdeutschland muß vom August 1948 bis Dezember 1948 angesetzt werden. Von Juni 1948 bis September 1948 stieg das Geldvolumen von 12.3 Milliarden DM auf 14.3 Milliarden DM. Im Dezember 1948 belief sich das Kreditvolumen auf 5.2 Millionen DM. Gleichzeitig stiegen die Preise der Grundstoffe um 21 %, die der industriellen Produkte um 14 % und die Kosten der Lebenshaltung um 14 %. Innerhalb dieser Entwicklung fiel den Löhnen eine entscheidende wirtschaftspolitische Rolle zu. Sie blieben jedoch weiterhin relativ stabil. Dies trotz heftiger Proteste seitens der Gewerkschaften, deren Führung sich gegen Preissteigerungen und die zunehmende Einkommensungleichheit wandte. Trotzdem konnte sich die Gewerkschaftsführung nicht zu ernsthaften Aktionen gegen diese Entwicklung entschließen.

Im Dezember 1948 zeigten sich Anzeichen eines Ausgleichs zwischen den vorhandenen Geldmitteln in Händen der Verbraucher und der Güterversorgung. Dieser Ausgleich wurde durch eine weiteransteigende Produktion, durch wachsende Rohstoffeinfuhren und durch eine zurückhaltende Geld- und Kreditpolitik herbeigeführt. Im Januar 1949 zeigten sich umfassendere Tendenzen von Preisrückgängen. Erst mit dem Durchsetzen dieser Preisrückgänge zu Beginn des Jahres 1949 war das „Experiment" der Währungsreform vom Juni 1948 auch konjunkturpolitisch gesichert. Es zeigte sich jedoch, daß trotz der hohen Ertragslage der Unternehmungen geringe Geldmittel auf den Kapitalmarkt zurückflossen. Dieser mangelnde Geldabfluß – der einer Systemstörung der Marktwirtschaft gleichkommt – wirkte auf dem Gebiet der Investitionen bremsend. Im Frühjahr 1949 stagnierte so die Investitionstätigkeit; die Unternehmungen wurden zu einer Verschärfung ihrer Konkurrenz gezwungen, aber die Auftriebskräfte aus der Konkurrenz waren so schwach, daß trotz sinkender Preise weder die Umsätze noch die Produktion stiegen. Im Mai 1949 wurde die Konjunktur durch die anwachsende Bautätigkeit sowie durch eine Auflockerung der Kreditpolitik neu belebt. Gleichzeitig zeigte es sich, daß das wichtigste Problem des Wirtschaftssystems, die Arbeitslosigkeit, in einer strukturellen Form auftrat.

Doch zu diesem Zeitpunkt stieg der Fertigwaren-Export der westdeutschen Wirtschaft; der Marshall-Plan bzw. die GARIOA-Hilfe stellten das Sprungbrett für den westdeutschen Export dar. Der westdeutsche Fertigwaren-Export hatte dabei das Glück, in einer Tendenz sinkender Preise auf dem Weltmarkt auftreten zu können. Ein Jahr nach der Währungsreform vom Juni 1948 zeigte sich bereits die Notwendigkeit der Finanzierung von Investitionen. Der klassische Kapitalmarkt kam auch bis zu diesem Zeitpunkt nicht in Bewegung. Bis zum Juni 1949 nahm die Selbstfinanzierung an der Gesamtfinanzierung der Unternehmungen bereits rd. 35 % ein.

Die Konjunktur des kapitalistischen Systems in Westdeutschland hat also im Dezember 1948/Januar 1949 einen bedeutenden Tendenzumbruch erfahren. Die Wirtschaft stand vom Juni 1948 bis Dezember 1948 unter einem doppelten Preisdruck: einmal von der Nachfrage-Seite her und zum anderen von der Seite der steigenden Weltmarktpreise. Im Dezember 1948/Januar 1949 führte diese Tendenz zu einem Rückgang der Nachfrage bzw. der Aufträge. Und es zeigten sich ein halbes Jahr nach der Währungsreform, die durch einen Geldüberhang gekennzeichnet war, bereits bestimmte Erscheinungen des Güterüberhanges bzw. daraus resultierend, stagnierende Tendenzen der Konjunktur. Die Gesamttendenzen können am besten an der Entwicklung des Geldvolumens bzw. der Umlaufgeschwindigkeit des Geldes abgelesen werden.

	Milliarden DM	Umlaufgeschwindigkeit
1948		
September	14.0	1.14
Dezember	17.4	1.14
1949		
März	18.4	0.93
Juni	20.0	0.87

Innerhalb einer Volkswirtschaft ist die Wirkung der Geldmenge durch Investitionstätigkeit, Einkommensverteilung, Tendenzen zu Sparen oder Kassenhaltung und durch spekulative Elemente bestimmt. Nicht zuletzt wird die Wirkung der Geldmenge auch durch die Geld- und Kreditpolitik bestimmt. Die Situation der kapitalistischen Wirtschaft in Westdeutschland vom Juni 1948 bis Juni 1949 ist auf dem Gebiete der Geldwirtschaft dadurch gekennzeichnet, daß der klassische Kapitalmarkt nicht in Gang kommt bzw. aus den bestimmten Formen der Investitionstätigkeit, der Einkommensverteilung, wie auch der Geld- und Kreditpolitik nicht in Gang kommen kann. Trotz dieser strukturellen Störung der kapitalistischen Marktwirtschaft und trotz der daraus resultierenden Finanzschwierigkeiten der Unternehmungen wurde die Investitionstätigkeit der Wirtschaft dadurch nicht gedämpft. Die Wirtschaftspolitik wie die Wirtschaftstheoretiker haben zu diesem Zeitpunkt die Kräfte der Selbstfinanzierung „sehr unterschätzt". Dies zeigt ein Vergleich der getätigten Investitionen von Januar 1948 bis zum Juni 1949.

(Bruttoinvestitionen 1936 = 100)	
1948	
Januar	50
Juni	52
Juli	60
Dezember	83

1949	
Januar	85
April	90
Juni	91

Die Möglichkeiten zur Selbstfinanzierung für die Unternehmungen ergaben sich aus der Steuerpolitik des Staates, der niedrigen Steuermoral der Unternehmungen und höheren Einkommensgruppen, den sich aus den steigenden Preisen bzw. den stagnierenden Löhnen ergebenden hohen Gewinnmöglichkeiten. Für die Lohnpolitik ist dabei von Bedeutung, daß von Juni 1948 bis März 1949 die Zahl der Arbeitslosen in Westdeutschland um 690 000 anstieg.

Betrachtet man die Investitionen nach ihrer Herkunft, so ergibt sich, daß 1948/49 28 % der Investitionen aus Mitteln der Selbstfinanzierung stammten, 20 % aus öffentlichen Mitteln und 30 % aus kurzfristigen Krediten. 1949/50 betrugen die Mittel aus Selbstfinanzierung 17 %, die aus den öffentlichen Mitteln 23 % und die kurzfristigen Bankkredite 12 %. Dazu kamen jedoch zu diesem Zeitpunkt Mittel aus dem Gegenwertfonds im Umfange von 29 %. Die letzte Zahl beweist die konjunkturpolitische Bedeutung der anlaufenden Marshallplan-Hilfe innerhalb der Wiederherstellung des kapitalistischen Systems.

Der Arbeitsmarkt wurde in dieser Periode durch die Form der strukturellen Arbeitslosigkeit in den westdeutschen Ländern mit großem Anteil von Flüchtlingen bestimmt. Die Arbeitslosigkeit wird zu diesem Zeitpunkt mit rd. 700 000 bis 1 Million angegeben. Innerhalb des Arbeitsmarktes fanden tiefgreifende Umschichtungen statt. So wurden aus der Landwirtschaft vom Juni bis Dezember 1948 rd. 173 000 Arbeitnehmer freigegeben, wie auch aus der öffentlichen Hand und den privaten Diensten rd. 120 000 Arbeitnehmer entlassen wurden. Diese Zahlen sind ein Beweis für den hohen Grad der kollektiven Arbeitsdisziplin bis zum Juni 1948.

Von Juni 1948 bis März 1949 stieg die Produktivität in der Industrie pro Arbeiterstunde um rd. 50 % und erreichte im März 1949 75 % der Produktivität des Jahres 1936. Die Preise stiegen im Mai 1949 (1938 = 100) auf 168, bei den Industriestoffen auf 204, bei den Fertigwaren auf 300 und auf dem Gebiet der Lebenshaltung auf 164. Zwischen Juni 1948 und März 1949 stieg der Index der Lebenshaltung um 15 Punkte. Das Arbeitseinkommen pro Arbeitnehmer-Familie betrug im Mai 1948 durchschnittlich 290 RM und im Januar 1949 262 DM. Innerhalb dieses Arbeitseinkommens pro Familie nahm das Arbeitseinkommen als Lohn und Gehalt einen immer größeren Prozentsatz ein, während das Einkommen aus sonstigen Quellen stark absank. Aufschlußreich ist ein Vergleich der Steuern und der Steuerstruktur zwischen den Jahren 1939/40, 1947/48, 1948/49.

Steueraufbringung nach Steuerarten	1939/40	1947/48 (in Prozent)	1948/49
Lohnsteuer	11.4	16.6	15.4
Einkommenssteuer	18.9	22.7	22.1
Körperschaftssteuer	13.7	5.2	9.7
Umsatzsteuer	15.9	16.4	24.9
Verbrauchssteuer	31.4	35.7	46.3

Bei diesem Vergleich ist hervorzuheben, daß die Einkommenssteuer 1948/49 gegenüber 1939/40 nur geringfügig steigt, bzw. gegenüber 1947/48 sogar abnimmt. Ebenfalls geht der Anteil der Körperschaftssteuern 1948/49 im Vergleich zu 1939 zurück. Dagegen nimmt der Anteil der Umsatzsteuern 1948/49 gegenüber den anderen Vergleichsjahren bedeutend zu. Zusammen mit den Verbrauchssteuern beträgt ihr Anteil an dem gesamten Steueraufkommen 1948/49 beinahe 36,3 %. Den Konsumenten bzw. Arbeitnehmer unmittelbar oder mittelbar belastende Steuergruppen betragen in den Jahren 1939/40 58.7 %, in den Jahren 1947/48 68.7 % und in den Jahren 1948/49 86.6 %. Der Staat nimmt also seine Mittel für staatliche Investitions- und Sozialpolitik aus Steuern, die in ihrer Mehrzahl von den breiten Massen der Konsumenten getragen werden.

Im Dezember 1948/Januar 1949 hat das System Probleme der Anpassung überwunden, und es zeigten sich zum ersten Mal allgemeine Konjunkturphänomene. In diesen Monaten begann das westdeutsche Wirtschaftssystem, sich in das System der kapitalistischen Weltwirtschaft einzugliedern.

Die weltwirtschaftliche Konjunktur war von Juni bis Dezember 1948 durch die Überwindung der Anpassungsschwierigkeiten nach dem Kriege bestimmt. Die allgemeinen Tendenzen waren ein stetiger Preisabbau und eine wachsende Zunahme der Verbrauchereinkommen. Zwischen Januar und Juni 1949 ergab sich ein bestimmter Gleichgewichtszustand der kapitalistischen Weltkonjunktur. Dieses kapitalistische Weltwirtschaftssystem wurde durch die Vorherrschaft des amerikanischen Kapitalismus beherrscht, wie es sich bereits im Kriege durch die Praxis des Leih- und Pachtsystems, nach dem Kriege durch Vergebung von Einzelkrediten an die westeuropäischen Länder und insbesondere nach 1948 durch den Marshall-Plan zeigte. Das große Problem nach 1945 war das Entstehen der immer größeren Dollar-Lücke in der Außenhandelswirtschaft der westeuropäischen Länder. Der Güterverkehr zwischen den westeuropäischen kapitalistischen Ländern und der amerikanischen Wirtschaft nahm nicht solche Formen an, daß eine Schließung der Dollar-Lücke in absehbarer Zeit erwartet werden konnte. Die westeuropäischen Länder versuchten deshalb, durch Währungsabwertungen im Verlaufe des Jahres 1949 diesem wirtschaftspolitischen Problem Herr zu werden. Die bedeutendste Abwertung war dabei diejenige des britischen Pfunds um 30.5 %. Nach 1948 ist der Marshall-Plan bzw. das ERP zum konjunkturtragenden Element des westeuropäischen Kapitalismus geworden. Es ergab sich die Gegenläufigkeit einer zurückgehenden Industrieproduktion in den Vereinigten Staaten und einer steigenden Industrieproduktion in den europäischen Ländern. Die Eingliederung des westdeutschen Kapitalismus in das kapitalistische Weltwirtschaftssystem erfolgte also zum Zeitpunkt einer relativen Stabilisierung des kapitalistischen Systems im Weltmaßstab. Dieser Ausgangspunkt der Eingliederung des westdeutschen in den Weltkapitalismus sollte für die weitere Entwicklung des deutschen Kapitalismus von großer Bedeutung sein.

Die weitere Konjunktur der westdeutschen Wirtschaft nach dem Januar 1949 zeichnete sich durch ein fallendes Preisniveau auf allen Gebieten aus. Während zwischen Juni und Dezember 1948 die Lebenshaltungskosten gestiegen sind, fielen sie von Januar bis Oktober 1949 bedeutend. Innerhalb dieser Periode nahm das Masseneinkommen zu, so daß die Einzelhandelsumsätze im gleichen Zeitraum stiegen. Dieser Konsumstoß, der warenmäßig aus dem Abbau der Lager und aus der laufenden Produktion gedeckt wurde, ist ein Beweis für den Umfang der Kapazitäten, die im Juni 1948 vorlagen bzw. vom Juni 1948 bis zum Jahre 1949 geschaffen wurden. Der Konsumstoß wurde durch eine Erhöhung der Massenkaufkraft um rd. 4 Milliarden DM finanzicrt. In diesen 4 Milliarden DM hat die Lohnsumme mit rd. 2.8 Milliarden den größten Anteil; es dürfen jedoch die 1.1 Milliarden DM aus den sozialen Leistungen der Länder nicht vergessen werden. Obwohl sich im Verlauf des Jahres 1949 ein wirtschaftliches Gleichgewicht zwischen Zunahme des Einkommensstroms und des Warenstroms herausbildet, ergab sich ein neues Problem auf dem Gebiete der Schlüsselindustrien. Die Investitionstätigkeit nahm im Juli und August 1949 ab und es trat eine bedeutende Verringerung der industriellen Erzeugung von Investitionsgütern in Erscheinung. Erst während dieser konjunkturellen Entwicklung des Jahres 1949 nahmen also die breiten Massen der Arbeitnehmer an den Leistungen der Gesamtwirtschaft von 1945 bis 1949 teil. Um die notwendig gewordene Ausdehnung der Schlüsselindustrien zu finanzieren, erwies sich die Kapitalbildung als nicht ausreichend. Es zeigte sich im Verlaufe des Jahres 1949, welche schwerwiegenden Folgen sich aus dem Nichtfunktionieren des Kapitalmarktes innerhalb des neuen kapitalistischen Wirtschaftssystems Westdeutschlands ergaben. Der Engpaß Geldkapital konnte durch eine Nachreform, durch das Einströmen von ausländischem Kapital oder durch die Schaffung zusätzlicher Mittel durch die Zentralbank, d.h. also durch Geldschöpfung überwunden werden. Es sei hier in Erinnerung gerufen, daß sich zu diesem Zeitpunkt der Deutsche Gewerkschaftsbund konstituierte und sein sozialdemokratisches Münchener Programm veröffentlichte. Erscheint gegenüber der allgemeinen politischen und wirtschaftlichen Situation dieser Periode dieses Programm als äußerst unrealistisch, so wird es darüber hinaus beinahe unverständlich im Hinblick auf die damalige aktuelle konjunkturelle Situation.

Im Verlaufe der weiteren Entwicklung gelang es der westdeutschen Wirtschaft, die Produktionsengpässe auf dem Gebiet Kohle, Strom und Eisen zu überwinden. Gleichzeitig fand im 3. Quartal 1949 ein Stopp des Wachstums der Arbeitslosigkeit statt.

An dem Konsumstoß und der darauffolgenden Mengenkonjunktur hatte der Anteil der Löhne den größten Prozentsatz ausgemacht, wie wir bereits dargelegt haben. Das Lohnniveau war seit 1948 allmählich angestiegen, was insbesondere im Verlauf des Jahres 1949 zu einem umfassenden Wachstum der Einzelhandelsumsätze führte. Das Arbeitseinkommen belief sich im Jahre 1948/49 auf rd. 28-33 Milliarden DM, was ungefähr 50 % des Volkseinkommens im gleichen Zeitraum entsprach. Trotz des langsamen Anstiegs des Lohnniveaus seit Juni 1948 insbesondere auf dem Gebiet der Industriearbeiterlöhne stagnierte dieser Anstieg im Herbst 1948 und fand erst im zweiten Quartal des Jahres 1949 wieder einen umfassenden Anstoß. Die Gewerkschaften traten im Frühjahr 1949 verspätet in eine aktive Lohn- und Tarifpolitik ein. Die wirtschaftspolitische Funktion dieser aktiven Lohnpolitik, die sich durch die Festsetzung neuer Tarifverträge, die Neuregelung von Akkorden, die Entscheidung für Leistungslöhne sowie durch eine Verlängerung der Arbeitszeit auszeichnete, war gegenüber der gesamtwirtschaftlichen Entwicklung nur korrigierender Natur. Trotzdem gelang es durch diese Aktivierung der Lohnpolitik innerhalb der wachsenden konjunkturellen Situation, die Realverdienste anzuheben. Nimmt man den Realverdienst des Jahres 1938 als 100, so ergeben sich von Juni 1948 bis Juni 1949 folgende Vergleichszahlen:

1948	
Juni	66.7
September	73.6
Dezember	74.9
1949	
März	77.9
Juni	86.5

Diese Steigerung der Realverdienste war jedoch nicht das Resultat der aktiven Lohn- und Tarifpolitik der Gewerkschaften, sondern vielmehr auch ein Resultat der allgemeinen Preisentwicklung. Im Oktober 1949 hatten die Lebenshaltungskosten das Ausgangsniveau des Jahres 1948 wieder erreicht.

Als eine der größten wirtschaftspolitischen Aufgaben war der westdeutschen Wirtschaft zu diesem Zeitpunkt die Erhöhung ihres Exports gestellt. Die Außenhandelsbilanz Westdeutschlands war in einem so großen Umfang negativ, daß sie die weitere Entwicklung empfindlich stören mußte. Es wurde jedoch ein großer Teil der Einfuhren aus ausländischer Hilfe finanziert. Gleichzeitig muß darauf hingewiesen werden, daß der westdeutsche Export noch durch die Politik der Besatzungsmächte beträchtlich eingeschränkt war. In diesem Zusammenhang wird die Bedeutung der ausländischen Kapitalhilfen deutlich. Es ist nicht so sehr der Umfang der Hilfen, als insbesondere der Zeitpunkt, zu dem konjunkturpolitisch diese Hilfen in großem Ausmaße wirksam wurden. Durch den zeitgerechten Einsatz der ausländischen Finanzhilfen gelang es dem kapitalistischen System in Westdeutschland, seine Konjunktur zu verbessern bzw. seine wirtschaftspolitischen Grundsätze aufrecht zu erhalten. Die politische Funktion dieser Auslandshilfen besteht in der Sanierung des von uns dargestellten „harten kapitalistischen Systems".

Im September 1949 betrug die Ausfuhr der westdeutschen Wirtschaft rd. 335 Millionen DM, während die Einfuhr 544 Millionen DM ausmachte. Gleichzeitig aber zeigte sich, daß die deutsche Wirtschaft in der Lage war, immer größere Mengen des Imports selbst zu finanzieren. Im Jahre 1948 wurden noch 71 % der Einfuhren aus ausländischer Hilfe finanziert, während es im 3. Quartal des Jahres 1949 nur noch 41 % waren.

Die Auslandshilfe betrug von April bis Juni 1948 293 Millionen DM, von Juli 1948 bis Januar 1949 1017 Millionen DM und im Juni/Juli 1949 600 Millionen DM, so daß also bis zu diesem Zeitpunkt rd. 1.9 Milliarden DM in die deutsche Wirtschaft eingeströmt waren. Die Auslandshilfen kamen jedoch im Jahre 1949 nicht nur konjunkturgerecht, was die deutsche Binnenkonjunktur betrifft, sondern auch, was die Lage der weltwirtschaftlichen Konjunktur angeht. Das Jahr 1949 ist durch eine Konjunkturbelebung in den Vereinigten Staaten sowie durch eine Bewegung der Währungsabwertung in den europäischen Ländern gekennzeichnet.

Die amerikanische Wirtschaft erlitt im Herbst 1948 einen empfindlichen Konjunkturrückschlag. Die Zahl der Arbeitslosen betrug zu diesem Zeitpunkt ungefähr 6.9 % der Erwerbstätigen und belief sich noch im Juli 1949 auf 4.1 Millionen. Die amerikanische Wirtschaft wurde weiterhin durch den großen Berg- und Stahlarbeiterstreik empfindlich geschwächt. Mit diesem Konjunkturrückschlag im Herbst 1948 und in den ersten beiden Quartalen des Jahres 1949 traten innerhalb der amerikanischen Wirtschaft klassische Krisenerscheinungen auf. Die Konjunktur der amerikanischen Wirtschaft wurde nach 1945 von einem riesigen Nachfragestoß insbesondere auf dem Gebiet der Konsumsgüter getragen. Im Verlaufe der Jahre 1942/45 stiegen die privaten Ersparnisse von 25 auf 35 Milliarden Dollar jährlich. Diese Ersparnisse mußten von der amerikanischen Wirtschaft nach 1945 verarbeitet werden, was nur durch eine Einmottung der durch die Kriegswirtschaft erzeugten überschüssigen Kapazitäten und ein völliges Umschwenken auf eine Politik der Förderung der Konsumgüterindustrie möglich war. Die Finanzierung dieses Konsumstoßes nach 1945 kam im Verlaufe des Jahres 1948 in Schwierigkeiten, da nach 1945 die privaten Ersparnisse laufend abnahmen. Die Vorfinanzierung eines steigenden privaten Konsums durch Konsumentenkredite, wie sie die amerikanische Wirtschaft vor 1938 bzw. vor 1929 ausgezeichnet hatten und die einen Teil ihrer Krisenempfindlichkeit darstellten, trat wieder mit allen ihren gefährlichen inflationistischen Formen in das Blickfeld der amerikanischen Wirtschaftspolitik. Die Krisenerscheinungen der amerikanischen Wirtschaft zeigten sich von Herbst 1948 bis Mitte des Jahres 1949 in dem Rückgang der Industrieproduktion. Nimmt man die Industrieproduktion des Jahres 1937 als 100, so sank die Industrieproduktion der amerikanischen Wirtschaft von Oktober 1948 mit 195 Punkten auf 145 Punkte im Juni 1949. Aufgrund der allgemeinen politischen und insbesondere innenpolitischen Situation konnte die amerikanische Wirtschaftspolitik nicht an eine radikale Verkürzung der Verbrauchernachfrage denken. Es trat innerhalb dieser Stagnationsentwicklung also keine Kürzung der Verbrauchsnachfrage ein, sondern vielmehr eine Zurückhaltung der Disposition.

Im August 1949 wurde die Produktion der amerikanischen Wirtschaft erneut belebt. Die Krisenerscheinungen der amerikanischen Wirtschaft hatten jedoch zu diesem Zeitpunkt einen Rückgang der Importe der westeuropäischen Länder zur Folge, was zu einer Verschlechterung der Zahlungsbilanz der Lieferländer, d.h. zu einer Verschärfung des Dollarproblems führte. Wir haben bereits darauf hingewiesen, daß während dieses Zeitpunkts des Rückganges der industriellen Produktion in der amerikanischen Wirtschaft die Produktion in den westeuropäischen Ländern stieg. Die Tendenz der steigenden Produktion drängte die westeuropäischen Länder zu einer Förderung ihrer Exportpolitik. Durch die Drosselung der Einfuhr durch die amerikanische Wirtschaft wurde insbesondere Großbritannien schwerstens betroffen. Es wurde aus dieser konjunkturellen Situation heraus zu einer Reduktion seiner Einfuhren aus dem Dollarraum gezwungen. Diese Außenhandelspolitik führte in Großbritannien zu einer Schrumpfung der Goldreserven von 406 Millionen Pfund im Juni 1949 auf 320 Millionen Pfund im September des gleichen Jahres. Großbritannien konnte dieser Lage nur durch eine Abwertung des Pfunds am 18. September 1949 Herr werden. Die Abwertung des Pfunds im September 1949 zog eine Abwertungswelle der anderen westeuropäischen Währungen sowie aller Währungen, die unmittelbar an den Sterling gebunden waren, nach sich.

Die Konjunktur in Westdeutschland erfuhr im 4. Quartal 1949 eine Belebung sowohl von seiten der Massenkaufkraft als auch durch den

Einsatz großer Investierungsmittel durch die Freigabe größerer Kreditmargen. Die Nachfrage konnte aus der laufenden Produktion und durch die Auflösung der Lager gedeckt werden. Vom Dezember 1948 bis Dezember 1949 stieg das Bruttosozialprodukt in Westdeutschland um 22 %; die gesamtwirtschaftlichen Umsätze um 24 %; das Geldvolumen um 26 %. Die Führung in dieser Expansionsentwicklung hatte die Konsumgüterwirtschaft, während die Investitionsgüterwirtschaft leicht zurückblieb. Die Mengenkonjunktur und Konsumkonjunktur des Jahres 1949 führte also zu einem relativen Gleichgewicht der wichtigsten volkswirtschaftlichen Sektoren in Westdeutschland, was für die weitere expansive Entwicklung des Systems von ausschlaggebender Bedeutung werden sollte. Trotzdem zeigte zu diesem Zeitpunkt das gesamtwirtschaftliche System ausgesprochene Merkmale großer Labilität. Diese Labilität war darauf zurückzuführen, daß die konjunkturtragenden Kräfte auf einer relativ hohen Investitionsquote beruhten, die wiederum vorwiegend aus Mitteln der Selbstfinanzierung gespeist war. Die Konjunkturanalyse in dieser Periode weist in allen Schattierungen auf die Tatsache hin, daß sich die Unternehmungen durch zunehmenden Konkurrenzdruck zu Preissenkungen auf Kosten der Investitionen veranlaßt sehen könnten, die das gesamtwirtschaftlich labile Gleichgewicht bedrohen würden. Der Ausweg aus dieser Situation war nur durch eine Steigerung des gesamten Preisniveaus in allen Sektoren der Wirtschaft (d.h. durch eine künstliche Drosselung der Konkurrenz), durch eine Vermehrung der ausländischen Hilfe oder durch eine Steuerpolitik, welche die Investitionen, d.h. die Technik der Selbstfinanzierung bei den Unternehmungen förderte, möglich. Die folgende Entwicklung stellte tatsächlich eine Mischung aller drei Möglichkeiten dar. Die westdeutschen Unternehmer hatten zu diesem Zeitpunkt bereits ihre Verbände aufgebaut, wie auch die Großunternehmungen wieder in ihre alten kartellistischen Beziehungen eintraten. Die Auslandshilfen nahmen im Verlaufe der kommenden Jahre bedeutend zu, und die Steuerpolitik stellte eine radikale Begünstigung der Unternehmer bzw. der Technik der Selbstfinanzierung dar. Gerade aus der konjunkturpolitischen Lage und aus den angewandten konjunkturpolitischen Mitteln zu ihrer Überwindung wird deutlich, wie wenig es sich bei der Regeneration des deutschen Kapitalismus nach 1948 um ein liberalistisches System handelt. Die Lage im Herbst 1949 war also gekennzeichnet durch ein Fehlen der weiteren Auftriebskräfte. Die Labilität der konjunkturellen Situation war so groß, daß die Gefahr einer Stagnation bestand und eine degressive Entwicklung wahrscheinlich wurde. Das IFO-Insitut stellte in seinem Bericht zu diesem Zeitpunkt die Lage treffend mit folgenden Worten dar:

„Wenn bei dieser Konstellation unserer Wirtschaft die Investitionsfinanzierung nicht planmäßig forciert wird, dann besteht ganz eindeutig die Gefahr einer Stagnation und wahrscheinlich sogar die Gefahr einer zunehmenden degressiven Entwicklung. Was würde geschehen? Die Unternehmer, die ihre Kapazität in der vorangegangenen Zeit auf vielen Gebieten so weit ausgebaut haben, daß eine weitere Expansion die Aufnahmefähigkeit des Marktes zu überschreiten droht, würden bei nicht mehr weiterwachsender Nachfrage durch den wachsenden Wettbewerb einen Teil ihrer Gewinne durch Preissenkungen verlieren. Damit würden die Investitionen aus Selbstfinanzierung, also der entscheidende Teil der gesamten Investitionsfinanzierung, tendenziell sinken. Eine Schrumpfung der Investitionstätigkeit ist aber wiederum gleichbedeutend mit einer weiteren Schrumpfung der Gesamtnachfrage, und damit besteht die Gefahr einer deflatorischen Tendenz. Diese Überlegung zeigt, daß gerade im gegenwärtigen Zeitpunkt die Stützung der Investitionen durch eine aktive Kreditpolitik unumgänglich notwendig ist."

Die Konjunktur hatte also aus einer Expansion des Masseneinkommens keine Förderung zu erwarten. Im Gegenteil wiesen alle Tendenzen darauf hin, daß die Konsumenten zu einer Erhöhung ihres Sparwillens gezwungen werden sollten. Weiterhin war aus der Lage der westdeutschen Landwirtschaft heraus kein weiterer konjunkturpolitischer Impuls zu erwarten, und nicht zuletzt ergab sich eine Verminderung der Staatsausgaben. Die Entscheidung mußte notwendigerweise, auch aus konjunkturpolitischen Gründen, zugunsten einer unmittelbaren Förderung der Unternehmerinvestitionen, d.h. der Selbstfinanzierung, führen. Dabei war seit 1948 die Investitionsrate im westdeutschen Kapitalismus bedeutend höher als vor dem Kriege. 1949 betrug das Bruttosozialprodukt ungefähr 88 Milliarden DM, die Bruttoinvestitionen beliefen sich auf ungefähr 19.8 Milliarden DM, was einer Investitionsrate von 22.5 % entspricht. Im Verlaufe der Entwicklung der westdeutschen Wirtschaft von 1918 bis 1931 ist die Investitionsrate nie über 17 % gestiegen. Verglichen mit der sozialen Lage der breiten Masse der Arbeitnehmer und Sozialrentner gibt diese Größe ein ungefähres Bild von dem Umfang der kapitalistischen Akkumulation bzw. dem Grad der kapitalistischen Ausbeutung in Westdeutschland.

Der Anteil der Selbstfinanzierung an den Investitionen in der westdeutschen Wirtschaft betrug im Jahre 1949 rd. 70 %. Dieser hohe Grad der Selbstfinanzierung war nur durch die Finanzierung der Unternehmungen aus überhöhten Preisen bzw. aufgrund der niedrigen Löhne möglich. Gleichzeitig ist dieser hohe Grad der Selbstfinanzierung ein Beweis dafür, daß im Jahre 1949 innerhalb des kapitalistischen Systems in Westdeutschland ein außerordentlich geringer Grad von Wettbewerb herrschte.

Die erste Investitionswelle nach der Währungsreform im Jahre 1948 wurde aus den hohen Gewinnen finanziert, die sich aus der sprunghaften Erhöhung der Preise ergaben. Die Preise konnten deshalb beinahe unbegrenzt steigen, weil der gestiegenen Nachfrage nur eine geringe Elastizität der Konsumgüterproduktion gegenüberstand. Dabei ist darauf zu achten, daß im ersten Halbjahr nach der Währungsreform die offiziellen Preisstatistiken keineswegs den unmittelbaren Preisen in der Wirtschaft selbst entsprachen, da auf weiten Gebieten noch ein grauer Markt herrschte. Die zweite Investitionswelle im Jahre 1949 wurde durch eine stärkere Konsumbelebung und aus der steigenden Nachfrage der Konsumgüterindustrie nach Investitionen finanziert. Die Mengenkonjunktur führte zwar zu sinkenden Preisen, veränderte jedoch die Profitlage der Unternehmungen nur unwesentlich. Im Laufe des Jahres 1949 fiel sowohl auf dem Gebiete der Konjunkturbewegung wie auch auf dem der Finanzierung dem Wohnungsbauprogramm des Bundes und der Länder mit einem Umfang von rd. 3.5 Milliarden DM eine besondere Rolle zu. Die Finanzierung des Wohnungsbauprogramms geschah durch eine Vorfinanzierung durch die Bank Deutscher Länder mit langfristigen Erwartungen auf Rückzahlung. Aus dieser Vorfinanzierung der Bank Deutscher Länder hätte sich dann ein gefährlicher Depressionsdruck ergeben können, wenn die Rückzahlung aus Gewinnüberschüssen der Kreditnehmer zu einem Zeitpunkt erfolgt wäre, zu dem die Wirtschaft noch nicht kräftig belebt war. Der Modus der Vorfinanzierung durch die Bank Deutscher Länder war so durch die allgemeine Lage der Gesamtwirtschaft in Westdeutschland bedingt. Dabei konnte an eine umfassende Regeneration des Wirtschaftssystems bis zum Jahre 1952 nur dann gedacht werden, wenn im Verlaufe der folgenden Jahre die Investitionsrate bis rd. 25 % gesteigert werden konnte. Nur bei einer Steigerung der Investitionsrate zu dieser erstaunlichen Höhe wäre es möglich gewesen, die drei wichtigsten wirtschaftspolitischen Aufgaben zu lösen, denen die westdeutsche Wirtschaft im Jahre 1949/50 gegenüberstand: dem Ausgleich der Zahlungsbilanz, der Beseitigung der Arbeitslosigkeit und der Beibehaltung des Niveaus der Lebenshaltung der Konsumenten.

Welche Bedeutung der planmäßigen Förderung des Wohnungsbaus sowohl auf dem Gebiet der Investitionsfinanzierung wie auch auf dem der Konjunkturbelebung und nicht zuletzt im Hinblick auf die Struktur des kapitalistischen Wirtschaftssystems zugeschrieben werden muß, zeigt der Umfang dieser Investitionen. Es muß als eine der absonderlichsten Erscheinungen in der Wirtschaftsgeschichte Deutschlands im 20. Jahrhundert gewertet werden, daß ein Wirtschaftssystem, das sich auf liberalistische Grundprinzipien beruft, durch die Investitionen öffentlicher Mittel, die im Jahre 1949 über den Höchststand von 1928 hinausgingen, konjunkturpolitisch und allgemein wirtschaftspolitisch saniert wurde. Auf die Quellen der Mittel der öffentlichen Hand haben wir bereits bei der Betrachtung der Steuerpolitik und -praktiken innerhalb dieses Wirtschaftssystems hingewiesen.

Das Jahr 1950 ist weltwirtschaftlich durch ein gestörtes Gleichgewicht des Leistungsaustausches zwischen den einzelnen kapitalistischen Ländern gekennzeichnet. Insbesondere drückten die hohen Exportüberschüsse der USA auf die wirtschaftliche Lage der übrigen Gebiete des Weltkapitalismus. Die hohen Exportüberschüsse der amerikanischen Wirtschaft hatten ihren Grund in einer Belebung der binnenwirtschaftlichen Konjunktur.

In der westdeutschen Wirtschaft setzten sich die saisonalen Auftriebskräfte im Frühjahr des Jahres 1950 nur zögernd durch. Die öffentliche Bautätigkeit erfüllte nicht die Erwartungen, die sich aus dem belebenden Auftragsstoß dieses Sektors auf die Gesamtwirtschaft im Jahre 1949 ergeben haben. Gleichzeitig war im Frühjahr 1950 eine Verringerung der konjunkturellen und strukturellen Arbeitslosigkeit nicht feststellbar. Die Industrieproduktion wurde nur langsam von dem konjunkturellen Aufstieg erfaßt. Die allgemeinen Tendenzen sinkender Preise setzten sich auch im Frühjahr 1950 durch und erreichten den Stand des Juli 1948. Die Lebenshaltungskosten sanken zum ersten Mal unter die Position des Juni 1948. Die Einzelhandelsumsätze waren in diesem Quartal um 24 % niedriger als im vergleichbaren Quartal des Vorjahres. Es zeigten sich im Verlaufe des Jahres 1950 Disproportionen zwischen der wachsenden Produktion und der stagnierenden Nachfrage. Wie stark die Stagnation in dieser Periode der konjunkturellen Entwicklung der westdeutschen Wirtschaft war, zeigt der Vergleich der Veränderungen des Bruttosozialprodukts von Quartal zu Quartal im Jahre 1949 und im Jahre 1950.

Bruttosozialprodukt
(1. Quartal 1949 = 100)

	Volumen	Wert
1949		
1. Quartal	100	100
2. Quartal	113	108
3. Quartal	127	114
4. Quartal	150	129
1950		
1. Quartal	133	111

Innerhalb der Wirtschaft zeigten sich Erhöhungen der wirksamen Geldmengen; die Umlaufgeschwindigkeit des Geldes war die tiefste seit der Währungsreform im Juni 1948. Gleichzeitig ergaben sich in den Länder-Haushalten Defizite. Die Länder wurden zu einer Verringerung ihrer Ausgaben gezwungen. Es erhob sich die Frage, ob das in der Verfassung verankerte Verbot des deficit spending angesichts der Lage noch aufrecht erhalten werden konnte. Im Verlaufe der nächsten Monate des Jahres 1950 erhielt die westdeutsche Wirtschaft einen erneuten Konjunkturstoß von der wachsenden Investitionsgütererzeugung. Dieser Impetus von der Investitionsgüterseite her war das Resultat der umfassenden Akkumulation, die auf diesem Sektor von 1945 bis 1950 möglich war. Die Kapazitäten der Investitionsgüterindustrie wurden zu diesem

Zeitpunkt zum ersten Mal voll wirtschaftlich eingesetzt. Wie sehr die Investitionen aus der Ausbeutung der Arbeitskraft durch die Unternehmungen finanziert wurden, zeigt eine Erhebung der Löhne und Gehälter in der westdeutschen Industrie zu diesem Zeitpunkt.

	Männer		
DM	Löhne	Gehälter (in %)	Löhne + Gehälter
0 - 150	5.1	0.2	9.8
150 - 200	8.5	8.4	17.2
200 - 250	24.2	10.1	21.4
250 - 300	29.9	13.5	21.2
300 - 350	19.9	17.3	14.8
350 - 400	7.8	20.6	8.0
400 - 500	4.6	26.9	7.6
500 u. mehr		3.0	
	100.0 %	100.0 %	100.0 %

Aus dieser Erhebung ergibt sich, daß zu diesem Zeitpunkt 67.7 % der männlichen Lohnempfänger in der westdeutschen Industrie unter 300 DM monatlich verdienten. 32.2 % der Gehaltsempfänger verdienten weniger als 300 DM. Bis 350 DM monatlich verdienten insgesamt 84.4 % der Lohn- und Gehaltsempfänger in der westdeutschen Industrie. Diese Disproportionalität zwischen Investitionsrate, Gewinnen und Löhnen + Gehältern dürfte wohl zu den größten gehören, welche in der Geschichte des deutschen Kapitalismus überhaupt vorgekommen ist. Trotz dieser in den Relationen schlechten Lage der Löhne und Gehälter ergab sich in dieser Periode eine Steigerung der Reallöhne, die ihre Ursache in dem allgemein sinkenden Preisniveau und insbesondere in den umfassenden Lebensmitteleinfuhren hatte.

Wie wir bereits dargestellt haben, erfuhr die amerikanische Wirtschaft seit Mitte 1949 einen konjunkturellen Aufschwung, der zu einer Steigerung der Industrieproduktion bzw. zu der Erhöhung der Einzelhandelsumsätze führte. Trotzdem konnte dieser Konjunkturaufschwung der amerikanischen Wirtschaft noch nicht die Position des Herbstes 1948 erreichen. Der Aufschwung der Konjunktur in den Vereinigten Staaten muß auf eine fortschreitende aktive Kreditpolitik wie insbesondere auf die Zunahme der Abzahlungskredite, die Staatsausgaben, die Förderung des Wohnungsbaus und die Preisstützungsaktion durch die Regierung zurückgeführt werden. Insgesamt stellten diese konjunkturpolitischen Mittel eine Förderung der inflationären Tendenzen dar. Die inflationistische Wirtschaftspolitik wurde in diesem Jahre zur typischen Erscheinung der kapitalistischen Wirtschaft insgesamt. Die Abzahlungskredite in der amerikanischen Wirtschaft stiegen von Ende 1949 mit 10.890 Millionen Dollar bis zum März 1950 auf 11.100 Millionen Dollar. Den Hauptanteil der Abzahlungskredite nahm dabei der Kraftwagenkauf ein. Auf dem Gebiete der Staatsausgaben stiegen die Ausgaben für die Landesverteidigung in den Vereinigten Staaten von 13.1 Milliarden DM im Jahre 1950 auf 13.4 Milliarden DM im Jahre 1950/51. Zu einem zentralen Mittel der Konjunkturstützung wurde zu diesem Zeitpunkt die Preisstützungsaktion für Agrarprodukte in der amerikanischen Wirtschaft. Die Ausgaben für Rüstung und für die Beeinflussung der Agrarpreise wurden so zu den Hauptstützen der amerikanischen Konjunktur. Über diese Lage der amerikanischen Wirtschaft schreibt das IFO-Institut:

„Erst nach ihrem Fortfall – d.h. also wenn wirklich der Übergang von der Kriegswirtschaft in die Friedenswirtschaft vollzogen werden muß – könnte mit einer Wirtschaftskrise gerechnet werden, wie sie nach früheren Kriegen in Amerika aufzutreten pflegten."

Dieses Urteil stellt den Typus der amerikanischen Wirtschaft dar, der eine Mischung von Monopol-Konkurrenz, Staatsintervention und Rüstungswirtschaft ist. Die amerikanische Wirtschaft hatte also seit Beendigung des Krieges bis zum Jahre 1950 den Schritt zu einer reinen kapitalistischen Friedenswirtschaft nie vollzogen. Dieses kapitalistische Wirtschaftssystem ist am besten als staatsmonopolistischer Kapitalismus mit wehrwirtschaftlichen Tendenzen zu bezeichnen. Welche Bedeutung dieser Organisationstypus der kapitalistischen Wirtschaft für die weitere Entwicklung des kapitalistischen Systems insgesamt in den nächsten Jahren gehabt hat und wie sich dieser Organisationstypus in besonderer Stärke innerhalb des westdeutschen Kapitalismus durchgesetzt hat, werden wir insbesondere bei der Darstellung des weiteren Konjunkturverlaufs im Weltmaßstab und in Westdeutschland sehen.

Die Lage des westeuropäischen Kapitalismus verschärfte sich dadurch, daß die Vereinigten Staaten nicht zu einer radikalen Änderung ihrer Handelspolitik, d.h. zum Abbau ihrer hohen Zollschranken, bereit waren, so daß die europäischen Exporte nach den Vereinigten Staaten und damit die Dollarerlöse für die einzelnen westeuropäischen Staaten gering waren. Die amerikanische Wirtschaftspolitik glaubte, das Problem der Disproportionalität innerhalb des Weltmarktes nicht so sehr durch eine Veränderung ihrer traditionellen Handelspolitik lösen zu können, sondern durch eine Umorganisierung des westdeutschen Kapitalismus mit den Mitteln der Europäischen Zahlungsunion, der Liberalisierung des Europa-Handels und insbesondere dem Schumanplan. Die „europäische Wirtschaftspolitik", deren Bedeutung wir bereits im vorhergehenden Kapitel dargestellt haben, ist unmittelbar aus der konjunkturellen Situation des Weltkapitalismus zu diesem Zeitpunkt ableitbar. Die Institutionen der „europäischen Wirtschaftspolitik" sind in ihren Funktionen von ihren Vätern als nichts anderes gedacht worden als die indirekten ökonomischen Lenkungsmittel der Vereinigten Staaten in Europa.

Wenn sich auch das kapitalistische System zu diesem Zeitpunkt nicht in einer akuten Krise befand, so zeigte die Tendenz zur Umorganisierung des kapitalistischen Systems insbesondere in den Vereinigten Staaten und der Versuch der Umorganisierung des westeuropäischen Kapitalismus, wie bedrohlich die Krisenerscheinungen den verantwortlichen Politikern in Amerika und Europa erschienen. Sowohl die konjunkturelle Situation als auch das System selbst wurden in den Vereinigten Staaten im Verlaufe des Jahres 1950 durch das Anlaufen umfassender Rüstungsprogramme gerettet. Dieser Einfluß neuer Kräfte und wirtschaftspolitischer Zielsetzungen wirkte sich auch auf die westdeutsche Wirtschaft aus; sie bestimmten deren konjunkturellen Verlauf und deren strukturelle Entwicklung in den folgenden Jahren. Durch das Umschwenken auf wehrwirtschaftliche Methoden und Zielsetzungen in den Vereinigten Staaten und in anderen Ländern, d.h. mit der Entscheidung für eine inflationäre Wirtschaftspolitik, wurde das Problem Nummer Eins der westeuropäischen Wirtschaft, nämlich die Dollar-Lücke, in den Hintergrund gedrängt. Dieses Zurückdrängen des Problems der Dollar-Lücke stellte für die westdeutsche Wirtschaft eine beträchtliche Erleichterung dar. Es ergab sich auf dem Gebiet der wirtschaftspolitischen Probleme eine Akzentverschiebung zu dem Sektor der Rohstoffbeschaffung. Die Entscheidung zur kapitalistischen Wehrwirtschaft in den Vereinigten Staaten und in anderen Ländern gab der westdeutschen Wirtschaft bereits Ende des Jahres 1950 die große Exportchance, insbesondere auf dem Gebiet der Investitionsgüterindustrie. Die Maschinenindustrie der anderen kapitalistischen Länder waren in einer anderen konjunkturellen Lage als die westdeutsche Investitionsgüterindustrie. Gleichzeitig erlaubte das niedrige Lohnniveau der westdeutschen Industrie eine Politik zu betreiben, die ihr auf kürzere und auch auf längere Sicht Vorteile gewähren mußte. Der Export wurde zu diesem Zeitpunkt zum wichtigsten Konjunktur- und Entwicklungsfaktor der westdeutschen Wirtschaft. Der Umfang des Außenhandelsdefizits war in Westdeutschland im Verlaufe des Jahres 1950 zwar immer noch hoch, aber er näherte sich den Größen, die für exportorientierte Volkswirtschaften normal sind. In dieser allgemeinen Konjunktursituation der kapitalistischen Weltwirtschaft ergab sich im Zuge des konjunkturellen Trends in der westdeutschen Wirtschaft eine Erhöhung der Fertigwarenproduktion insbesondere auf dem Gebiet der Stahl- und Metallverarbeitung. Gleichzeitig stiegen die Investitionen insgesamt und die Bautätigkeit erfuhr erneut eine Belebung. Innerhalb dieser aufsteigenden Konjunkturtendenz wuchsen die Gewinne und die Margen der Selbstfinanzierung bedeutend. Die aufsteigende Konjunktur innerhalb des Jahres 1950 muß als Boom gewertet werden. Die Kreditpolitik förderte diesen Boom noch dadurch, daß sie sich zu keinerlei Kreditrestriktionen verstand. Die Konjunktur führte zu einer Zunahme der Beschäftigten, jedoch nicht zu einer völligen Aufhebung der Arbeitslosigkeit. Die Zahl der Beschäftigten wurde im Oktober 1950 mit rd. 14.3 Millionen angegeben. Die westdeutsche Wirtschaftspolitik rechnete selbst zu diesem Zeitpunkt eines Booms mit einer festen Zahl von 1.2 Millionen Arbeitslosen. Innerhalb dieses Booms des Jahres 1950 erreichte der private Verbrauch 63 % des Sozialprodukts, was ungefähr dem Stande des Jahres 1936 entspricht. Die allgemeinen wehrwirtschaftlichen Tendenzen und damit die besondere Natur der kapitalistischen Konjunktur im Weltmaßstab wurden durch den Korea-Krieg noch verstärkt. Drei Monate nach Ausbruch des Korea-Krieges waren sich die Konjunkturwissenschaftler darüber einig, daß die vom Korea-Konflikt ausgehenden expansiven Tendenzen die Wirtschaft der gesamten westlichen Welt erfaßt hatten. Insbesondere ergab sich durch die plötzlich einsetzende Nachfragewelle ein konjunkturrettender Stoß auf die kapitalistische Wirtschaft Westdeutschlands. Im 3. Quartal 1950 stiegen die volkswirtschaftlichen Umsätze um 4 Milliarden DM, was einer Zunahme von 20 % entspricht. Die westdeutsche Wirtschaft konnte zu diesem Zeitpunkt die plötzlich einsetzende Nachfragewelle auch auffangen, was von ihrer bemerkenswerten Elastizität zeugt und darüber hinaus ein Beweis für den Umfang der bereits regenerierten Kapazitäten ist, wie auch für den Grad der wirtschaftlichen Zurückhaltung. Innerhalb von drei Monaten nach Ausbruch des Korea-Krieges stieg die Produktion der Konsumgüter in Westdeutschland um 17 %, die gesamte Produktion um 14 %. Zum ersten Mal trat die westdeutsche Wirtschaft in den Zustand der Verbraucherwirtschaft ein. Die durch den Ausbruch des Korea-Krieges ausgelöste Kaufpsychose führte zu einer Erhöhung der Einzelhandelsumsätze. Auch der schnell einsetzende Nachfragestoß von seiten der Konsumenten konnte durch die Konsumgüterindustrie aufgefangen und befriedigt werden. Zum ersten Mal zeigten sich auf dem Sektor des Arbeitsmarktes Probleme, welche dessen Struktur in den nächsten Jahren beherrschen sollten: ein wachsender Mangel an Fachkräften für die Industrie. Während des Korea-Booms der westdeutschen Wirtschaft reagierten die Preise weniger stark als man aufgrund der allgemeinen Preissituation vor Ausbruch des Korea-Krieges hätte annehmen dürfen. Einer der Hauptgründe mag an dem Einsatz der Kapazitätsreserven der westdeutschen Wirtschaft liegen. Aufgrund dieser allgemeinen Preisentwicklung verbesserten sich die Exportchancen bedeutend. Im 3. Quartal 1950 hatte die Handelsbilanz nur noch ein Defizit von 0.6 Milliarden Dollar aufzuweisen. Der von der Westeuropäischen Zahlungsunion der westdeutschen Wirtschaft gewährte Sonderkredit machte auch dieses Problem zu diesem Zeitpunkt zu einer rein rechnerischen Frage.

Der besondere Charakter der Auswirkungen des Korea-Booms auf die westdeutsche Wirtschaft bestand darin, daß die letztere diesen Boom mit einer größeren Elastitizität zu nutzen verstand. Die westdeutsche Wirtschaft wurde von der plötzlich einsetzenden Nachfragewelle bei Ausbruch des Korea-Krieges zum Zeitpunkt eines langsam aufsteigenden Konjunkturtrends insbesondere auf dem Sektor der Investitionsgüterindustrie und im Zustand großer Kapazitätsreserven auf beinahe allen Sektoren der industriellen Produktion getroffen. Diese beiden Bedingungen führten zu einer doppelten Beschleunigung und verstärkten Auswirkung der allgemeinen konjunkturtragenden Tendenzen im Gefolge des Korea-Krieges. Welchen Umfang dieser Korea-Boom auf allen Gebieten der westdeutschen Wirtschaft angenommen hatte, zeigt ein Vergleich der volkswirtschaftlichen Größen des 1. Quartals 1950 mit dem 3. Quartal des gleichen Jahres. Wenn man das 1. Quartal des Jahres 1949 mit 100 setzt, so ergeben sich für die verschiedenen volkswirtschaftlichen Größen folgende Vergleichszahlen:

	1. Quartal 1950	3. Quartal 1950
Bruttosozialprodukt	114	138
Volkswirtschaftliche Gesamtumsätze	116	124
Beschäftigte	99	106
Industrieproduktion	119	140
Verbrauchsgüterproduktion	131	140
Investitionsvolumen	107	152

Der Umfang des Booms führte naturgemäß zu einer steigenden Virulenz des Geldes, was Gefahren einer Verstärkung der inflationistischen Entwicklung mit sich brachte. Die Kreditpolitik sah sich deshalb veranlaßt, Pflichtreservesätze zu erhöhen bzw. den Diskontsatz auf 6 % zu erhöhen. Gleichzeitig führte die Wandlung der Arbeitsmarktsituation zu einer beträchtlichen Erhöhung der Lohn- und Gehaltseinkommen. Innerhalb dieses Booms wurde von den Gewerkschaften eine Tarifwelle ausgelöst, welche zu einer Verstärkung der potentiellen Inflationstendenzen hätte führen können. Der Spitzengruppe der Industriearbeiter gelang es, innerhalb des Booms und im Gefolge einer aktiven Lohnpolitik den Grad der Realverdienste des Jahres 1938 zu erreichen. Im 3. Quartal 1950 schrieb Professor Baade vom Weltwirtschaftlichen Institut der Universität Kiel:

„Durch den Korea-Konflikt wurden die weltwirtschaftlichen Auftriebstendenzen noch erheblich verstärkt. Die entschlossene Einleitung von Rüstungsmaßnahmen als unmittelbare Reaktion auf den Korea-Konflikt war sowohl für die USA als auch für die gesamte übrige westliche Welt von einschneidender wirtschaftlicher Bedeutung."

Die Bedeutung dieser Entscheidung zur Wehrwirtschaft in den Vereinigten Staaten ist deshalb so groß gewesen, weil sie die Umkehr zu einer reinen Friedenswirtschaft auf unabsehbare Zeit unmöglich machte. Durch die wehrwirtschaftlichen Entscheidungen im Gefolge des Korea-Konflikts gelang es zwar, die allgemeine Konjuntur zu beleben, die Vollbeschäftigung innerhalb des Systems zu sichern, jedoch nur unter Hinnahme des Durchsetzens inflationistischer Tendenzen. Diese inflationistischen Tendenzen wurden durch die Veränderung der Preisstruktur auf den Rohstoffmärkten, die sprunghafte Zunahme der Verbrauchereinnahmen und insbesondere durch die Finanzierungspolitik des Staates auf dem Gebiete der Rüstung und der Landwirtschaft gefördert. Die Veränderung der wirtschaftspolitischen Zielsetzungen und Methoden hatte eine Differenzierung des Preisgefüges innerhalb der einzelnen Nationalwirtschaften zur Folge. Es bildete sich ein Preisgefälle heraus, das von der Spitzenposition der Vereinigten Staaten über Großbritannien zu der Basisposition Westdeutschlands reichte. Dieses Gefälle des Preisgefüges im Zusammenhang mit dem unterschiedlichen sozialen Standard in den wichtigsten kapitalistischen Ländern führte zu einer Erhöhung der Exportchancen der westdeutschen Wirtschaft.

Die Nachfrageüberhöhung im Investitionsgütersektor der westdeutschen Industrie zeitigte Engpässe auf dem Gebiete der Kohle, des Stahls und der Energie. Mit der Frage der Engpässe ergab sich das Problem der Ausdehnung der Kapazitäten in diesen drei Sektoren, und damit auch die Frage der Wirtschaftsplanung bzw. der Eigentumsordnung der großen Unternehmungen dieser Sektoren. Die beträchtliche Erhöhung der Einkommen im Jahre 1950 legte den Vertretern der offiziellen Wirtschaftspolitik den Gedanken nahe, über eine Einschränkung des Verbrauchs – d.h. durch Mittel, die zu einer Erhöhung der Sparquote führen würden – die Finanzierung der Kapazitätsausweitung auf dem Gebiete von Kohle, Stahl und Energie vorzunehmen. Gleichzeitig zeichnete sich im Gefolge der Rüstungskonjunktur eine Krise der wirtschaftspolitischen Prinzipien ab. Es setzten sich auch innerhalb der offiziellen Wirtschaftspolitik Tendenzen zur Bewirtschaftung in einer Reihe von Sektoren durch.

Mit der Entscheidung zur Wehrwirtschaft ergaben sich für alle kapitalistischen Länder sowohl konjunkturpolitische als auch strukturelle Probleme. Die Rüstungsausgaben beliefen sich im Verlaufe des Jahres 1950 in den Vereinigten Staaten auf 18 % des Sozialprodukts, in Großbritannien auf 10 %, in Frankreich auf 7 %, in Belgien auf 5 %, in Dänemark auf 3 % und in Westdeutschland auf 8 % (Besatzungskosten). Eine tatsächliche weltkonjunkturelle Bedeutung dieser wehrwirtschaftlichen Ausgabenpolitik kam jedoch nur den Rüstungsmaßnahmen der Vereinigten Staaten und allenfalls noch Großbritannien zu.

Im Verlaufe des Korea-Booms wurde die westdeutsche Wirtschaft endgültig in die kapitalistische Weltwirtschaft eingegliedert. Ihr Sonderdasein innerhalb der kapitalistischen Weltwirtschaft war zu Beginn des Jahres 1951 beendet. Die besondere Struktur und Organisationsform der kapitalistischen Wirtschaft, wie sie insbesondere die staatsmonopolistische Wirtschaft der Vereinigten Staaten mit ihren wehrwirtschaftlichen Tendenzen zeigte, mußte sich früher oder später auch im deutschen Kapitalismus durchsetzen. An eine Revision dieses Systems war nach dem Korea-Boom, d.h. mit der endgültigen wirtschaftspolitischen und strukturellen Eingliederung des regenerierten deutschen Kapitalismus, nicht mehr zu denken. Die wehrwirtschaftliche Organisationsform des Kapitalismus in der Mitte des 20. Jahrhunderts, wie sie sich insbesondere im Gefolge des Korea-Krieges endgültig durchgesetzt hatte, erlaubte dem kapitalistischen System eine Wirtschaftspolitik, welche in der Lage war, zumindest geringere Konjunkturschwankungen abzufangen bzw. den Ausbruch kurzer zyklischer Krisen zu verhindern. Nur eine allgemeine Krise des kapitalistischen Systems, d.h. der Zusammenbruch der Wirtschaft, könnte zu einer Veränderung des Wirtschaftssystems auch in Westdeutschland führen.

Wie wir im ersten Abschnitt dieses Kapitels gezeigt haben, stellt der regenerierte deutsche Kapitalismus aber eine besonders „harte" Form der kapitalistischen Ordnung dar. Die besonderen Formen der Struktur des regenerierten deutschen Kapitalismus in Westdeutschland wie auch die allgemeinen konjunkturellen Tendenzen des Weltkapitalismus und seine speziellen Auswirkungen auf Westdeutschland führten im Verlaufe des Jahres 1950/51 zu der endgültigen Stabilisierung der kapitalistischen Ordnung in Westdeutschland, die zu verändern oder gar zu beseitigen es keine soziale und politische Macht in Westdeutschland gab.

15. Kapitel
Der Kampf um die Betriebsverfassung

München – die große Illusion

Die Gewerkschaften der einzelnen Besatzungszonen konstituierten sich im Oktober 1949 auf dem Kongreß in München zum Deutschen Gewerkschaftsbund. In den vom Gründungskongreß beschlossenen wirtschaftspolitischen Grundsätzen des DGB heißt es:

„Grundsatzforderungen:

I. Eine Wirtschaftspolitik, die unter Wahrung der Würde freier Menschen die volle Beschäftigung aller Arbeitswilligen, den zweckmäßigsten Einsatz aller volkswirtschaftlichen Produktivkräfte und die Deckung des volkswirtschaftlich wichtigen Bedarfs sichert.

II. Mitbestimmung der organisierten Arbeitnehmer in allen personellen, wirtschaftlichen und sozialen Fragen der Wirtschaftsführung und Wirtschaftsgestaltung.

III. Überführung der Schlüsselindustrien in Gemeineigentum, insbesondere des Bergbaus, der Eisen- und Stahlindustrie, der Großchemie, der Energiewirtschaft, der wichtigen Verkehrseinrichtungen und der Kreditinstitute.

IV. Soziale Gerechtigkeit durch angemessene Beteiligung aller Werktätigen am volkswirtschaftlichen Gesamtertrag und Gewährung eines ausreichenden Lebensunterhaltes für die infolge Alter, Invalidität oder Krankheit nicht Arbeitsfähigen."

Die Forderung nach Mitbestimmung wird im Punkte 3 der wirtschaftspolitischen Grundsätze des DGB in Zusammenhang gebracht zu der politischen Verfassung. Es heißt dort:

„Die Erfahrungen der Jahre 1918 bis 1933 haben gelehrt, daß die formale politische Demokratie nicht ausreicht, eine echte demokratische Gesellschaftsordnung zu verwirklichen. Die Demokratisierung des politischen Lebens muß deshalb durch die Demokratisierung der Wirtschaft ergänzt werden. Soweit der Staat im Interesse einer vernünftigen Dezentralisierung öffentliche Funktionen auf Organe der Selbstverwaltung der Wirtschaft überträgt, dürfen diese nur paritätisch besetzte Organe sein, in denen Arbeitnehmer und Unternehmer gleichberechtigt sind."

Aus diesen Grundsätzen kann gefolgert werden, daß, wenn eine der Forderungen aus dem Gesamtzusammenhang gezogen wird, das System selbst, das die Gewerkschaften zum Ziele haben, in sich fragwürdig wird. Darüber hinaus ist das Problem aufgeworfen, ob die Demokratisierung der Wirtschaft nach den Absichten der Gewerkschaften im Rahmen einer demokratischen Verfassung, wie sie in dem Bonner Grundgesetz vorliegt, überhaupt noch möglich ist. Daß die gewerkschaftliche Forderung nach Mitbestimmung in einem unübersehbaren Widerspruch zur Wirtschaftsverfassung der sozialen Marktwirtschaft steht, hat der Vorsitzende des DGB, Hans Böckler, in seiner Rede über „Die Aufgaben der deutschen Gewerkschaften in Wirtschaft, Staat und Gesellschaft" hervorgehoben. Er sagt dort:

„Für die Mitbestimmung der Arbeitnehmer in der Wirtschaft ist allerdings Planmäßigkeit der letzteren Voraussetzung. Deshalb, und aus anderen Gründen, müssen die Gewerkschaften auch auf ihrer Forderung nach einer geplanten und gelenkten Wirtschaft bestehen. In der freien Marktwirtschaft, die sich so gern sozial nennt, ohne es wirklich zu sein oder auch nur sein zu können, ist für die Mitbestimmung der Arbeitnehmer kein Raum gegeben. Sie können dort weder in ihrer Eigenschaft als Produzenten noch in der als Konsumenten mitbestimmend zur Geltung kommen."

Zum Zeitpunkt des Münchener Programms waren aber die Entscheidungen über die Wirtschaftsverfassung in Westdeutschland sowie über die politische Verfassung des neuen westdeutschen Staates bereits gefallen. Das Münchener Programm des DGB mag in seinen Zusammenhängen als ein Ausdruck des sozialdemokratischen Reformismus genommen werden oder gar als eine Synthese zwischen sozialdemokratischem Reformismus und der katholischen Soziallehre, aber im Hinblick auf die Verfassungswirklichkeit Westdeutschlands im Herbst 1949 muß es als revolutionär bezeichnet werden. Der Widerspruch zwischen der revolutionären Zielsetzung und den zur Durchsetzung bestimmten gewerkschaftlichen Methoden wird bereits daran deutlich, daß auf dem Gründungskongreß davon gesprochen wird, daß die Gewerkschaften unter keinen Umständen den Rahmen der Verfassung sprengen würden. Die führenden Gewerkschaften setzten zu diesem Zeitpunkt noch – trotz vieler Enttäuschungen – ihre Hoffnung auf die Alliierten bzw. auf einzelne Fraktionen innerhalb der Besatzungsmächte, mit denen sie, insbesondere unmittelbar nach 1945, zusammengearbeitet hatten. Darüber hinaus ist es nicht unwahrscheinlich, daß die deutschen Gewerkschaften auf eine Veränderung der Mehrheitsverhältnisse im Bundestag im Wahlgang 1953 hofften. Sie unterschieden sich also strategisch und politisch dabei keineswegs von den Ansichten der Sozialdemokratischen Partei. Wir haben jedoch bereits dargestellt, welche vage und unberechtigte Hoffnung dies war, und wie wenig angenommen werden konnte, daß die Gesamtentwicklung auf eine solche Veränderung der parlamentarischen Mehrheit hinauslaufen würde. Besonders überraschend mutet in den Ausführungen des ersten Vorsitzenden des DGB, Böckler, an, daß er sowohl das Gesetz Nr. 75 als auch den Marshallplan und nicht zuletzt die einzelnen Europapläne als Etappen auf dem Wege zu einer Neuordnung der Wirtschaft angesehen hat. Mit keinem Worte wurde auf dem Gründungskongreß erwähnt, daß die Alliierten zu diesem Zeitpunkt endgültig ihre Bündnisfront in Westdeutschland gewechselt hatten, daß die Versprechungen aus dem Jahre 1945 nach Vergesellschaftung der Grundstoffindustrien durch die Besatzungsmächte nicht eingehalten wurden, sowie, daß der Marshallplan grundsätzlich auf eine kapitalistische Ordnung in Westdeutschland hintendierte. Die Gewerkschaften waren sich zu diesem Zeitpunkt nicht klar, daß sie mit ihren Forderungen Verfassungsfragen auf die politische Tagesordnung setzten. Aus dieser strategischen Blindheit heraus mußten sie früher oder später in eine Niederlage marschieren.

Der Weg der Gewerkschaften bis München

Das Münchener Programm und insbesondere der Teil über die Betriebsverfassung bekam seinen wichtigsten Anstoß aus der hervorragenden Aktivität der Betriebsräte im wirtschaftlichen Aufbau Westdeutschlands und insbesondere des Ruhrgebiets. Die Gewerkschaften waren nicht willens, sich in ihrer Betriebsrätepraxis auf das Betriebsrätegesetz von 1920 zu stützen. Sie versuchten, auf Landesbasis neue Betriebsrätegesetze durchzusetzen, um den rechtlosen Zustand zu überwinden und eine fortschrittliche Entwicklung einzuleiten. Die Aktivität der Gewerkschaften auf diesem Gebiete wurde durch das Kontrollratsgesetz Nr. 22, das am 11. April 1946 vom Kontrollrat erlassen und damit zwingendes und allgemeines Recht für das gesamte Deutschland wurde, zu einem gewissen Abschluß gebracht. Die Gewerkschaftsvertreter in Westdeutschland haben im allgemeinen das Kontrollratsgesetz Nr. 22 begrüßt, obwohl große Teile der Betriebsrätegesetze der einzelnen Länder über die Bestimmungen des Kontrollratsgesetzes Nr. 22 hinausgingen. Die Gewerkschaften glaubten, insbesondere im Artikel 5 des Kontrollratsgesetzes Voraussetzungen für eine Weiterentwicklung des Betriebsverfassungsgesetzes im Sinne der Mitbestimmung sehen zu dürfen. Sie interpretierten insbesondere den Unterabschnitt E des Artikels 5, der die Betriebsräte zur Zusammenarbeit mit den Behörden bei der Entnazifizierung in öffentlichen und privaten Betrieben beauftragte, als einen wesentlichen politischen Ansatzpunkt für eine Weiterentwicklung des Kontrollratsgesetzes. Im gleichen Sinne wurde auch der Abschnitt 2 des Artikels 6 interpretiert, der den Arbeitgeber verpflichtet, dem Betriebsrat in regelmäßigen Zeitabständen alle Unterlagen, die zur Durchführung seiner grundsätzlichen Aufgaben erforderlich sind, zu unterbreiten.

Aufgrund des Kontrollratsgesetzes Nr. 22 wurde von den Gewerkschaften in der britischen Zone eine Mustervereinbarung erlassen. Nach dieser Mustervereinbarung sollte die Betriebsleitung gezwungen sein, dem Betriebsrat vierteljährlich über die Lage und den Gang des Unternehmens und Gewerbes im allgemeinen und über die Leistungen des Betriebes Bericht zu erstatten. Es heißt weiter:

„Dabei sind alle Produktionsabsichten und sonstigen Planungen dem Betriebsrat mitzuteilen und mit ihm gemeinsam zu beschließen. Die Durchführung der Beschlüsse obliegt der Betriebsleitung. Der Arbeitgeber hat dem Betriebsrat über alle das Arbeitsverhältnis betreffenden Angelegenheiten Aufschluß zu geben und Einblick in die entsprechenden Unterlagen, insbesondere in die Lohnbücher, Gehaltslisten und Personalakten zu gewähren."

Diese Mustervereinbarung ist in keinem einzigen Falle in einem Betrieb der britischen Besatzungszone eingeführt worden. In dem Schlußbericht des DGB der britischen Besatzungszone vom Jahre 1949 heißt es in diesem Zusammenhang:

„Leider hat der Gang der Entwicklung die an diese Muster-Betriebsvereinbarungen geknüpften Hoffnungen nicht erfüllt. Nur ein verschwindend kleiner Prozentsatz der Betriebsvereinbarungen wird in ihren Formulierungen den wirtschaftspolitisch geforderten Grundsätzen entsprechend und damit den gegebenen Notwendigkeiten gerecht."

Es muß dem Betrachter dieser Periode stets ein Rätsel bleiben, warum die Gewerkschaften zu diesem Zeitpunkt nicht gewerkschaftspolitische Mittel eingesetzt haben, um die Muster-Vereinbarung zumindest in den wichtigsten Großbetrieben durchzusetzen. Sind doch zu diesem Zeitpunkt bedeutende Vertreter des Unternehmer- und Managertums an der Ruhr bereit, den Gewerkschaften in der Frage der Betriebsverfassung Zugeständnisse zu machen, da sie deren Unterstützung in der Abwehr der Demontage und der Entflechtung bedurften. So schrieb der Vorsitzende des Aufsichtsrates der Klöckner-Werke AG, Jarres, am 18. Januar 1947 an die Einheitsgewerkschaften in Köln, man sei bei Klöckner zur Auffassung gekommen,

„daß eine Neuordnung der eisenschaffenden Industrie erfolgen muß, um den veränderten Zeitverhältnissen zu entsprechen, und daß hierbei vor allem die praktische Gleichstellung, d.h. Gleichberechtigung, aber auch Gleich-Verantwortung von ‚Kapital und Arbeit' verwirklicht werden sollte."

Der Vorsitzende des Aufsichtsrates der Klöckner-Werke AG schlug in diesem Zusammenhang vor, den Aufsichtsrat der Klöckner-Werke nach dem Grundsatz der Gleichstellung umzubilden. Er billigte dabei den Vertretern der Arbeitnehmer zusammen mit der öffentlichen Hand die Mehrheit der Sitze im Aufsichtsrat zu.

Am gleichen Tage richtete der Vorsitzende der Gute Hoffnungshütte Oberhausen AG, vertreten durch Reusch und Hilbert, an die Gewerkschaften den Vorschlag, in den Aufsichtsrat Vertreter der Arbeitnehmer und Gewerkschaften zu berufen, um den Entflechtungsplänen einen kollektiven Widerstand entgegensetzen zu können.

Es ist anzunehmen, daß die Gewerkschaften diese strategisch günstige Situation auf dem Gebiet des Kampfes um die Betriebsverfassung nicht ausgenützt haben, weil sie auf eine umfassendere Regelung der Betriebsverfassung und Wirtschaftsverfassung gehofft haben. Insbesondere muß die Gewerkschaftsführung zu diesem Zeitpunkt noch auf die überbetriebliche Mitbestimmung in den Industrie- und Handelskammern bzw. den Hauptwirtschaftskammern der einzelnen Länder und in den vorgesehenen Wirtschaftsbeiräten bei der kommenden Bundesregierung gesetzt haben. Nicht zuletzt war für die Gewerkschaften die Frage der Vergesellschaftung der Grundstoffindustrien nicht entschieden. Vielleicht haben sie befürchtet, daß durch ein zu schnelles Eingehen auf die Veränderung der Betriebsverfassung ihre andere und wichtigste Zielsetzung, nämlich die der Vergesellschaftung, in Verzug kommen würde.

Der Kampf um die Ordnung an der Ruhr

Beobachter der Entwicklung in Westdeutschland nach 1945 bezeichneten die Ruhr als das größte Experimentierfeld der Welt. Es war klar, daß die entscheidenden Maßnahmen auf dem Gebiet der Wirtschaft und Betriebsverfassung in Westdeutschland an der Ruhr fallen mußten. Wer die Ruhrindustrie kontrollierte, der konnte praktisch die Produktion der gesamten übrigen Industrie Westdeutschlands steuern. Zwar war die Steinkohlenförderung in Nordrhein-Westfalen von 135 Millionen to im Jahre 1938 auf 53 Millionen to im Jahre 1946 gefallen, wie auch im gleichen Zeitraum die Stahlproduktion von 16.9 Millionen to auf 2.1 Millionen to gesunken war. Die wirtschaftliche Situation im Ruhrgebiet hatte sich nach 1945 besonders dadurch verändert, daß der Kohlewirtschaft eine größere Bedeutung zufiel als der Stahlindustrie. Diese Förderung eines einzigen Industriezweiges mußte zu Verzerrungen innerhalb des Gefüges der Ruhrindustrie führen. Bis zur Währungsreform und sogar darüber hinaus war aber durch diese Bevorzugung der Kohlewirtschaft an der Ruhr die alte Vorherrschaft der Stahlgesellschaften über die Kohlegesellschaften gebrochen. Die Politik der Alliierten war durch ihre Prinzipien der Entmilitarisierung der deutschen Wirtschaft und der damit verbundenen Dekartellisierung bestimmt; sie richtete sich in Zukunft gegen alle wirtschaftlichen Machtzusammenballungen. Die Gesetze vom 22. 12. 1945 und vom 20. 8. 1946 verfügten die Übergabe der Verfügungsgewalt der alten Eigentümer im Kohlenbergbau und der Eisen- und Stahlindustrie an treuhänderische Verwaltungen. Von da an waren die Eigentümer aller Rechte und Einflußmöglichkeiten unmittelbar beraubt und von der Mitwirkung an der Neuordnung der Ruhrindustrie – zumindest im Vordergrund – ausgeschaltet. Im Herbst 1946 schuf die britische Kontrollbehörde eine Treuhandverwaltung der deutschen Eisen- und Stahlindustrie. Zu ihrem Vorsitzenden wurde das ehemalige Vorstandsmitglied der Vereinigten Stahlwerke, Heinrich Dinkelbach, berufen. Die Aufgabe der Treuhandverwaltung war es, die Entflechtung der großen Stahlkonzerne an der Ruhr in der Weise durchzuführen, daß keine unmittelbare wirtschaftliche Schädigung der deutschen Stahlindustrie die Folge war. Für die Kohle wurde die Deutsche Kohlenbergbauleitung konstituiert, deren Vorsitz Heinrich Kost übernahm. Beide Instanzen waren Exekutivorgane der Zweimächte-Kontrollämter über die deutsche Kohle- und Stahlindustrie.

Durch das Gesetz Nr. 75 der Besatzungsmächte vom 10. 11. 1948 wurde die gesetzliche Grundlage zur Umgestaltung des deutschen Kohlebergbaus und der deutschen Eisen- und Stahlindustrie geschaffen. Nach dem Wortlaut dieses Gesetzes war das Ziel der Umgestaltung, die Wiederherstellung von Eigentumsverhältnissen, aus denen sich eine übermäßige Konzentration von Wirtschaftskraft ergeben würde, nicht zuzulassen, sowie die Gesundung der deutschen Wirtschaftsentwicklung zu fördern. Das Gesetz Nr. 75 überwies ausdrücklich die Entscheidung über die Eigentumsverhältnisse bei Kohle und Stahl einer deutschen Bundesregierung. Es stand seinem Inhalt nach also in vielfacher Weise den gewerkschaftlichen Zielen nach Vergesellschaftung der Grundstoffindustrie sowie auch deren Ziel einer Planwirtschaft entgegen. Eine Entflechtung ist im Rahmen einer vergesellschafteten Wirtschaft eine unsinnige Entscheidung, wie die Schaffung von relativ kleinen und unselbständigen Einheiten einer effektiven volkswirtschaftlichen Planung widerspricht. Nicht zuletzt ist durch den Hinweis auf die Entscheidung einer Bundesregierung über die Eigentumsverhältnisse die Vergesellschaftung der Grundstoffindustrie verzögert worden. Aufgrund der allgemeinen politischen Tendenzen, die wir dargestellt haben, konnte sich eine Verzögerung jedoch nur zu Gunsten der kapitalistischen Kräfte in Westdeutschland auswirken.

Die Entflechtung der Stahlindustrie geschah mit der Schaffung von Hunderttausend-RM-Gesellschaften, die aus den Konzernverbänden ausgegliedert wurden. Von Anfang 1947 bis April 1948 wurden 25 Werke aus den alten Konzernen ausgegliedert.

Der Widerstand der Konzerne

Im Zusammenhang mit der Schaffung der Einheitsgesellschaften und insbesondere mit der Konstituierung der Stahltreuhänder-Vereinigung zu Anfang des Jahres 1948 zeigte sich ein heftiger Widerstand der Vertreter der Konzerne gegen die Formen der Entflechtung wie auch gegen die Einrichtung der Stahltreuhänder. Die Konzerne – die sich zu diesem Zeitpunkt bereits zu einer Interessengemeinschaft zusammengeschlossen hatten – weigerten sich, die Stahltreuhänder-Vereinigung mit ihren Vertretern zu beschicken. Gleichzeitig mobilisierten sie den Widerstand gegen die besondere Form der Entflechtung und legten gegen die Rechtsgrundlagen der Entflechtung privat- und völkerrechtlich Einspruch ein. Dieser Widerstand der Vertreter der alten Konzerne zeigt, in welchem Umfang bereits die alten Kräfte ihre Niederlage des Jahres 1945 überwunden hatten. Die einzelnen Industrie-Prozesse liefen zwar noch ab; es war jedoch klar, daß diese Prozesse nur Ausklang einer antikapitalistischen Einstellung der Besatzungspolitik von 1945 und nicht die Voraussetzung für eine neue Wirtschaftsordnung in Westdeutschland waren.

Wie stark sich die Konzerne zu dieser Zeit bereits fühlten, zeigt eine Denkschrift zur Entflechtung und Neuordnung der eisenschaffenden Industrie vom Oktober 1948. Diese Denkschrift wurde durch die Sachbearbeiter der Guten Hoffnungshütte Oberhausen AG, Hoesch AG, Ilseder Hütte, Klöckner Werke AG und der Vereinigten Stahlwerke AG verfertigt. Im Kapitel 4 weist die Denkschrift die politischen Vorwürfe gegen die großen Konzerne zurück. Die Verfasser verweisen in dem Zusammenhang auf die Urteile des Militärgerichts gegen Flick und die leitenden Männer des Flick-Konzerns sowie auf den Gerichtsbeschluß im Krupp-Prozeß, durch den die Anklage der Mitschuld der Firma Krupp an der Herbeiführung des Krieges erledigt worden sei. Die Verfasser der Denkschrift weisen jede Mitschuld „an der verhängnisvollen Entwicklung Deutschlands, welche zur Alleinherrschaft Hitlers und dann zur Katastrophe geführt" habe, grundsätzlich zurück. Sie bezeichnen die Beschuldigung der Konzerne auf diesem Gebiet als eine gefährliche Propaganda mit Schlagworten. Am Ende des Abschnittes hebt die Denkschrift hervor, daß die deutsche Eisen- und Stahlindustrie von Natur aus exportabhängig und deshalb an der Wiederaufrüstung Deutschlands desinteressiert gewesen sei; darüber hinaus hätten sich schwerwiegende Differenzen der Eisen- und Stahlindustrie und deren Vertreter mit der Staatsregierung ergeben. Im zweiten Teil der Denkschrift über die wirtschaftliche Struktur der eisenschaffenden Industrie wird darauf eingegangen, daß die natürlichen Bedingungen und die allgemeinen nationalwirtschaftlichen Verhältnisse die Eisen- und Stahlindustrie an der Ruhr zu den speziellen Formen der Konzentration gezwungen hätten und daß diese geschichtliche Entwicklung der Konzerne nicht auf den Machtwillen einzelner Personen oder Gruppen zurückgeführt werden könne. Die Konzentrierung der Eisen- und Stahlindustrie sei weiterhin aus dem allgemeinen Zuge zur Rationalisierung notwendig gewesen. Im 8. Kapitel der Denkschrift wird der Vorwurf der monopolistischen Marktbeherrschung zurückgewiesen und in diesem Zusammenhang prokartellistische Ausführungen aus der deutschen Sozialwissenschaft zitiert. Die Verfasser der Denkschrift sind der Ansicht, daß sich wegen der besonderen Situation der Eisen- und Stahlindustrie eine Anwendung der amerikanischen Anti-Trust-Gesetzgebung auf die deutsche Eisen- und Stahlwirtschaft einfach verbiete. Am Schluß der Denkschrift wenden sich die Konzerne gegen die Entflechtungsmaßnahmen und ihre Auswirkungen vom völkerrechtlichen Standpunkt her, indem sie Entflechtungsmaßnahmen nur dann als zulässig betrachten, wenn sie zur Ausschaltung der Kriegsgefahr oder zur Minderung der tatsächlichen Herrschaftsgewalt Änderungen im industriellen Privateigentum herbeiführen, die mit anderen Mitteln nicht erreicht werden können. Die Entflechtung widerspreche dem Völkerrecht insbesondere deshalb, weil sich mit ihr gleichzeitig eine Umschichtung von Eigentum vollzieht, die offensichtlich zugunsten der entflochtenen Gesellschaften und zu Lasten der alten vorgenommen werde. Insbesondere sei völkerrechtlich und staatsrechtlich die Treuhandverwaltung nicht befugt, die Bestrafung Schuldiger durch Besitzentziehung oder Vermögensschädigung vorzunehmen, weil eine Enteignung ohne Nachweis von Schuld in öffentlichen Verfahren vor berufenen Instanzen gegen allgemeine Rechtsgrundsätze verstoße.

Die Denkschrift geht auch auf das Problem der Sozialisierung ein und hebt hervor, daß die Sozialisierung einzelner Gewerbezweige grundsätzlich Angelegenheit der deutschen Gesetzgebung sei. Und obwohl die Denkschrift unter dem Artikel 181 für die Demokratisierung großer Wirtschaftsunternehmungen eintritt, will sie dies nur auf dem Wege der Mitwirkung der deutschen Gesetzgebung, der Umbildung des Aktienrechts und insbesondere durch eine zweckmäßige Behandlung der Belegschaften im Zusammenwirken von Unternehmer- und Arbeitnehmervertretungen erreichen.

War durch die Währungsreform vom Juni 1948 die Entscheidung für eine kapitalistische Wirtschaftsverfassung in Westdeutschland gefallen, so gingen die Vertreter der Kartelle im Herbst des gleichen Jahres bereits dazu über, um ihre alten Positionen zu kämpfen. Die weitere Entwicklung sollte sie Schritt für Schritt gegenüber der Gewerkschaftsbewegung in die Vorderhand bringen.

Die Gewerkschaften in der Sackgasse

Wie wir bei der Darstellung der konjunkturellen Entwicklung der westdeutschen Wirtschaft gesehen haben, zeigt sich Ende des Jahres 1948 ein Krisenpunkt, der das Währungsexperiment vom Juni 1948 in Frage zu stellen schien. Diese konjunkturelle Erscheinung führte auch zu politischen Forderungen, die sich gegen das Experiment der sogenannten sozialen Marktwirtschaft richteten. Die Gewerkschaften sahen nicht nur, daß die wirtschaftliche Entwicklung und der Wiederaufbau auf Kosten der breiten Massen der Arbeitnehmer vor sich ging, sie stellten auch seit der Währungsreform einen wachsenden Widerstand der kapitalistisch-restaurativen Kräfte fest. Durch eine wachsende spontane Bewegung aus den Betrieben gezwungen, entschloß sich der Deutsche Gewerkschaftsbund der britischen Zone bzw. der Gewerkschaftsrat der westlichen Zonen im November 1948 zu „einer Demonstration des gewerkschaftlichen Willens". Diese Demonstration rief die entschiedendsten Gewerkschaftsgegner auf den Plan, und zum ersten Mal tauchte in Westdeutschland nach 1945 die Frage auf, ob die Gewerkschaften das Recht hätten, politische Streiks zu führen und repräsentative politische Körperschaften unter Druck zu setzen. Bei der Betrachtung der Geschichte der Restauration in Westdeutschland wird ohne weiteres klar, daß die letzte politische Chance für die „sozialdemokratische Bewegung" in Westdeutschland, die restaurative Entwicklung zu stoppen oder sie gar im sozialdemokratischen Sinne zu verändern, nur zu diesem Zeitpunkt gegeben war. Daß die Gewerkschaften aber nicht willens waren, diesen Zeitpunkt zu nützen, oder die politisch-strategische Bedeutung dieser Situation nicht verstanden, zeigt, daß sie sich weigerten, von einem Generalstreik zu sprechen und der Presse in den Fällen, in denen diese die gewerkschaftliche Demonstration als einen Streik oder gar Generalstreik bezeichnete, irrtümliche oder böswillige Verzerrungen vorwarf. In der offiziellen Berichterstattung der Gewerkschaften ist diese Demonstration des gewerkschaftlichen Willens nur als Arbeitsruhe bezeichnet worden. Der Mann, der sich im Gewerkschaftsrat in Frankfurt am entschiedendsten gegen eine politische Auswertung der Situation aussprach, war der erste Vorsitzende des DGB der britischen Zone, Hans Böckler; er weigerte sich auch stets, in der Frage der Demontagen zu umfassenden gewerkschaftlichen Aktionen zu schreiten – weil er auf die Zusicherungen der Besatzungsmächte vertraute. Nach gewerkschaftlicher Meinung handelte es sich bei dieser Aktion des 12. November 1948 nicht um eine

„zeitlich nicht begrenzte Arbeitseinstellung mit dem Ziel, von einem einzelnen oder einer Gruppe von Unternehmungen bestimmte Zugeständnisse zu erkämpfen, sondern darum, allen an den beklagten wirtschaftlichen Nöten Schuldigen und für die Abstellung Verantwortlichen den gewerkschaftlichen Willen ernstlich zu demonstrieren".

In einem offenen Brief vom 6. November 1948, an den Direktor für Wirtschaft, Erhard, heißt es u.a.:

„Wir rücken dem Zeitpunkt näher, an dem die Spannung zwischen Lohn und Preis, die eine unerträgliche Senkung der Massenkaufkraft zur Folge hat, mit einer klaren Negation der Mitbestimmungsrechte der Arbeitnehmerschaft zusammentrifft. Das wird der Punkt sein, an dem die Gewerkschaften mit geballter Kraft den Kampf aufnehmen."

Die Gewerkschaftsführung war jedoch zu diesem Zeitpunkt nicht willens oder in der Lage, den von ihr zitierten Kampf mit geballter Kraft aufzunehmen. Die weitere konjunkturelle und politische Entwicklung hat ihr später nie mehr wieder eine ähnliche politische Chance gegeben.

Im Verlaufe des Jahres 1949 – dem Jahre der westdeutschen „Verfassungsbewegung" – ruhte der offene Kampf um die Mitbestimmung. In dem Kapitel über die westdeutsche Verfassung haben wir bereits darauf hingewiesen, daß sich die Gewerkschaften direkt nicht oder doch nur unzureichend in die Verfassungsarbeit eingeschaltet haben. Die Gewerkschaften mußten durch den Inhalt der Bonner Verfassung in gleicher, wenn nicht in schärferer Weise in ihren Aktionen blockiert werden als die Sozialdemokratische Partei. Die politisch-strategische Blokkierung der Gewerkschaften erfolgte jedoch nicht nur aus den Verfassungsverhältnissen heraus, sondern auch durch ihre eigene Stellung zu politischen Ereignissen, welche den weiteren Fortschritt der Restauration in Westdeutschland erheblich förderten, wie zum Beispiel der Marshall-Plan und die Europa-Bewegung. Der Deutsche Gewerkschaftsbund der britischen Zone hielt im Zusammenhang mit der Frage der gewerkschaftlichen Stellungnahme zum Marshall-Plan einen Außerordentlichen Kongreß ab. Auf diesem Kongreß verantwortete sich der erste Vorsitzende des DGB, Böckler, wegen seiner positiven Stellungnahme als Vertreter des DGB der britischen Zone auf der Londoner Konferenz. Bundesvorstand und Bundesbeirat hätten sich nach ernster Überlegung zu einer Bejahung des Europa-Hilfsplanes entschlossen und der Berufung eines gewerkschaftlichen Vertreters in den internationalen gewerkschaftlichen Beratungsausschuß für den Marshall-Plan zugestimmt.

Hans Böckler führte in seinen Schlußworten auf dem Recklinghauser Kongreß über diese Frage folgendes aus:

„Uns peitscht aber die allergrößte Not zu einem Entschluß. Deswegen haben wir uns im Bundesvorstand entschlossen, an der Konferenz der am Marshall-Plan beteiligten Länder in London teilzunehmen. Es ist uns nicht eingefallen, dem Marshall-Plan vorbehaltlos zuzustimmen. Bei jeder Frage wollten wir den obwaltenden Umständen entsprechend handeln. Allein aus solcher Betrachtungsweise heraus waren wir damals nach London gefahren."

Aus diesen Ausführungen geht hervor, daß die Gewerkschaftsführung nur zu einer bedingten Annahme des Marshall-Plans bereit war, in der Hoffnung, über die Durchführung der Marshall-Plan-Hilfe in Westdeutschland von Fall zu Fall mitbestimmen zu können. Die deutschen Gewerkschaften haben sich darüber hinaus für den Marshall-Plan entschieden, weil sie in ihm ein Mittel zur Überwindung der „engen nationalstaatlichen Interessen" und zur Herbeiführung eines europäischen Zusammenschlusses sahen. Da die Gewerkschaften darüber hinaus, wie wir im vorhergehenden Kapitel nachgewiesen haben, in ihrer Praxis in gleicher Weise produktionsorientiert waren wie die Unternehmer und die staatliche Bürokratie, blieb ihnen nichts anderes übrig, als der Marshall-Plan-Hilfe zuzustimmen. Dabei war sich die Gewerkschaftsführung sehr wohl der politischen Zielsetzung bewußt, welche die amerikanische Besatzungsmacht mit dem Marshall-Plan in Westdeutschland verfolgte. In dem bereits zitierten Schlußwort des ersten Vorsitzenden des DGB in der britischen Zone auf dem Recklinghauser Kongreß heißt es weiter:

„Im Osten hört man oft die Meinung, der Plan ist gegen die Sozialisierung der Grundstoffindustrien und für die Wiederaufrüstung des Großkapitalismus. Das mag auch eine Nebenabsicht sein. Vermutlich ist es eine. Äußerungen, auf die ich schon Bezug genommen habe, lassen darauf schließen. Aber verringern sich diese Absichten in Amerika, wenn wir ablehnen, uns am Marshall-Plan zu beteiligen? Amerika hat die Möglichkeit, auch ohne Beteiligung der britischen Zone auf die Verwirklichung der großkapitalistischen Bestrebungen hinzuarbeiten. Das Durchsetzen steht aber auf einem anderen Blatte! Gerade in der Frage der Vergesellschaftung der Industrie haben wir doch schon einige Erfolge erzielt. Wir sind noch nicht am Ziele, denn wir haben eine Besatzung, die uns nicht hilft, zum Ziele zu gelangen. Aber daß wir die Absicht aufgegeben hätten, davon haben wir kein Wort verlauten lassen."

Aus diesen Ausführungen geht hervor, daß sich die Gewerkschaftsführung zu diesem Zeitpunkt bereits klar war, die Vergesellschaftung der Großindustrie nur gegen die Besatzung erreichen zu können. Böckler sah klar, daß es das Ziel der Besatzungsmächte war, das kapitalistische System in Westdeutschland wieder zu errichten und die Wiederaufrüstung dieses Systems zu betreiben. Gegenüber dieser Erkenntnis sind seine Folgerungen mehr als unrealistisch, und sie sind das Grundkonzept einer Politik, die zu einer umfassenden Niederlage der Gewerkschaften führen mußte.

Die Gewerkschaften haben sich in dieser Zeit auch auf dem Gebiet der Deutschlandpolitik in den Rahmen des westdeutschen Systems eingepaßt. Durch den Abbruch der Interzonen-Konferenz, den Vollzug der Spaltung des WGB und den bereits klaren Willen der Gewerkschaftsführung in Westdeutschland, dem neuen Internationalen Gewerkschaftsbund beizutreten, der unter Führung der amerikanischen Gewerkschaften stand, haben sich die Gewerkschaften jeder Möglichkeit einer eigenen aktiven Deutschlandpolitik begeben.

Wenn wir die Forderungen des Gründungskongresses des DGB in München als eine Illusion bezeichnet haben, so haben wir jetzt die Gründe für dieses Urteil angeführt. Die Grundsatzforderungen des DGB widersprachen Ende des Jahres 1949 den politischen und Mehrheitsverhältnissen; sie widersprachen den gegebenen politischen Verfassungsverhältnissen; sie standen im Widerspruch zu den wirtschaftlich-konjunkturellen und politisch-konjunkturellen Tendenzen. Darüber hinaus war es den Gewerkschaften bis zum Münchener Gründungskongreß nicht gelungen, auch nur eine ihrer Forderungen juristisch oder machtmäßig zu festigen, wie z.B. die Mitbestimmung in den entflochtenen Werken, in denen sowohl der Arbeitsdirektor als gleichberechtigtes Mitglied des Vorstandes als auch die paritätische Besetzung des Aufsichtsrates zugesichert war. Der Gründungskongreß des DGB von München leitete logischerweise nicht eine Periode des gewerkschaftspolitischen Angriffs, sondern der gewerkschaftlichen Verteidigung ein.

Die Gewerkschaften in der Verteidigung

Zu Beginn des Jahres 1950 erklärte der Hohe Kommissar John McCloy in einer bereits zitierten Rede in Stuttgart unter Punkt 8 des Programms der amerikanischen Politik in Westdeutschland, daß es die Politik Amerikas sei, durch Dekartellisierung und Dezentralisation der Industrie die Freiheit der Wirtschaft und des Handels zu fördern. Im März 1950 veröffentlichte der DGB eine Denkschrift zur Neuordnung der Grundstoffindustrien. In dieser Denkschrift bejahte der DGB die Konzentration der Wirtschaft aus rein volkswirtschaftlichen Rentabilitätsgründen sowie die Entschädigung der Aktionäre durch Obligationen. Diese Denkschrift des DGB widersprach in allen Punkten dem Willen der Besatzungsmächte. Es bestand keine politische Hoffnung, daß die gewerkschaftlichen Forderungen in absehbarer Zeit hätten durchgesetzt werden können. Bereits zu diesem Zeitpunkt waren sich wohl die Besatzungsmächte und die Bundesregierung darin einig, daß keine Vergesellschaftung der Grundstoffindustrien erfolgen sollte und die Aktionäre nicht durch Obligationen entschädigt, sondern nur ein Aktienumtausch vorgenommen werden sollte. Darüber hinaus war man sich im Verlauf des Jahres 1950 im Bundeskabinett darüber klar, daß das Mitbestimmungsrecht, wie es in den entflochtenen Gesellschaften auf alliierte Weisung hin eingeführt werden mußte, nicht auf deutschen Rechtsvorstellungen beruhte.

Die Bundesregierung beschloß am 21. April 1950, dem Parlament einen Gesetzentwurf zum Mitbestimmungsrecht vorzulegen, der in beinahe keinem wesentlichen Punkte den gewerkschaftlichen Forderungen entsprach. Am 3. Mai hatte das Bundeskabinett nach Besprechungen mit den Gewerkschaften und Unternehmern Leitsätze für die gesetzliche Regelung des Mitbestimmungsrechtes ausgearbeitet, die als Richtlinien für einen Gesetzentwurf dienen sollten. Nach diesen Leitsätzen sollte die gesetzliche Regelung des Mitbestimmungsrechtes in zwei Teilen erfolgen. Der erste Teil würde das Gesetz über die Mitwirkung im Betrieb, der zweite Teil das Gesetz über die Mitbestimmung im Staat zum Inhalt haben. Es war also bereits im Frühjahr 1950 klar, daß es den Gewerkschaften nicht gelingen würde, ihre Mitbestimmungsforderungen in einem Zuge durchzusetzen. Die politische Strategie der restaurativen Kräfte bestand darin, grundsätzliche Entscheidungen zu verzögern, um Zeit zu gewinnen. In der Hoffnung auf die Verschärfung des Kalten Krieges und der damit verbundenen Notwendigkeit der Wiederaufrüstung Westdeutschlands führten sie im Verlaufe des Jahres 1950/51 einen hinhaltenden Widerstand gegenüber den gewerkschaftlichen Forderungen durch.

Die Alliierte Hochkommission veröffentlichte am 17. Mai 1950 das Gesetz Nr. 27 zur Umgestaltung des deutschen Kohlebergbaus und der deutschen Stahl- und Eisenindustrie. Der Sprecher der Alliierten Hochkommission stellte u.a. fest, daß das Gesetz Nr. 27 nur eine neue Formulierung des ehemaligen Gesetzes Nr. 75 vom November 1948 sei. Das Gesetz diene allein der Reorganisation der Montanindustrie, setze aber keine Beschränkungen ihrer Produktion fest. Die angekündigte Entscheidung über die Eigentumsverhältnisse im Kohlebergbau sowie in der Eisen- und Stahlindustrie bleibe, wie es in der Präambel heißt, einer aus freien Wahlen hervorgegangenen, den politischen Willen der Bevökerung zum Ausdruck bringenden deutschen Regierung überlassen. Auf keinen Fall sollen Eigentumsverhältnisse wiederhergestellt werden, aus denen sich eine übermäßige Konzentration wirtschaftlicher Macht ergeben würde. Die Besatzungsmächte übergaben also auf dem Gebiet der Vergesellschaftung der Grundstoffindustrien und zum Teil auch auf dem der Dekartellisierung der neuen deutschen Regierung das Recht der Initiative.

Die neue westdeutsche Regierung war aber keineswegs willens, auf diesem Gebiet die Initiative zu ergreifen. Die Vertreter der großen Konzerne stellten später fest, die deutsche Bundesregierung habe sich in „vorbildlicher Weise" des Auftrags enthalten, die Direktive der Besatzungsmacht durchzuführen. Aus diesem Grunde heraus ist es zu verstehen, daß nach einer allgemeinen Durchführung der Dekartellisierung die drei Großen des Ruhrgebiets, Hoesch, Klöckner und Mannesmann, in ihrem Kern erhalten geblieben sind. Unternehmer, Staatsbürokratie und Gewerkschaften haben in diesen Jahren alles getan, um die Dekartellisierung der Konzerne zu verhindern und eine Rekonzentration der Grundstoffindustien einzuleiten. Die Gewerkschaften haben aus ihrer aktiven Mitstreiterschaft in dieser Frage nie ein Handelsobjekt gemacht; sie waren der festen Überzeugung, daß diese Demonstration ihrer Loyalität die Unternehmer moralisch binden würde.

Daß trotz dieser Situation die Unternehmer nicht willens waren, die Mitbestimmung in der Form in der Kohle- und Stahlindustrie einzuführen, in der sie bereits seit 1947 in den entflochtenen Werken funktionierte, bewiesen die Verhandlungen, welche die Unternehmer mit dem Bundeskanzler und den Gewerkschaftsvertretern über die Frage des Mitbestimmungsrechtes der Arbeitnehmer im Betriebe geführt hatten. Wenn die Bundesregierung zu diesem Zeitpunkt nicht vollständig auf seiten der Unternehmer schwenkte, so wohl nur aus dem Grunde, weil sie sich in der Frage des Schuman-Plans der gewerkschaftlichen Unterstützung versichern mußte. Wie sehr sich innerhalb weniger Jahre die sozialpolitischen Auffassungen geändert haben, das zeigt die Debatte um den Verfassungsartikel über eine gleichberechtigte Mitbestimmung der Arbeitnehmer bei der Gestaltung der wirtschaftlichen und sozialen Ordnung in der Verfassung des Landes Nordrhein-Westfalen der Monate Mai, Juni 1950. Während dieser Debatte sprach sich ein Teil der CDU unter Führung des Ministerpräsidenten Karl Arnold sowie die FDP gegen die Gleichberechtigung aus. Die Verfassung von Nordrhein-Westfalen enthielt auch einen Artikel über die Überführung der Grundstoffindustrie und von Unternehmen, die wegen ihrer monopolartigen Stellung eine wachsende Bedeutung haben, in Gemeineigentum. Dieser Artikel wurde durch das Bonner Grundgesetz automatisch suspendiert. Am 7. Juli 1950 kamen Vertreter der Unternehmer und der Gewerkschaften in Maria Laach in einer gemeinsamen Konferenz unter Vorsitz des Bundesarbeitsministers zu Verhandlungen über das Mitbestimmungsrecht der Arbeitnehmer zusammen. Auf dieser Konferenz konnte zwischen den Teilnehmern keine Einigung erzielt werden.

Die Bundesregierung drängte im Verlauf des Herbstes 1950 darauf, das Mitbestimmungsrecht durch das Parlament gehen zu lassen. Die Beschleunigung des Gesetzgebungsaktes lag in diesem Falle auch im Interesse der Gegner der Mitbestimmung, weil durch eine schnelle Verabschiedung ein fait accompli geschaffen werden sollte. Am 31. August 1950 wurde der Regierungsentwurf dem Parlament vorgelegt und passierte am 16. November die erste Lesung. Die Gewerkschaften sahen sich durch die Beschleunigung des Gesetzgebungsaktes zu einer Verstärkung ihres Widerstandes gezwungen.

Gleichzeitig liefen zwischen der Bundesregierung und der Alliierten Hochkommission Besprechungen über die Entflechtung und Dekartellisierung der deutschen Industrie. Bei diesen Besprechungen zeigten sich zwar noch Differenzen zwischen den Verhandlungspartnern, aber es bildete sich gleichzeitig die gemeinsame Ebene heraus, auf der in den folgenden Monaten die Entflechtung durchgeführt werden sollte. Mit der Entflechtung und der Schaffung von Einheitsgesellschaften sahen sich die Gewerkschaften einer Frage von größter Bedeutung gegenübergestellt. Um die Einheitsgesellschaften nach dem deutschen Gesellschaftsrecht bilden und um die Frage der Entschädigung der alten Aktionäre durch Aktienumtausch lösen zu können, war die Erstellung bzw. Veröffentlichung einer Grundbilanz der Einheitsgesellschaften notwendig. Diese Erstellung einer Grundbilanz hatte die Bewertung der Ausrüstungen und Produktionsmittel der gebildeten Einheitsgesellschaften zur Voraussetzung. Von der Bewertung der Anlagen der neuen Einheitsgesellschaften hing die Ausstattung dieser Gesellschaften mit Kapital ab und von der Kapitalausstattung wiederum die Größe des Umstellungsverhältnisses der Aktien. Dabei erhob sich die betriebs- und volkswirtschaftliche Frage, ob man, um zu einem möglichst günstigen Umtauschverhältnis der Aktien zu gelangen, das Kapital so hoch wie möglich ansetzen sollte, oder ob durch eine niedrigere Ansetzung des Kapitals die Rücklagen höher gesetzt und damit die Zinserwartung der neuen Aktien erhöht werden sollte. Zu diesem Zeitpunkt bereits war es entschieden, daß die Bewertung im Sinne eines möglichst günstigen Umtauschverhältnisses erfolgen würde, d.h. also im Sinne der privat-kapitalistischen Vorstellungen der Wirtschaftsordnung. Mit dem durchgeführten Modus der Bewertung wurde gleichzeitig den neuen Gesellschaften die Möglichkeit einer grandiosen Akkumulation gegeben, die zusammen mit den steuerpolitischen Maßnahmen und dem Modus des Lastenausgleichs die finanzpolitischen Praktiken der Grundstoffindustrien in Westdeutschland beherrschen sollte. Die Gewerkschaften sahen mit Recht, daß der Umtausch der Aktien auf der Grundlage der Neubewertung einer Vorwegnahme der Eigentumsregelung gleichkam. Wenn auch diese Fragen im einzelnen erst im Laufe des Jahres 1951 in der Öffentlichkeit debattiert wurden, so beherrschten sie doch bereits 1950 den Kampf um die Mitbestimmung. Das heißt, daß also bereits im Herbst 1950 die Gewerkschaften nur erwarten konnten, die Mitbestimmung, wie sie in den entflochtenen Gesellschaften der Eisen- und Stahlindustrie seit 1947 eingeführt war, zu verteidigen, jedoch nicht, das Mitbestimmungsrecht auszudehnen oder es gar als eine Etappe zur Vergesellschaftung der Grundstoffindustrien anzusehen. Gleichzeitig muß im Auge behalten werden, daß zusammen mit der Frage der Mitbestimmung und der Frage der Entflechtung das Problem des Schumanplans auf der Tagesordnung stand und die Wiederaufrüstung Westdeutschlands in greifbare Nähe rückte. Der Kampf um die Mitbestimmung in den Grundstoffindustrien mußte sich auf die Entscheidung all dieser anderen Fragen auswirken. Sieg oder Niederlage auf dem Gebiet der Mitbestimmung mußte gleichzeitig die Tendenzen und das Tempo der weiteren politischen Entwicklung Westdeutschlands bestimmen.

Zu Beginn des Monats Dezember 1950 sahen sich die Gewerkschaften veranlaßt, Urabstimmungen in der westdeutschen Eisen- und Stahlindustrie durchzuführen. Von den Abstimmenden sprachen sich 95.8 % für die Mitbestimmung aus und gaben damit dem Vorstand der IG Metall die Vollmacht, einen Streik auszurufen, sobald er der Überzeugung sei, daß die Anwendung dieses gewerkschaftlichen Kampfmittels die letzte Möglichkeit ist, das Recht der Arbeitnehmerschaft zu wahren. Mit diesen Aktionen stellten sich die Gewerkschaften zum ersten Mal gegen das Parlament als dem höchsten formalen Ausdruck staatlicher Souveränität. Innerhalb des westdeutschen Verfassungssystems tauchte zum ersten Mal die Frage auf, ob es den Gewerkschaften gestattet sein dürfe, das Parlament mit gewerkschaftlichen Mitteln unter Druck zu setzen. Bereits zu diesem Zeitpunkt und auch in den folgenden Jahren haben die Gewerkschaftsvertreter sich stets geweigert, ihre Aktionen im Kampf um die Mitbestimmung in den Grundstoffindustrien als Methoden des außerparlamentarischen Druckes auf das Parlament zu bestimmen. Es besteht jedoch kein Zweifel, daß die Gewerkschaften zu diesem Zeitpunkt tatsächlich versucht haben, auf das Parlament Druck auszuüben. Indem die Gewerkschaftsvertreter sich jedoch vor der Verantwortung dieser verfassungsrechtlichen Frage erster Ordnung drückten, demonstrierten sie de facto die oberste Souveränität des Parlaments. Auch im verfassungsrechtlichen Sinne hat so der Kampf um die Mitbestimmung eine verfassungsinterpretierende Bedeutung erhalten.

Am 12. Dezember 1950 veröffentlichte der Bundeskanzler den Wortlaut eines Schreibens, das er Ende November dem Vorsitzenden des DGB, Hans Böckler, übermittelt hatte. In diesem Schreiben, das sich mit wirtschaftspolitischen Problemen und den entsprechenden Anregungen der Gewerkschaften befaßt, erklärt Adenauer, daß die Bundesregierung an der Herbeiführung einer baldigen Neuordnung der Grundstoffindustrie stärkstens interessiert sei. Die Auffassung des DGB solle hierbei mit dem ihm zukommenden Gewicht gewürdigt werden. Die Entscheidung über das Mitbestimmungsrecht bleibe jedoch dem Bundestag vorbehalten, in dessen zuständigen Ausschüssen gegenwärtig die Entwürfe beraten werden, die den gewerkschaftlichen Forderungen Rechnung tragen. Dieser Brief des Bundeskanzlers an den ersten Vorsitzenden des DGB muß als ein wichtiges Dokument zur Geschichte der Verfassungswirklichkeit in Westdeutschland nach 1949 aufgefaßt werden. Der Bundeskanzler gestand zwar den Gewerkschaften das Recht zu, Forderungen zu erheben und verpflichtete die Bundesregierung, den gewerkschaftlichen Forderungen Gehör zu geben, aber er lehnte jeden weiteren Rechtsanspruch der Gewerkschaften gegenüber dem Parlament ab.

Trotz dieser Stellung des Bundeskanzlers und seiner Regierung sahen sich die Gewerkschaften gezwungen, ihre Aktion zu verschärfen. Am 3. Januar 1951 beschloß der Vorstand der IG Metall, die Arbeiter und Angestellten der eisenschaffenden Industrie zur Arbeitsniederlegung am 1. Februar aufzufordern, falls nicht bis dahin eine Regelung des Mitbestimmungsrechtes im Sinne der gewerkschaftlichen Forderungen erfolgt sei. Durch diese Form der Arbeitsniederlegung glaubten sich die Gewerkschaften einem verfassungsrechtlichem Zugriff durch die Bundesregierung entzogen zu haben. Ihre Ausführungen und der eingeschlagene Weg zeigten, daß die Gewerkschaften nicht willens waren, den Kampf um die Mitbestimmung in den Grundstoffindustrien als einen Verfassungskampf auszutragen. Die Mitbestimmungsfrage nicht als eine Verfassungsfrage erkannt zu haben, zählt zu den größten Schwächen der Verfasser und Verfechter des Münchener Programms in den deutschen Gewerkschaften. Indem man sich weigerte, diese Verfassungsfrage mit gewerkschaftspolitischen Mitteln auszutragen, mußte die verfassungspolitische Vorderhand von selbst den restaurativ-kapitalistischen Kräften zufallen. Daran ändert auch die Tatsache nichts, daß die Gewerkschaften im Januar 1961 bereits erkannten – wie der Brief des Vorsitzenden der IG Metall, Walter Freitag, an den Bundesminister für Wirtschaft vom 14. 1. 1951 beweist – daß sie sich in der Frage des Mitbestimmungsrechtes nicht im Angriff, sondern in der Verteidigung befanden. In diesem Brief führte der Vorsitzende der IG Metall aus, daß die Arbeiter und Angestellten der Überzeugung seien, die Bundesregierung wolle ihnen das von den Engländern genehmigte Mitbestimmungsrecht wieder nehmen. Wirtschaftsminister Erhard wies diesen Vorwurf der IG Metall zurück. Am 20. Januar 1951 wurde eine Urabstimmung der Bergarbeiter im Bundesgebiet über die Frage durchgeführt, ob das Mitbestimmungsrecht notfalls durch Streik zu erzwingen sei. 98.2 % der Abstimmenden sprachen sich für den Kampf aus. Gleichzeitig führte Adenauer Verhandlungen über die Frage der Mitbestimmung ein. Bereits am 25. Januar wurde in diesen Verhandlungen zwischen den Vertretern des DGB und den Arbeitgebern unter Vorsitz des Bundeskanzlers eine Einigung über die wesentlichsten Punkte erzielt. Danach sollte die Mitbestimmung in den Unternehmen der Eisen- und Stahlindustrie sowie in der Kohleindustrie eingeführt werden. Der Arbeitsdirektor sollte als gleichberechtigtes Mitglied innerhalb eines dreiköpfigen Vorstandskollegiums eingesetzt werden. Die Parität der Besetzung des Aufsichtsrates wurde faktisch durch die Einführung eines 11. Mannes zu ungunsten der Gewerkschaften verändert. Rein formal ist es also den Gewerkschaften zu diesem Zeitpunkt nicht mehr gelungen, die Mitbestimmungsordnung, wie sie in den entflochtenen Werken herrschte, in das neue Gesetz einzubringen. Auch in diesem Sinne konnten die Gewerkschaften also nicht von einem Sieg sprechen. Im Verlaufe der nächsten Wochen wurde das Gesetz über die Mitbestimmung gemäß dieser Abmachungen zwischen Arbeitgebern und Arbeitnehmern von den einzelnen Ausschüssen des Bundestages behandelt und im Mai 1951 endgültig vom Bundestag verabschiedet.

Hans Böckler, der erste Vorsitzende des DGB, konnte diesen „Sieg" der Gewerkschaften nicht mehr erleben; er starb im Februar des gleichen Jahres. In der Publizistik wird dem Tode dieses Mannes eine große Bedeutung für die weitere Entwicklung in der Bundesrepublik zugeschrieben. Aus einer Betrachtung des gewerkschaftlichen Weges von München bis 1951 ergibt sich jedoch der Schluß, daß die Frage des Fortschritts oder der Niederlage der Gewerkschaften nicht die einer einzelnen Person gewesen sein konnte, sondern der gesamtgewerkschaftlichen Konzeption, der sich daraus ergebenden gewerkschaftspolitischen Konsequenzen und der allgemeinen gesellschaftlichen Entwicklungen in Westdeutschland.

Der Sieg in der Mitbestimmungsfrage war ein Pyrrhus-Sieg. Nach der Einführung der Mitbestimmung in Eisen, Kohle und Stahl konnte in absehbarer Zeit keine Ausweitung der Mitbestimmung auf andere Gebiete der Wirtschaft in Westdeutschland erwartet werden. Selbst bei einer Veränderung der Mehrheitsverhältnisse nach der Wahl des Jahres 1953 wäre eine Ausweitung der Mitbestimmung unwahrscheinlich gewesen.

Die Formen des Kampfes um die Mitbestimmung sowie der Ausgang dieses Kampfes haben die restaurativen Tendenzen in der Bundesrepublik wesentlich verstärkt. In der Frage des Schuman-Plans sowie insbesondere in der Frage der Remilitarisierung sah sich die Restauration keiner Macht gegenüber, von der sie befürchten mußte, daß sie zum Letzten entschlossen war. Die Gewerkschaften hatten sich durch ihre Argumentation und die Formen des Kampfes um die Mitbestimmung den Grundregeln der restaurativen Wirtschaftsverfassung und der politischen Verfassung bewußt unterworfen.

Der Sieg in der Mitbestimmung war auch deshalb ein Pyrrhus-Sieg, weil durch das Ergebnis die Mitbestimmung von den anderen Forderungen des Münchener Programms isoliert wurde. Das Mitbestimmungsrecht stellt tatsächlich einen Fremdkörper innerhalb der Entwicklung der deutschen Betriebsverfassung dar. Es konnte nur in einem fortschrittlichen Sinne funktionieren, wenn in absehbarer Zeit auch die anderen Grundforderungen des Münchener Programms verwirklicht werden könnten, wenn das Mitbestimmungsrecht auf andere Teile der westdeutschen Wirtschaft hätte ausgedehnt werden können und wenn das Gesellschafts- und Aktienrecht anschließend verändert worden wäre.

Da dem nicht so war und eine Durchsetzung solcher Veränderungen in absehbarer Zeit in Westdeutschland unwahrscheinlich schien, wurden die Gewerkschaften sich ihrer grundsätzlich verwirrenden Position bewußt. Diese grundsätzliche Position bestand darin, daß gerade die Gewerkschaften durch die Mitbestimmung zwischen gesamtwirtschaftlicher Verantwortung, verfassungsmäßiger Loyalität und radikaler Proklamation hin und her gerissen wurden. Daß bei dieser Konstellation die Grundsätze der gesamtwirtschaftlichen Verantwortung und der verfassungsmäßigen Loyalität über die revolutionäre Proklamation siegen mußten, versteht sich aus der Psychologie der politischen Theorie von selbst.

Der Sieg der Gewerkschaften in der Frage der Mitbestimmung in den Grundstoffindustrien war so der letzte Sieg der Gewerkschaftsbewegung nach 1945. Es war, wie wir festgestellt haben, ein Sieg aus dem Widerstand heraus, ein Sieg aus der Position einer politisch-strategischen Sackgasse. Die weitere Entwicklung konnte nur durch eine Verschärfung des Angriffs der Restauration auf die Gewerkschaften und die Sozialdemokratie gekennzeichnet sein. Seit dem Jahre 1951 mußte politisch-soziologisch erkannt werden, daß eine Gegenmacht zu den restaurativ-kapitalistischen Kräften in Westdeutschland, die bereit war, bei Verfassungsfragen Verfassungskämpfe durchzuführen, fehlte. Die Gegenmacht war seit dem Jahre 1951 am Ende. Das Tempo der Restauration mußte zwangsläufig zunehmen und ihr weiterer Vormarsch war unaufhaltsam.

Lieferbare Titel

Armanski / Penth / Pohlmann
Lohnarbeit im Öffentlichen Dienst der Bundesrepublik
364 Seiten, DM 19,80
ISBN 3 921241 16 2

Aktionskomitee gegen Berufsverbote
Gewerkschaften und Berufsverbote
80 Seiten, DM 4.–
ISBN 3 921241 26 X

Armanski / Bruns / Penth (Hrsg.)
Deutschland – Deine Beamten
Ein Lesebuch
180 Seiten, DM 9,80
ISBN 3 921241 17 0

Roy Medvedev
Solschenizyn und die sowjetische Linke
100 Seiten, DM 7,80
ISBN 3 921241 25 1

Karl Marx
Die Geschichte der Geheimdiplomatie des 18. Jahrhunderts
Mit Kommentaren von Rjasanov, Rabehl und Wolter
244 Seiten, DM 19,80
ISBN 3 921241 15 4

Bennholdt-Thomsen,Evers u.a. (Hg.)
Lateinamerika. Analysen und Berichte 1
Ein Jahrbuch
320 Seiten, DM 24,80
ISBN 3 921241 20 0

Edition Prinkipo

Mandel,Trotzki,Kondratieff u.a.
Die Langen Wellen der Konjunktur
272 Seiten, DM 14,80
ISBN 3 921241 03 0

Helmut Fleischer
Sozialphilosophische Studien
192 Seiten, DM 9,80
ISBN 3 921241 04 9

Ligue Communiste
Der Sozialismus,den wir wollen
224 Seiten, DM 7,80
ISBN 3 921241 05 7

Ernest Mandel
Der Sturz des Dollars
160 Seiten, DM 9.–
ISBN 3 921241 00 6

Ulf Wolter (Hrsg.)
Die Linke Opposition in der Sowjetunion 1923 – 1928
6 Textbände und ein Diskussionsband
Bei Bestellung des Gesamtwerks pro Band eine Ermäßigung um DM 1.–
ISBN 3 921241 08 1

Band I, *Texte von 1923–1924*
560 Seiten, DM 26,80
ISBN 3 921241 11 1

Band II, *Texte von 1924 - 1925*
560 Seiten, DM 26,80
ISBN 3 921241 12 X

Band III, *Texte von 1925 – 1926*
620 Seiten, DM 29,80
ISBN 3 921241 13 8

Band IV, *Texte von 1926*
520 Seiten, DM 26,80
ISBN 3 921241 14 6

Band V, *Texte von 1927*
600 Seiten, DM 29,80
ISBN 3 921241 18 9

Kritische Bibliothek der Arbeiterbewegung

Allgemeiner Kongreß der Arbeiter- und Soldatenräte 1918
Stenographische Berichte
220 Seiten Format A4,DM 24,80
ISBN 3 921241 07 3

Richard Müller
Geschichte der deutschen Revolution (drei Bände)

Band I
Vom Kaiserreich zur Republik
220 Seiten, DM 8,80
ISBN 3 921241 09 X

Band II
Die Novemberrevolution
296 Seiten, DM 12,80
ISBN 3 921241 06 5

Band III
Der Bürgerkrieg in Deutschland
260 Seiten, DM 9,80
ISBN 3 921241 10 3

Kritik der politischen Ökonomie

Nr.1, Mandel, Dallemagne u.a.
Übergangsgesellschaft, DM 6.–

Nr. 2, Mandel,Mires,Laclau u.a.
Imperialismus und Unterentwicklung
DM 6.–

Nr. 3/4, Blackburn, Hardy,u.a.
Reform und Revolution in Portugal
DM 9.–

Nr. 5, Münster, Krabbe, Collin u.a.
Portugal – Grenzen der Revolution
DM 6.–

Nr. 8/9/10, Claudin,Figuerelo u.a.
Spanien – Die zweite Revolution?
DM 15.–

Nr. 11/12, Armanski,Mhlongo u.a.
USA / Südafrika
DM 9.–

Nr. 13, Krippendorff,Claudin u.a.
Italien – Geschichte,Ökonomie,Politik
DM 6.–

Probleme des Klassenkampfs

Lieferbar die Hefte 1 bis 21, ab Heft 22 hat der Rotbuch Verlag, Potsdamer Str.96, 1000 Berlin 30 die Prokla übernommen.

Prokla

Nr. 1, Altvater u. a.
Weltmarkt, 7.–

Nr. 2, Semmler u. a.
Gewerkschaften, 6.–

Nr. 3, Altvater u. a.
Staatsinterventionismus, 6.–

Nr. 4, Armanski u.a.
Italien, DKP–Kritik, 7.-

Nr. 5, Altvater u. a.
Revisionismuskritik, 10.–

Nr. 6, Rabehl u. a.
Weltmarkt, 8.–

Nr. 7, Wagner u. a.
Uni, Staat, BRD 7.–

Nr. 8/9, Busch u. a.
Staat, Faschismus, 10.–

Nr. 10, Fassbinder u. a.
Spekulation, 6.–

Nr. 11/12, Rabehl u. a.
Leninismus, 10.–

Nr. 13 Kostede u. a.
Mittelklassen, 7.–

Nr. 14/15 Meschkat u. a.
Staat, Chile, 10.–

Nr. 16, Semmler u. a.
BRD Krise, 9.–

Nr. 17/18, Spohn u. a.
Leninismus, Krise 10.–

Nr. 19/20/21 Neusüß u. a.
BRD-Krise, 12.80

Sonderheft 1, Müller/Neusüß
Sozialstaat, 6.–

Sonderheft 5, Damus
DDR Planung, 6.–

Verlag Olle & Wolter
Postfach 4310
1000 Berlin 30